D1735441

Der gute Brief

Eberhard Heuel

Der gute Brief

zu Hause und im Büro

- richtig
- treffend
- zeitgemäß

Inhalt

Vorwort

Im mündlichen Gespräch fällt es uns in der Regel leicht, unsere Gedanken in Worte zu fassen. Weniger leicht aber ist es für die meisten Menschen, ihre Gedanken schwarz auf weiß aufs Papier zu bringen. Wer kennt nicht aus eigener Erfahrung die Schreibblockade vor einem leeren Briefbogen? Wer hat nicht schon mühevoll nach dem angemessenen Ausdruck und der richtigen Schreibweise gesucht? Und wie oft greift man am Ende auf abgegriffene Allerwelts-Formulierungen zurück, obwohl man seinem Brief oder seiner Karte doch eine eigene, unverwechselbare Note geben wollte.

Gute Briefe zu schreiben, ist offenkundig alles andere als eine triviale Aufgabe. Mit diesem Buch haben Sie einen zuverlässigen Begleiter, der Sie beim Schreiben Ihrer privaten und geschäftlichen Korrespondenz wirksam unterstützt. Er hilft Ihnen, Schreibblockaden zu lösen und schnell die richtige, nämlich die angemessene Stilebene und den treffenden Ausdruck zu finden. Nutzen Sie dieses Buch als Ratgeber und als Mustersammlung für gut gegliederte, klare und moderne Briefe.

Im ersten Teil werden Sie durch eine kleine Schreibschule geführt. Siebzehn kurze Lektionen vermitteln das 1x1 des Briefeschreibens in zeitgemäßer Form: von der richtigen Anrede bis zur leidigen Frage des Fremdwort-Gebrauchs, vom zielorientierten Aufbau eines Briefes bis zum sinnvollen Postscriptum.

Den zweiten Teil des Buches bildet eine große kommentierte Mustersammlung von Briefen. Sie ist alphabetisch nach Schreibanlässen geordnet und umfasst private Briefe ebenso wie geschäftliche Briefe, außerdem Karten, Anzeigen und aktuelle Briefformen wie Telefax und E-Mail. Die Symbole oben auf der Seite zeigen Ihnen, welchem Schreibanlass der Brief jeweils gerecht wird:

private Briefe

geschäftliche Briefe

Diese Musterbriefe sollen Ihnen Anregungen für Form und Inhalt eines Briefes geben – sie sind nicht als Kopiervorlage gedacht! Denn wirklich gute Briefe gelingen erst dann, wenn auch der persönliche Stil und der individuelle Sprachgebrauch des Schreibenden darin einfließen.

Der dritte Teil des Buches enthält englische, französische, italienische und spanische Musterbriefe, die es Ihnen ermöglichen, auch die wichtigsten fremdsprachigen Schreibanlässe zuverlässig zu bewältigen. Kurze Glossare ermöglichen es Ihnen, die Musterbriefe jeweils an Ihren Schreibanlass anzupassen.

Im vierten Teil des Buches erfahren Sie im Detail, wie ein guter Geschäftsbrief nach DIN 5008 auszusehen hat und worauf Sie bei der Gestaltung achten müssen.

Briefe sollten sprachlich korrekt abgefasst sein. Dafür finden Sie im fünften Teil des Buches eine Reihe von Tipps und Erläuterungen zu typischen Fallstricken der deutschen Sprache. Die Hinweise zu orthographischen Zweifelsfällen sind übrigens – wie alle Schreibweisen in diesem Buch – an der reformierten Rechtschreibung orientiert.

Der abschließende Anhang enthält umfangreiche Listen mit den korrekten Formen für Anschriften und Anreden in Briefen und einen ausführlichen Begriffsindex, mit dem Sie gezielt auf den passenden Musterbrief zugreifen können.

Alles in allem ergibt das eine Fülle von Anregungen, Mustern und Informationen für Ihre persönliche und geschäftliche Korrespondenz. Gute Briefe zu schreiben, sollte mit Hilfe dieses Buches tatsächlich leicht fallen.

Kleine Schreibschule

Welche Briefe liest man gerne?

Auf den ersten Blick!

Sie möchten, dass man Ihre Briefe gerne liest? Versetzen Sie sich in den Leser! Was Sie schreiben, muss dem Leser „etwas sagen können"!

Jeder Brief hat (mindestens) einen Leser – für ihn ist er geschrieben und ihn soll er ansprechen. Wenn wir unsere Briefe verbessern möchten, dann sollten wir dem Leser den Zugang zum Brieftext so leicht wie möglich machen: so vermittelt der Brief Lust aufs Lesen und erleichtert die Lektüre.

Die Goldene Regel des Briefeschreibens lautet:
Denke vom Leser aus und gestalte den Text so, dass er motiviert und dass er schnell und flüssig lesbar ist.

Diesem Ziel nähern Sie sich am besten durch Rollentausch. Versetzen Sie sich in die Position des Lesers! Überlegen Sie zunächst, warum Sie selbst manche Briefe gerne lesen und andere nicht, von welchen Briefen Sie sich auf den ersten Blick angesprochen fühlen und welche Sie achselzuckend (oder seufzend) sofort in den Papierkorb befördern.
Was halten Sie zum Beispiel von Beispielbrief 1? Wahrscheinlich werden Sie mein Urteil darüber teilen. Ich empfinde diesen Brief als ausgesprochen leser-unfreundlich. Er fördert höchstens die Unlust statt die Lust aufs Lesen.
Woran liegt das? Nun, hier wurde die Goldene Regel des Briefeschreibens missachtet. Sie fordert insbesondere:

- **einheitliche Gestaltung im Interesse besserer Lesbarkeit (Rand, Abschnitte, Hervorhebungen usw.)**
- **formale Korrektheit (korrekte Rechtschreibung, vollständige Sätze usw.)**
- **inhaltliche Gliederung (logische Argumente und nachvollziehbare Ableitungen usw.)**
- **formale Gliederung, die den Leseprozess erleichtert (Anrede, Betreffzeile ...)**

Wie Sie zum Lesen motivieren, erklärt die Kleine Schreibschule.

Ohne näher auf Fragen des Tons und des Stils einzugehen, zeigt schon ein kurzer Blick auf den ersten Brief, dass der Leser hier ausgesprochen respektlos behandelt wird.
Ein vorbildlicheres Beispiel gibt Beispielbrief 2. Was hier besser gelöst wurde, wie und warum, das zeigen die nächsten Kapitel in kleinen Schritten.

⊖ Beispielbrief 1

Saale, den 19.2.199X

Die letzte Telefonrechnung ist fehlerhaft. Mein Anschluss ist 066-765432. Sie berechnen mir 387,49 DM für 2.996 Einheiten, einschl. Grundgebühr und Umsatzsteuer. Den Monat davor waren es nur 487 Einheiten und so ist auch ungefähr der Durchschnitt in den letzten Jahren. Jetzt soll es allein 27 Global-Call-Verbindungen mit 2011 Einheiten gewesen sein! Wir haben aber gar nicht ins Ausland telefoniert. Wir führen fast nur Ortsgespräche. Auch die hohe Zahl von Ferngesprächen ist unwahrscheinlich. Überprüfen Sie die Rechnung und zahlen Sie mir den abgebuchten Betrag auf mein Konto zurück. Es ist ausgeschlossen, das eine andere Person von unserem Telefon aus telefoniert hat.
Mit freundlichen Grüßen,

⊕ Beispielbrief 2

19.02.199X

Telefonrechnung für Januar 199X vom 20.01.199X
Kundennr. 123456789 / Buchungskonto 660000765432

Sehr geehrte Damen und Herren,

gegen die genannte Telefonrechnung lege ich Widerspruch ein.
Sie berechnen für Telefon-Verbindungen vom 11.12.199Y bis 10.01.199X insgesamt 2.996 Tarifeinheiten. Wir sind uns aus folgenden Gründen sicher, dass diese Abrechnung fehlerhaft ist und bei weitem zu hoch liegt:

- Seit Jahren haben wir monatlich nie mehr als 500 Tarifeinheiten verbraucht und im zurückliegenden Rechnungszeitraum haben wir nicht mehr und nicht weniger telefoniert als zuvor.
- Insbesondere haben wir nicht ins Ausland angerufen. Die Rechnung aber weist allein 2011 Einheiten für GlobalCall-Verbindungen aus.
- In unserer Wohnung haben sich keine fremden Personen aufgehalten, die unser Telefon benutzt haben könnten.

Bitte überprüfen Sie die Rechnung und überweisen Sie den zuviel abgebuchten Betrag auf mein Konto 0987654 bei der Stadtsparkasse Saale, BLZ 10010230, zurück.

Mit freundlichen Grüßen

Wie lang darf ein Brief sein?

In der Kürze liegt die Würze

Schreiben Sie nicht zu viel! Machen Sie sich selbst ganz deutlich, was Sie sagen möchten, dann werden Sie im Regelfall mit einer Seite auskommen.

Fassen Sie sich kurz, denn auch Lese-Zeit ist kostbar.
Wie alle Regeln kennt auch diese Ausnahmen, die jedoch ihre Gültigkeit nicht in Frage stellen. So können in Privatbriefen längere Erzählungen und ausführliche Argumentationsketten durchaus wünschenswert sein. Dennoch gilt es, Gedanken und Anliegen auf den Punkt zu bringen.
Die Regel sollte auch bei offiziellen und geschäftlichen Briefen nicht als unabänderlich aufgefasst werden: ausschlaggebend ist immer das inhaltliche Anliegen, das Sie vermitteln möchten. Diesem kann man nicht in jedem Fall kurz und knapp gerecht werden, manches erfordert Ausführlichkeit, beispielsweise Vertragskorrespondenz, Reklamationen usw.
Dennoch: fast jeder, der schreibt, neigt zum „Zuviel", zu Wiederholungen und zu rhetorischen Floskeln. Man tut daher gut daran, sich auch im Briefumfang auf ein Standard-Format einzustellen, das zur Selbstdisziplin zwingt:
Das Meiste lässt sich auf einer DIN-A4-Seite sachlich angemessen und leserfreundlich vermitteln.

Beispielbrief 1

Schadensmeldung
Haftpflicht-Versicherungsschein HPl 234587-po

Sehr geehrte Damen und Herren,

ich habe heute bedauerlicherweise bei einem Besuch unserer Nachbarn, Familie Schmidt-Dengler, erheblichen Sachschaden verursacht.
Beim Aufstehen riss ich unbeabsichtigt ein Tablett mit Gläsern zu Boden. Die Gläser gingen dabei vollständig zu Bruch. Es handelt sich um acht mundgeblasene Kristallgläser der Produktserie ‚Viniculum' zum Neupreis von DM 75,--/Stück.
Unsere Nachbarn sind noch im Besitz der Rechnung für diese Gläser. Ich lege sie in Kopie bei und bitte Sie, die Schadenssumme zu erstatten.

Vielen Dank für Ihre Bemühungen.

Mit freundlichen Grüßen

Anlage

Beispielbrief 2

Mahnung
Unsere Rechnung Nr. 2345-876 vom 12.02.199X

Sehr geehrte Frau Demus,

wahrscheinlich haben Sie lediglich übersehen, dass die Zahlung auf unsere Rechnung für die Ihnen gelieferten Gartenmöbel der Serie ‚Liebeslaube' am 03.02.199X fällig war.
Bitte überweisen Sie den Rechnungsbetrag in den nächsten Tagen auf unser Konto.
Wir haben alle Zahlungen bis zum 08.02.199X berücksichtigt. Sollten Sie den Betrag danach überwiesen haben, bitten wir, dieses Schreiben als gegenstandslos zu betrachten.

Mit freundlichen Grüßen

Einen Weg ebnen …

„Positiv" schreiben

Bauen Sie goldene Brücken! Wenn Ihre Gesprächsbereitschaft glaubwürdig wirkt, werden sich Ihnen Tür und Tor öffnen.

Man kann mit Briefen Mauern bauen: Mauern zwischen den „Briefpartnern". Man kann aber auch Türen öffnen und Wege weisen: Türen zwischen dem Absender und dem Empfänger eines Briefes und Wege, die zu einvernehmlichen Lösungen führen.

Den Ton gibt jeweils derjenige an, der einen Brief schreibt. An seiner Einstellung und seiner Wahrnehmungsfähigkeit liegt es dann auch, welche Botschaft am Ende beim Empfänger ankommt.

Dabei geht es nicht allein um die Entscheidung für eine sachliche oder unsachliche Darstellung oder das Abwägen zwischen einer höflichen oder einer eher unhöflichen Schreibweise. Es geht um alternative Grundhaltungen, mit denen sich jemand auf sein Gegenüber zubewegt – oder eben nicht. Klären Sie anhand der folgenden Fragen, wie Sie an Ihren Brief herangehen möchten:

- **Will ich vor allem mein Recht durchsetzen oder möchte ich die Verständigung mit dem Adressaten suchen?**
- **Will ich Druck ausüben oder möchte ich gemeinsame Lösungen anstreben?**
- **Will ich auf Konfliktlinien der Vergangenheit beharren oder kann ich Wege in eine gemeinsame Zukunft öffnen?**

Der Ton macht die Musik! Der Stil macht Kommunikation.

Je nachdem, wie Ihre Antworten ausfallen, wird der Schreibstil ein anderer sein: entweder negativ und verschlossen oder, wenn Sie den zweiten Teil der Fragen befürworten, positiv und sich öffnend.

Dass die positive Haltung zu einem positiven Stil führt und damit zu besseren Briefen, kann nicht wirklich überraschen. Denn Fragen des Stils stehen in einem engen Zusammenhang mit den Erfolgschancen von Kommunikation.

Was mit negativem und mit positivem Stil gemeint ist, zeigen die beiden Beispielbriefe auf der folgenden Seite. Derselbe Sachverhalt wird im ersten Brief deutlich zu Lasten des Empfängers formuliert: Ausschließlich negative, unangenehme Aussagen, die von der Sache her durchaus gerechtfertigt sein können, setzen den Empfänger ohne Not ins Unrecht. Dagegen versteht es der zweite Brief, den Empfänger positiv anzusprechen und Handlungsvorschläge zu machen. Der Empfänger dieses Briefes ist sicher eher geneigt, dem Anliegen des Schreibenden umgehend nachzukommen.

Sind Sie nicht auch der Meinung, dass sich die Mühe lohnt, wenn ein sorgfältig formulierter Brief „einen Weg ebnen" hilft?

⊖ Beispielbrief 1

Sehr geehrte Frau Jost,

wir konnten immer noch keinen Zahlungseingang für Ihr Abonnement der Zeitschrift ‚Stars' verbuchen. Falls der fällige Jahresbetrag von DM 188,40 nicht bis zum 10.03.9X auf dem Ihnen bekannten Konto eingegangen ist, wird die Zustellung storniert. Für die ausstehenden Abonnementsgebühren und alle anfallenden Verwaltungskosten bleiben Sie selbstverständlich haftbar.

Hochachtungsvoll

⊕ Beispielbrief 2

Sehr geehrte Frau Jost,

Sie haben sich für ein Abonnement unserer Zeitschrift ‚Stars' entschieden und kommen nun in den Genuss des äußerst günstigen Abonnementpreises. Dieser Preisvorteil zu Ihren Gunsten setzt voraus, dass der Zahlungseingang halbjährlich im Voraus erfolgt. Bitte füllen Sie daher das beigefügte Überweisungsformular möglichst bald aus und geben Sie es bei Ihrer Bank oder Poststelle ab. Um eine reibungslose Zustellung der Zeitschrift garantieren zu können, sollte Ihre Überweisung bis zum 10.09.9X bei uns eingegangen sein.
Womöglich haben Sie aber mittlerweile den Abonnementpreis auf der Grundlage unserer ersten Rechnung vom 20.07.9X überwiesen. In diesem Fall betrachten Sie dieses Schreiben bitte als gegenstandslos.

Mit freundlichen Grüßen

Aus der Sicht des Lesers schreiben

Vom Wir zum Sie

Der Leser muss erkennen können, dass er im Mittelpunkt Ihres Interesses steht.

Kommen wir noch einmal auf die Goldene Regel des Briefeschreibens zurück. Der Leser soll im Mittelpunkt stehen, nicht der Schreibende. Der Leser soll ja Ihre Argumente oder Wünsche zu seinem eigenen Anliegen machen. Ist der Leser ein Kunde, soll er sich angemessen gewürdigt fühlen. Er muss daher auch sprachlich zur „handelnden Person" Ihres Briefes werden.

Insbesondere die Briefanfänge geben Auskunft darüber, ob man tatsächlich den Empfänger in den Mittelpunkt rückt – oder sich selbst. Vergleichen Sie einmal folgende Varianten von Einleitungen eines Briefes:

Sehr geehrte Frau Breukamp,
wir beziehen uns auf Ihre Anfrage vom 8. Dezember.

Sehr geehrte Frau Breukamp,
Sie fragen nach unseren Angebotslisten für italienische Rotweine.

Der Sachverhalt ist in beiden Einleitungen derselbe – was sich offenkundig unterscheidet, ist die Perspektive des Schreibenden. Im ersten Beispielbrief wird gleich der „Ich"-Standpunkt eingenommen: wichtig ist, was WIR mitzuteilen haben (und wohl auch durchsetzen wollen).

Sprechen Sie den Leser direkt an – dann wird er sich ernst genommen fühlen.

Im zweiten Beispielbrief verlagert sich der Blickwinkel auf den Empfänger. Die direkte Ansprache durch das SIE rückt sein Anliegen ins Zentrum. Der Leser darf erwarten, dass auch die Fortsetzung des Briefes dicht an seinen Interessen und Wünschen bleiben wird.

Eine dritte Perspektive ist denkbar, verkörpert durch das unpersönliche ES:

Sehr geehrte Frau Breukamp,
Ihrer Anfrage folgend wurde mittlerweile eine Angebotsliste für italienische Rotweine zusammengestellt.

Nicht nur was getan wird, sondern auch wer es tut, gehört zum Inhalt eines Briefes!

Ein solcher Brief verzichtet auf die Nennung von „Ross und Reiter". Er ist ebenso unpersönlich wie unverbindlich. Der Empfänger aber darf mit Recht erwarten, dass er selbst und der Absender im Brief als handelnde Personen sichtbar bleiben.

Es geht hier also nicht nur um Höflichkeit. Vielmehr entscheidet die Perspektive des Schreibens (WIR, ES oder SIE) auch über den Erfolg Ihres Briefes. Zum einen, weil sich der Empfänger bei direkter Ansprache eher anerkannt und verstanden fühlt. Zum anderen, weil er auf diese Weise ohne sprachliche Verrenkungen zu Aktionen und Reaktionen aufgefordert werden kann – wie die Beispielbriefe auf der rechten Seite anschaulich zeigen.

Formulierungsbeispiele mit WIR-Perspektive

- Wir gehen davon aus, dass unser Angebot Ihren Vorstellungen entspricht.
- Ich möchte Sie hiermit daran erinnern, mir meine Lohnsteuerkarte zuzuschicken.
- Wir laden Sie mit diesem Schreiben zu einem Besuch in unserem Hause ein.

Formulierungsbeispiele mit SIE-Perspektive

- Bitte teilen Sie mir mit, ob unser Angebot Ihren Vorstellungen entspricht.
- Bitte schicken Sie mir meine Lohnsteuerkarte für das kommende Jahr zu.
- Wann werden Sie uns besuchen?

Worum geht's?

Zur Gliederung von Briefen

Bereiten Sie sich vor! Eine kurze Planungsphase vermeidet Schreibblockaden.

Kennen Sie das? Man fängt einen Brief an, bringt die Anrede zu Papier, vielleicht noch den ersten Satz – und dann weiß man einfach nicht mehr weiter. Das weiße, leere Blatt soll gefüllt werden, aber der Schreibfluss stellt sich nicht ein, und so setzt man an, verwirft wieder, setzt von neuem an und greift schließlich zu Standardformeln.

Dagegen hilft eine kurze Vorbereitungsphase, in der Sie Inhalt und Ziel des Briefes präziser bestimmen, bevor Sie sich an die Tastatur setzen oder zum Füller greifen.

Machen Sie sich einen „Plan", indem Sie anhand der folgenden Fragen Stichworte sammeln:

- **Welche Ziele wollen Sie mit dem Brief erreichen?**
- **Welche Argumente sprechen für diese Ziele?**
- **Und in welcher Reihenfolge wollen Sie sie einbringen?**

Aus diesen Stichworten erwächst dann das Gerüst oder Konzept Ihres Briefes, das Sie anschließend beim Schreiben wirksam unterstützt.

Eine solche kurze Planungsphase ist ungemein hilfreich:

- Sie hilft Schreibblockaden zu vermeiden, denn Ihr Brief schreibt sich „wie am Schnürchen", dem „Schnürchen" Ihres Konzepts eben.
- Der Adressat erhält einen zielorientierten, gut gegliederten und daher stimmigen und überzeugenden Brief. Die Kommunikationsabsicht, die Sie mit Ihrem Brief verfolgen, ist weitaus besser umgesetzt als beim Schreiben „aus dem Bauch heraus".

Ein Beispiel gibt das nebenstehende Konzept für das Anschreiben einer Initiativbewerbung.

Planungsbeispiel: Initiativbewerbung

Ziele	Interesse an meiner Person und Qualifikation wecken Keine bestimmte Stelle oder Position angestrebt
Argumentation	Mein eigenes Interesse am Unternehmen: Profil und Attraktivität der Fa. Tyko Nachweis meiner Qualifikation Mögliche Leistung für das Unternehmen
Reihenfolge	1. Anrede 2. Bewerbungsanliegen 3. Warum bewerbe ich mich bei diesem Unternehmen? 4. Was bringe ich dem Unternehmen? 5. Wo sehe ich Einsatzmöglichkeiten? 6. Verweis auf Lebenslauf (Kurzbewerbung!) ausführliche Unterlagen bei Interesse 7. Grußformel

Wie fange ich an?

Einladung zum Lesen

Anfang und Ende eines Briefes werden am intensivsten gelesen und erinnert.

Nicht jeden Teil eines Textes lesen wir mit gleicher Konzentration, nicht jeden Teil speichern wir in gleicher Qualität in unserem Gedächtnis. Die Leseforschung sagt, dass der Anfang und das Ende eines Textes (neben den besonders markierten Stellen) am intensivsten gelesen und am besten erinnert werden. Machen Sie sich diese Erkenntnis bei der Gestaltung Ihrer Briefe zunutze. Verschenken Sie gerade den Briefanfang und den Briefschluss nicht.

Wählen Sie mit Sorgfalt eine Formulierung, die den Empfänger anspricht, ihn zum Weiterlesen einlädt und ihm nachdrücklich in Erinnerung bleibt.

Die ersten Zeilen entscheiden darüber, ob der Empfänger den Brief überhaupt als Ganzes liest, wie er ihn liest und welchen dauerhaften Eindruck er von Ihrem Anliegen bewahrt.

Adressierung und Anrede

Versuchen Sie herauszubekommen, wen Sie namentlich auf Ihr Anliegen ansprechen können, und bemühen Sie sich um korrekte Namensnennung.

Der Leser eines Briefes soll sich persönlich angesprochen fühlen, nicht nur als Teil einer anonymen Firma oder Institution. Falls Ihnen also entsprechende Informationen zur Verfügung stehen, adressieren Sie Ihren Brief nicht nur an eine Firmen- oder Verwaltungsanschrift, sondern zugleich an eine namentlich genannte Bezugsperson. Sie fördern damit die Bereitschaft dieser Person, Ihren Brief zum eigenen Anliegen zu machen.

Faustregel: Versuchen Sie einen persönlichen Bezug zum Empfänger aufzubauen.

Legen Sie besondere Sorgfalt auf die korrekte Namensnennung in Adresse und Anrede, auf die richtige und vollständige Schreibung, auf Titel und die korrekte Geschlechtszuordnung (Herr/Frau)!

Vorstellung des Themas

Das Thema Ihres Briefes erscheint in knapper und prägnanter Form in der ‚Betreff'-Zeile zwischen Adresse und Anrede.

Briefeinleitung

Entscheidend ist, wie Sie dieses Thema zu Beginn des Brieftextes wieder aufnehmen. Sie wollen es zum Anliegen des Empfängers machen, deshalb sollten Sie sein Interesse, seine Leistung oder seinen Anspruch an den Anfang stellen. Greifen Sie bitte keinesfalls zu nichtssagenden und hölzernen Brieferöffnungen.

Nachfolgend finden Sie Beispiele für – gute und weniger gelungene – Briefeinleitungen.

Formulierungsbeispiel 1

⊖ Sehr geehrte Damen und Herren,
hiermit möchte ich mich für ein Praktikum in der Redaktion des ‚Isar-Boten' bewerben. (...)

⊕ Sehr geehrte Frau Kremer,
haben Sie in Ihrer Redaktion noch Platz für einen engagierten, fixen und pflegeleichten Praktikanten? Einen Praktikanten, der seine guten PC-Kenntnisse einbringen kann und der lernen möchte, wie man eine gute Zeitung macht? (...)

Formulierungsbeispiel 2

⊖ Sehr geehrte Damen und Herren,
unser Autohaus zählt Hunderte zufriedener Kunden. Um auch Sie in Zukunft zu unserem Kundenstamm zählen zu können, unterbreiten wir Ihnen folgendes Super-Sonderangebot.

⊕ Sehr geehrter Herr Behrens,
suchen Sie ein neues Auto? Und wünschen Sie sich ein Autohaus, das Ihnen beste Leistungen zu fairen Preisen garantiert? Ich lade Sie ein, uns auf die Probe zu stellen.

Formulierungsbeispiel 3

⊖ Sehr geehrte Frau Ruschky,
mit Bezug auf Ihr Schreiben vom 18. Februar teile ich Ihnen heute mit, dass Leistungsansprüche aus dem Krankenversicherungstarif H5 ausschließlich bei stationärer Heilbehandlung entstehen. Eine Kostenerstattung kann in Ihrem Fall daher nicht erfolgen. (...)

⊕ Krankenversicherungstarif H5
Ihr Schreiben vom 18.02.9X

Sehr geehrte Frau Ruschky,
Sie fragen nach dem Leistungsumfang unseres Krankenversicherungstarifs H5. Dieser Tarif bezieht sich ausschließlich auf stationäre Heilbehandlungen. Ambulante Behandlungen deckt Tarif J6 ab.
Ihr Versicherungsvertrag schließt aber nur den Tarif H5 ein. Leider gibt es daher keine Möglichkeit, Ihre Krankenhauskosten zu erstatten. (...)

Wie höre ich auf?

In Erinnerung bleiben

Fordern Sie den Empfänger im letzten Satz möglichst verbindlich zu einer Reaktion auf.

Wer das Ende eines Briefes erreicht hat, hat meist das Empfinden, alles gesagt zu haben. Man greift daher gerne zu „schwachen" Formulierungen: zu Floskeln oder formalen Allerwelts-Wendungen: *Ich hoffe, Ihnen mit diesem Schreiben gedient zu haben.* Oder: *Bitte haben Sie für unsere Position Verständnis.* Oder: *Wir würden uns freuen, bald von Ihnen zu hören.* Das klingt höflich, verschenkt aber die Möglichkeit, abschließend das eigene Anliegen (noch einmal) präzise zu vermitteln und den Empfänger einzubinden:

Binden Sie den Empfänger ein, indem Sie ihm Handlungsvorschläge machen.

Schicken Sie uns Ihr Angebot bis zum …

Bitte setzen Sie sich mit mir unter der Telefonnummer … in Verbindung.

Sie können den Empfänger auch um eine Reaktion bitten (soweit eine Antwort wirklich erwünscht ist!), indem Sie mit einer Frage schließen:

Was ist Ihre Meinung?

Sind Sie einverstanden?

Meiden Sie vage Formulierungen, die ein Hoffen oder Wünschen mit unbestimmter Erfolgsgarantie ausdrücken. Ja, meiden Sie auch gängige Konjunktiv-Wendungen nach dem Muster: *Wir würden uns freuen …* Sagen Sie vielmehr deutlich, ohne Abstriche und doch höflich, was Sache ist, was Sie denken und erwarten und was geschehen soll:

Wir freuen uns auf Ihre Zusage bis zum …

Auch wenn Ihr Angebot vom … unseren aktuellen Vorstellungen nicht entspricht, bitten wir Sie, uns auch in Zukunft Ihre aktuellen Preislisten zuzusenden.

Weitere gute und weniger gute Formulierungsbeispiele für den Briefschluss finden Sie rechts.

⊖ Schlechte Formulierungsbeispiele – bitte nicht schreiben!

- Wir bedauern, Ihnen keine andere Auskunft geben zu können.
- Wir bitten um Ihr Verständnis.
- In Erwartung Ihrer Antwort verbleibe ich …
- Wir hoffen, Ihnen damit gedient zu haben.
- Ich würde mich freuen, bald von Ihnen zu hören.

⊕ Gute Beispiele – so sollten Sie schreiben!

- Bitte melden Sie sich so bald wie möglich.
- Bitte setzen Sie sich telefonisch mit meiner Assistentin in Verbindung.
- Falls Sie einverstanden sind, schicken Sie mir bitte die Vertragsunterlagen zu.
- Ich freue mich auf unser Gespräch am kommenden Dienstag.

Die richtige Anschrift

Der Adressat

Streichen Sie nicht mehr zeitgemäße Wendungen aus Ihrem Schreibregister, auch wenn sie vor wenigen Jahren noch üblich waren.

Für die Anschrift auf dem Briefumschlag und im Briefkopf gelten formale Regeln, die nur wenig Spielraum für individuelle Lösungen lassen. Rechts sehen Sie die gängigen Muster für die Nennung des Adressaten in der Briefanschrift.

Achten Sie bitte auf eine zeitgemäße Form in der Adresse.

Definitiv verstaubte Formen sind vor allem solche, die die nachgeordnete Rolle der Frau gegenüber ihrem Ehemann festschreiben. Benutzen Sie daher bitte die folgenden Formulierungen nicht mehr, soweit Sie nicht in Gefahr laufen wollen, als hoffnungsloser Parteigänger des Patriarchats zu gelten: *Herrn Friedmann und Frau.* Oder: *Herrn Friedmann und Gemahlin …* Die Umstellung von männlichen und weiblichen Personen zu *Frau und Herrn Friedmann* hat sich bislang (noch) nicht durchgesetzt. Benutzen können Sie sie natürlich dennoch.

Beachten Sie, dass der Adressat grammatisch im Akkusativ (Frage: an wen) steht, daher:

Herrn
Jochen Friedmann

Wenn Sie einen Adressaten in einem Unternehmen oder in einer Institution persönlich anschreiben möchten, können Sie dies folgendermaßen tun:

Tyko AG
Herrn Jochen Friedmann

Zusätze wie An oder An den oder z.Hdn. sind bei adressierten Personen nicht mehr üblich.

In dieser Form schreiben Sie die Person als Vertreterin des Unternehmens an. Grundsätzlich kann der Brief dann auch von einer anderen Person, zum Beispiel der Sekretärin, geöffnet und gelesen werden. Wollen Sie eine ganz persönliche Mitteilung machen, dann schreiben Sie:

Herrn Jochen Friedmann
Tyko AG
Balsamstr. 6
65432 Hochstadt

Dann darf nur Herr Friedmann den Brief öffnen. Um Missverständnisse zu vermeiden, sollten Sie das Wort *persönlich* zur Anschrift hinzufügen:

Herrn Jochen Friedmann
– persönlich –
Tyko AG

▶ Die richtige Anrede, Seite 32

Einzelpersonen

- Frau
  Claudia Segler

- Herrn
  Jochen Friedmann

Ehepaare und Familien (Varianten)

- Herrn und Frau
  Jochen und Anne Friedmann

- Jochen und Anne Friedmann

- Familie
  Jochen und Anne Friedmann

- Eheleute
  Jochen und Anne Friedmann

Ehepaare mit Doppelnamen

- Herrn Jochen Friedmann und
  Frau Anne Thurau-Friedmann

Ehepaare mit unterschiedlichen Namen

- Herrn und Frau
  Jochen Friedmann und
  Anne Thurau

Firmen und Institutionen

- Tyko AG
  Abt. Einkauf
  Balsamstr. 6

  65432 Hochstadt

- Tyko AG
  Herrn Jochen Friedmann
  Abt. Einkauf

- Herrn Jochen Friedmann
  Tyko AG

▶ Ausführliche Liste mit Anschriften, Seiten 551–565

Die richtige Anschrift

Titel

Achten Sie bei der Adresse nicht nur auf die korrekte Schreibung des Namens, sondern auch auf die richtige ‚Titulierung' des Empfängers.

Akademische Grade

Insbesondere der Doktortitel gilt als Teil des Namens und sollte in der Adresse genannt werden. Es sei denn, Sie wissen, dass der Empfänger auf die Nennung des Titels keinen Wert legt. In der Anschrift stellen Sie den Doktortitel in abgekürzter Form in die Namenszeile, also:

Herrn
Dr. Lothar Buchholz

Orientieren Sie sich im Zweifelsfall – soweit verfügbar – am Briefkopf oder an der Visitenkarte des Empfängers und übernehmen Sie die dort gebrauchten Titel für die Anschrift.

Üblicherweise setzt man auch den Titel Diplomingenieur (Dipl.-Ing.) in der Anschrift zum Namen hinzu. Dagegen ist der Gebrauch anderer Diplomtitel und Magistertitel in Deutschland nicht fest geregelt und unterbleibt meistens (anders in Österreich!).
Zwingend ist auch die Nennung des akademischen Titels Professor. Da die Professur allerdings gleichzeitig eine Berufsbezeichnung ist, gibt es zwei Möglichkeiten der Adressierung. Als Titel und Teil der Namenszeile wird Professor abgekürzt zu „Prof.":

Herrn
Prof. Dr. Rainer Hamann

Wird der Titel Professor eher als Berufsbezeichnung aufgefasst, steht er in der ersten Zeile und wird ausgeschrieben:

Herrn Professor	*Frau Professor*	*Frau Professorin*
Dr. Rainer Hamann	*Dr. Ingrid Hamann*	*Dr. Ingrid Hamann*

Adelstitel

Folgt man der gesetzlich verbindlichen Form, dann ist der Gebrauch von Adelstiteln denkbar einfach. Es gibt sie einfach gar nicht mehr als besonderen Zusatz zum Namen (schließlich leben wir seit langem in einer Republik!), vielmehr wird ein überkommener Adelstitel als Teil des Nachnamens verwendet:

Herrn
Ladislaus Graf von Uxkuell

Dagegen ist der gängige gesellschaftliche Gebrauch weiterhin:

Herrn
Graf Ladislaus von Uxkuell

Akademische Grade

Frau
Dr. Claudia Frohmer

Herrn
Prof. Dr. Robert Lahnstein

Frau Professorin
Dr. Regina Walther

Adelstitel

Herrn
Baptist Landgraf von Möringen

Herrn
Landgraf Baptist von Möringen

Frau
Irmin Prinzessin zu Hohensolms,

Frau
Prinzessin Irmin zu Hohensolms,

Freiherrn Georg von Minnigerode

Freifrau Nora von Stetten

▶ Ausführliche Liste mit Anschriften/Titel, Seiten 556–559

Die richtige Anschrift

Amts- und Funktionsbezeichnungen

Richtet sich Ihr Schreiben an einen Empfänger in seiner Eigenschaft als Repräsentant eines Unternehmens oder einer Institution, dann sollten Sie bei Personen in gehobenen Positionen auch die Amts- und Funktionsbezeichnung in die Anschrift aufnehmen.

Welche Positionen im einzelnen zu dieser Kategorie zu zählen sind, ist allerdings nicht eindeutig zu beantworten. Es hängt letztlich von der persönlichen Einschätzung des Absenders und vom formellen Charakter des Briefes ab, ob man Amt und Funktion ausdrücklich nennt.

In der Anschrift sind für Amts- und Funktionsbezeichnungen zwei Varianten möglich, nämlich die erste Zeile oder eine zusätzliche Zeile unterhalb des Namens:

Herrn Abteilungsleiter *Siegfried Niebel* *Tyko AG*	*Herrn Siegfried Niebel* *Abteilungsleiter* *Tyko AG*

In die erste Zeile setzt man eher kurze Amts- und Funktionsbezeichnungen, die den Lesefluss zum Namen hin nicht hemmen (Ausnahme: sehr hohe politische Ämter). Dagegen legt die Anordnung unterhalb der Namenszeile eine funktionsorientierte Lesart der Amts- und Dienstposition nahe und nimmt die persönliche Wertbezeugung durch den Titel etwas zurück. Sie ist auf diese Weise sicherlich die modernere Variante der Adressierung.

Besondere Formen der Anschrift und der Anrede gelten insbesondere in der römisch-katholischen Kirche.

Anschrift mit Amts- und Funktionsbezeichnung

Frau Staatsanwältin
Gertrud Medebach

Frau Gertrud Medebach
Staatsanwältin am Oberlandesgericht

Frau Rektorin
Beate Schippang

Frau Beate Schippang
Rektorin

Herrn Bundeskanzler der Bundesrepublik Deutschland
Dr. Konrad Schmidt

Herrn Landrat
Gregor Waller

Herrn Gregor Waller
Landrat des Kreises Oberroden

Seiner Exzellenz
dem Hochwürdigsten Herrn Bischof
Walther Lenzen

▶ Ausführliche Liste mit Anschriften/Amts- und Funktionsbezeichnungen, Seiten 560–565

Die richtige Anrede

Persönlich oder förmlich?

Übrigens: die Anrede schließt heute immer mit Komma; das Ausrufezeichen gilt als veraltet.

Für persönliche oder förmliche Briefe gibt es verschiedene neutrale Standardformeln der Anrede:

Persönlicher Brief

Liebe Christel,
Lieber Herr X,

Förmlicher Brief

Sehr geehrte Frau X,
Sehr geehrter Herr Y,

Wenn Sie aber schon mit der Anrede einen besonderen Akzent setzen wollen, sind Alternativen denkbar. Zum Beispiel als Ausdruck persönlicher Verbundenheit, größerer Vertrautheit oder besonderer Wertschätzung:

Persönlicher Brief

Mein lieber …,
Hallo, …

Förmlicher Brief

Sehr verehrter …,
Hochverehrter Herr …,
Sehr verehrte, liebe …,

▶ Die richtige Anschrift, Seiten 26–31

Persönliche Anrede-Formeln

Liebe Christel,
Lieber Herr Y,

Mein lieber Karsten,
Hallo Maria,
Hi Georg,
Ciao Lars,

Förmliche oder geschäftliche Anrede-Formeln

Sehr geehrte Frau X,
Sehr geehrter Herr Y,

Sehr veehrte Frau X,
Hochverehrter Herr Professor,
Sehr verehrte, liebe Frau X,
Guten Tag, Herr Y,

▶ Ausführliche Liste mit Anrede-Formeln, Seite 554

Die richtige Anrede

Titel

Ob Sie im privaten Bereich den Titel des Empfängers in der Anrede verwenden, sollten Sie nach eigenem Empfinden entscheiden. Sie können sich daran orientieren, wie vertraut Sie mit dem Empfänger sind und welchen Wert dieser selbst auf den Titel legt.
Im förmlichen Brief wird der Titel im Regelfall in der Anrede verwendet.
Zur Erinnerung: Einige Titel sind Bestandteil des Namens.

Akademische Titel

Der Doktortitel wird in der abgekürzten Form vor dem Namen verwendet:

Sehr geehrter Herr Dr. Buchholz,

Sie können ihn allerdings weglassen, wenn Sie ihn selbst tragen.

Bei privaten Briefen können Sie auf Titel verzichten. Der förmliche Schriftverkehr sollte sie allerdings berücksichtigen.

Der Titel Professor wird ebenfalls in der Anrede verwendet, allerdings ausgeschrieben und meistens ohne anschließende Namensnennung. Der Doktortitel wird nicht hinzugefügt:

Sehr geehrte Frau Professor,
Sehr geehrte Frau Professorin,
Sehr geehrte Frau Professor Dichum,

Professoren verzichten im Umgang miteinander meistens auf den Titel und reden sich als *Sehr geehrter Herr Kollege* beziehungsweise *Sehr geehrte Frau Kollegin* an.
Andere akademische Titel (Diplom, Magister) werden in der Anrede nicht erwähnt.

Adelstitel

Adelstitel werden der Anrede hinzugefügt (mit Ausnahme von Freiherr/Freifrau). In der Regel wird nach dem Adelstitel auch der Vorname genannt:

Sehr geehrter Herr Graf Ladislaus von Uxküll,

▶ Die richtige Anschrift/Titel, Seite 28

Anrede mit akademischem Titel

Liebe Frau Dr. Frohmer,

Sehr geehrter Herr Professor,

Sehr geehrte Frau Professor,
Sehr geehrte Frau Professorin,

Anrede mit Adelstitel

Sehr geehrter Herr Landgraf Baptist von Möringen,

Sehr geehrte Frau Prinzessin Irmin zu Hohensolms,

Bei Freiherr/Freifrau

Sehr geehrter Herr von Minnigerode,
Sehr geehrte Frau von Stetten,

▶ Ausführliche Liste mit Anreden/Titel, Seiten 556–559

Die richtige Anrede

Amts- und Funktionsbezeichnungen

Wo immer die Anrede wirklich einer Person gilt, sollte diese namentlich angesprochen werden.

Während in der Anschrift die Nennung der Amts- und Funktionstitel in höheren Positionen üblich ist, gilt dies für die Anrede nicht in gleichem Maße. In den meisten Fällen können Sie den Empfänger hier mit seinem Namen ohne weitere Ergänzungen anreden.
Allerdings gibt es auch eine Reihe von Positionen, für die die unpersönliche Anrede mit der Amts- oder Funktionsbezeichnung durchaus üblich ist:

Sehr geehrte Frau Vorsitzende,
Sehr geehrter Herr Oberstaatsanwalt,
Sehr geehrter Herr Direktor,

Verwenden Sie diese Anredeform allerdings zurückhaltend und in erster Linie dort, wo als Empfänger eher die Institution als der Amtsinhaber zu gelten hat:

Sehr geehrter Herr Ministerpräsident,
Sehr geehrte Frau Bürgermeisterin,

Dagegen brauchen Sie den Klassenlehrer Ihres Kindes keineswegs mit *Sehr geehrter Herr Studienrat, …* anzureden, sondern Sie schreiben schlicht *Sehr geehrter Herr Vogel, …*

▶ Die richtige Anschrift/Amts- und Funktionsbezeichnungen, Seite 30

Anrede mit Titeln

Sehr geehrte Frau Staatsanwältin,

oder

Sehr geehrte Frau Staatsanwältin Medebach,

Sehr geehrte Frau Rektorin,

Sehr geehrter Herr Bundeskanzler,

Sehr geehrter Herr Landrat,

Euer Exzellenz,

▶ Ausführliche Liste mit Anreden/Amts- und Funktionsbezeichnungen, Seite 560

Die richtige Grußformel

Abschied

In privaten Briefen können Sie die abschließende Grußformel beliebig um Grüße an alle Lieben, die gute Oma oder wen auch immer erweitern.

Anders als für die Anrede gibt es für die abschließende Grußformel eines Briefes im privaten Bereich keine feste Konvention. Hier wählen Sie nach persönlichem Stil und Geschmack:

Sei herzlich gegrüßt,
Herzlichst, deine...
Bis bald,
Viele Grüße,
Alles Liebe

In förmlichen Briefen und Geschäftsbriefen ist die übliche Grußformel

Mit freundlichen Grüßen

manchmal auch

Mit freundlichem Gruß

und in ziemlich salopper Form

Beste Grüße

Das früher übliche *Hochachtungsvoll* findet sich zwar manchmal noch, es gilt aber als veraltet.

Anrede- und Grußformel müssen miteinander harmonieren.
Sie sollten durch den gesamten Brief hindurch eine einheitliche Stilebene einhalten. Beginnen Sie einen Brief nicht höchst förmlich mit *Sehr verehrter Herr Präsident*, um ihn dann jovial mit *Viele Grüße* abzuschließen!

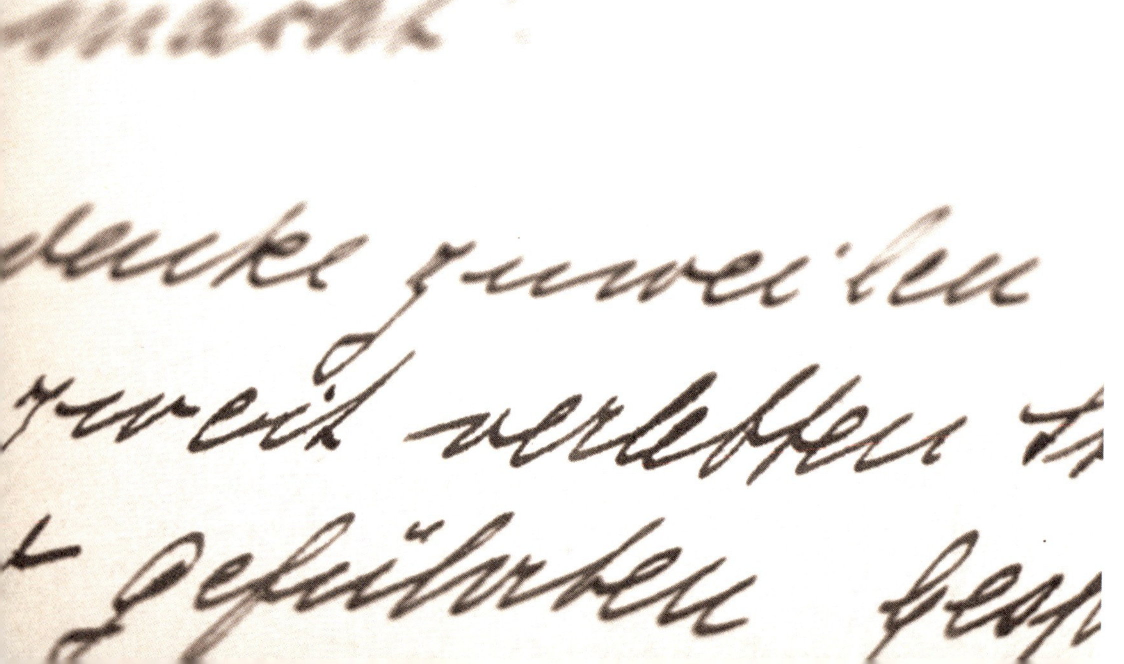

Persönliche Grußformeln

Viele Grüße

Alles Liebe

In Liebe

Gruß und Kuss

Herzlichst, dein

Bis bald

Sei herzlich gegrüßt, deine

Mit vielen herzlichen Grüßen

Mit liebem Gruß

Ciao

Tschüs

… und viele andere Möglichkeiten, die Ihnen Ihre Fantasie (oder Ihr Herz) eingibt!

Förmliche Grußformeln

Mit freundlichen Grüßen

auch

Mit freundlichem Gruß
Beste Grüße

PS: das Postscriptum

Was danach kommt …

An keiner Stelle des Briefes ist Ihnen so viel Aufmerksamkeit gewiss wie im Nachtrag. Nutzen Sie diese aus!

PS heißt Postscriptum, auf Deutsch: Nachschrift.
Im Postscriptum wird dem Brief nach der Grußformel und der Unterschrift noch etwas hinzugefügt. Früher war dies vor allem der Platz für Nachgetragenes, für zuvor vergessene Informationen – und in handschriftlichen Privatbriefen ist er das auch heute noch. In Zeiten moderner Textverarbeitung und unbegrenzter Korrekturmöglichkeiten entfällt allerdings die Notwendigkeit von Nachträgen, es sei denn, man setzt sie gezielt als Stilmittel ein.
Der Platz am Ende eines Briefes ist außerordentlich exponiert. Wenn noch die Hervorhebung als PS hinzukommt, ist ihm die Aufmerksamkeit des Lesers sicher. Umso sensibler sollten Sie in förmlichen und geschäftlichen Briefen damit umgehen.

Erste PS-Regel:
Vermeiden Sie den inflationären Gebrauch des Postscriptums. Nur ein sparsamer Einsatz wird seinem besonderen Aussagewert gerecht.

Zweite PS-Regel:
Nehmen Sie im PS nicht beliebige Inhalte auf, sondern eine zentrale Botschaft des Briefes. Geben Sie ihr eine knappe und klare Form und fordern Sie den Empfänger möglichst zu einer Reaktion auf.

Ein gelungenes PS zeigt der Beispielbrief auf der rechten Seite.

Beispielbrief mit Postscriptum

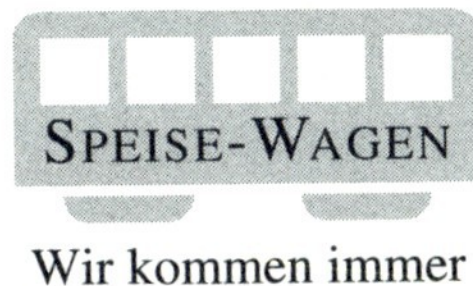

Wir kommen immer

Nie wieder Tütensuppen!

Sehr geehrter Herr Fernwald,

geht es Ihnen nicht auch so?

Nach getaner Arbeit, abends vor dem Fernseher, sogar spät in der Nacht, da kommt manchmal der Appetit auf ein leckeres Essen. Nichts Großes, aber auch nichts, was der eigene Kühlschrank hergeben würde. Eine gut belegte Pizza oder ein saftiges Gyros, sahnige Tortellini oder ein scharf gewürzter Bauernsalat.

Wir helfen dem Mangel ab. Ein Anruf genügt, und wir liefern all diese köstlichen Dinge (und viele andere mehr) in Rekordzeit zu Ihnen nach Hause. Und das rund um die Uhr, 24 Stunden am Tag und in der Nacht.

Was Sie von uns erwarten dürfen, sind frische, unkomplizierte Gerichte der Mittelmeerküche: von spanischer Paella über italienische Pizza bis zur griechischen Moussaka. Bei Bedarf auch Weine, Bier oder alkoholfreie Getränke. Wir garantieren für die frische Zubereitung aller Gerichte – die Mikrowelle bleibt bei uns kalt!

Wenn also bei Ihrem nächsten Fernsehabend der Hunger kommt, denken Sie an uns. Und notieren Sie sich schon jetzt unsere Telefonnummer: 27 34 56.

Ihr

Giorgio Fasullo

Giorgio Fasullo
Team Speise-Wagen

PS: Nicht vergessen – wir sind rund um die Uhr für Sie im Einsatz! Und auch um 4 Uhr morgens zahlen Sie keinen Aufschlag für die Zustellung nach Hause!

Abkürzungen

Knapp und rätselhaft

Brieftexte sollen flüssig zu lesen sein – ein Leser wünscht keine sprachlichen Stolpersteine. Für den Schreibenden kann das durchaus bedeuten, einige Gewohnheiten mit Rücksicht auf den Empfänger kritisch zu befragen.

Muten Sie dem Leser keine Stolpersteine zu. Machen Sie sich lieber die Mühe, ihm durch ausformulierte Wendungen entgegenzukommen.

Sehen Sie sich beispielsweise den ersten Beispielbrief auf der gegenüberliegenden Seite an. Es handelt sich um ein (etwas zugespitztes) Muster für den exzessiven Gebrauch von Abkürzungen. Dem Leser wird hier ein wahrlich harter Brocken vorgesetzt, denn wer stolperte nicht über *i. d. R.*, *u. E.* und *u. U.*?

Sicherlich: Abkürzungen können den Schreibenden entlasten, denn sie verkürzen den Schreibprozess und die Textlänge. Den Leser aber entlasten sie keineswegs, denn er muss jede Abkürzung in Gedanken wieder „ausschreiben". Das ist zwar bei gängigen, sehr häufig gebrauchten Abkürzungen kein Problem, z. B. bei *z. B.*, *usw.* und *d. h.* Bei vielen anderen aber muss sich der Leser mühsam in Erinnerung rufen, was sie denn eigentlich bedeuten: bei manchen kann man nur raten, bei anderen kapituliert man am Ende.

Dieser Verlust an Lesequalität wiegt schwer. Deshalb gilt:

Benutzen Sie Abkürzungen nur dort, wo es sich um häufig gebrauchte Standardformen handelt. Schreiben Sie sie ansonsten lieber aus!

Um wieviel flüssiger sich ein Brief dann liest, können Sie am zweiten Beispielbrief überprüfen.

Beispielbrief 1

Sehr geehrter Herr Moser,

vielen Dank für Ihre Anfrage bzgl. Neubauprojekt „Alte Heide".
Mittlerweile haben die meisten Wohnungen in dem a. o. begehrten Bauprojekt bereits einen glücklichen Käufer gefunden. Wir sind aber in der Lage, Ihnen noch einige attraktive Objekte anzubieten, die u. E. sehr genau den Wünschen und Anforderungen, die Sie im o. g. Schreiben äußern, entsprechen. Es handelt sich um Objekte, die i. d. R. komfortbewusste Paare besonders ansprechen.
Wir bieten Ihnen z. B. eine gut geschnittene 3-Zimmer-Wohnung mit 80 qm Wohnfläche für DM 540.000,-- zzgl. Maklercourtage.
Sollten Sie Interesse an größeren Wohneinheiten haben, so könnten u. U. zwei Wohngrundrisse in der laufenden Bauplanung noch zusammengefasst werden.
Sie sehen: In der „Alten Heide" ist keine Zeit zu verlieren. Daher werde ich Sie in den nächsten Tagen wg. Vereinbarung eines persönlichen Besichtigungstermins anrufen.

Mit freundlichen Grüßen

Beispielbrief 2

Sehr geehrter Herr Moser,

vielen Dank für Ihre Anfrage bezüglich des Neubauprojekts „Alte Heide".
Mittlerweile haben die meisten Wohnungen in dem außerordentlich begehrten Bauprojekt bereits einen glücklichen Käufer gefunden. Wir sind aber in der Lage, Ihnen noch einige attraktive Objekte anzubieten, die unseres Erachtens sehr genau den Wünschen und Anforderungen, die Sie im oben genannten Schreiben äußern, entsprechen. Es handelt sich um Objekte, die in der Regel komfortbewusste Paare besonders ansprechen.
Wir bieten Ihnen z.B. eine gut geschnittene 3-Zimmer-Wohnung mit 80 qm Wohnfläche für DM 540.000,-- zzgl. Maklercourtage.
Sollten Sie Interesse an größeren Wohneinheiten haben, so könnten unter Umständen zwei Wohngrundrisse in der laufenden Bauplanung noch zusammengefasst werden.
Sie sehen: In der „Alten Heide" ist keine Zeit zu verlieren. Daher werde ich Sie in den nächsten Tagen wegen Vereinbarung eines persönlichen Besichtigungstermins anrufen.

Mit freundlichen Grüßen

Fremdwörter

Harte Nüsse für den Leser?

Für den Leser schreiben heißt immer auch: verständlich schreiben. Verhindert aber nun – wie man es häufig hört und liest – der Gebrauch von Fremdwörtern das leichte Verständnis eines Brieftextes? Die Antwort darauf ist nicht so einfach, wie es zunächst scheint.

Sie sollten bedenken, dass es nicht „den" Briefstil gibt, der für alle Schreibanlässe und für alle Briefadressaten genauso gültig wäre. Vielmehr bestimmt sich jeder Brief ganz konkret nach dem Schreibanlass, nach Thema und Inhalt, nach den Erwartungen und Voraussetzungen des Empfängers.

Vermeiden Sie Wörter, bei denen die Gefahr besteht, dass sie dem Empfänger tatsächlich fremd sind! Und vermeiden Sie auch Wörter, die ihn befremden könnten, da er sie als Ausdruck sprachlicher Arroganz verstehen wird!

So kann es durchaus sein, dass für eine ganze Reihe von Briefen Fremdwörter überhaupt kein Problem sind – weil Sie wissen, dass sie zum üblichen Sprachstil des Empfängers gehören oder weil der Briefinhalt sie tatsächlich erfordert. Oder können Sie sich ein Rechnungsschreiben über eine Dienstleistung im Softwarebereich ohne Fremdwörter aus dem Englischen vorstellen? Oder einen Krankenbericht ohne Fachbegriffe, die aus dem Lateinischen oder Griechischen stammen?

Berücksichtigen Sie den Hintergrund des Lesers! Für das Verständnis von Texten ist es gar nicht so wichtig, ob ein Wort aus einer anderen Sprache stammt (das tun auch zum Beispiel die Wörter Küche, Kohl oder Bank). Wichtig ist nur, wie „fremd" ein Wort dem Leser voraussichtlich sein wird, ob er seine Bedeutung ohne Mühe erkennt oder nicht. Was Sie nicht vermeiden können, lässt sich ja vielleicht erklären …

Überprüfen Sie am Briefbeispiel 1 auf der nachfolgenden Seite, welche Wörter Ihnen fremd erscheinen. Es werden nicht nur Fremdwörter im landläufigen Sinne sein. Der zweite Brief kommt dem Verständnis des Lesers eher entgegen.

⊖ Beispielbrief 1

Ihre Anfrage zu Privatkunden-Konten

Sehr geehrter Herr Riederwald,

bezüglich Ihrer vorgenannten Anfrage möchten wir Sie auf unser innovatives Cash-Management-Systemangebot mit sofortigen Vorteilen auch für Privatkunden hinweisen. Unsere aktuellste Form des Bankings integriert alle bislang separat geführten Kontensparten vom Girokonto über traditionelle Sparbuchanlagen bis zu kurzfristigen Festgeldkonten und überzeugt durch geldmarktnahe Verzinsung, komplette Zahlungstransaktionsfunktionen und Kompensation der Salden der Unterkonten für faire Zinsberechnung.
Diesbezügliche Unterlagen und Antragsformulare legen wir als Anlage bei.
Natürlich beantwortet unser Kundenservice Ihre Fragen auch telefonisch:
Tel. 079/65 43 21.

Mit freundlichen Grüßen

⊕ Beispielbrief 2

Ihre Anfrage zu Privatkunden-Konten

Sehr geehrter Herr Riederwald,

Sie fragen nach günstigen Formen der Kontoführung für Privatkunden.
Kennen Sie schon unser neues, sehr erfolgreiches „Cash-Management"-Konto?
Dieses Konto vereint alle Bankkonten, die Sie bisher führten: Girokonto, Sparbuch, Festgeldkonto. Die Vorteile dieser Konten bleiben Ihnen auch in Zukunft uneingeschränkt erhalten, dazu kommt eine attraktive Verzinsung Ihres Guthabens. Der große Vorzug: von nun an erledigen Sie alle Bankgeschäfte über ein einziges Konto!
Weitere Informationen zu diesem interessanten Angebot entnehmen Sie bitte den beigelegten Unterlagen. Hier finden Sie auch ein Antragsformular, das Ihnen den Übergang zu dieser neuen Form der Kontoführung so leicht wie möglich macht.
Wenn Sie Fragen haben, rufen Sie uns an. Unsere Berater sind montags bis freitags von 9 bis 19 Uhr für Sie da. Telefon 079/65 43 21.

Mit freundlichen Grüßen

Papierwörter

Die Zombies der Sprache

Schreiben Sie so lebensnah und lebendig wie möglich! Je konstruierter Ihre Formulierungen wirken, desto schneller wird die Lust des Lesers schwinden, Ihren Brief zu lesen.

Wie lebendig wirkt die gesprochene Sprache eines persönlichen Gesprächs häufig genug gegenüber den „toten", „papierenen" Zeilen eines Briefes! Vieles hat sich in die Schriftsprache eingenistet, was man nie und nimmer mündlich äußern würde: Wörter und Floskeln eben, die man nur auf dem Papier findet, die aber auch hier durch bessere, weil lebendigere Formen ersetzt werden können – oder die Sie einfach weglassen sollten. Es geht um Formulierungen wie: *diesbezüglich; unter Bezugnahme auf; wir verbleiben hochachtungsvoll; teilen wir Ihnen mit, dass; baldmöglichst; unter Beibehaltung von; in Erwartung von …*

Von solchen und ähnlichen Ausdrücken sollten Sie sich lösen. Sie wirken allzu bürokratisch, stumpf und formelhaft. Wenn sie überhaupt etwas aussagen, dann lässt es sich in jedem Fall einfacher, klarer und natürlicher sagen.

Bleiben Sie so nah wie möglich an der gesprochenen Sprache!

Vergleichen Sie den negativen und den positiven Beispielbrief auf der nachfolgenden Seite. Sie sehen: Der bessere Stil kommt ohne große Umstände zur Sache. Er braucht keine gespreizten, vorgestanzten Leerformeln, sondern sagt schnörkellos das, was man auch im Gespräch sagen würde.

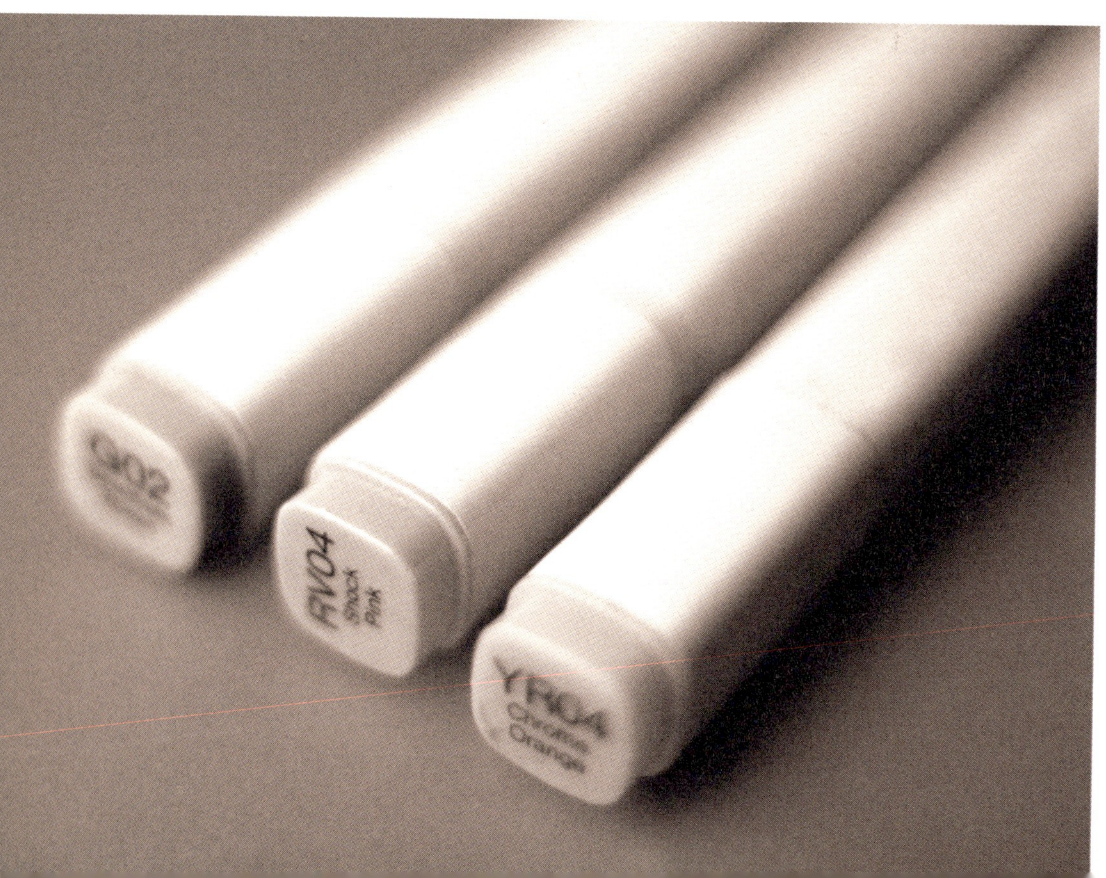

⊖ Beispielbrief 1

Antragsunterlagen zur Kraftfahrzeug-Versicherung

Sehr geehrter Herr Mosbach,
unter Bezugnahme auf Ihren formlosen Antrag vom 16.03.9X übersenden wir Ihnen heute die vollständigen Antragsunterlagen zur Kfz-Teilkaskoversicherung, die Sie bitte baldmöglichst und in vollständiger Form ausfüllen möchten. Wir weisen ausdrücklich darauf hin, dass der Versicherungsantrag erst bei Vorliegen aller durch Unterschrift des Antragstellers beglaubigten Formblätter ausgefertigt werden kann.

Hochachtungsvoll

Anlage

⊕ Beispielbrief 2

Antragsunterlagen zur Kraftfahrzeug-Versicherung
Ihr formloser Antrag vom 16.03.9X

Sehr geehrter Herr Mosbach,
damit Ihr Antrag auf Kfz-Teilkaskoversicherung wirksam werden kann, füllen Sie bitte noch das beiliegende Formular vollständig aus. Vergessen Sie bitte auch Ihre persönliche Unterschrift im letzten Feld der Seite 2 nicht – nur dann kann ich Ihren Versicherungsvertrag zügig ausstellen!
Falls Sie Fragen zum Antrag haben, rufen Sie mich einfach an: Telefon 098/765432.

Mit freundlichen Grüßen

Anlage

Hauptwörter, Passiv

Den Amtsschimmel im Stall lassen

Versuchen Sie nicht, Sachlichkeit zu erzeugen, indem Sie Verben in Hauptwörter und unpersönliche Passivkonstruktionen pressen. Texte können sachlich sein und trotzdem lebendig wirken.

Der Amtsschimmel hat eine besondere Vorliebe für Hauptwörter. Ein bürokratischer Stil ist daher immer auch ein „Hauptwortstil". Dass dies kein guter Stil ist, sei gleich hinzugefügt.

Der erste Beispielbrief auf der rechten Seite zeigt eine solche typische Häufung von Hauptwörtern. Das Lesen fällt schwer, denn dies ist keine natürliche Art und Weise, über Sachverhalte zu reden. Wieviel besser liest es sich, wenn dort statt ... *mit diesem Schreiben werden Sie in Erfüllung der gesetzlichen Vorschriften aufgefordert, Ihrem zuständigen Versorgungsamt alle Änderungen Ihrer persönlichen Verhältnisse zur Anzeige zu bringen ...* der Satz steht:

> *... bitte denken Sie daran, uns über alle Änderungen Ihrer persönlichen Verhältnisse zu informieren.*

Und wieviel lebendiger und farbiger wirkt die Aussage jetzt!

Warum aber diese notorische Vorliebe der Amtssprache für Hauptwörter, die ebenso schwerfällig wie hässlich sind? Offenkundig zielt dieser Sprachstil auf die „Versachlichung" der Aussage. Anders gesagt: Wer so schreibt, scheut davor zurück, klar und deutlich zu sagen, wer etwas tut oder tun soll. Er vermeidet das *ich* und das *Sie* und bevorzugt das *es*. Aus *... brauchen Sie nicht zu beantworten* wird *... kann von einer Beantwortung abgesehen werden.*

Dieselbe Wirkung hat der Gebrauch des Passivs. Auch hier wird der Handelnde sprachlich unsichtbar gemacht. Ein solcher Satz wirkt dann in der Regel unpersönlich und sperrig: *Daher wird nachhaltig um Einhaltung der nachstehend abgedruckten versorgungsrechtlichen Hinweise gebeten.*

Vermeiden Sie bürokratische Schreibweisen. Schreiben Sie „aktiv": Nennen Sie Ross und Reiter und benutzen Sie das Zeitwort als Zeitwort – nicht als künstliches Hauptwort: ***informieren, mitteilen, anzeigen, beantworten ...***

Beispielbrief 1

Erklärung über den Bezug von Familienzuschlag

Sehr geehrte Versorgungsempfängerin,

mit diesem Schreiben werden Sie in Erfüllung der gesetzlichen Vorschriften aufgefordert, Ihrem zuständigen Versorgungsamt alle Änderungen Ihrer persönlichen Verhältnisse zur Anzeige zu bringen. Diese Aufforderung gilt insbesondere, soweit Einfluss auf die Bemessung des Familienzuschlags anzunehmen ist. Die Verletzung von Anzeigepflichten hat ggf. die Aussetzung der Versorgungszahlungen zur Folge. Daher wird nachhaltig um Einhaltung der nachstehend abgedruckten versorgungsrechtlichen Hinweise gebeten. Mit der Antragstellung zum Familienzuschlag beginnt zugleich die Verpflichtung zur unverzüglichen Mitteilung aller Änderungen in den Verhältnissen der Kinder, soweit sie für den Anspruch von Bedeutung sind.
Sollten Sie nach Prüfung der folgenden Hinweise zu der Feststellung gelangen, dass eine anzeigepflichtige Änderung bei Ihnen nicht vorliegt, kann von einer Beantwortung des vorliegenden Briefes abgesehen werden.

Mit freundlichen Grüßen

Beispielbrief 2

Erklärung über den Bezug von Familienzuschlag

Sehr geehrte Frau Meiderich,

bitte denken Sie daran, uns über alle Änderungen Ihrer persönlichen Verhältnisse zu informieren. Bei Versorgungsempfängern ist dies gesetzlich vorgeschrieben. Lesen Sie daher die versorgungsrechtlichen Hinweise, die als Anhang zu diesem Brief abgedruckt sind, besonders gründlich durch.
Teilen Sie bitte alle Informationen mit, die die Höhe des Familienzuschlags beeinflussen könnten. Wer wie Sie einen Antrag auf Familienzuschlag gestellt hat, muss auch mitteilen, ob sich die Verhältnisse der Kinder verändert haben.
Falls Sie keine Änderungen Ihrer persönlichen Verhältnisse anzuzeigen haben, brauchen Sie diesen Brief nicht zu beantworten.

Mit freundlichen Grüßen

Satzbau

Öfter mal einen Punkt setzen

Gliedern Sie Ihre Sätze in kurze Einheiten und setzen Sie öfter mal einen Punkt. Der Leser kann Ihrer Argumentation dann leichter folgen.

Sie kennen diese unendlich langen Schachtelsätze oder Lindwurmsätze, die sich über viele Einschübe und Nebensätze hinweg bis zum abschließenden Punkt vorkämpfen? An deren Ende man sich nicht erinnert, wie sie begonnen haben? Ein Beispiel finden Sie im Brief 1.

In solchen Fällen kann man meistens ohne Probleme leichter und lesbarer formulieren. Das einfachste Hilfsmittel dafür ist der Punkt. Setzen Sie ihn häufiger und lösen Sie auf diese Weise komplexe Aussagen in überschaubare Sinneinheiten auf. Wie ein einziger zusätzlicher Punkt dem Leser zu einer notwendigen Atempause verhilft, sehen Sie rechts in Beispielbrief 2.

Kurze Sätze sind leserfreundlich.

Arbeiten Sie ruhig auch mit anderen Satzzeichen, um schwierige Sätze klarer zu gliedern und zu entlasten. Nutzen Sie zum Beispiel die Abstufung zwischen Komma, Semikolon (also Strichpunkt) und Punkt. Während ein Punkt zwei Aussagen ganz deutlich voneinander trennt, ein Komma dagegen nur eine schwache Trennung markiert, nimmt das Semikolon eine mittlere Position ein: Es steht zwischen zwei selbstständigen Aussagen, die aber inhaltlich zusammengehören, siehe Brief 3.

Bewahren Sie Augenmaß bei allen genannten Gliederungsmitteln! Der Zugewinn an Lesbarkeit ist sonst schnell wieder verspielt, beispielsweise durch überzogenes „Spicken" eines Briefes mit Klammern.

Ein Doppelpunkt steht nicht nur vor Aufzählungen, sondern kündigt auch Folgen und Folgerungen eines vorausgehenden Satzes an. Eine Aussage kann dadurch „geschärft" und verknappt werden (Brief 4).

Anstelle umständlicher Nebensätze genügt häufig ein kurzer Einschub, um (weniger wichtige) Informationen in den Bauplan eines Satzes einzustellen. Als Hilfsmittel dienen Klammern oder Gedankenstriche (Beispiel 5).

Wenn Sie am Aufbau von Sätzen feilen, entscheiden Sie mit der Reihenfolge und Verknüpfung von Wörtern auch über die Lesart von Briefen, über das, was besonders betont wird. *Eine* Stelle im Satz ist besonders geeignet, ein Ausrufezeichen für den Leser zu setzen: der Satzanfang. Schauen Sie sich die Satzvarianten im Formulierungsbeispiel an:

> *Ich habe schon einmal Ihrer Rechnung über Klempnerarbeiten in meinem Haus widersprochen.*
>
> *Schon einmal habe ich Ihrer Rechnung über Klempnerarbeiten in meinem Haus widersprochen.*
>
> *Ihrer Rechnung über Klempnerarbeiten in meinem Haus habe ich schon einmal widersprochen.*

Machen Sie sich diese Technik zielorientiert zunutze!

Beispielbrief 1

Sehr geehrter Herr Dormutz,
nachdem ich Ihre Rechnung vom 20.09.199X eingehend geprüft habe, bin ich zu dem Schluss gekommen, sie nicht anzuerkennen, da sie in mehreren Positionen, die sich insbesondere auf den Zeitraum 1. bis 10. August beziehen und die ich im Folgenden näher begründen möchte, mit den tatsächlichen Leistungen Ihrer Mitarbeiter nicht oder nur teilweise übereinstimmt.

Beispielbrief 2

Sehr geehrter Herr Dormutz,
nachdem ich Ihre Rechnung vom 20.09.199X eingehend geprüft habe, bin ich zu dem Schluss gekommen, sie nicht anzuerkennen. Die Rechnung stimmt in mehreren Positionen, die sich insbesondere auf den Zeitraum 1. bis 10. August beziehen und die ich im Folgenden näher begründen möchte, mit den tatsächlichen Leistungen Ihrer Mitarbeiter nicht oder nur teilweise überein.

Beispielbrief 3

Sehr geehrter Herr Dormutz,
Ihre Rechnung vom 20.09.199X erkenne ich nicht an, da sie mit den tatsächlichen Leistungen Ihrer Mitarbeiter nicht oder nur teilweise übereinstimmt. Mein Widerspruch bezieht sich insbesondere auf Rechnungspositionen für den Zeitraum 1. bis 10. August; ich werde sie im Folgenden näher begründen.

Beispielbrief 4

Sehr geehrter Herr Dormutz,
Ihre Rechnung vom 20.09.199X erkenne ich nicht an, da sie mit den tatsächlichen Leistungen Ihrer Mitarbeiter nicht oder nur teilweise übereinstimmt. Mein Widerspruch bezieht sich insbesondere auf den Rechnungszeitraum 1. bis 10. August und zwar auf folgende Positionen: ...

Beispielbrief 5

Sehr geehrter Herr Dormutz,
nachdem ich Ihre Rechnung vom 20.09.199X eingehend geprüft habe, bin ich zu dem Schluss gekommen, sie nicht anzuerkennen. Die Rechnung stimmt in mehreren Positionen (insbesondere für den Zeitraum 1. bis 10. August) mit den tatsächlichen Leistungen Ihrer Mitarbeiter nicht oder nur teilweise überein.

Die Form wahren …

Regeln und Normen des Schreibens

Zumindest in Ihrer geschäftlichen Korrespondenz sollten Sie die formalen Vorschriften der DIN 5008 beachten.

Dass ein Brief, ein Geschäftsbrief zumal, formal korrekt ausgeführt ist und ein optisch professionelles Erscheinungsbild hat, erscheint selbstverständlich. Jede Sekretariatsausbildung schafft hierfür die Qualifikation. Doch sollen zum Abschluss dieser Kleinen Schreibschule einige Anmerkungen zum Problem der korrekten Form nicht fehlen.

Formale Regeln: das sind zunächst die gültigen Normen der Rechtschreibung. Korrektes Schreiben nach aktuellen orthographischen Standards sollte in Geschäftsbriefen selbstverständlich sein, aber natürlich auch im privaten Bereich.

Normierungen für die Geschäftskorrespondenz regeln sehr präzise die Gestaltung eines Briefes (vor allem durch DIN 5008). Diese Vorschriften gelten für Privatbriefe nicht.

Lesbarkeit muss das oberste Gebot auch der formalen Gestaltung sein.

Bestimmte Gestaltungsaspekte von Briefen sollten Sie in jedem Fall gebührend beachten, auch wenn sie nicht normativ geregelt sind, beispielsweise einen ausreichenden Zeilenabstand und eine gut lesbare Schriftgröße, Gliederung in Absätze, Hervorhebungen im Text, Papierqualität usw.

Derartige Regeln und die formale Normierung der Korrespondenz überhaupt dienen der optimalen Unterstützung des Lesens. Es ist der Leser, der davon profitieren soll: durch leichte Orientierung und zügige Lektüre, durch optisch ansprechende Gestaltung und effiziente Informationsentnahme.

So gewinnt (oder verliert) aber am Ende auch der Schreibende:
Ihr Brief und sein Erscheinungsbild sind nichts anderes als Ihre Visitenkarte.

▶ DIN-Norm für die Gestaltung von Geschäftsbriefen, Seiten 505–515

Hans-Georg Wohlfahrt
Am Dornbusch 18
65432 Frankental

21.02.9X

Präsent
Haus für Geschenke
Herrn Wolfgang Horch
Fahrweg 21

65433 Frankental

Sehr geehrter Herr Horch,

zehn Jahre ist es her, dass Sie Ihr exklusives Ladengeschäft in meinem Hause im Fahrweg eröffnet haben. Zehn Jahre, in denen Sie diesem Unternehmen zu einem großen Namen im Einzelhandel unserer Stadt verholfen haben. Dieser Erfolgsgeschichte gilt mein Glückwunsch und mein Respekt.
Zehn Jahre, das ist aber auch die Zeitspanne, in denen das Verhältnis zwischen Mieter und Vermieter von jeder Störung frei blieb, besser noch: sich äußerst entspannt entwickelte. Dafür möchte ich Ihnen heute am Tage Ihres Geschäftsjubiläums danken.
Ich verbinde meinen Dank mit allen guten Wünschen für die Zukunft Ihres Unternehmens und für eine weiterhin vertrauensvolle Zusammenarbeit

Ihr

Hans-Georg Wohlfahrt

100
DEUTSCHLAND

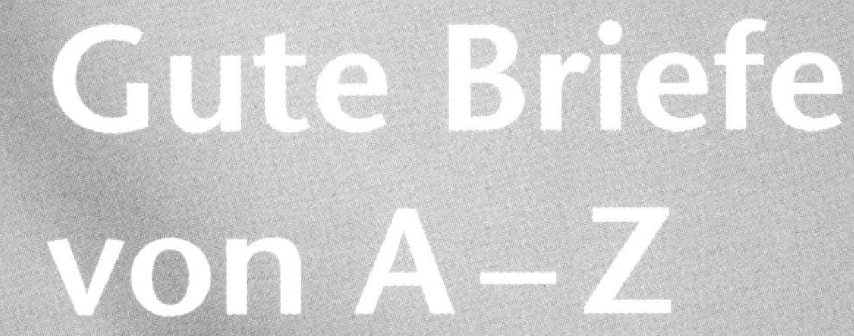

Gute Briefe von A–Z

Adressenänderung

Mitteilung der neuen Anschrift

Adressenänderung: immer schriftlich mitteilen.

Wenn Sie Ihre Wohnung wechseln, geben Sie die neue Adresse möglichst schon vor dem Umzug an Freunde, Bekannte und Geschäftspartner und an andere Einrichtungen, bei denen Ihre Anschrift vorliegen sollte. Machen Sie eine solche Änderungsmitteilung immer schriftlich, denn nur dann können Sie sicher sein, dass Anschrift und Telefonnummer in korrekter Form gespeichert werden.
Die schriftliche Mitteilung eines Adressenwechsels auch an Freunde ist eine Art „Serviceleistung": Sie haben alle Daten zuverlässig zur Hand, wenn sie Ihre neue Anschrift ins Adressbuch eintragen.

▶ Mitteilung der neuen Anschrift, Seite 57
▶ Mitteilung an Freunde und Bekannte, Seite 58
▶ Mitteilung an Geschäftspartner, Seite 59

Clemens Bechstein 18.09.9X
Kulmer Str. 35
01350 Lohstein

Nordsüd Verlag
Leserservice
Am Hain 2

26081 Ansberg

Kundennummer FR-1752-1230
Mein Abonnement der Zeitschrift ‚Ferne Reisen'
Adressenänderung

Sehr geehrte Damen und Herren,

zum 1. Oktober 199X werde ich meinen Wohnsitz verlegen. Bitte schicken Sie mir die Zeitschrift ab sofort an folgende Adresse:

Clemens Bechstein
Friedberger Str. 59
60225 Frankfurt

Vielen Dank!

Mit freundlichen Grüßen

Clemens Bechstein

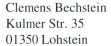

Clemens Bechstein
Kulmer Str. 35
01350 Lohstein

18.09.9X

Herrn
Simon Kattenborn
Eichendorffweg 12

81028 Kleinbuchen

Ich ziehe um!

Zum 1. Oktober 199X werde ich meinen Wohnsitz nach Frankfurt/Main verlegen.

Bitte notieren Sie / notiert meine neue Adresse:

Clemens Bechstein
Friedberger Str. 59
60225 Frankfurt
Tel. 069-64 43 32
Fax 069-64 43 33

Beste Grüße

Clemens Bechstein

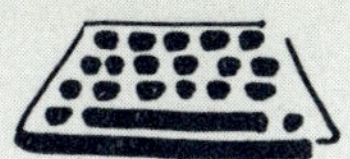

Gelsenberg, Kortner und Partner
Rechtsanwälte
Münsterstr. 57
43886 Burggräfen

22.09.9X

Georgen GmbH
Herrn Matthias Georgen
Kasseler Str. 4

45365 Mecheln

Wir ziehen um!

Sehr geehrter Herr Georgen,

unsere Kanzleiräume in der Münsterstraße sind uns zu eng geworden – wir ziehen um. Ab 1.Oktober 199X lautet unsere Anschrift:

Gelsenberg, Kortner und Partner
Rechtsanwälte
Karlsplatz 16

43886 Burggräfen

Telefon- und Faxnummer ändern sich nicht, ebensowenig unsere E-Mail-Adresse.

Wegen des Umzugs bleibt unser Büro am 29. und 30. September 199X geschlossen. Wir haben aber einen Telefondienst eingerichtet.

Schon heute möchten wir Sie zur Eröffnung unserer neuen Kanzleiräume herzlich einladen. Genauere Informationen folgen in Kürze.

Mit freundlichen Grüßen

K. Gelsenberg

Aktennotiz

Gespräche und Informationen notieren

Um Aktennotizen schnell und übersichtlich formulieren zu können, sind selbstentwickelte Formulare hilfreich.

Aktennotizen sind vorwiegend im geschäftlichen Bereich üblich. Sie sind in der Regel zum internen Gebrauch bestimmt und sichern in sehr knapper Form wichtige Informationen. Stichwortartig werden die Ergebnisse einer Besprechung oder eines Telefongesprächs aus der Erinnerung festgehalten oder Ansichten und Vorschläge weitergegeben und aktenkundig gemacht.

Der Zweck ist die möglichst schnelle, übersichtliche Information für den eigenen Bedarf oder für einen bestimmten Adressatenkreis. Formale Auflagen oder DIN-Normen gibt es dafür nicht. Es ist dem Verfasser selbst überlassen, die Aktennotiz für Umlauf und Ablage in eine gut strukturierte, vollständige Form zu bringen. Wer häufig Aktennotizen zu erstellen hat, ist gut beraten, dafür Vordrucke oder Formulare zu entwickeln.

Beispiele für Gesprächs- und Telefonnotizen finden Sie auf den folgenden Seiten.

Halten Sie in Ihrer Aktennotiz in jedem Fall die folgenden Punkte fest:

- **Briefkopf: Unternehmen, Abteilung**
- **Ort, Datum und Zeit**
- **Betreff**
- **Gesprächsteilnehmer**
- **Gesprächsinhalt in Stichworten oder Kurzbeschreibung**
- **Folgerungen, Handlungsvorgaben**
- **Datum, Unterschrift des Verfassers**
- **Verteiler, Liste der Empfänger**
- **Erledigungsvermerk, Wiedervorlagevermerk**

▶ Gesprächsnotiz, Seite 61
▶ Telefonnotiz, Seite 62
▶ Telefonnotiz – Bitte um Bestätigung, Seite 63
▶ Protokoll, Seiten 344–347

A. Ludewig GmbH
Abt. *Baustoffe*

Aktennotiz

Datum	17.10.199X
Ort	Konferenzraum B 1.22
Teilnehmer	Frau Stachelsky (Besprechungsleitung) Frau Lorant Herr Tucher Herr Portmann Herr Schulte-Hoing
Tagesordnung	1. Reklamation Fa. Singer 2. Personalbedarf
Ergebnisse	Zu 1. Die Reklamation ist offenkundig berechtigt. Die Lieferung wird zurückgenommen. Verantwortlich für Abwicklung: Herr Tucher Zu 2. Nach längerer Diskussion sind sich alle Beteiligten einig, dass eine neue Sekretärin (ganztags), ein Fahrer (ganztags) und ein Lagerist (halbtags) für die Abteilung neu eingestellt werden.
Weiteres Vorgehen	Zu 2. Kontaktaufnahme mit Personalabteilung und Betriebsrat. Ziel: sofortige Stellenausschreibung in der *Allgemeinen Zeitung* Verantwortlich: Frau Lorant
Verteiler	Teilnehmer
Name, Unterschrift des Verfassers	Konrad Schulte-Hoing Konrad Schulte-Hoing

Lamers GmbH

Telefonnotiz

Datum	05.06.199X
Teilnehmer	Telefongespräch mit Herrn Walther, Fa. Kampmann AG
Inhalt	Abmahnung der Fa. Kampmann AG zu unseren Lasten vom 01.06.199X. Ich begründe Herrn Walther ausführlich unseren Standpunkt: Eine Abmahnung ist sachlich nicht gerechtfertigt.
Ergebnisse	Herr Walther gesteht zu, dass die Abmahnung offenkundig auf einem Missverständnis beruht und nicht aufrechtzuerhalten ist.
Vorgehen	Herr Walther wird diesbezüglich mit seiner Geschäftsleitung sprechen und bis 12.06.199X Rückmeldung geben. Wir werden bis dahin in dieser Sache nicht aktiv.
Verteiler	Herr Leiser, Herr Kagel, Buschey (Fa. Lamers GmbH) Herr Walther (Fa. Kampmann AG)
Wiedervorlage	12.06.199X
Name, Unterschrift	Uwe Buschey *Uwe Buschey*

Wallmer AG
Leibnizstr. 6-8
38654 Hiermar

08.11.9X

Corthaus GmbH
Frau Marieluise Weininger
Salzbergstr. 39

87331 Hochgessen

Unser Telefongespräch vom 07.11.9X

Sehr geehrte Frau Weininger,

herzlichen Dank für das konstruktive Telefongespräch, das ich am gestrigen Tag mit Ihnen führen durfte.

Wie verabredet, fasse ich die im Gespräch vereinbarten Punkte noch einmal schriftlich zusammen:

- Beide Unternehmen streben für die Ausschreibung GU-234/1 des Bundesministeriums für Forschung und Wissenschaft eine partnerschaftliche Zusammenarbeit an.
- Die Teilnahme an konkurrierenden Angebotskonsortien schließen beide Unternehmen aus.
- Zur Abrundung des Konsortiums werde ich zur Firma Lotrans GmbH als möglichem dritten Partner umgehend Kontakt aufnehmen.

Bitte teilen Sie mir Änderungswünsche zu diesem Vermerk bis zum 14.11.9X mit; ansonsten gehe ich davon aus, dass Sie inhaltlich einverstanden sind.

Mit dem Wunsch auf gute Zusammenarbeit
und den besten Grüßen

Markus Lindner

Markus Lindner
(Abt. IV-3)

Anfrage

Bitte um Informationen

Eine schriftliche Anfrage gibt dem Empfänger Gelegenheit, sich präzise mit Ihren Wünschen vertraut zu machen und ihnen angemessen zu entsprechen.

Eine – zunächst unverbindliche – Anfrage hilft, geeignete Lieferanten von Waren oder Dienstleistungen zu finden.
Eine Anfrage kann ganz allgemein die Zusendung des Unternehmensprofils erbitten oder Kataloge, Preislisten, Musterbücher oder ähnliches. In diesem Fall wird der Bedarf noch nicht genau beschrieben.
Bei einer bestimmten Anfrage machen Sie sehr präzise Angaben über die gewünschten Waren und Dienstleistungen und bitten um genaue Auskunft über Qualität, Preise, Liefer- und Zahlungsbedingungen.
Der Anfrage kann eine Voranfrage vorausgehen (▶ Voranfrage). Der nachfolgende Schritt ist das Angebot (▶ Angebot). Folgende Aspekte sollten Sie in eine Anfrage aufnehmen:

Allgemeine Anfrage

- **Wie sind Sie auf das angeschriebene Unternehmen aufmerksam geworden?**
- **Informationen über Ihr eigenes Unternehmen**

- **Bitte um Zusendung von Informationsmaterial über das Unternehmen, von Katalogen, Preislisten, Preisstaffeln allgemein oder für bestimmte Produktgruppen, von Liefer- und Zahlungsbedingungen**
- **Interesse an Zusammenarbeit**
- **Gegebenenfalls Hinweis auf Fristen; Dank im Voraus**

Bestimmte Anfrage

- **Wie sind Sie auf das angeschriebene Unternehmen aufmerksam geworden?**
- **Informationen über Ihr eigenes Unternehmen**
- **Bitte um verbindliches Angebot**
- **Präzise Angaben zum Gegenstand der Anfrage: Art und Qualität der Waren oder Dienstleistungen, Umfang, erwarteter Liefertermin**
- **Bitte um Preisangaben**
- **Bitte um Angabe der Liefer- und Zahlungsbedingungen**
- **Fristsetzung für Angebotsabgabe; Dank im Voraus**

▶ Allgemeine Anfrage, Seiten 65 und 66
▶ Bestimmte Anfrage, Seite 67
▶ Voranfrage, Seite 414
▶ Angebot, Seiten 68–73

PHYSIS OHG
Konradstr. 104 · 64098 Mainbach

PHYSIS OHG · Konradstr. 104 · 64098 Mainbach

Loose GmbH
Güterstr. 51

29015 Haggen

08.05.9X

Anfrage Warenkataloge und Preislisten für Heimtrainer

Sehr geehrte Damen und Herren,

wir sind durch Ihr Firmenportrait im Brancheninfo ‚Sports' auf Sie aufmerksam geworden.

Als führender Fachhändler für Sportartikel in der Region planen wir, unser Angebot im Bereich Kraftsport und Heimtraining deutlich auszubauen. Wir denken dabei an die Besetzung des mittleren und höheren Preissegments mit umfassenden Serviceangeboten und einer qualifizierten Beratung durch unser Fachpersonal.

Grundsätzlich sind wir an der Übernahme Ihrer Heimtrainer in unser Angebot interessiert. Bitte schicken Sie uns entsprechende Kataloge, Preis- und Rabattstaffeln und Ihre Liefer- und Zahlungsbedingungen.

Wir würden uns freuen, in Zukunft mit Ihnen zusammenarbeiten zu können.

Mit freundlichen Grüßen
Physis OHG

i. A. Herta Müller

Herta Müller

Anlage
Prospekt Physis oHG

pro*aktiv* GmbH
Lahnstr. 78
57766 Metten

Messegesellschaft AG
Messeplatz 1

33559 Hamfurt

02.10.9X

Teilnahme als Aussteller an der Messe InfoSys 199X

Sehr geehrte Damen und Herren,

als Produzent multimedialer Informationssysteme und digitaler Warenkataloge planen wir, uns auf der nächsten InfoSys mit einem Stand zu präsentieren. Bitte schicken Sie uns entsprechende Informationen für Aussteller zu. Nützlich sind auch Angaben darüber, welche Firmen wir mit dem Standbau beauftragen können.

Mit freundlichen Grüßen

Detlev Fischer

Detlev Fischer

Anlage
Unternehmensprofil

· L · O · R · E · N · Z · G · M · B · H ·
Hüttenweg 18
48554 Bentheim

Buntdruck GmbH
Dillinger Str. 51

48322 Mentenbach

01.09.9X

Anfrage: Preise für Druck

Sehr geehrte Damen und Herren,

wir sind über den Ausstellerkatalog zur letzten Regionalmesse in Düren auf Sie aufmerksam geworden.

Als mittelständischer Hersteller von Holzspielzeug planen wir die Präsentation unserer Produkte in einem kleinen Katalog für Zwischenhändler. Wir denken dabei an ein Druckformat von DIN A5 im 4-Farb-Druck bei einem voraussichtlichen Umfang von ca. 80 Seiten und einer Auflage von 4.000 Stück. Wir möchten ca. 100 Produkte mit Abbildungen vorstellen. Wir benötigen den Katalog spätestens bis zum 15.10.9X.

Bitte machen Sie uns ein Angebot für diesen Druckauftrag und schicken Sie uns Ihre Allgemeinen Geschäftsbedingungen bis spätestens 10.09.9X zu.

Mit freundlichen Grüßen
Lorenz GmbH

i. A. Regina Hüttenmeister
Regina Hüttenmeister

Angebot

Leistungsbeschreibung

Ein Angebot enthält nicht nur den Preis, sondern immer auch genaue Auskunft darüber, was zu diesem Preis angeboten wird. Nur dann kann der Kunde darüber entscheiden, ob das Preis-Leistungs-Verhältnis im Vergleich zu den mitbietenden Konkurrenten stimmt.

Wer eine Ware oder eine Dienstleistung anbieten will, erklärt im schriftlichen Angebot seine Bedingungen. Da das Angebot womöglich zur Grundlage der Bestellung und des Kaufvertrages wird, sollten Sie Ihre Leistungsbeschreibungen sehr sorgfältig abwägen und auf präzise, eindeutige Formulierungen achten. Es geht ja nicht nur um Preise, sondern auch um Qualitätsbeschreibungen, Liefer- oder Erstellungsfristen, Abnahme- und Zahlungsbedingungen, Sonderkonditionen.

Reagieren Sie mit Ihrem Angebot auf die Anfrage eines Interessenten, müssen Sie selbstverständlich den Anforderungen der Anfrage vollständig gerecht werden. Abweichungen sollten gegebenenfalls besonders begründet werden. Neben dem *angeforderten Angebot* gibt es auch die Möglichkeit, ohne vorausgehende Anfrage ein Angebot an mögliche Kunden zu versenden. Ein *nicht angefordertes Angebot* bezieht sich üblicherweise auf Sonderangebote oder neue Produkte und Dienstleistungen, kann aber auch dazu dienen, sich bei alten Kunden wieder in Erinnerung zu rufen. Es steht dem Werbebrief nahe (▶ Werbebrief).

Ein Angebot ist für den Anbieter rechtlich bindend, soweit die Bindung nicht ausdrücklich eingeschränkt oder ausgeschlossen wird (mit Formulierungen wie: *Dieses Angebot ist freibleibend).*

Der nachfolgende Schritt im Korrespondenzfluss des Warenverkehrs ist die Bestellung (▶ Bestellung). Natürlich können Sie den Empfang eines Angebotes bestätigen oder ablehnen (▶ Angebot – Antwort).

Folgende Aspekte sollten Sie in ein Angebot aufnehmen:

- **Im Betreff: gegebenenfalls Bezug auf Anfrage**
- **Einleitung: gegebenenfalls Dank für Anfrage**
- **Präzise Angaben zu den angebotenen Waren oder Dienstleistungen: Art, Qualität, Menge, Preis, Rabatte**
- **Gegebenenfalls Abweichungen von Anfrage begründen**
- **Liefer- bzw. Erstellungszeit**
- **Angaben zu Verpackung und Transportkosten**
- **Liefer- und Zahlungsbedingungen bzw. Verweis auf Allgemeine Geschäftsbedingungen**
- **Gegebenenfalls Befristung des Angebots**
- **Gegebenenfalls Einschränkung der Bindung des Angebots oder von Teilen des Angebots**
- **Erfüllungsort und Gerichtsstand**

▶ Angefordertes Angebot, Seite 69
▶ Antwort auf Angebot, Seite 71

MELIS GmbH
Hauptstr. 49 · 16253 Oltenau

Hotel Thermen
Frau Inge Schumann
Seestr. 37

02432 Kanitz

Ihr Zeichen: Schu-KT
Ihre Nachricht vom: 16.05.9X
Unser Zeichen: Ko-Bo

22.05.9X

Angebot

Sehr geehrte Frau Schumann,

vielen Dank für Ihre Anfrage. Wir können Ihnen folgendes Angebot machen:

	Einzelpreis	Gesamtpreis
400 Frotteehandtücher Typ HTZ weiß 80 x 40 wie Warenmuster	DM 6,80	DM 2.720,00
200 Frotteehandtücher Typ HTZ weiß 120 x 80 wie Warenmuster	DM 14,20	DM 2.840,00
200 Frotteehandtücher Typ HTZ weiß 20 X 40 wie Warenmuster	DM 2,80	DM 2.560,00
Gesamt (netto ohne MwSt)		DM 6.120,00

Wir garantieren eine Lieferfrist von maximal 10 Werktagen nach Bestell-eingang. Lieferung frei Haus, zahlbar innerhalb 30 Tagen ohne Abzug. An dieses Angebot halten wir uns gebunden bis zum 30.07.9X. Erfüllungsort und Gerichtsstand ist Oltenau. Es gelten unsere Allgemeinen Geschäftsbedingungen. Bitte beachten Sie die beiliegenden Warenproben und Prospekte.
Wir freuen uns auf Ihre Bestellung.

Mit freundlichen Grüßen

i. A. Gregor Kohl
Gregor Kohl

Angebot

Antwort auf Angebot

Vielleicht stellt sich im Zuge der Verhandlungen heraus, dass der zweitbeste Bieter das bessere Angebot unterbreitet hat. Deshalb sollten Sie nicht voreilig absagen.

Wenn Sie von den Bedingungen eines Angebots überzeugt sind, bestellen Sie die angebotene Ware oder beauftragen die entsprechende Dienstleistung (▶ Bestellung).

Vielleicht aber benötigen Sie noch etwas Zeit, um sich zwischen verschiedenen Anbietern entscheiden zu können. In diesem Fall sollten Sie den Eingang der Angebote bestätigen. Oder Sie möchten einen Anbieter dazu bringen, sein Angebot zu Ihren Gunsten zu verändern, und schicken ihm eine freundlich formulierte Anfrage.

Schließlich müssen Sie angefragte Angebote, die Sie nicht annehmen wollen, ausdrücklich absagen.

Für diese Möglichkeiten, auf ein schriftliches Angebot zu antworten, finden Sie Musterbriefe auf den folgenden Seiten.

Folgende Aspekte sollten Sie immer in Ihre Antwort auf ein Angebot aufnehmen:

- **Im Betreff: Bezug auf Angebot und Datum des Angebots, eventuell mit Angebotsnummer**
- **Einleitung: Dank für Angebot**

▶ Eingangsbestätigung für Angebot, Seite 71
▶ Antwort auf Angebot mit Bitte um Überarbeitung, Seite 72
▶ Absage eines Angebots, Seite 73
▶ Angebot, Seite 68
▶ Bestellung, Seiten 112–115

KALMANN AG
Leipziger Str. 36 · 68243 Anstadt

Zellekens GmbH
Abt. Vertrieb
Herrn Walter Bergmann
Wingertstr. 11

75529 Werthain

12.02.9X

Ihr Angebot vom 08.02.9X
Unsere Anfrage vom 30.01.9X

Sehr geehrter Herr Bergmann,

soeben habe ich Ihr überarbeitetes Angebot erhalten. Ich freue mich, dass Sie in der Kürze der Zeit eine neue Kalkulation durchführen konnten. Vielen Dank für die schnelle Ausarbeitung.

Mit diesem Kostenrahmen wird Ihr Angebot mit Sicherheit in die engere Auswahl unserer Ausschreibung kommen. Über die Auftragsvergabe werden wir in unserem Hause Anfang der kommenden Woche eine Entscheidung treffen. Ich werde Ihnen das Ergebnis dann umgehend mitteilen.

Mit freundlichen Grüßen

i.V. Carlo Streicher

Carlo Streicher
Einkauf Baustoffe

KUSCHNIK GmbH

Leunastr. 2, 098765 Kauniz

Ruhrtal GmbH
Herrn Markus Emmerich
Chlodwigstr. 23

44455 Kaltenhagen

29.01.9X

Ihr Angebot vom 24.01.9X
Angebotsnummer 9X-04-121

Sehr geehrter Herr Emmerich,

vielen Dank für Ihr termingerechtes und umfangreiches Angebot.

Im Vergleich mit den Mitanbietern liegen Sie mit Ihrer Kalkulation etwa 15% über dem Durchschnitt. Da Ihre übrigen Konditionen uns allerdings sehr entgegenkommen, würden wir den Auftrag gerne an Sie vergeben.

Sehen Sie eine Möglichkeit, das Angebot noch einmal zu überdenken und neu zu kalkulieren?

Da wir unter Termindruck stehen, muss ich Sie bitten, mir Ihre Antwort per Fax oder Brief spätestens bis 06.02.9X zukommen zu lassen.

Ich hoffe auf eine positive Nachricht von Ihnen!

Mit freundlichen Grüßen

Werner Kuschnik

Werner Kuschnik

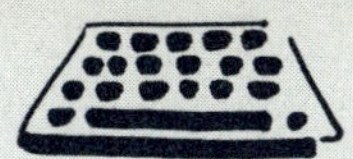

LEIBHARD KG

Wagenholz Metalle GmbH
Herrn Lahnstein
Kommendestr. 5

71221 Lenningen

15.05.9X

Ihr Angebot vom 09.05.9X

Sehr geehrter Herr Lahnstein,

vielen Dank für Ihr detailliertes Angebot.

Der Vergleich aller eingegangenen Angebote hat jedoch gezeigt, dass die Konditionen anderer Anbieter wesentlich günstiger waren.

Daher haben wir den Auftrag mittlerweile an ein anderes Unternehmen vergeben.

Mit freundlichen Grüßen

i. A. Elvira Müller

Elvira Müller

Luisenstr. 45 · 62885 Herrnstadt

Annahmeverzug

Verweigerte Entgegennahme der Leistung

Wenn ein Käufer die bestellte Ware bei Lieferung unbegründet nicht annimmt, kommt er in Annahmeverzug. In der Regel wird der Verkäufer die Ware auf Kosten des Käufers einlagern und ihm eine Nachfrist zur Übernahme setzen. Der Verkäufer kann aber auch vom Kaufvertrag zurücktreten und unter Verzicht auf eine Klage die Ware anderweitig verkaufen oder versteigern lassen.

Folgende Aspekte sollte eine Mitteilung im Falle von Annahmeverzug enthalten:

- **Im Betreff: Angaben zur Bestellung, zur Auftragsbestätigung und zur vereinbarungsgemäßen Lieferung**
- **Feststellung der Annahmeverweigerung**
- **Gegebenenfalls Aussage zum Einlagerungsort und zu den Lagerkosten**
- **Bitte um Erklärung der Annahmeverweigerung**
- **Nachfrist für die Abholung setzen**
- **Hinweis auf die rechtlichen Folgen nach Ablauf der Nachfrist**

Rufen Sie Ihren Kunden an, bevor Sie schriftlich auf einen Annahmeverzug reagieren.

Tipp: Bevor Sie schriftlich auf den Annahmeverzug reagieren, sollten Sie versuchen, telefonisch in Erfahrung zu bringen, warum der Abnehmer so reagiert hat. Dann laufen Sie nicht Gefahr, unnötig einen Kunden zu verlieren.

▶ Mitteilung bei Annahmeverzug, Seite 75
▶ Mahnung bei Lieferverzug, Seite 306

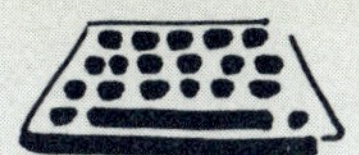

LuxuM
LAMPENSYSTEME
HEISENBERGSTR. 7, 435027 KLEIENBRÜCK

Schall und Göttert
Herrn Martin Schall
Ludwigsstr. 29

73965 Trautheim

10.09.9X

Annahmeverzug
Ihre Bestellung vom 11.08.9X – Unsere Lieferung vom 05.09.9X

Sehr geehrter Herr Schall,

wir haben Ihre Bestellung über 25 Lampensysteme am 05.09.9X vereinbarungsgemäß ausgeliefert.

Sie haben aber die Annahme der Ware ohne Angabe von Gründen verweigert.

Wir haben die Ware bei der Speditionsfirma Nordhoff, Steinweg 24, 70345 Heidenberg auf Ihre Kosten eingelagert. Bitte holen Sie dort die Lieferung bis zum 18.09.9X ab. Sollten Sie dieser Aufforderung nicht nachkommen und für die Verweigerung der Annahme keine stichhaltigen Gründe vorbringen, werden wir Sie auf Annahme der Ware verklagen.

Alle Kosten, die uns durch den Annahmeverzug entstehen, werden wir Ihnen in Rechnung stellen.

Mit freundlichen Grüßen

Xaver Mehtab

Xaver Mehtab

Auftragsbestätigung

Annahme der Bestellung

Auch nach einer mündlichen Bestellung ist es sinnvoll, den Auftrag noch einmal schriftlich zu bestätigen.

Eine Bestellung bzw. eine Auftragsvergabe muss nicht in jedem Fall bestätigt werden. In einigen Fällen aber ist die Bestätigung notwendig, damit der Kaufvertrag als rechtsverbindlich geschlossen gilt. Beispielsweise, wenn

- kein Angebot vorlag oder die Bestellung vom Angebot abweicht
- das Angebot nicht in allen Teilen verbindlich war
- das Angebot verspätet angenommen wurde
- der Kunde eine Bestätigung wünscht

Auch wenn eine Auftragsbestätigung nicht in allen Fällen zwingend ist, so kann sie doch im eigenen Interesse hilfreich sein. So beispielsweise dann, wenn der Bestellung noch umfangreiche Verhandlungen vorausgingen, die dann mit der Auftragsbestätigung festgeschrieben werden können.

Folgende Aspekte sollte eine Auftragsbestätigung enthalten:

- **Dank für Bestellung und Bestätigung der Annahme**
- **Angaben zum Auftragsgegenstand (Ware oder Dienstleistung, Qualität, Menge, Preis usw.)**
- **Liefertermin**
- **Liefer- und Zahlungsbedingungen**
- **Gegebenenfalls besondere Hinweise oder Richtigstellungen**

▶ Auftragsbestätigung, Seite 77

Betten Linnhart
Colmarer Str. 71
75021 Uhingen

Frau
Friede Lauterbach
Hegelstr. 6

62911 Kaltenbronn

14.03.9X

Ihre Bestellung vom 08.03.9X

Sehr geehrte Frau Lauterbach,

vielen Dank für Ihren Auftrag, den wir mit folgenden Daten für die Sonderanfertigungen gespeichert haben:

1 Bettdecke Best.Nr. 1823, Farbe 14, Maße 240 x 220 cm	DM 620,00
1 Bettdecke Best.Nr. 1025, Farbe 14, Maße 240 x 220 cm	DM 450,00
Summe	DM 1.070,00
zzgl. 16% MwSt.	DM 171,20
Gesamt	DM 1.241,20

Bitte überprüfen Sie die Farb- und Maßangaben und teilen Sie uns eventuelle Änderungswünsche bis zum 22.03.9X mit.

Da es sich um Sonderanfertigungen handelt, benötigen wir etwa sechs Wochen zur Fertigstellung der Ware. Die Lieferung erfolgt dann ohne weitere Ankündigung und frei Haus. Der Rechnungsbetrag ist innerhalb von 30 Tagen nach Rechnungsstellung ohne Abzug zahlbar, innerhalb von 14 Tagen mit 2% Skonto.

Mit freundlichen Grüßen

Magda Linnhart

Magda Linnhart

Beförderung

Glückwunsch zur Beförderung

Ein Glückwunsch zur Beförderung ist immer willkommen.

Eine Beförderung ist immer ein Anlaß zur Gratulation – nicht nur im Kreise von Kollegen. Erkennen Sie ruhig die Erfolge Ihrer Mitarbeiterinnen und Mitarbeiter an. Und auch im Freundeskreis wird man eine Anerkennung zu schätzen wissen.
Mögliche Stichworte für die inhaltliche Gestaltung:

- **Gratulation**
- **Würdigung der persönlichen Leistungsfähigkeit mit allgemeiner Schlussfolgerung: Beförderung ist verdiente Anerkennung des Geleisteten und der persönlichen Qualifikation**
- **Aus Unternehmenssicht: Beförderung in neue Funktion ist angesichts der Leistungsfähigkeit des Adressaten ganz im Interesse des Unternehmens**
- **Eventuell Blick zurück auf die durchlaufenen Stufen der bisherigen Berufskarriere**
- **Je nach persönlichem Verhältnis zum Adressaten: humorvolle oder ironische Anmerkungen zur Beförderung**
- **Gute Wünsche für die Zukunft und die weitere Karriere**

▶ Glückwunsch an Freunde, Seite 79
▶ Glückwunsch an Bekannte, Seite 80
▶ Glückwunsch an Mitarbeiter, Seite 81

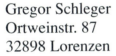

Gregor Schleger
Ortweinstr. 87
32898 Lorenzen

23.9.199X

Lieber Gregor,

du bist also die Leiter weiter hochgefallen. Glückwunsch und Tusch!

Wen aber sollte dein schnelles Vorwärtskommen auch verwundern? Du bist fachlich hervorragend qualifiziert, den anderen schon immer um (mindestens) eine Nasenlänge voraus und mit großer Menschenkenntnis begabt. Die neue Position wird dir sicherlich passen wie ein Maßanzug!

Bleibt bei mir nur das Bedauern, dass wir dich in Zukunft wahrscheinlich noch weniger sehen werden und das gelegentliche Bier am Abend den neuen Verpflichtungen geopfert wird.

So grüße ich dich mit einem lachenden und einem weinenden Auge und wünsche weiterhin viel Glück und Erfolg

dein

Karlheinz

Kai-Uwe Stetten
Eschenstr. 7
29091 Mardorf

16.01.199X

Frau
Margit Seleen
Theodor-Storm-Str. 61

29084 Karstensen

Sehr geehrte Frau Seleen,

mit Respekt und Freude habe ich von Ihrer Beförderung zur Dezernentin gehört. Ich gratuliere Ihnen von ganzem Herzen dazu.

Seit unserer gemeinsamen Zeit in der Sozialverwaltung weiß ich, wie engagiert Sie Ihrer Tätigkeit nachgehen und wie sehr Ihr Beruf für Sie tatsächlich Berufung ist. Sie haben immer schon glaubwürdig vermittelt, dass Verwaltungstätigkeit mehr und anderes sein kann als bürokratisches Handeln im Sinne von Paragraphen und Richtlinien. Davon haben die Bürger unserer Stadt mit ihren Anliegen ebenso profitiert wie die Kolleginnen und Kollegen, mit denen Sie erfolgreich zusammengearbeitet haben.

Umso mehr freut es mich, dass Sie nun die leitende Funktion der Dezernentin übernehmen und mit noch größerem Gewicht als bisher Ihre Ideen und Konzepte umsetzen können.

Auf gute Zusammenarbeit

Ihr

Kai-Uwe Stetten

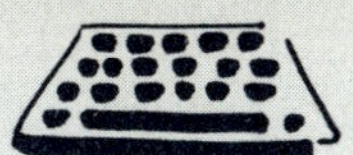

G. Hollein GmbH
Werner Hollein, Geschäftsführer
Leibnizstr. 2-8, 10733 Kallheim

Frau
Sophie Komenius
Gartenstr. 54

10735 Kallheim

25.03.199X

Sehr geehrte Frau Komenius,

noch einmal möchte ich Ihnen meine Freude darüber bekunden, dass wir Sie in der Position einer Abteilungsleiterin auch für die Zukunft an unser Unternehmen binden konnten.

Sie wissen aus vielen persönlichen Gesprächen, wie sehr ich Ihre Kompetenz schätze, die Sie in allen für das Unternehmen relevanten Marketingbereichen gewinnbringend eingesetzt haben. Es ist nicht zuletzt Ihren Initiativen, Ihren Ideen und Ihrem strategischen Geschick zu verdanken, dass unser Unternehmen in den letzten fünf Jahren einen erheblichen Marktanteil im Segment regenerative Energien erzielen konnte.

Ich bin sicher, dass Sie auch die neue Position und den größeren Verantwortungsbereich mit demselben Engagement und demselben Durchsetzungsvermögen annehmen werden. Lassen Sie uns gemeinsam die Erfolgsgeschichte des Unternehmens fortschreiben!

Weiterhin auf gute Zusammenarbeit

Ihr

Werner Hollein

Behörden

Briefe an Ämter

Bevor Sie an eine Behörde schreiben, sollten Sie sich klar machen, was genau Sie erreichen möchten. Dann wird es Ihnen leichter fallen, Ihr Anliegen verständlich zu formulieren.

Viele Menschen bauen innere Blockaden auf, wenn sie an ein Amt oder eine Behörde schreiben. Der Stil wirkt oft hölzern und verkrampft, es schleichen sich bürokratische Worthülsen ein. Doch man muss die oft genug staubtrockene Amtssprache ja nicht kopieren und den sprachlichen Amtsschimmel selbst reiten wollen. Schreiben Sie ruhig in Ihrer eigenen Sprache, und wenn Sie den präzisen Amtsbegriff für einen Sachverhalt nicht kennen, wählen Sie ruhig ein anderes Wort. Der Sachbearbeiter der Behörde steht durchaus in der Pflicht, Ihr Anliegen so gut es eben geht zu verfolgen – auch wenn er es anders benennt.

Dennoch ist es durchaus sinnvoll, sich genau über die Art des eigenen Anliegens gegenüber der Behörde klar zu werden. Wollen Sie zum Beispiel eine *Anfrage* an ein Amt richten oder einen *Antrag*? Legen Sie gegen einen Bescheid *Einspruch* ein oder erheben Sie *Beschwerde*? Oder wollen Sie nur eine *Änderungsmitteilung* machen? Benennen Sie Ihr Anliegen deutlich in der Betreffzeile Ihres Briefes!

Bei wichtigen Briefen sollten Sie die Versendung als Einschreiben erwägen. Im Zweifel muss der Absender nachweisen, dass ein Schreiben tatsächlich versandt wurde. In der Regel wird es jedoch genügen, wenn Sie eine Kopie des Briefes festhalten und darauf vermerken, wann der Brief eingeworfen wurde.

Ihr Brief an Ämter und Behörden sollte folgenden Aufbau haben:

- **Absender und Datum**
- **Korrekte und vollständige Anschrift der Dienststelle, möglichst mit Namen des zuständigen Sachbearbeiters**
- **Im Betreff: Benennung des Anliegens, gegebenenfalls Bezug auf vorausgehenden Bescheid und/oder Angabe der eigenen Identifikationsnummer (z. B. Steuernummer)**
- **In Anrede: falls Sachbearbeiter bekannt, mit Namen anreden; sonst: *Sehr geehrte Damen und Herren,***
- **Klare und kompakte Darstellung des Sachverhalts; Begründung des Anliegens**
- **Grußformel**
- **Gegebenenfalls Verweis auf Anlagen**

▶ Briefe an das Arbeitsamt, Seiten 83–86
▶ Brief an die BfA, Seite 87
▶ Brief an das Kreiswehrersatzamt, Seite 88
▶ Briefe an das Finanzamt, Seiten 89–93
▶ Briefe an städtische Ämter, Seiten 94–99

Monika Witte
Voigt-Str. 71
57554 Neukirchen

23.8.199X

Arbeitsamt Neukirchen
Berliner Str. 34

57554 Neukirchen

Bitte um Formulare zur Meldung der Arbeitslosigkeit

Sehr geehrte Damen und Herren,

mein bisheriger Arbeitgeber, die Firma Medeco GmbH in Neukirchen, hat meinen Arbeitsvertrag als kaufmännische Angestellte fristgerecht zum 30.9.199X gekündigt.
Ich habe noch keine neue Arbeitsstelle in Aussicht und möchte mich daher rechtzeitig arbeitslos melden.

Bitte schicken Sie mir die notwendigen Unterlagen zum Meldeverfahren zu, damit ich diese schon ausgefüllt zum persönlichen Meldetermin mitbringen kann.

Ich benötige auch dringend einen Beratungstermin bei einem Fachberater.
Bitte teilen Sie mir mit, an wen ich mich mit der Bitte um einen Termin wenden soll.

Mit freundlichen Grüßen

Monika Witte

Corinna Strathen
Heinrich-Heine-Weg 24a
42625 Maitern

2.6.199X

Arbeitsamt Maitern
Kolpingstr. 45

42625 Maitern

Veränderungsmitteilung:
Abmeldung Arbeitslosengeld,
ENR 19-645-876

Sehr geehrte Damen und Herren,

seit dem 1. März 199X beziehe ich Arbeitslosengeld, habe aber mittlerweile durch eigene Bewerbungsaktivitäten eine Vollzeitstelle als Lithographin bei der Firma Kroll KG in Lohhof erhalten.

Ich werde diese Stelle zum 1.7.199X antreten und möchte mich deshalb rechtzeitig zum 30.6.199X aus der Arbeitslosen-Unterstützung abmelden.

Bitte teilen Sie mir mit, welche Unterlagen oder Informationen Sie noch von mir brauchen.

Mit freundlichen Grüßen

C. Strathen

Thomas Fleckhaus
Sörenstr. 28
01634 Heinar

30.01.9X

Arbeitsamt Heinar
Lausitzer Str. 41

01636 Heinar

Stellenangebote für Maschinenbau-Ingenieure

Sehr geehrte Damen und Herren,

ich stehe zur Zeit in einem ungekündigten Beschäftigungsverhältnis als Maschinenbau-Ingenieur, möchte mich aber gerne beruflich verändern.

Bitte teilen Sie mir mit, ob zur Zeit im hiesigen Arbeitsamtsbezirk offene Stellen für Maschinenbau-Ingenieure registriert sind und an welchen Fachberater ich mich wenden kann.

Ich lege einen kurzen Lebenslauf bei, um Ihnen ein besseres Bild meines Qualifikationsprofils zu vermitteln.

Bitte behandeln Sie dieses Schreiben vertraulich.

Mit freundlichen Grüßen

Thomas Fleckhaus

Michael Laschuer
Geschwister-Scholl-Str. 5
87722 Gamberg

10.4.199X

Arbeitsamt Gamberg
Junghofstr. 12

87722 Gamberg

Angebot freie Lehrstellen

Sehr geehrte Damen und Herren,

im Juli dieses Jahres verlässt meine Tochter Lara die Realschule Gamberg mit der Mittleren Reife. Schon seit längerem haben wir uns intensiv bemüht, für Lara eine Lehrstelle als Bankkauffrau zu finden – vergeblich!

Da die Zeit nun drängt und wir die Hoffnung verloren haben, in unserer Region den gewünschten Ausbildungsplatz zu finden, möchte sich Lara auch um eine Lehrstelle als Kauffrau in Industrie- oder Dienstleistungsunternehmen bewerben.

Bitte teilen Sie mir mit, ob bei Ihnen zur Zeit Lehrstellenangebote für diesen Bereich gemeldet sind. Meine Tochter und ich kommen natürlich auch gerne zu einem Beratungsgespräch zu Ihnen.

Es wäre sehr hilfreich, wenn Sie mir so schnell wie möglich Nachricht geben könnten.

Vielen Dank.

Mit freundlichen Grüßen

Michael Laschuer

Konrad Wünsche
Sandweg 2
02348 Laschau

01.11.199X

Bundesversicherungsanstalt
für Angestellte

10704 Berlin

Auskunft zu Rentenanwartschaft
Versicherungs-Nummer 84 100654 H 123

Sehr geehrte Damen und Herren,

bitte informieren Sie mich über den von Ihnen dokumentierten Versicherungsverlauf und die bislang erreichte Rentenanwartschaft.

Mit freundlichen Grüßen

Konrad Wünsche

Gregor Magarth
Hans-Pauly-Str. 62
56221 Koppeln

01.06.199X

Kreiswehrersatzamt
Südturmstr. 4

56208 Herresheim

Antrag auf Zurückstellung
Einberufungsbescheid für Wehrdienst vom 20.5.199X

Sehr geehrte Damen und Herren,

seit 1.10.199Y studiere ich Humanmedizin an der Ruhruniversität in Bochum. Eine Einberufung zum Wehrdienst würde den weiteren Studienverlauf in Frage stellen und daher schwerwiegende Nachteile für meine Berufsausbildung mit sich bringen. Ich bitte Sie, die Einberufung zum Wehrdienst bis zum Ende meines Studiums, voraussichtlich im Herbst 200X, zurückzustellen.

Mit freundlichen Grüßen

Gregor Magarth

Anlagen
Studienbescheinigung

Mario Lucchese 20.03.9X
Wimpfener Str. 11
71054 Kreihingen

Finanzamt Kreihingen
Einkommensteuerstelle
Frau Bettina Malik
Am Wasserloch 3

71055 Kreihingen

Steuernr. 152-HG-61498
Einkommensteuer-Vorauszahlung

Sehr geehrte Frau Malik,

meine Einnahmen werden in diesem Jahr wesentlich unter denen des Vorjahres liegen.

Die anhaltend schlechten Wirtschaftsdaten wirken sich mittlerweile auch auf den Weiterbildungsbereich aus. Schon im letzten Quartal lagen meine Umsatzzahlen unter denen des Vergleichszeitraums 199Y. Diese Tendenz setzt sich verstärkt im laufenden Jahr fort. Ich erwarte für das erste Quartal 199X einen Rückgang meines Einkommens um etwa 20%.

Bitte passen Sie die Ansätze für die Steuervorauszahlungen meiner tatsächlichen Einkommenssituation an.

Mit freundlichen Grüßen

Mario Lucchese

Anlagen
Einkommensnachweise Januar und Februar 199X

Markus Leineweber
Tiberiusstr. 39
52524 Wedau

30.09.9X

Finanzamt Wedau
Herrn Werner Hilten
Hauptstr. 51

52524 Wedau

Steuer-Nr. 18 567 890123
Umsatzsteuer-Vorauszahlung

Sehr geehrter Herr Hilten,

ab sofort beende ich meine freiberufliche Tätigkeit als Software-Berater.
Ich bitte Sie daher, mich von der vierteljährlichen Umsatzsteuer-Vorauszahlung zu befreien.

Mit freundlichen Grüßen

Markus Leineweber

Veronika und Matthias Kern
An der Vogelweide 6
84343 Mühlbach

07.05.9X

Finanzamt Mühlbach
Einkommensteuerstelle
Berliner Str. 82

84345 Mühlbach

Steuer-Nr. 12 456 09876
Einspruch gegen Bescheid über Einkommensteuer 199Y vom 2.5.9X

Sehr geehrte Damen und Herren,

hiermit erheben wir Einspruch gegen die Feststellung einer Steuernachzahlung für das Jahr 199Y.

In der Berechnung sind Ausbildungsfreibeträge für unsere beiden Kinder Susanne und Lars nicht berücksichtigt worden. Die zur Gewährung der Ausbildungsfreibeträge erforderlichen Nachweise fügen wir diesem Schreiben noch einmal in Kopie bei.
Bis zur Überprüfung und Neuberechnung des Steuerbescheids bitten wir darum, den Nachzahlungstermin auszusetzen.

Mit freundlichen Grüßen

Veronika Kern

Matthias Kern

Anlagen

Konrad Görres
Kleiberstr. 34
02546 Kümmern

26.04.9X

Finanzamt Kümmern
Einkommensteuerstelle
Frau Anita Pauly
Friedensplatz 8

02546 Kümmern

Steuer-Nr. 12 234 56789
Einkommensteuer-Erklärung 199Y

Sehr geehrte Frau Pauly,

wegen einer schweren Erkrankung sehe ich mich leider nicht in der Lage, meine Einkommensteuer-Erklärung für 199Y fristgerecht abzugeben.

Ich bitte Sie um Verlängerung der Abgabefrist um mindestens einen Monat.
Ein Attest meines Arztes lege ich diesem Schreiben bei.

Mit freundlichen Grüßen

Konrad Görres

Anlage
Attest Dr. Baltes

Martin Pfeil
Hans-Sachs-Str. 87
93423 Gernsburg

20.05.9X

Finanzamt Gernsburg
Einkommensteuerstelle
Am Stadttor 3

93420 Gernsburg

Steuer-Nr. 12 035 12345
Bescheid über Einkommensteuer 199Y vom 16.5.199X

Sehr geehrte Damen und Herren,

gegen den genannten Steuerbescheid lege ich vorsorglich E i n s p r u c h ein. Eine Begründung reiche ich nach.

Mit freundlichen Grüßen

Martin Pfeil

Stephan Waller
Uferstr. 61
42873 Unterhollen

8.11.199X

Gemeinde Unterhollen
Wohngeldstelle
Vorwaldstr. 28

42873 Unterhollen

Antrag auf Wohngeld

Sehr geehrte Damen und Herren,

zur Wahrung der Fristen stelle ich formlos einen Antrag auf Wohngeld. Bitte schicken Sie mir die notwendigen Formulare zu. Ich werde sie dann so schnell wie möglich ausfüllen und nachreichen.

Vielen Dank.

Mit freundlichen Grüßen

Stephan Waller

Lukas Hoyer
Waldhofstr. 7
64087 Karlstein

08.09.9X

Stadtverwaltung Karlstein
Amt für Ordnung und Verkehr
Rathausplatz 2

64088 Karlstein

Ein sicherer Schulweg für unsere Kinder!

Sehr geehrte Damen und Herren,

wir möchten Sie auf einen Missstand aufmerksam machen, für den wir uns dringend Abhilfe wünschen. Wir – das sind mehr als 60 Eltern, deren Kinder die Grundschule in der Cranach-Straße besuchen und die diesen Brief unterschrieben haben.
Die Schule liegt an einer verkehrsberuhigten Straße mit einer Geschwindigkeitsbegrenzung auf 30 km/Stunde. Doch kaum ein Autofahrer hält diese Begrenzung ein – die meisten fahren nach unserem Eindruck sogar deutlich schneller als 50 km/Stunde. Die Cranach-Straße lädt tatsächlich zum schnellen Durchfahren ein, da man keine geschwindigkeitsreduzierenden Maßnahmen wie Bodenschwellen oder Abpollerungen eingebaut hat.
Für unsere Kinder ist der Schulweg deshalb buchstäblich eine lebensgefährliche Angelegenheit. Dass bislang noch kein Unfall geschehen ist, ist wohl eher dem Zufall zu verdanken.Wir schlagen dringend folgende Maßnahmen vor, die die Verkehrssicherheit für Schülerinnen und Schüler entscheidend verbessern werden:

• Installation einer Fußgängerampel vor der Grundschule Cranach-Straße
• Geeignete Umbauten der Cranach-Straße mit dem Ziel einer nachhaltigen Geschwindigkeitsreduktion von passierenden Fahrzeugen
• Regelmäßige Geschwindigkeitskontrollen in der Nähe der Schule

Im Interesse unserer Kinder sind solche Maßnahmen an dieser Stelle längst überfällig. Wir bitten Sie daher, sich unsere Vorschläge zu eigen zu machen und mit Nachdruck zu realisieren. Bitte schicken Sie uns so schnell wie möglich Ihre Stellungnahme. Da wir ein öffentliches Interesse an unserem Anliegen voraussetzen, geht eine Kopie dieses Schreibens an die örtlichen Presseorgane.

Mit freundlichen Grüßen

Lukas Hoyer

Anlage
Unterschriftenliste mit 60 Unterschriften

Martin Sommerstedt
Schleswiger Str. 84
03323 Cassensen

01.06.9X

Stadt Cassensen
Ordnungsamt
Markt 4

03323 Cassensen

Müllbehälter

Sehr geehrte Damen und Herren,

für unseren 4-Personen-Haushalt verfügen wir zur Zeit über eine 120-l-Abfall-tonne.
Zum 1. August 199X verkleinert sich nun unser Haushalt auf zwei Personen.
Ich bitte Sie, zum selben Zeitpunkt den jetzigen Müllbehälter gegen eine 80-l-Abfalltonne auszutauschen.

Mit freundlichen Grüßen

Martin Sommerstedt

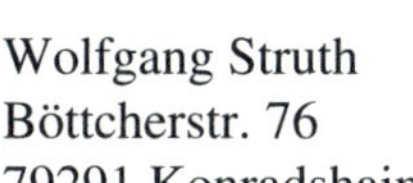

Wolfgang Struth
Böttcherstr. 76
79291 Konradshain

11.08.9X

Stadt Konradshain
Straßenverkehrsamt
Pforzheimer Straße 2-4

79290 Konradshain

Sondergenehmigung zum Parken

Sehr geehrte Damen und Herren,

am 31.8.9X ziehe ich mit meiner Familie um. Die Spedition setzt dafür einen größeren Möbelwagen ein, der vormittags vor meinem jetzigen Wohnsitz parken muss.

Da in diesem Bereich der Böttcherstraße Halteverbot besteht, bitte ich um die Sondergenehmigung, am 31.8.9X von ca. 7 bis 13 Uhr einen Möbelwagen zum Beladen vor dem Haus parken zu können.

Mit freundlichen Grüßen

Wolfgang Struth

Amelie Winterstein
Teplitzer Str. 35
82456 Karben

19.07.199X

Stadt Karben
Ordnungsamt
Hauptstr. 81

82457 Karben

Wilde Mülldeponie

Sehr geehrte Damen und Herren,

meinem Haus gegenüber liegt ein freies Baugrundstück. Seit einigen Wochen wird dieser Platz als wilde Mülldeponie für Abfälle aller Art missbraucht. In den letzten Nächten wurde auch Bauschutt abgeladen.

Ich möchte Sie – auch im Namen meiner Nachbarn – bitten, sich dieser Sache anzunehmen und geeignete Maßnahmen zu veranlassen, die in Zukunft das unrechtmäßige Abladen von Müll in unserer Straße unterbinden.

Für eine schnelle Reaktion wären wir dankbar.

Mit freundlichen Grüßen

Amelie Winterstein

Hildegard Vaupel
Martin-Luther-Str. 25
01675 Mildenberg

2.2.199X

Ordnungsamt
der Stadt Mildenberg
Rathausplatz 1

01676 Mildenberg

Einspruch gegen Ordnungsbescheid

Sehr geehrte Damen und Herren,

am 31.1.199X fand ich an meinem Auto (amtliches Kennzeichen MG-AH 345), das ich in der oberen Marktgasse geparkt hatte, einen „Strafzettel" mit der Androhung einer Ordnungsstrafe wegen unberechtigtem Parken in einer gebührenpflichtigen Parkzone. Die Kopie des Formulars lege ich diesem Schreiben bei.

Tatsächlich hatte ich nicht – wie vorgeschrieben – einen Parkschein an gut sichtbarer Stelle meines Fahrzeugs abgelegt. Doch ist dies nicht meiner Nachlässigkeit verschuldet, sondern den Tücken der Technik: Beide Parkscheinautomaten in der Marktgasse nahmen an diesem Vormittag keine Geldstücke zu 1 DM und 2 DM an. Ich denke, meine Angaben werden sich leicht überprüfen lassen.

Da ich also durchaus bereit war, die fälligen Parkgebühren zu zahlen, die Parkautomaten dies allerdings nicht zuließen, bitte ich darum, den Ordnungsbescheid aufzuheben.

Mit freundlichen Grüßen

Hildegard Vaupel

Anlage

Beileid

Anteil am Tod eines Menschen nehmen

Mitgefühl und Trauer können Sie am ehrlichsten in Ihren eigenen Worten ausdrücken. Verleihen Sie Ihrem Verbundenheitsgefühl zu der verstorbenen Person Ausdruck. Je persönlicher Ihre Beziehung war, desto persönlicher sollte das Beileidsschreiben sein.

Den meisten Menschen fällt es schwer, ihrer Trauer und ihrer Anteilnahme in einem Brief Ausdruck zu geben. Für die extreme Erfahrung des Todes und den Schmerz über den Verlust eines Menschen scheinen die verfügbaren Worte nicht angemessen zu sein. Viele greifen daher zu formelhaften, vorgestanzten Beileidserklärungen, zu Floskeln, die oft pathetisch gesteigert sind: *Mit tiefster Betroffenheit haben wir erfahren …; wir sind zutiefst erschüttert; in tiefster Trauer …; unser aufrichtigstes Beileid …*
Wenn Ihr Beileidsbrief mehr sein soll als eine formale Pflichterfüllung, wenn er die Trauernden wirklich erreichen soll, dann verzichten Sie auf diese Floskeln. Schreiben Sie vielmehr einen persönlichen Brief: mit Ihren eigenen Formulierungen, warmherzig im Ton und glaubwürdig in der Aussage.

Je näher Ihnen die verstorbene Person oder die Empfänger des Beileidsbriefes stehen, umso intensiver sollten Sie über Ihre eigenen Gefühle und über Ihren persönlichen Bezug zum Verstorbenen sprechen. Beziehen Sie dann auch die trauernden Familienangehörigen in Ihre Anteilnahme ein und bieten Sie gegebenenfalls Ihre (ernst gemeinte) Hilfe an.

Natürlich gibt es daneben auch Fälle, in denen eine kurze, förmliche Beileidserklärung genügt. Auch hier sollten Sie aber auf den falschen Ton herkömmlicher Beileidsfloskeln verzichten.

Beileidsbriefe werden in der Regel mit der Hand geschrieben. Zusätzliche Zeichen der Trauer – wie die schwarze Umrandung des Briefbogens – sind überflüssig.

Orientieren Sie sich für ein persönliches Beileidsschreiben an folgenden Gliederungspunkten:

- **Anrede**
- **Aussage, dass man vom Todesfall erfahren hat; Beschreibung der eigenen Reaktion auf die Nachricht**
- **Beileidsbekundung**
- **Positive Würdigung des Verstorbenen beziehungsweise persönliche Erinnerungen an ihn**
- **Einbeziehung der Hinterbliebenen: Ratschlag oder Hilfeangebot**

Für den persönlichen wie den förmlichen Beileidsbrief finden Sie in diesem Buch einige Beispiele.

▶ Beileidsschreiben, Seiten 101–107
▶ Dank für Beileid, Seiten 146–151
▶ Todesanzeigen, Seiten 376–383

Heinrich und Gunda Kloth
Fliederweg 2
03556 Lauterbach

27. Januar 199X

Frau
Elisabeth Schlüter
Am Ried 82

03557 Lauterbach

Liebe Frau Schlüter,

zu dem schweren Verlust, der Sie betroffen hat, sprechen meine Frau und ich Ihnen unser herzliches Beileid aus.

Mit großer Bestürzung haben wir die Nachricht vom Tode Ihres Mannes erhalten. Wir kannten ihn doch seit vielen Jahren als einen liebenswürdigen und großzügigen Menschen, an den wir uns auch in schwierigen Situationen stets vertrauensvoll wenden konnten.

Menschen wie er sind selten, und umso tiefer trifft uns der Verlust.

Wir wünschen Ihnen viel Kraft und Tapferkeit in Ihrem großen Schmerz. Wenn wir Ihnen in irgendeiner Weise behilflich sein können, lassen Sie es uns bitte wissen.

In tiefer Verbundenheit

STADT MERSBUSCH
84326 Mersbusch

Frau
Sandra Beguelle
Heinrich-Heine-Weg 56

84322 Mersbusch

16.05.199X

Liebe Frau Beguelle,

zu dem schmerzhaften Verlust, der Sie betroffen hat, sprechen wir Ihnen von ganzem Herzen unser Beileid aus.

Der Verstorbene war uns allen ein lieber Freund und geschätzter Kollege. Sein ausgezeichneter Sachverstand, seine selbstverständliche Hilfsbereitschaft und zuverlässige Freundlichkeit werden uns in der täglichen Arbeit fehlen. Nicht weniger vermissen werden wir seinen Humor, seine Offenheit und seine Fähigkeit, Menschen zusammenzuführen. Wir werden Jürgen nicht vergessen.

Unsere Gedanken sind bei Ihnen in dieser schweren Zeit. Wo immer wir helfen und beraten können, stehen wir jetzt und in Zukunft zu Ihrer Verfügung.

In tiefer Verbundenheit

Meinhard Wannemacher

Meinhard Wannemacher

im Namen aller Kollegen des Tiefbauamts

kramer automation gmbh

Konstanzer Straße 14, 87041 Jeisbach

Frau
Roswitha Meinert
Robert-Walser-Weg 7

87152 Konradsburg

27.09.9X

Liebe Frau Meinert,

die Nachricht vom Unfalltod Ihres Mannes hat mich erschüttert. Ich trauere mit Ihnen und Ihren Kindern und bin selbst untröstlich über den Verlust eines herausragenden Menschen, der mir in den vielen Jahren seiner Betriebszugehörigkeit zum Freund geworden war.

Mit seinen Kolleginnen und Kollegen stehe ich fassungslos an dem Platz, an dem er noch am Tage des Unfalls seiner Arbeit nachging, wie immer mit beispielloser Hingabe, hohem Verantwortungsbewußtsein und großer menschlicher Wärme. Noch hatte er den Scheitelpunkt seiner Laufbahn nicht erreicht, und doch strahlte er schon die Reife und die Souveranität eines Mannes aus, der sich nichts mehr beweisen muss, sondern dem alles auf natürliche Weise zufällt. Unersetzlich wird er mir sein in seiner Fähigkeit, Markterfordernisse in Unternehmensziele zu übersetzen und in seiner besonderen Befähigung, Mitarbeiter zu integrieren und zu motivieren. Unersetzlich wird er uns allen sein – als ein Mensch von außerordentlicher Freundlichkeit, Fairness und Aufrichtigkeit.

Wo immer ich Sie in den kommenden Tagen und Monaten unterstützen kann, liebe Frau Meinert, werde ich es tun. Ich wünsche Ihnen die Kraft, diese schwierige Zeit zu überstehen.

Herzliche Grüße

Wolfgang Hegewald

Wolfgang Hegewald

PLATHEN
UND
PARTNER

Herrn
Ludwig Soermann
Kirchplatz 12

38411 Kallenburg

Haltrup, 16.03.9X

Sehr geehrter Herr Soermann,

der Tod Ihrer Frau hat mich schmerzlich getroffen. Ich fühle mit Ihnen in Ihrer Trauer.

Sicherlich ist der Verlust des geliebten Menschen, mit dem man über viele Jahre gemeinsam durchs Leben gegangen ist, nicht zu ersetzen. Doch ist es wohl ein Trost, in dieser schweren Zeit Kinder und enge Freunde um sich zu haben, mit denen man Schmerz und Erinnerung teilt. Ich weiß, dass Ihnen zumindest dieser Trost gegeben ist.

In tiefer Verbundenheit

Karl-Uwe Martens

Karl-Uwe Martens

Dr. Karl-Uwe Martens · Hildegardisstr. 5 · 32881 Haltrup

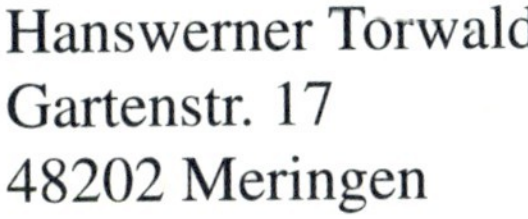

Hanswerner Torwald
Gartenstr. 17
48202 Meringen

22.08.199X

Lieber Günther,

die Nachricht vom Tode deiner Frau hat mich erschüttert. Lange habe ich vor den alten Fotos gesessen und bin den Erinnerungen an Claudia nachgegangen. Wie lebensfroh sie war und wie stark. Und welche Gabe zur Freundschaft sie besaß! Es sind schöne Erinnerungen an eine wunderbare Frau – doch wie schmerzhaft sind sie jetzt, im Augenblick des Verlustes.

Was kann ich dir Tröstliches sagen? Dass du dankbar sein kannst für die vielen erfüllten Jahre, die ihr gemeinsam erlebt habt, für die immer wiederkehrenden Zeiten des Glücks, die Gott euch gemeinsam geschenkt hat. Es bleibt dir der Reichtum solcher Erinnerungen, und es bleibt die Hoffnung auf ein Wiedersehen jenseits des Todes.

Ich bin bei dir mit meinen Gedanken. Melde dich bitte jederzeit bei mir, wenn du Unterstützung brauchst, welcher Art auch immer.

Herzlich
dein

Hanswerner

Gudrun und Manuel Fracostas
Borsigallee 24
16254 Mehlem

9.12.199X

Liebe Sandra, lieber Gert,

wir sind mit unseren Gedanken ganz bei euch in diesen dunklen Tagen. Wie können wir euch unterstützen, was kann euch eine Hilfe sein? Ihr habt Tim verloren, euer Liebstes, und wir wissen sehr gut, dass es da keinen Trost gibt und keine Erklärung für das, was nicht zu verstehen ist. Ihr werdet viel Kraft und Selbstüberwindung brauchen, um nicht zu verzweifeln an der Frage nach dem Sinn und nach der Gerechtigkeit eines solchen Sterbens. Und ihr werdet Mut und Stärke entwickeln müssen, um euren eigenen Weg ins Leben zurückzufinden, ein Leben, in dem die Erinnerung an Tim und sein unbeschwertes Lachen für immer eingeschlossen sein wird.
Seid gewiss, dass wir euch auf diesem Weg begleiten werden, und rechnet auf unsere Unterstützung.

Eure

Gudrun

Manuel

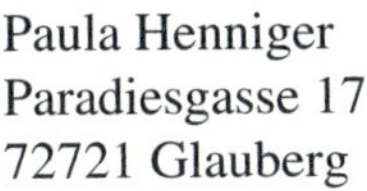

Paula Henniger
Paradiesgasse 17
72721 Glauberg

Glauberg, 15. Mai 199X

Meine Lieben,

der Tod eurer Mutter hat mich sehr traurig gemacht. Ihr wisst, dass wir schon als Kinder zusammen gespielt haben und unser ganzes Leben eng vertraut miteinander waren. Sie war meine Lieblings-Cousine und meine gute Freundin, und ihr Heimgang zu Gott hinterlässt eine große Lücke für mich.

Doch welche Lücke hinterlässt sie erst für euch! Sie war ja das Herz der Familie, so lebensklug und menschenfreundlich, wie sie war, und überall zur Stelle, wo Arbeit anfiel, wo Tränen zu trocknen waren – und wo gefeiert wurde. Ja, sie hinterlässt eine große Lücke!

Und doch weiß ich und wusste auch sie, dass alles seine Zeit hat, wie es beim Prediger Salomon heißt. Uns war die Gnade gegeben, alt zu werden. Dann aber ist es auch an der Zeit, sich auf den Tod vorzubereiten und sein Kommen zu erwarten. Der Herrgott hat eurer Mutter einen sehr sanften Tod geschenkt. Ich hoffe, er wird es mit mir ebenso gut meinen.

Lebt wohl und findet Trost in der Gewissheit, dass eure Mutter ein reiches, erfülltes Leben hatte.

Seid herzlich umarmt von eurer Tante

Paula

Beschwerde

Bitte um Abhilfe

Es ist vollkommen richtig, anhaltendem Ärger über bestimmte Sachverhalte in einem Brief Ausdruck zu verleihen.

Womöglich wäre unsere Alltagswelt ja ein wenig besser und freundlicher, würden wir ab und zu einen Brief aufsetzen, um unseren kleinen oder größeren Ärger an der richtigen Adresse los zu werden. Ein Beschwerdebrief ist ein durchaus angemessenes Mittel, auf Veränderung von Missständen in unserer unmittelbaren Umgebung zu drängen. Deshalb muss man noch lange nicht zum Nörgler und Querulanten werden. Hüten Sie sich davor, Ihrem Zorn in einem solchen Brief zu sehr die Zügel schießen zu lassen. Sie wollen ja eine Veränderung bewirken, und das gelingt besser, wenn Sie sachlich argumentieren und auf persönliche Attacken oder gar Beleidigungen verzichten.
Ein Beschwerdebrief kann folgende Aspekte enthalten:

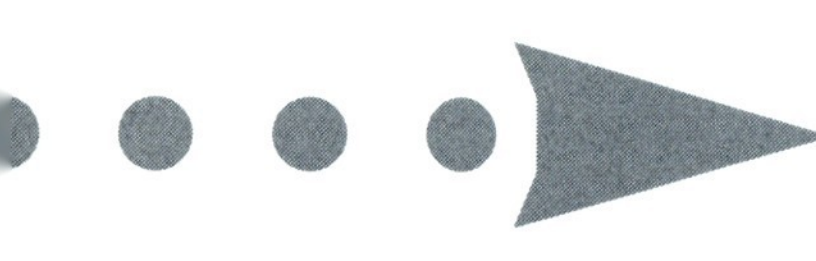

- **Vorstellung Ihrer eigenen Person; Bezug zu dem Adressaten**
- **Ausführliche Beschreibung der Sachverhalte, die diese Beschwerde bedingt haben**
- **Eindeutige persönliche Wertung dieser Sachverhalte**
- **Gegebenenfalls Verweis auf allgemeine Standards und Richtwerte, von denen die geschilderten Sachverhalte abweichen**
- **Nachdrückliche Bitte oder Aufforderung zur Änderung oder Besserung**
- **Gegebenenfalls versöhnlicher Ausklang**

▶ Beschwerde, Seite 109

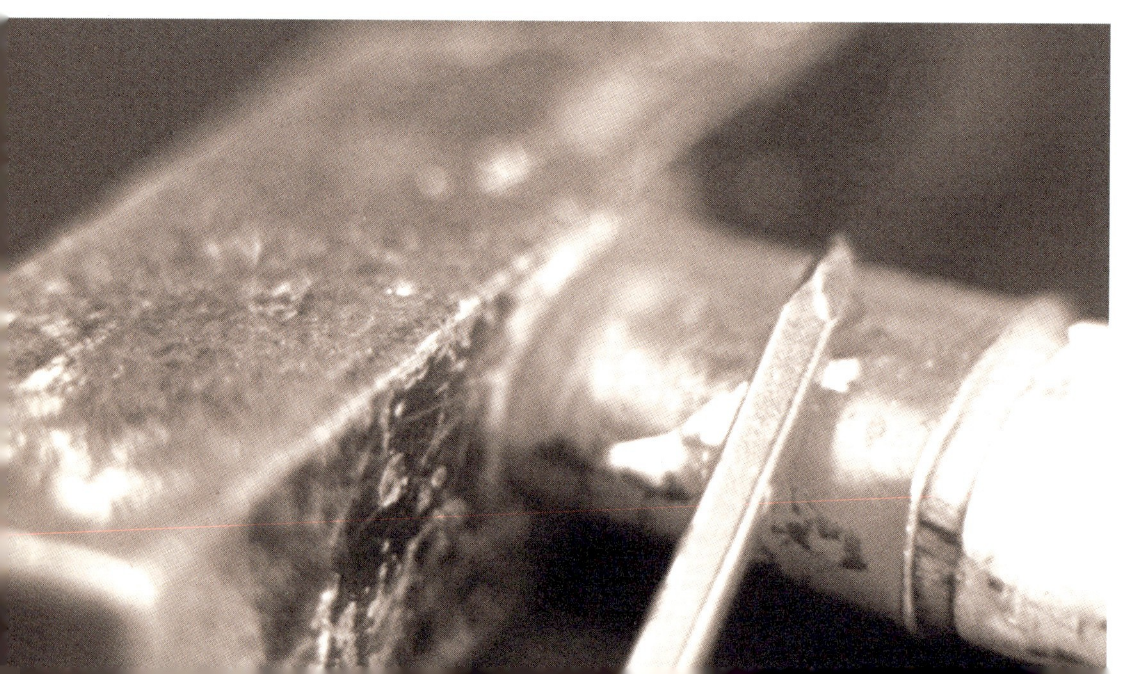

Marianne Kasparek
Lyoner Str. 20
52108 Mahrheim

18. September 199X

Hollert Backwaren
Geschäftsführung
Kaiserstr. 43

55298 Wühren

Beschwerde

Sehr geehrte Damen und Herren,

seit Sie vor etwa einem Jahr eine Bäckerei-Filiale in der Lyoner Straße eröffnet haben, bin ich zur Stammkundin geworden, die an jedem Morgen ihre Tüte Brötchen und ihr Brot kauft. So hell und einladend Ihr Ladenlokal ist, so angenehm freundlich waren bis vor kurzem die Verkaufskräfte, die auch zu früher Stunde jedem Kunden ein Lächeln oder einen verbindlichen Gruß mit in den Tag gaben.

Diese kundenfreundliche Atmosphäre aber hat sich seit etwa drei Wochen grundlegend geändert. Seitdem sind am Morgen zwei neue Verkäuferinnen eingesetzt, die ihre Kunden in außerordentlich unfreundlicher, ja unverschämter Weise behandeln. Kein Lächeln mehr, kein Gruß, stattdessen aggressive Zurechtweisungen des Kunden und schnippische Bemerkungen. War es bis vor kurzem noch eine reine Freude, in Ihrer Filiale einzukaufen, so wird es jetzt zum Spießrutenlauf.

Ich hoffe, durch meinen Brief eine Änderung dieser Situation zu erreichen. Ich möchte wieder gerne in Ihren Laden gehen können. Wohlgemerkt: ich verstehe sehr gut, dass jemand dann und wann einen schlechten Tag hat und schlecht gelaunt ist. Ich kann aber nicht akzeptieren, dass jemand, der einen Beruf mit Kundenkontakt ausübt, ausschließlich schlechte Tage hat und fortwährend schlecht gelaunt ist. Ich gehe davon aus, dass Sie dies genauso sehen.

Es wäre schön, wenn Sie meinen Brief beantworten würden.

Mit freundlichen Grüßen

Marianne Kasparek

Bestätigung

Bestätigung eines Gesprächstermins

Bestätigen Sie vor allem Termine, die wichtig sind, viel Zeit kosten oder an einem weit entfernten Ort stattfinden.

Ein Termin, der telefonisch verabredet wurde, gerät leicht in Vergessenheit. Es ist also sinnvoll, ihn in knapper Form schriftlich zu bestätigen, sei es als Telefax oder als Brief. Machen Sie in diesem Fall nicht nur Angaben zu Datum und Uhrzeit, sondern auch zum Ort oder Treffpunkt, an dem das Gespräch stattfinden soll.

Ist für dieses Gespräch eine umfangreiche Tagesordnung vereinbart worden, können Sie die einzelnen Punkte – sozusagen protokollarisch – in der Bestätigung des Termins schriftlich zusammenfassen. So kann man sicherstellen, dass der Gesprächspartner inhaltlich auf die eigenen Anliegen vorbereitet ist.

Nehmen Sie die folgenden Aspekte in Ihre Bestätigung auf:

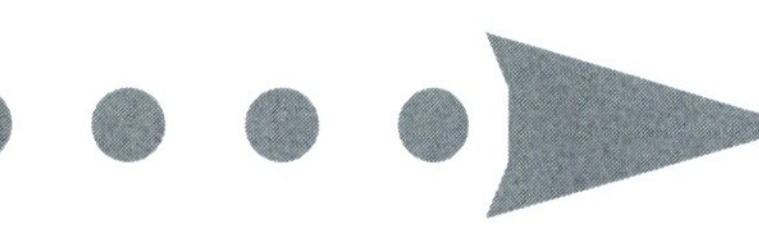

- **Eventuell freundliche Bemerkung zur Terminvereinbarung und zum kommenden Gespräch**
- **Verweis auf mündliche/telefonische Terminvereinbarung**
- **Bestätigung des Termins mit präziser Angabe von Datum, Uhrzeit und Ort**
- **Gegebenenfalls eine stichpunktartige Zusammenfassung der zu besprechenden Tagesordnungspunkte**
- **Eventuell Anfahrtskizze oder weitere Unterlagen als Anlage bzw. Bitte um Zusendung einer Anfahrtskizze**

▶ Bestätigung eines Gesprächstermins, Seite 111
▶ Bestätigung eines Zahlungseingangs, Seite 434

GESAL GMBH
Kölner Str. 5, 58253 Merenbach

Syskom GmbH
Frau Maria Pflüger
Ruhrstr. 57

52846 Kaldental

12.07.9X

Bestätigung unseres Gesprächstermins

Sehr geehrte Frau Pflüger,

ich freue mich, dass wir in unseren Terminkalendern noch eine Lücke für unser Gespräch gefunden haben und endlich dazu kommen, uns auch persönlich über gemeinsame Geschäftsaktivitäten auszutauschen.

Wie mit Ihrer Sekretärin telefonisch besprochen, komme ich am 24.07.9X um 10.00 Uhr zu Ihnen. Ihre Sekretärin sicherte mir zu, eine Anfahrtskizze zu schicken.

Mit den besten Grüßen

Heribert Schmelter

Heribert Schmelter

Bestellung

Bestellung – Auftrag

Wenn Sie Bestellungen schriftlich formulieren, gibt es später keine Unstimmigkeiten über deren Inhalt.

Mit der Bestellung von Waren oder Dienstleistungen erklärt der Käufer seine Kaufabsicht in rechtlich bindender Form. Eine Bestellung kann mündlich oder schriftlich abgegeben werden. Um Missverständnisse zu vermeiden, sollten Sie allerdings in der Regel die Schriftform wählen.
Für die schriftliche Bestellung gibt es ein besonderes Formblatt (DIN 4992), aber Sie sind nicht auf eine bestimmte Form verpflichtet. Orientieren Sie sich an den genannten Mindeststandards.
Wenn sich Ihre Bestellung auf ein verbindliches Angebot bezieht, brauchen Sie die Konditionen dieses Angebots nicht vollständig und im Einzelnen zu wiederholen. Es genügt die Angabe der Ware bzw. der Dienstleistung, der Menge und des Preises neben einem allgemeinen Verweis auf den Inhalt des Angebots. Liegt ein Angebot vor, muss Ihre Bestellung auch nicht mehr durch den Anbieter bestätigt werden.
Eine Auftragsbestätigung ist dagegen notwendig, wenn der Bestellung kein verbindliches Angebot vorausging. Erst mit der Bestätigung bzw. Annahme der Bestellung gilt in diesem Fall der Kaufvertrag als geschlossen. Die nachfolgenden Schritte im Korrespondenzfluss des Warenverkehrs können sein: **Bestellannahme** bzw. **Auftragsbestätigung** (▶ Auftragsbestätigung), **Zwischenbescheid** (▶ Zwischenbescheid) und **Lieferanzeige** (▶ Lieferanzeige).
Folgende Aspekte sollten Sie in eine Bestellung aufnehmen:

- **Im Betreff: gegebenenfalls Bezug auf Angebot oder andere Voraussetzungen der Bestellung**
- **Einleitung: ggf. Dank für Angebot, Kataloge usw.**
- **Bestellung mit präzisen Angaben zu Art, Qualität und Menge bzw. Umfang von Ware oder Dienstleistung (einschließlich Bestell- oder Artikelnummmer), weiteren Produktangaben oder Verweis auf Beschreibung im Angebot**
- **Angabe der Einzelpreise und des Gesamtpreises**
- **Termine für Lieferung und Teillieferung oder Verweis auf Angebot**
- **Versandform, Liefer- und Zahlungsbedingungen oder Verweis auf Angebot**
- **Gegebenenfalls Befristung des Angebots**
- **Gegebenenfalls besondere Vereinbarungen**
- **Gegebenenfalls Bitte um Bestätigung**

▶ Bestellung, Seiten 113 und 114
▶ Antwort auf Bestellung, Seite 115

WILLIKES GMBH

Henschelstr. 34 · 38833 Northausen

Dreyer & Graef GmbH
Kampstr. 45-47

51179 Sassen

30.06.9X

Ihr Angebot über Lochbleche ‚KMS 14' vom 04.06.9X

Sehr geehrte Damen und Herren,

besten Dank für Ihr Angebotsschreiben.

Ihrem Angebot entsprechend bestellen wir:

250 Lochbleche ‚KMS 14' zum Stückpreis von DM 308,00

Gesamtpreis DM 77.000,00
zzgl. ges. MwSt.

Lieferung frei Haus bis zum 10.08.199X
Zahlung innerhalb 30 Tagen nach Liefereingang mit 2% Skonto

Für Rückfragen wenden Sie sich bitte an Frau Thiemer, Tel. 011-76 52 34.

Mit freundlichen Grüßen

i. A. Erwin Zögel

Erwin Zögel
Abt. Einkauf 03

Melis GmbH
Herrn Kai Hellersen
Hauptstr. 49

16253 Oltenau

05.06.9X

Ihr Angebot vom 22.05.9X

Sehr geehrter Herr Hellersen,

besten Dank für Ihr Angebot, das unseren Vorstellungen entspricht.
Bitte liefern Sie uns zu den von Ihnen angebotenen Konditionen:

	Einzelpreis	Gesamtpreis
400 Frotteehandtücher Typ HTZ weiß 80 x 40	DM 6,80	DM 2.720,00
200 Frotteehandtücher Typ HTZ weiß 120 x 80	DM 14,20	DM 2.840,00
200 Frotteehandtücher Typ HTZ weiß 20 x 40	DM 2,80	DM 560,00
Gesamt		DM 6.120,00
zzgl. 16% MwSt.		

Die Lieferung erfolgt frei Haus innerhalb 10 Werktagen. Rechnungsbetrag zahlbar innerhalb 30 Tagen ohne Abzug.

Bitte achten Sie sehr sorgfältig darauf, dass Textilqualität und Farbwerte der gelieferten Ware den vorliegenden Warenproben entsprechen.

Mit freundlichen Grüßen

Friedel von Eynern

Friedel von Eynern

Seestr. 37 · 02432 Kanitz

BESTELLUNG

Gehlen & Co.
Frau Ann-Marie Struve
Schillerstr. 40

02717 Geuthen

01.07.9X

Ihr Auftrag vom 26.06.9X

Sehr geehrte Frau Struve,

Ihren Lieferauftrag über 250 Briefpapiersets können wir leider zu diesen Bedingungen nicht ausführen.

Unser Angebot vom 16.05.9X beinhaltet bei Abnahme von 250 Sets einen Rabatt von 15%. Einen Rabatt von 20% können wir erst bei Abnahme von 300 Sets gewähren.

Sind Sie mit der Lieferung von 250 Sets zu 15% Rabatt einverstanden?

Wir freuen uns auf Ihre Bestätigung.

Mit freundlichen Grüßen

Renate Wertheim

Renate Wertheim

Antwort auf Bestellung mit falschen Preisangaben

Bewerbung

Personalchefs überzeugen

Mit Ihrem Bewerbungsschreiben geben Sie dem möglichen Arbeitgeber einen ersten, aufschlussreichen Eindruck von Ihrer Person. Nicht nur auf die Fakten Ihres Lebens- und Berufsweges kommt es dabei an, sondern ebenso auf die Aufmachung und die Form Ihres Schreibens.

Zeigen Sie sich von Ihrer besten Seite. Die Sorgfalt, mit der Sie Ihre Bewerbungsunterlagen zusammenstellen, ist Ihre beste Visitenkarte für den zukünftigen Arbeitgeber.

Präsentieren Sie sich daher von Ihren besten Seiten – mit einer überzeugenden Darstellung Ihrer Fähigkeiten, aber ebenso durch ansprechende Gestaltung und formale Korrektheit Ihrer Bewerbung.

Wie mache ich auf mich aufmerksam?

Auch mit einer perfekt zusammengestellten Bewerbungsmappe müssen Sie zunächst noch um die Aufmerksamkeit der Personalentscheider kämpfen. Schließlich ist die Zahl der Mitbewerber in den meisten Berufsfeldern groß, und viele werden vergleichbare Qualifikationen für die ausgeschriebene Stelle mitbringen. Was also kann Ihre Bewerbung von anderen abheben?

Möglich ist beispielsweise eine betont unkonventionelle, auch extravagante Selbstdarstellung. Damit lenken Sie in jedem Falle Aufmerksamkeit auf Ihre Bewerbung, laufen aber in den meisten Unternehmen auch Gefahr, als wenig seriös abgetan zu werden. Weisen Sie daher Ihre Originalität vorrangig bei Bewerbungen in kreativen Berufsfeldern nach. Im Regelfall ist es angebracht (und erhöht Ihre Erfolgsaussichten), die Standardform einer Bewerbung einzuhalten.

Eigene Akzente können Sie dennoch setzen, indem Sie sich selbstbewusst und zielorientiert präsentieren: Verzichten Sie im Bewerbungsschreiben auf sprachliche Floskeln, kommen Sie gleich zur Sache und heben Sie Ihr individuelles Interesse an der ausgeschriebenen Stelle oder einem bestimmten Unternehmensumfeld hervor. Stellen Sie klare Bezüge zwischen Ihrem persönlichen Leistungsprofil und den Anforderungen der Stellenbeschreibung her, auch wenn Sie diese nicht vollständig erfüllen. Zeigen Sie sich informiert über das angeschriebene Unternehmen, und signalisieren Sie vor allem, dass Sie Ihrer Sache sicher sind!

Was gehört zu einer Bewerbung?

Bei Ihrer Stellensuche bewerben Sie sich wahrscheinlich meist auf eine Stelle, die in einer Zeitungsannonce, im internen Aushang eines Unternehmens, in der Datenbank des Arbeitsamtes, im Internet oder an vergleichbarer Stelle ausgeschrieben wurde – man spricht hier von einer Reaktivbewerbung. Vielleicht wollen Sie sich aber auch unaufgefordert, sozusagen „blind“, bewerben, was als Initiativbewerbung bezeichnet wird. Für die beiden Bewerbungsarten gelten unterschiedliche Standards.

Bewerbung auf Stellenanzeige

Zur Bewerbung gehören:

- **Anschreiben (Bewerbungsbrief)**
- **Lebenslauf mit Bildungs- und Berufsweg**
- **Aktuelles Foto**
- **Bei Aufforderung: Handschriftenprobe**
- **Zeugnisse und andere Leistungsnachweise**
- **Eventuell Arbeitsproben, Referenzen oder andere Unterlagen**

Initiativbewerbung

Sie können mit einer Bewerbung auch Erfolg haben, wenn Sie sich ohne Stellenausschreibung bei einem Unternehmen bewerben. Mit einer solchen Initiativbewerbung erkunden Sie zunächst das allgemeine Interesse des Unternehmens an einer Stellenbesetzung, sei es jetzt oder zu einem späteren Zeitpunkt. Dafür genügt eine verkürzte Form der Präsentation mit Bewerbungsschreiben und tabellarischem Lebenslauf. Ihre vollständigen Bewerbungsunterlagen können Sie zu einem späteren Zeitpunkt nachreichen, sofern das angeschriebene Unternehmen Interesse signalisiert.

Auch Blindbewerbungen können zum Erfolg führen, wenn sie sorgfältig formuliert werden.

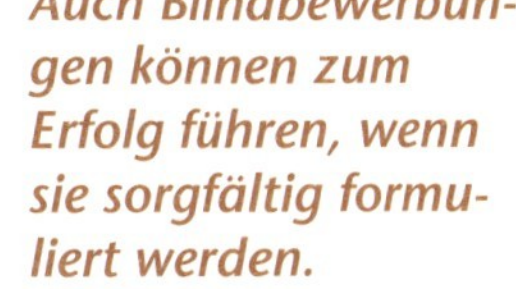

Ihr Bewerbungsschreiben sollte vor allem verdeutlichen, warum speziell dieses Unternehmen für Sie von Interesse ist und welche Berufserfahrungen und Qualifikationen Sie im Interesse des Unternehmens einbringen können.

Schicken Sie Ihre Bewerbung nach Möglichkeit an eine namentlich genannte Person, über deren Zuständigkeit im Unternehmen Sie sich vorher informiert haben. Sie erhöhen damit die Chancen, dass Ihre Bewerbung positiv gewürdigt wird.

Initiativ- oder Blindbewerbungen sind ein gutes und zuverlässiges Instrument, um Ihre aktuellen Einstellungschancen zu prüfen. Wenn man Interesse an Ihrer Person hat, wird ein Unternehmen Ihre Unterlagen auch dann anfordern, wenn es keinen aktuellen Bedarf hat. Vielleicht kommt die erhoffte Chance erst in einem Jahr auf Sie zu, aber Sie gewinnen auf jeden Fall ein Gefühl für Ihren „Marktwert“. Deshalb müssen diese Bewerbungen unbedingt ebenso sorgfältig ausgearbeitet werden wie Reaktivbewerbungen.

Bei der Initiativbewerbung genügen folgende Unterlagen:

- **Anschreiben (Bewerbungsbrief) mit Hinweis auf vollständige Bewerbungsmappe**
- **Tabellarischer Lebenslauf mit Bildungs- und Berufsweg**

Bewerbung

Die Form des Anschreibens

Verwenden Sie einen persönlichen Briefbogen oder schlichtes weißes Papier im Format DIN A4. Schreiben Sie mit Schreibmaschine oder PC und achten Sie auf fehlerfreie Rechtschreibung und saubere Formatierung.

Schreiben Sie kurz und knapp und möglichst nicht mehr als eine Seite. Bedenken Sie, dass sich die meisten Informationen zu Ihrem Lebensweg und Ihren Qualifikationen in den Anlagen finden!

Wenn kein persönlicher Ansprechpartner in der Stellenanzeige benannt wurde, können Sie versuchen, durch einen Anruf in der Zentrale des Unternehmens dessen Namen in Erfahrung zu bringen. Das gleiche gilt grundsätzlich für Initiativbewerbungen. Fehlläufer oder falsch plazierte Bewerbungen sind verlorene Chancen.

Absender

Geben Sie neben Ihrer vollständigen Adresse auch Ihre Telefonnummer an. Sinnvoll ist zudem die Information, unter welcher Telefonnummer Sie tagsüber kontaktiert werden können.

Adresse

Bei Bewerbungen auf Stellenanzeigen achten Sie auf die präzise und vollständige Wiedergabe der Postanschrift des Unternehmens, einschließlich des Namens der Kontaktperson (falls angeführt).

Bei Initiativbewerbungen informieren Sie sich über die korrekte und vollständige Postanschrift des Unternehmens. Versuchen Sie, telefonisch den Namen einer zuständigen Person in Erfahrung zu bringen – Ihr Schreiben sollte ohne Umwege auf dem richtigen Schreibtisch landen!

Datum

Achten Sie bei Stellenausschreibungen auf die Einhaltung von Bewerbungsfristen. Auf der anderen Seite müssen Sie auch nicht überstürzt reagieren. Lassen Sie sich nach Erscheinen der Stellenanzeige drei bis vier Tage Zeit, bis Sie Ihre Bewerbung schreiben und abschicken.

Bezug

Wenn Sie auf eine Anzeige reagieren, geben Sie unbedingt Erscheinungsort und -datum der Stellenanzeige an *(Anzeige in der Süddeutschen Zeitung vom 14.10.199X)*, außerdem die Funktionsbezeichnung der Stelle *(Bewerbung auf die Stelle eines Systemprogrammierers)*. Bei Initiativbewerbungen nennen Sie stichwortartig Ihre Bewerbungsabsicht, die Berufsbezeichnung und eventuell den gewünschten Unternehmensbereich: *Bewerbung als Systemprogrammierer im Bereich E-Commerce.*

Anrede

Wenn der Name der zuständigen Person bekannt ist, wird er in der Anrede genannt. Ansonsten schreiben Sie: *Sehr geehrte Damen und Herren …*

Bewerbung

Der Inhalt des Anschreibens

Einstieg

Zum Einstieg können Sie Ihre Bewerbungsabsicht förmlich zum Ausdruck bringen *(Hiermit bewerbe ich mich um …;* oder: *Sie suchen … . Ich möchte mich um diese Stelle bewerben.).* Aber besser ist es, persönliche Formulierungen zu finden. Sie können Ihr besonderes Interesse am Aufgabenbereich oder an dem Unternehmen betonen. Oder Sie können mit dem Verweis auf Ihre eigenen Berufserfahrungen oder Qualifikationen beginnen, um die Bewerbung schlüssig zu begründen.
Setzen Sie die Stellenanforderungen der Anzeige in Bezug zur eigenen Person. Eine ausführliche Darstellung Ihres beruflichen Werdegangs gehört in den Lebenslauf! Hier wählen Sie gezielt die Aspekte aus, die die besondere Qualifikation für diese Stelle oder das besondere Interesse an ihr begründen können. In jedem Fall sollte das Stellenprofil im Schreiben möglichst vollständig angesprochen sein: wodurch bin ich qualifiziert für Leitungsaufgaben, für kooperatives Arbeiten, für Auslandstätigkeit usw.
Es steht Ihnen frei, im Bewerbungsschreiben Ihren Gehaltswunsch zu benennen, es sei denn, die Ausschreibung verlangt eine Angabe – gegebenenfalls als Jahresgehalt.

Heben Sie in Ihrem Anschreiben diejenigen Fähigkeiten und Qualifikationen hervor, die in der Stellenausschreibung gefordert sind.

Ausklang

Formulieren Sie am Ende offensiv Ihren Wunsch, zu einem persönlichen Vorstellungsgespräch eingeladen zu werden. Zeigen Sie sich dabei vom Erfolg Ihres Bewerbungsschreibens überzeugt: *Ich freue mich auf ein persönliches Vorstellungsgespräch.* Oder: *Habe ich Ihr Interesse gewonnen? Dann freue ich mich auf ein persönliches Vorstellungsgespräch.*
Zum Abschluss grüßen Sie *Mit freundlichen Grüßen* und setzen Ihre Unterschrift mit Vor- und Nachnamen.

Anlagen

Der Hinweis auf Anlagen sollte Ihre Unterlagen in der gewählten Anordnung der Bewerbungsmappe auflisten.

Foto

Kleben oder heften Sie ein aktuelles Foto im Passfotoformat – aber bitte nicht aus dem Automaten – oben rechts auf den Lebenslauf.
Schreiben Sie Ihren Namen und Ihre Anschrift auf die Rückseite des Fotos (falls das Foto sich löst). Achten Sie darauf, daß Ihre Kleidung auf dem Foto dem möglichen Bekleidungsstandard in der neuen Arbeitsumgebung entspricht. Und machen Sie ein möglichst freundliches Gesicht.

Bewerbung

Lebenslauf

In der Regel genügt ein maschinengeschriebener, tabellarischer Lebenslauf, der die Informationen zur Person und zum Bildungs- und Berufsweg in gut strukturierter Form enthält. Einen ausführlichen oder handgeschriebenen Lebenslauf sollten Sie nur dann mitschicken, wenn die Stellenausschreibung es ausdrücklich verlangt. Eine Standardform des Lebenslaufes ist die Gliederung in:

- **Persönliche Daten**
- **Schulausbildung, Schulabschluss, Berufsausbildung**
- **Berufstätigkeit**
- **Fort- und Weiterbildung**
- **Besondere Qualifikationen beziehungsweise sonstige Kenntnisse**

Aber es gibt auch andere Möglichkeiten der Gestaltung. Beispiele finden Sie auf den folgenden Seiten.

Persönliche Daten

Zu den persönlichen Daten gehören: vollständiger Name einschließlich Titel, Anschrift, Geburtsdatum (eventuell auch Geburtsort), Familienstand und Anzahl der Kinder. Weitere Angaben wie die Namen und der Beruf der Eltern sind überflüssig und höchstens dann sinnvoll, wenn ein Bewerber noch sehr jung ist und am Beginn seines Berufsweges steht.

Zeitliche Lücken

Ungereimtheiten in Ihrer Darstellung werden sofort auffallen, und sicherlich nicht besonders positiv. Da ist es allemal besser, eine vernünftige Erklärung für „Auszeiten" oder abrupte Sprünge im Berufsweg anzubieten.

Der Lebenslauf darf keine zeitlichen Lücken enthalten – Sie werden spätestens beim Vorstellungsgespräch danach gefragt. Versuchen Sie, Phasen Ihres Lebens, die in der Bewerbungssituation eher problematisch erscheinen, positiv zu wenden oder plausibel zu begründen.

Befürchtungen, daß Ihnen Zeiten der Arbeitslosigkeit bei der Bewerbung schaden könnten, sind meistens unbegründet. Personalleiter wissen, dass wir in Zeiten der Massenarbeitslosigkeit leben und dass zumindest kürzere Phasen ohne Beschäftigung eher der Regelfall in einem Lebenslauf sind. Schreiben Sie in solchen Fällen z. B. *Von … bis … ohne Anstellung wegen Beschäftigungssuche* und verweisen Sie auf unregelmäßige Tätigkeiten oder Weiterbildungsaktivitäten in dieser Zeit.

Handschriftenprobe

Manchmal fordern Stellenanzeigen eine Handschriftenprobe des Bewerbers. Am besten schreiben Sie in diesem Fall den Lebenslauf in ausführlicher, nicht tabellarischer Form mit der Hand.

Bewerbung
Die Präsentation

Zeugnisse

Legen Sie die Zeugnisse, die Ihren Bildungs- und Berufsweg dokumentieren (und bewerten), in Kopie bei. Die Originale können Sie gegebenenfalls später auf Wunsch des Arbeitgebers vorlegen.
Ordnen Sie Ihre Zeugnisse nach den Bereichen Berufstätigkeit, Ausbildung, Fort- und Weiterbildung. Die Arbeitszeugnisse liegen in den Anlagen der Bewerbungsmappe oben. Die Reihenfolge ist zeitlich rücklaufend, d. h. das jüngste Zeugnis liegt jeweils oben.
Es hängt unter anderem von Ihrem Lebensalter, Ihrer Berufserfahrung und der speziellen Bewerbungssituation ab, ob Sie Ihre Zeugnisse tatsächlich in vollständiger Form dokumentieren. So macht es für einen Berufsanfänger noch Sinn, das Abschlusszeugnis der allgemeinbildenden Schule beizulegen, nicht aber für einen Bewerber, der seit zwanzig Jahren im Beruf ist. Bei Nachweisen über Fort- und Weiterbildungsmaßnahmen gilt dagegen die Faustregel: Legen Sie lieber ein Zeugnis zuviel als eines zuwenig in Ihre Bewerbungsmappe. Auch Qualifikationen, die für die konkrete Stellenbewerbung womöglich geringe Bedeutung haben, sind bei der Gesamtbewertung Ihrer Person aussagekräftig.

Die Bewerbungsmappe

Auch ein perfektes Bewerbungsschreiben und ein qualifizierter Lebenslauf verlieren die Hälfte ihrer Wirkung, wenn sie nicht Teil einer gut sortierten und „verpackten" Bewerbungsmappe sind. Stellen Sie am besten alle Unterlagen in einem Schnellhefter mit Klarsichtdeckel zusammen. Halten Sie dabei die folgende Reihenfolge ein:

1. **Bewerbungsschreiben**
2. **Lebenslauf mit Lichtbild**
3. **Eventuell Handschriftenprobe**
4. **Zeugnisse (Berufstätigkeit – Ausbildung – Fortbildung)**
5. **Weitere Unterlagen**

Das Bewerbungsschreiben legen Sie lose zuoberst in Ihre Bewerbungsmappe ein, gut sichtbar unter dem Klarsichtdeckel.
In Büroartikelgeschäften finden Sie Bewerbungssets mit Registerblättern, die das Zusammenstellen erleichtern.

▶ Bewerbungsschreiben auf Stellenanzeige, Seiten 122–124
▶ Bewerbungsschreiben für Initiativbewerbung, Seiten 125 und 126
▶ Bewerbung: Lebenslauf, Seiten 127–133

Julius Kerrner
Klosterhof 5
57766 Gorden

22.09.9X

Intersted GmbH
Personalabteilung
Frau Margit Lauer

28888 Hollein

Bewerbung um die Stelle eines Vertriebskaufmanns
Ihre Anzeige in der Frankfurter Allgemeinen Zeitung vom 18.09.9X

Sehr geehrte Frau Lauer,

in Ihrer Stellenanzeige suchen Sie einen versierten Vertriebskaufmann mit Auslandserfahrung. Ich bin davon überzeugt, dass meine Kenntnisse und Erfahrungen Ihren Anforderungen entsprechen.

Nach meiner Ausbildung zum Einzelhandelskaufmann und der Ableistung des Grundwehrdienstes habe ich drei Jahre in der Vertriebsabteilung eines großen Import-/Exportunternehmens in Bremen gearbeitet. Der Schwerpunkt meiner Tätigkeit lag im Aufbau von Geschäftsbeziehungen zu südamerikanischen Partnern. Ich habe mir in dieser Zeit die Grundlagen des internationalen Handelsrechts angeeignet und darüber hinaus sehr gute Kenntnisse der spanischen und der englischen Sprache erworben. Für neun Monate war ich im Rahmen dieser Tätigkeit im brasilianischen Kontor des Unternehmens in Rio de Janeiro eingesetzt.

Seit zwei Jahren arbeite ich als Vertriebskaufmann in der deutschen Niederlassung eines belgischen Investitionsgüterproduzenten. Ich betreue hier erfolgreich den Regionalmarkt Nordrhein-Westfalen.

– 1 –

Leider ermöglicht mir mein jetziges Wirkungsfeld keinen qualifizierten internationalen Einsatz. Mein Interesse gilt aber einem beruflichen Umfeld, in dem ich meine kaufmännischen und sprachlichen Kenntnisse und Erfahrungen auch bei Auslandstätigkeiten zur Geltung bringen kann. Daher haben mich Ihre Stellenausschreibung und Ihr Unternehmensprofil sehr angesprochen.

Mein Gehaltswunsch beträgt ca. 150 TDM p.a. Ich könnte meine Tätigkeit zum 01.01.9X bei Ihnen aufnehmen.

Weitere Informationen entnehmen Sie bitte den beigefügten Unterlagen.
Ich freue mich auf ein Gespräch mit Ihnen.

Mit freundlichen Grüßen

Julius Kerrner

Anlagen
Lebenslauf
Zeugnisse

– 2 –

Sybille Korthaus
Maximilianstr. 36
82045 Gottenberg

10.09.9X

DET-Bank AG
Personalabteilung
Kaufunger Str. 129

85262 Ladenstedt

Bewerbung als Diplom-Übersetzerin
Ihre Anzeige in der Süddeutschen Zeitung vom 08.09.9X

Sehr geehrte Damen und Herren,

Ihre Stellenanzeige interessiert mich, entspricht sie doch sehr genau meinen beruflichen Zielvorstellungen.

Als diplomierte Übersetzerin für Englisch und Spanisch arbeite ich seit drei Jahren in Teilzeitarbeit bei einem weltweit operierenden Großhandelsunternehmen. Der Umgang mit dem PC und mit Textverarbeitungs- und Datenbankprogrammen ist mir vertraut. In Zukunft möchte ich eine Vollzeitstelle wahrnehmen, die es mir stärker als bisher erlaubt, meine Kenntnisse der englischen Sprache und insbesondere des amerikanischen Englisch einzusetzen. Die zügige Einarbeitung in den Schwerpunktbereich Kapitalmarkttexte wird mir nicht schwerfallen, da ich bereits während eines halbjährigen Praktikums bei der Deutschen Bank in Frankfurt intensiv an der Übersetzung von Aktien- und Rentenanalysen aus dem Englischen gearbeitet habe.

Mein Gehaltswunsch liegt bei monatlich 5.500 DM. Der früheste Eintrittstermin ist der 01.01.9Y.

Wann darf ich mich persönlich bei Ihnen vorstellen?

Mit freundlichen Grüßen

Sybille Korthaus

Anlagen
Lebenslauf
Lichtbild
Zeugniskopien

Corinna Meyer
Fagottstr. 29
72902 Enningen

05.07.9X

Argos Versicherungen AG
Marktstr. 72

70365 Stuttgart

Bewerbung als Fachkraft in der Rechtsabteilung

Sehr geehrte Damen und Herren,

Sie gehören zu den führenden deutschen Versicherungsunternehmen und sind mit einer Reihe innovativer Konzepte und Produkte hervorgetreten. Seit Jahren sind Sie auch jenseits der Grenzen auf dem europäischen Versicherungsmarkt aktiv.

Die vielfältigen interessanten Aufgabengebiete, die ein Unternehmen mit diesem Profil im Bereich der Vertrags- und Rechtsangelegenheiten bietet, sind für mich von großem Interesse. Als gelernte Rechtsanwaltsgehilfin würde ich daher gerne Ihre Rechtsabteilung verstärken und dort insbesondere meine guten fachsprachlichen Kenntnisse in Englisch einbringen.

Zur Zeit arbeite ich in einem Rechtsanwaltbüro, wo ich jede Art von Prozess-, Vertrags- und sonstigen Rechtsakten verwalte und allgemeine Sekretariatsaufgaben wahrnehme.

Nähere Informationen zu meiner Ausbildung, zu meinem bisherigen beruflichen Werdegang und zu meinen besonderen Qualifikationen vermittelt Ihnen der beigefügte Lebenslauf.

Geben Sie mir Gelegenheit zu einem persönlichen Vorstellungsgespräch?

Mit freundlichen Grüßen

Corinna Meyer

Anlage
Lebenslauf

Mark Schlosser
Sonnefeldstr. 3
65487 Kaisersfeld

12.02.9X

Allrad KG
Zeidlerstr. 67

65876 Lauthal

Bewerbung als Auszubildender

Sehr geehrte Damen und Herren,

die Allrad KG ist nicht nur als eines der großen Autohäuser der Region bekannt, sondern auch als engagierter Ausbildungsbetrieb für Kraftfahrzeugmechaniker. Ich möchte mich bei Ihnen um einen Ausbildungsplatz bewerben.

Schon von Haus aus bin ich technisch sehr interessiert. Die Wochenenden verbringe ich gemeinsam mit meinem Vater (Ingenieur im Flugzeugbau) damit, an unserem Auto oder an meinem Chopper zu basteln. Wegen dieser praktischen Erfahrungen weiß ich, dass Kraftfahrzeugmechaniker mein Traumberuf ist.

Im Juni 199X werde ich die Schule mit dem Hauptschulabschluss bei voraussichtlich gutem Notendurchschnitt verlassen.

Geben Sie mir eine Chance? Ich würde mich gerne in der nächsten Zeit persönlich bei Ihnen vorstellen.

Mit freundlichen Grüßen

Mark Schlosser

Anlage
Lebenslauf

Vanessa Holland
Katharinenplatz 8
58034 Stolpingen
Tel. 0220-567898

geboren am 05.07.1972 in Dortmund

ledig

Schulausbildung

1978–1982	Grundschule Dortmund-Hoerde
1982–1988	Ina-Seidel-Realschule Dortmund

Schulabschluss

1988	Schulabschluss mittlere Reife

Berufsausbildung

1988–1991	Kaufmännische Lehre bei Warenhaus KG, Essen Abschlussprüfung: gut

Berufstätigkeit

09/1991–12/1994	Abteilungssekretärin, Sellner GmbH, Düsseldorf
01/1995–06/1998	Abteilungssekretärin, InterPlus KG, Düsseldorf
seit 07/1998	Sekretärin der Geschäftsführung, Computrain GmbH, Aachen

Zusätzliche Berufsqualifizierung

08/1992–12/1992	4-monatiger Computer-Abendkurs „Textverarbeitung“
09/1993–12/1993	3-monatiger Abendsprachkurs „Business English“
01/1995	2-wöchiger Computerkurs „Datenverwaltung und Tabellenkalkulation“
05/1996	Abendkurs „Telefonieren auf Englisch“
10/1997–04/1998	6-monatiger Abendkurs „Microsoft Office“

Besondere Qualifikationen

Sprachen	Gute Englischkenntnisse in Wort und Schrift Selbstständige Geschäftskorrespondenz in Englisch
EDV	Versierter Umgang mit allen Microsoft Office-Programmen, Lotus Notes, Projektmanagement-Software

Lebenslauf

Persönliche Daten

Name	Holland
Vorname	Vanessa
Wohnort	Katharinenplatz 8, 58034 Stolpingen
Geburtsdatum	05.07.1972
Geburtsort	Dortmund
Familienstand	ledig

Schulausbildung

1978–1982	Grundschule Dortmund-Hoerde
1979–1988	Ina-Seidel-Realschule Dortmund
1988	Schulabschluss: Mittlere Reife

Berufsausbildung

1988–1991	Kaufmännische Lehre bei Warenhaus KG, Essen IHK-Abschlussprüfung: gut

Berufstätigkeit

seit 07/1998 Computrain GmbH, Aachen

Sekretärin der Geschäftsführung

- Selbstständige Führung der Personalkosten-Abrechnung und der Kundenkonten
- Urlaubs- und Fortbildungskoordination
- Erstellung von Präsentationen
- Mitarbeit bei der Angebotserstellung
- Selbstständige Korrespondenz in Englisch
- Allgemeine Sekretariatsaufgaben
- Nutzung aller gängigen Microsoft Office-Programme, Projektmanagement-Software

– 1 –

01/1995–06/1998	InterPlus KG, Düsseldorf
	Sekretärin der Vertriebsabteilung
	• Koordination der abteilungsinternen Reportings • Unterstützung der Kundenpflege • Kalkulationserstellung • Allgemeine Sekretariatsaufgaben • Arbeit mit Microsoft Word, Excel, Access
	Berufsqualifizierung
	• 2-wöchiger Computerkurs „Datenverwaltung und Tabellenkalkulation“ • 6-monatiger Abendkurs „Microsoft Office“ • Abendkurs „Telefonieren in englischer Sprache“
09/1991–12/1994	Sellner GmbH, Düsseldorf
	Sekretärin der Personalabteilung
	• Verwaltung der Personalkosten-Abrechnung • Verwaltung der Seminar- und Fortbildungsplanung • Allgemeine Sekretariatsaufgaben • Arbeit mit Microsoft Word, Excel, Access
	Berufsqualifizierung
	• 4-monatiger Computer-Abendkurs „Textverarbeitung“ • 3-monatiger Abendsprachkurs „Business English“ • 3-monatiger Abendsprachkurs „Business English, Fortgeschrittene“

Besondere Qualifikationen

Sprachen	Gute Englischkenntnisse in Wort und Schrift Selbstständige Geschäftskorrespondenz in Englisch
EDV	Versierter Umgang mit allen Microsoft Office-Programmen, Lotus Notes, Projektmanagement-Software

– 2 –

Lorenz Marsteder
Marienhofer Str. 5
62654 Hauern
Tel. 06201-774421

Geburtsdatum	04.02.1970
Geburtsort	Frankfurt
Familienstand	verheiratet, ein Kind

Schulausbildung

1976–1980	Grundschule Frankfurt-Eschersheim
1980–1989	Albert-Einstein-Gymnasium, Frankfurt Abschluss: Abitur

Zivildienst

1989–1990	Zivildienst im Pflegestift St. Clara in Wiesbaden

Berufsausbildung

1990–1993	Lehre als Einzelhandelskaufmann bei Softlink GmbH, Wiesbaden Abschlussprüfung: gut

Berufstätigkeit

10/1993–12/1995	Systemberater bei Techtrec GmbH, Großkarben, für LAN-Technologien
01/1996–06/1998	Vertriebsleiter bei InterPro GmbH, Eschborn, für Netzwerk-Komponenten
07/1998–10/1998	Beschäftigungssuche Fortbildung in Internet- und Intranettechnologien
seit 11/1998	Systemberater bei Jensen System GmbH, Hauern, für Internet-/Intranetlösungen

Qualifikationen

Sprachen	Sehr gute Englischkenntnisse in Wort und Schrift
EDV	Fundierte Kenntnisse in: Windows NT, OS/2, UNIX; Oracle und Informix Datenbanken; Programmiersprachen: C++, Java; LAN-Technologien und Großrechneranbindung; Client-Server-Lösungen; Intranet-Technologie, Firewalls

Lebenslauf

Persönliche Daten

Name:	Marsteder
Vorname:	Lorenz
Wohnort:	Marienhofer Str. 5, 62654 Hauern
Geburtsdatum:	04.02.1970
Geburtsort:	Frankfurt
Familienstand:	verheiratet, ein Kind

Schulausbildung

1976–1981	Grundschule Frankfurt-Eschersheim
1980–1989	Albert-Einstein-Gymnasium, Frankfurt Abschluss: Abitur

Zivildienst

1989–1991	Zivildienst im Pflegestift St. Clara in Wiesbaden

Berufsausbildung

1990–1993	Lehre als Einzelhandelskaufmann bei Softlink GmbH, Wiesbaden Abschlussprüfung: gut

Berufstätigkeit

10/1993–12/1995	Systemberater bei Techtrec GmbH, Großkarben, für LAN-Technologien
01/1996–06/1998	Vertriebsleiter bei InterPro GmbH, Eschborn, für Netzwerk-Komponenten
07/1998–10/1998	Beschäftigungssuche Fortbildung in Internet- und Intranettechnologien
seit 11/1998	Systemberater bei Jensen System GmbH, Hauern, für Internet-/Intranetlösungen

Sprachen

Englisch	fließend in Wort und Schrift

Kenntnisse und Qualifikationen

Siehe beiliegendes Leistungsprofil

– 1 –

Leistungsprofil

Ausbildung
Einzelhandelskaufmann, Schwerpunkt Datenverarbeitung
- Angebots-, Bestell- und Rechnungswesen
- Betriebswirtschaftliche Basiskenntnisse
- Zielgerichtetes Arbeiten mit Textverarbeitungs-, Tabellen- und Datenbanksystemen
- Arbeiten mit Warenwirtschaftssystemen

Berufspraxis
Systemberater
- Selbständige Betreuung von Kundenprojekten
- Aufbau, Pflege und Wartung heterogener Netze in Industrieunternehmen
- Kundenspezifisches Customizing von Standard-Intranetlösungen

Vertriebsleiter
- Eigenverantwortliche Kundenbetreuung
- Projektakquise für Netzwerklösungen im Unternehmensbereich Maschinenbau

Fachliche Kompetenzen
Interessens-Schwerpunkte
- LAN-Netzwerke
- Bürokommunikation
- Internet, Intranet

Fundierte Kenntnisse
- Windows NT, OS/2, UNIX
- Oracle und Informix Datenbanken
- Programmiersprachen: C++, Java
- LAN-Technologien und Großrechneranbindung
- Client-Server-Lösungen
- Intranet-Technologie, Firewalls

Fachübergreifende Kompetenzen
- Organisationsfähigkeit
- Kundenorientierung
- Kooperatives Arbeiten, Teamfähigkeit
- Offen für Innovation
- Schnelles Einarbeiten in neue Sachverhalte
- Sehr gute Englischkenntnisse

Führerschein
- Klasse III

– 2 –

Vanessa Holland
Katharinenplatz 8
58034 Stolpingen
Tel. 0220-567898

Lebenslauf

Am 5. Juli 1972 wurde ich in Dortmund geboren. Ich bin unverheiratet und habe keine Kinder.

Im Jahre 1988 beendete ich die Schulausbildung an der Ina-Seidel-Realschule in Dortmund mit dem Abschluss Mittlere Reife. Anschließend machte ich eine kaufmännische Lehre bei der Firma Warenhaus KG in Essen. Ich habe die Ausbildung am 28.4.1991 mit der IHK-Prüfung zur Sekretärin abgeschlossen und erhielt die Note „gut".

Von 1991 bis Ende 1994 war ich bei der Firma Sellner GmbH in Düsseldorf als Sekretärin in der Personalabteilung tätig, von 1995 bis 1998 bei der InterPlus KG in Düsseldorf als Sekretärin der Vertriebsabteilung.

Im Juli 1998 wechselte ich zur Firma Computrain GmbH in Aachen, um dort die Aufgaben einer Sekretärin der Geschäftsführung zu übernehmen. Zu meinen Aufgaben gehören unter anderem die selbstständige Führung der Personalkosten-Abrechnung und der Kundenkonten und die sehr umfangreiche Korrespondenz in Englisch. In diesem Unternehmen bin ich auch zur Zeit in ungekündigter Stellung tätig.

Neben meiner Berufstätigkeit habe ich mich regelmäßig in Abendkursen fortgebildet. Ich habe mehrere längere EDV-Kurse und Sprachkurse für Business Englisch absolviert.

Stolpingen, den 3. Oktober 199X

Vanessa Holland

Bewerbung

Antwortschreiben

Tipp: Zügige Zwischenbescheide ersparen Ihnen zahllose telefonische Nachfragen der Bewerber.

Der freundliche und verbindliche Umgang mit Stellenbewerbern sollte selbstverständlicher Teil der Unternehmenskultur sein. Ein distanzierter, floskelhafter Kurzbrief für die Einladung oder für die Absage an einen Bewerber ist einfach zu wenig. Es ist gar nicht so schwer, positive Formulierungen zu finden, selbst wenn eine Absage erteilt wird! Orientieren Sie sich an folgenden Stichpunkten:

Zwischenbescheid

- **Dank für Bewerbung**
- **Hinweis auf große Zahl von Bewerbungen und/oder interne Entscheidungsprozesse, die die Bearbeitung verzögern**
- **Zeitangabe, bis wann eine Antwort zu erwarten ist**
- **Hinweis, dass eine Antwort unaufgefordert eintreffen wird**

Absage

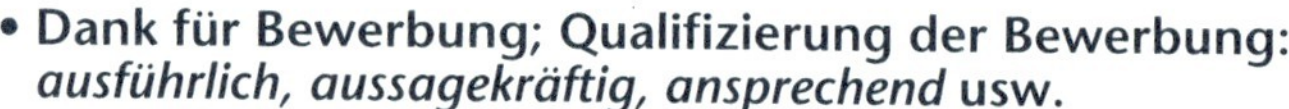

- **Dank für Bewerbung; Qualifizierung der Bewerbung:** ***ausführlich, aussagekräftig, ansprechend*** **usw.**

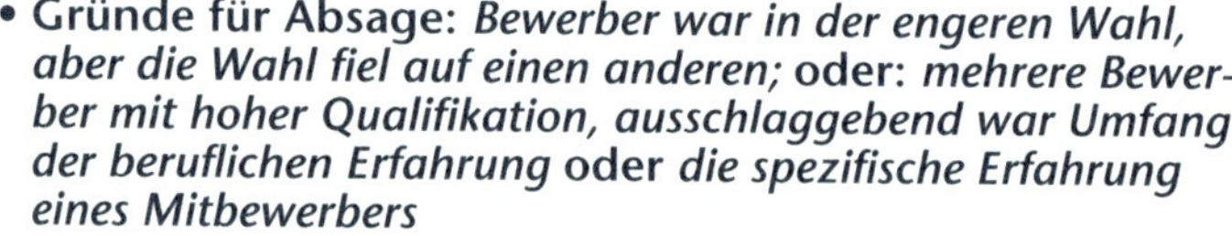

- **Gründe für Absage:** ***Bewerber war in der engeren Wahl, aber die Wahl fiel auf einen anderen;*** **oder:** ***mehrere Bewerber mit hoher Qualifikation, ausschlaggebend war Umfang der beruflichen Erfahrung*** **oder** ***die spezifische Erfahrung eines Mitbewerbers***
- **Bitte um Verständnis für getroffene Entscheidung**
- **Unterlagen zurück und Erfolg wünschen**

Einladung an Bewerber

- **Dank für Bewerbung**
- **Mitteilung, dass Bewerber in der engeren Wahl ist**
- **Einladung zum Vorstellungsgespräch**
- **Ort, Termin und Gesprächsteilnehmer nennen**
- **Bitte um Bestätigung des Termins mit Ansprechpartner**
- **Gegebenenfalls Hinweis auf Reisekostenerstattung**
- **Positive Erwartungen für das Gespräch formulieren**
- **Gegebenenfalls: Anfahrtplan, Bewerberfragebogen**

▶ Zwischenbescheid, Seite 135
▶ Absage, Seiten 138–141
▶ Einladung, Seite 136

KONRAD AG

Wolfsschlucht 42 · 81288 Sternburg

Frau
Andrea Borell
Lindenstr. 12

85555 Bärensteig

11.02.9X

Ihre Bewerbung als Sachbearbeiterin vom 03.02.9X

Sehr geehrter Frau Borell,

Ihre Bewerbung haben wir erhalten. Vielen Dank.

Da das Interesse an der ausgeschriebenen Stelle sehr groß ist, brauchen wir etwas Zeit, um alle eingegangenen Bewerbungsunterlagen zu sichten. Ich werde Ihnen ohne weitere Aufforderung in etwa drei Wochen über den Stand des Auswahlverfahrens berichten.

Bis dahin bitte ich um etwas Geduld.

Mit freundlichen Grüßen

i.V. Elvira vom Hoefe

Elvira vom Hoefe
Personalabteilung IV–AO

S·O·F·T·L·I·M·I·T G·M·B·H
Personalabteilung, Ludwigsstr. 87, 88011 Mattern

Herrn
Olaf Stiller
Kirchplatz 8

67788 Oberlech

22.02.9X

Ihre Bewerbung vom 08.02.9X für den Funktionsbereich Controlling

Sehr geehrter Herr Stiller,

vielen Dank für Ihr Interesse an einer Zusammenarbeit. Ihre Unterlagen haben durchaus unser Interesse geweckt.

Leider sind zur Zeit in den Geschäftsbereichen, die für Sie von Interesse sind, keine Stellen zu besetzen. Diese Situation kann sich allerdings schon im Frühsommer dieses Jahres grundlegend ändern.

Ihr Einverständnis vorausgesetzt, nehmen wir Ihr Bewerbungsschreiben zu unseren Unterlagen. Sobald sich der erhoffte Einstellungsbedarf ergibt, werde ich mich mit Ihnen in Verbindung setzen.

Mit freundlichen Grüßen

Dr. Ernst Walter

Dr. Ernst Walter
Ressort Personal

MONINGER AG
DEUTSCHHERRENSTR. 17
76229 PUCHINGEN

Frau
Nicole Fischinger
Uhlandstr. 30

77901 Mechlingen

Ihr Schreiben vom	Ihr Zeichen	Unser Zeichen	Datum
02.05.9X		di-ms	09.05.9X

Bewerbung um einen Ausbildungsplatz

Sehr geehrte Frau Fischinger,

vielen Dank für Ihre Bewerbung und Ihr Interesse an einem Ausbildungsplatz als Fachinformatikerin in unserem Unternehmen.

Wir sind stolz darauf, in den vergangenen Jahren die Zahl der Auszubildenden auf durchschnittlich 15 pro Jahr erhöht zu haben. Dennoch erreichen uns weitaus mehr Bewerbungen um einen Ausbildungsplatz, als wir aufnehmen können. Erfahrungsgemäß haben diejenigen Bewerber die besseren Chancen, die zuvor bei uns ein Betriebspraktikum absolviert haben und die schon ein wenig in unser Unternehmen hineingewachsen sind. Ein solches Praktikum dauert in der Regel drei bis sechs Monate.

Da wir Ihnen zur Zeit keinen Ausbildungsplatz anbieten können, empfehle ich Ihnen, den Weg über ein Praktikum zu gehen.

Bitte teilen Sie mir bis zum 30.05.9X mit, ob Sie an einem Praktikum in unserem Unternehmen interessiert sind. Bei Interesse werde ich Ihre Unterlagen an die zuständige Kollegin zur Entscheidung weiterreichen. Im anderen Falle erhalten Sie Ihre Bewerbungsunterlagen zurück.

Mit freundlichen Grüßen
Moninger AG – Personalabteilung

i. A. *Axel Dieboldt*

Axel Dieboldt

Lothar Zimmer GmbH
Kemenatenweg 4, 02645 Lorenzburg

Frau
Susanne Volmar
Großgörschenstr. 84a

16250 Bietigfeld

10.08.9X

Ihre Bewerbung als Netzadministratorin

Sehr geehrte Frau Volmar,

vielen Dank für Ihre Bewerbung. Mit Ihren hervorragenden Qualifikationsnachweisen gehörten Sie zu denjenigen Bewerbern, die wir bei der Besetzung der Stelle in die engere Wahl genommen haben.

Leider liegen jedoch Ihre Gehaltsvorstellungen so deutlich über dem Limit unseres Stellenplans, dass wir uns auch aus einem Vorstellungsgespräch keine Einigung erwarten konnten. Mittlerweile haben wir die Stelle daher an einen anderen Bewerber vergeben.

Bitte haben Sie Verständnis für unsere Entscheidungskriterien. Wir hoffen, dass Sie bald eine Stelle finden werden, die auch finanziell Ihren Vorstellungen entspricht.
Ihre Bewerbungsunterlagen schicken wir zu unserer Entlastung zurück.

Mit freundlichen Grüßen

i. A. Inga Venske
Inga Venske
Personalreferentin

Anlagen

Frau
Heike Kolmer
Aegidiusplatz 18

84454 Oberholz

10.05.9X

Stellenausschreibung für Vertriebsbeauftragte/n
Ihre Bewerbung vom 24.03.199X

Sehr geehrte Frau Kolmer,

für Ihre Bewerbung und für Ihre Teilnahme am Assessment-Center in München bedanke ich mich noch einmal herzlich.

Nach den zwei anstrengenden Tagen in unserem Trainingszentrum haben wir Ihnen im Feedback-Gespräch die von uns beobachteten Stärken im Einzelnen dargelegt. Darüber hinaus diskutierten wir gemeinsam mit Ihnen einige Beobachtungen, die uns im Hinblick auf die Position, um die es geht, ein wenig nachdenklich gemacht hatten.

Bei den folgenden Auswertungsgesprächen in unserer Personalabteilung hat sich gezeigt, dass diese Faktoren ein sehr hohes Gewicht für uns haben. Wir konnten uns daher leider nicht für ein Einstellungsangebot an Sie entscheiden.

Für Ihren weiteren Berufsweg wünsche ich Ihnen viel Erfolg.
Ihre Unterlagen schicken wir Ihnen mit getrennter Post zurück.

Mit freundlichen Grüßen

i. A. Ägidius Kohlhagen

Ägidius Kohlhagen

KOMCHEMIE GMBH & CO. KG
Personalabteilung · Behringstr. 55 · 65454 Merz

Herrn
Lars Konnecke
Silostr. 8

77876 Mörlen

10.10.9X

Ihre Bewerbung als Systemadministrator vom 24.08.9X

Sehr geehrter Herr Konnecke,

vielen Dank für Ihr Interesse an einer Zusammenarbeit.

Auf unsere Stellenanzeige sind unerwartet viele Bewerbungen eingegangen. Nach sorgfältiger Prüfung aller Unterlagen muss ich Ihnen leider mitteilen, dass wir Ihre Bewerbung nicht berücksichtigen konnten.

Bitte verstehen Sie diese Entscheidung nicht als Bewertung Ihrer persönlichen Qualifikation. Unter vielen leistungsstarken Bewerbern fiel die Wahl auf denjenigen, der das Stellenprofil am besten erfüllte.

Für Ihren weiteren Berufsweg wünsche ich Ihnen viel Erfolg.

Mit freundlichen Grüßen

i. A. Evelyne Stark
Evelyne Stark

Anlagen

BRAUNFELS AG

Mertonweg 6, 98765 Lobau

Personalabteilung

Frau
Corinna Linnemann
Kampstr. 56

92345 Laffen

29.02.9X

Ihre Bewerbung als Kundenbetreuerin vom 04.02.9X

Sehr geehrte Frau Linnemann,

vielen Dank für Ihre Bewerbung.

Ihre Unterlagen sind bei uns auf großes Interesse gestoßen. Wir möchten Sie daher persönlich kennen lernen und bitten Sie zu einem Gespräch in die Zentralverwaltung unseres Unternehmens.

Ihre Gesprächspartner werden der Leiter unserer Personalabteilung, Herr Dr. Müller, und der zuständige Bereichsleiter, Herr Heimann, sein.

Als Gesprächstermin schlagen wir die 28. Kalenderwoche vor. Bitte setzen Sie sich für eine verbindliche Terminabsprache telefonisch mit Frau Marzak (Telefon 01 11-22 23 33) in Verbindung.

Wir freuen uns auf Ihren Besuch!

Mit freundlichen Grüßen

i.V. Carola Pieper

Carola Pieper

Anlage: Anfahrtsplan

Dank

Dank an Arzt oder Pflegepersonal

Schreiben Sie ehrlich, was Sie empfunden haben, dann haben Sie keine Peinlichkeit zu befürchten.

Nach schwerer Krankheit oder nach dem Tod eines geliebten Menschen besteht oft der Wunsch, einem Arzt oder einer Krankenschwester für besondere Leistungen und Zuwendung zu danken. Ein solches Dankschreiben sollten Sie frei halten von allen abgegriffenen Floskeln, auch frei von falschem Pathos. Schreiben Sie, wie Ihr Herz empfindet, mit Ihren eigenen Worten. Meist genügt es, dem Gefühl der Dankbarkeit in wenigen nachdrücklichen Sätzen Ausdruck zu geben.

▶ Dank an Arzt im Krankenhaus, Seiten 143 und 144
▶ Dank an Pflegepersonal in Altenheim, Seite 145

Corinna Jacobs-Lohmann und Horst Lohmann
Stutenhofweg 27
37901 Scharnholz

2.9.199X

Herrn
Dr. Jürgen Pettenberg
Städtisches Krankenhaus
Station V
Am Bügel 10

37902 Scharnholz

Sehr geehrter Herr Dr. Pettenberg,

nachdem unsere Tanja nun seit einer Woche wieder zu Hause ist, möchten wir Ihnen noch einmal von ganzem Herzen danken. Ihrem großen persönlichen Einsatz und Ihrem ärztlichen Können ist es zu verdanken, dass unsere Tochter die schwierige Operation so gut überstanden hat und so schnell an Körper und Seele gesundet. Es ist schwer, einem Kind in der so fremden Umgebung einer Klinik Mut zu machen und ihm die Angst vor der Krankheit zu nehmen. Ihnen ist es gelungen, und wir wissen, wie entscheidend das für den Heilungsprozess unserer Tanja war.

Wir danken auch den Schwestern, Pflegern und Zivildienstleistenden Ihrer Station, die sich überaus freundlich und geduldig um Tanja gekümmert haben. Wir wussten unsere Tochter immer in besten Händen.

Mit freundlichen Grüßen

Corinna Jacobs-Lohmann
Horst Lohmann

Elisabeth Karlstein
Am Ufer 14
89043 Pleissen

5. April 199X

Herrn
Dr. Martin Lorenzen
Antoniter-Krankenhaus
Stadtring 16

89132 Comberg

Sehr geehrter Herr Dr. Lorenzen,

nun bin ich seit einer Woche wieder zu Hause und habe fast schon den Eindruck, ich wäre nie fort gewesen. Die Versuchung ist groß, das wirklich zu glauben und zu leben wie zuvor. Aber ich weiß natürlich nach dieser Operation und den Wochen im Krankenhaus, dass es nun ein anderes, ein neu geschenktes Leben ist, und Ihnen vor allem habe ich dafür zu danken.

Ich danke Ihnen aber auch für die liebevolle Fürsorge und Pflege auf Ihrer Station. Ich habe mich tatsächlich ganz persönlich von Ihnen und den Schwestern, Pflegern und Zivildienstleistenden angesprochen und behandelt gefühlt, hatte nie das Gefühl, in einer anonymen Einrichtung als eine Nummer unter vielen zu sein. Dafür möchte ich Ihnen ganz besonders danken.

Ich wünsche Ihnen alles Gute und viel Zufriedenheit für Ihren weiteren beruflichen Weg.

Mit herzlichen Grüßen
Ihre

Elisabeth Karlstein

Margot Trebes
Kantstr. 31
82902 Blockfeld

12. November 199X

Schwester Charlotte Kampe
Else-Lindner-Heim
Am Kornspeicher 12

89245 Straßberg

Liebe Schwester Charlotte,

gestern Nachmittag haben wir unsere Mutter zu Grabe getragen, und nun möchten wir, die Kinder und Angehörigen, Ihnen und allen Ihren Pflegerinnen und Pflegern noch einmal von Herzen danken. Mutter hat in den letzten Jahren ein großes Maß an Zuwendung und Fürsorge von Ihnen erfahren. Das war nicht immer einfach und benötigte zuweilen sehr viel Geduld – Sie haben es weder meine Mutter noch uns jemals spüren lassen, haben immer großes Verständnis bewiesen. Dafür unseren aufrichtigen Dank!

Es war keine leichte Entscheidung damals, als wir uns entschlossen, Mutter in ein Pflegeheim zu geben. Wir hatten das Gefühl, sie in ihrer Krankheit im Stich zu lassen. Aber auf der anderen Seite war offenkundig, dass niemand von uns in der Lage war, sich so intensiv und sachkundig um sie zu kümmern, wie es erforderlich war. Vor diesem Hintergrund konnten wir – und davon bin ich heute mehr denn je überzeugt – keine bessere Entscheidung treffen, als die für Ihr Heim. Bei unseren Besuchen haben wir immer wieder wahrgenommen, wie beruhigt Mutter war, wie sehr sie sich sicher und aufgehoben fühlte, wie vertraut sie mit den Menschen ihrer Umgebung war. Das war für uns eine große Beruhigung.

Wir danken Ihnen für alles, was Sie für unsere Mutter in den letzten Jahren getan haben, und wünschen Ihnen, dass von der liebevollen Anteilnahme, die Sie anderen zukommen lassen, möglichst viel wieder auf Sie zurückstrahlen möge!

Mit allen guten Wünschen und herzlichen Grüßen

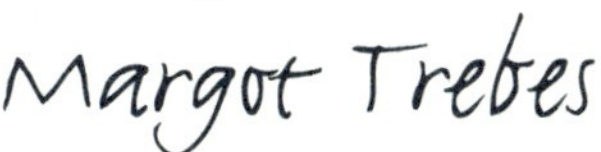

Dank

Dank für Beileid

Persönliche Beileidsbriefe sollten auch mit einem persönlichen Dankschreiben beantwortet werden.

Beileidsbekundungen werden mit einem Dankschreiben beantwortet, meist in gedruckter Form als Briefkarte. Der Dank der Hinterbliebenen sollte in dieser standardisierten Form kurz und schlicht gefasst sein, kann aber einzelne Trauerzeugnisse – zum Beispiel Reden am Grab – besonders hervorheben.

Natürlich gibt es daneben die Möglichkeit, Beileidsbriefe individuell und ausführlich zu beantworten. Dies wird vor allem dann der Fall sein, wenn das Kondolenzschreiben aus einer sehr persönlichen Perspektive der Trauer und der Teilnahme verfasst war.

Danksagungen im Trauerfall werden in der Regel drei bis vier Wochen nach der Beerdigung verschickt.

Für die gedruckte wie die persönliche Danksagung nach Beileidsbekundungen finden Sie auf den folgenden Seiten einige Beispiele.

▶ Dank für Beileid, Seiten 147–151
▶ Beileid, Seiten 100–107

Elisabeth Martens
Lohmühle 14
58076 Bad Wertshausen

November 199X

Herrn Thomas Behle
Cosmos GmbH
Pelligerstr. 45
58080 Gerlingen

Sehr geehrter Herr Behle,

Ihre herzlichen Worte zum Tode meines Mannes haben mir wohl getan. Sie haben mir noch einmal deutlich gemacht, welche Wertschätzung mein Mann erfahren hat, nicht nur in seiner Familie und bei seinen Freunden, sondern auch in seinem beruflichen Umfeld. Tatsächlich hat er sich mit Ihrem Unternehmen vollkommen identifiziert; es war auch „seine" Firma, der er sich mit ganzer Kraft widmete. Es ist gut zu wissen, dass dieser Einsatz gewürdigt wurde und auch nach dem Tode meines Mannes in Erinnerung bleibt.

Mit freundlichen Grüßen

Elisabeth Martens

Günther Jemann
Untergasse 7
83309 Kaldern

September 199X

Lieber Hanswerner,

danke für deinen lieben Brief zum Tode von Claudia. Du hast sehr anrührende Worte der Erinnerung gefunden, Worte von großer Trauer und Nähe. Sie sind mir zu Herzen gegangen und haben mich in der Überzeugung bestärkt, dass Claudia nicht nur in meiner Erinnerung fortleben wird. Danke!

Ich werde mich mit Sicherheit bald bei dir melden.

Herzlichst
dein
Günther

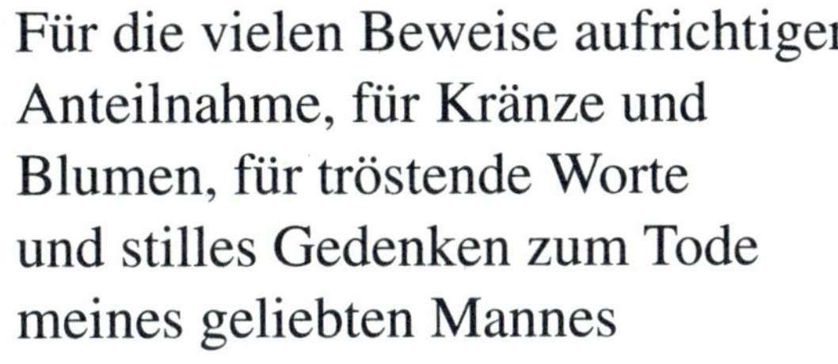

Für die vielen Beweise aufrichtiger
Anteilnahme, für Kränze und
Blumen, für tröstende Worte
und stilles Gedenken zum Tode
meines geliebten Mannes

Friedrich Kielmann

danke ich allen sehr herzlich.

Maria Lohse-Kielmann

Werratal, im September 199X

für die tröstenden Worte,
für ein stilles Gedenken,
für Blumen und Kränze,
für die Reden am Grab,
für Zuspruch und Hilfe,
für alle Beweise herzlicher Anteilnahme

zum Tode meines geliebten Mannes
Friedrich Kielmann

Maria Lohse-Kielmann
und alle Angehörigen

Zum Tode meines geliebten Mannes

Friedrich Kielmann

habe ich viele Beweise herzlicher Anteilnahme erhalten.

Vielen Dank für Blumen und Kränze, für Trost und Zuspruch.
Mein besonderer Dank gilt Herrn Pfarrer Haller für seine tief empfundenen Worte während des Requiems.
Dank sei auch dem Chorverein Oberhof, dem mein Mann so lange angehört hat, für den ergreifenden musikalischen Abschied am Grabe.

Maria Lohse-Kielmann

im Juni 199X

Statt Karten

Jeannette Lehmann **† 22. April 199X**

Wir danken allen, die Anteil am Tode unserer lieben Mutter genommen haben. Vielen Dank für Zuspruch und Gedenken in Wort und Schrift,
für Blumen und Geldspenden und für die Begleitung zum Grab.

Florian Lehmann
Susanne Lehmann
im Namen aller Angehörigen

Berlin, im Mai 199X

Dank

Dank nach einer Einladung

Ein persönlicher Dank im Brief wird die Gastgeber mehr freuen als alle Gastgeschenke.

Wenn Sie auf Einladung von Freunden oder Bekannten einen schönen Abend in geselligem Kreis verbracht haben, ist es angebracht, den Gastgebern anschließend noch einmal ausdrücklich zu danken. Natürlich können Sie Ihren Dank telefonisch übermitteln. Sie können aber auch einen kleinen handgeschriebenen Brief aufsetzen, in dem Sie mit größerem Nachdruck Ihre Freude über die Einladung und über den gelungenen Abend oder die Festlichkeit beschreiben.
Mögliche Stichworte für die inhaltliche Gestaltung:

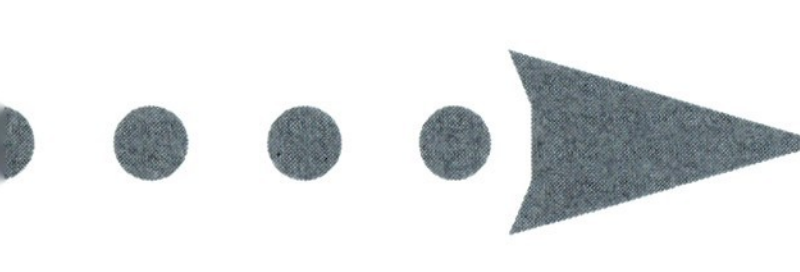

- **Noch einmal: Dank**
- **Würdigung des gastlichen Ereignisses: Mühen beziehungsweise Talent der Gastgeber, Atmosphäre, reizvolle Mischung der anwesenden Gäste, stimmungsvolle Musik, anregende Gespräche usw.**
- **Gesamturteil: gelungenes Fest**
- **Hoffnung auf Wiederholung, gegebenenfalls Ankündigung einer Gegeneinladung**
- **Sehr herzliche Grüße**

▶ Dank nach einer Einladung, Seiten 153–155
▶ Einladung, Seiten 174–187

Marita und Stefan Hornig
Schinkelstr. 37
18456 Bethin

10.7.199X

Conni und Dirk Farheider
Bornstr. 4

18568 Lüssenhagen

Liebe Conni, lieber Dirk,

nachdem wir gestern Abend wieder gut zu Hause angekommen sind, möchten wir euch noch einmal ganz herzlich für den wunderschönen Tag danken. Es war ein so heiteres und fröhliches Fest, dass wir uns – wie alle anderen Gäste auch – nur wohl fühlen konnten. Umso mehr bedauern wir, dass wir wegen der Kinder schon vorzeitig Abschied nehmen mussten. Sicher habt ihr bis tief in die Nacht gefeiert.

Hoffentlich habt ihr euch von den Strapazen des Festes und den Aufräumarbeiten mittlerweile gut erholt – und hoffentlich habt ihr Lust und Laune behalten, solche schönen, geselligen Ereignisse auch in Zukunft zu wiederholen!

Seid von Herzen gegrüßt

Marita

Stefan

Julian Schreiner und Matthias Merkel
Welfenstr. 19
31134 Hunswik

5.12.199X

Liebe Carola,

das war ein wunderschöner Abend bei dir. Danke für deine Einladung und danke für die viele Arbeit, die du dir gemacht hast.

Es ist eine wirklich gute Idee gewesen, die alten Freunde wieder zusammenzurufen. Offenkundig macht es ja immer noch Spaß miteinander. Wir zumindest fanden es super und würden so ein Treffen gerne ab und zu wiederholen. Keine Angst – es muss ja nicht immer bei dir sein. Für das nächste Mal bieten wir uns schon jetzt als Gastgeber an!

Also nochmals danke und bis bald

Julian Schreiner
Matthias Merkel

Martin und Sandra Kowallek
Hausener Str. 128
01654 Medern

14.02.199X

Herrn und Frau
Hansgeorg und Ilona Traeger
Steineichenallee 12

01654 Medern

Sehr geehrte Frau Traeger,
sehr geehrter Herr Traeger,

wir haben einen außerordentlich anregenden und fröhlichen Abend bei Ihnen verlebt und möchten Ihnen dafür noch einmal danken. Der perfekte Gastgeber entlässt seine Gäste reich an Eindrücken und bester Laune – so wie es uns am gestrigen Abend erging.

Herzliche Grüße

Martin Kowallek
Sandra Kowallek

Dank

Dank für Geschenk oder Glückwunsch

Wer zu besonderen Ereignissen ein Geschenk gemacht oder auf andere Weise Glück gewünscht hat, darf erwarten, dass ihm in schriftlicher Form gedankt wird. Ist der Anlass eine Hochzeit oder Verlobung, die Geburt eines Kindes oder ein „runder" Geburtstag, antwortet man meist mit einer gedruckten Dankeskarte. Will man das Dankschreiben persönlicher gestalten, fügt man einige handgeschriebene Sätze auf der Karte oder einen vollständigen Brief hinzu.

Ist die Zahl der Gäste überschaubar, sollten Sie die Dankschreiben mit der Hand schreiben.

Mögliche Stichworte für die inhaltliche Gestaltung eines persönlichen Dankschreibens:

- **Ausdruck von Freude und Dank**
- **Positive Würdigung des Geschenkes; Bestätigung der richtigen Wahl und des Gebrauchswerts des Geschenks**
- **Rückblick auf das Fest und den Festanlass**
- **Noch einmal: Dank und gute Wünsche**
- **Sehr herzliche Grüße**

▶ Dank für Geschenk und Glückwunsch, Seiten 157–165
▶ Glückwunsch, Seite 256

Hans-Martin Lahmann
Wienerstr. 56
88445 Mechtershof

23. November 199X

Liebe Freunde,
liebe Verwandte,
liebe Kollegen,

ihr habt mir eine sehr große Freude gemacht, meinen 60. Geburtstag so zahlreich mit mir zu feiern. Ich danke euch noch einmal für eure Anwesenheit, für eure herzlichen Worte und für eure großzügigen Geschenke. Es war ein wunderbarer Tag für mich, und ich bin fast traurig, dass es bis zum nächsten „runden“ Geburtstagsfest doch noch eine Weile dauert.

Noch einmal vielen Dank und herzliche Grüße

Hans-Martin Lahmann

Martha Sowarek
Hochstr. 27
52952 Sahlberg

Januar 199X

Liebe Familie, liebe Freunde,

über die vielen Geschenke und freundlichen Worte zu meinem 70. Geburtstag habe ich mich außerordentlich gefreut. Habt alle Dank und bleibt mir weiterhin gewogen!

Herzliche Grüße

Martha

Altan GmbH
Steinweg 27-29
36644 Leineburg

Marion Fleißhain
Glockengasse 12

36627 Denkhorst

18.11.9X

Danke!

Sehr geehrte Frau Fleißhain,

über Ihre Glückwünsche zur Geschäftseröffnung habe ich mich sehr gefreut. Nachdem nun der erste Schritt in die Selbstständigkeit vollzogen ist, gilt es, den Kinderschuhen zu entwachsen …

Schauen Sie doch bald einmal persönlich in meinen neuen Geschäftsräumen vorbei. Vielleicht lassen sich dann auf zwanglose Weise gemeinsame Geschäftsinteressen entwickeln.

Mit den besten Grüßen

Christine Huber

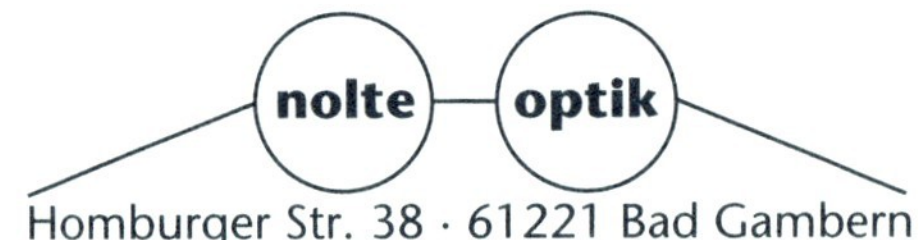

Dr. med. Dirk Mechtersheim
Marktgasse 4

61221 Bad Gambern

02.12.9X

Dankeschön!

Sehr geehrter Herr Dr. Mechtersheim,

herzlichen Dank für Ihre freundlichen Glückwünsche zu meinem 10-jährigen Geschäftsjubiläum.

Die Anstrengungen des vergangenen Jahrzehnts haben sich wirklich gelohnt. Nicht zuletzt freue ich mich darüber, dass wir in dieser Zeit eine so gute Geschäftsbeziehung aufbauen konnten.

Vielleicht reicht die Luft im Terminkalender, um in der nächsten Zeit einmal gemeinsam auf das Ereignis anstoßen zu können. Ich werde auf Sie zukommen!

Mit freundlichen Grüßen

Ihr

Martin Nolte

Optikermeister

Weindepot Köhler
Inh. Hans-Martin Köhler
Friedensplatz 6,
36201 Homberg

Frau
Alice Guderian
Hausener Weg 41

36214 Pattenried

22.06.9X

Sehr geehrte Frau Guderian,

herzlichen Dank für Ihre Glückwünsche zu meinem Geschäftsjubiläum. Ihre freundlichen Worte haben mich darin versichert, dass ich nach diesen vielen ereignisreichen Jahren auf eine großen Kreis treuer, zufriedener Kunden zählen kann. Ich bin glücklich und dankbar darüber und verstehe es als Verpflichtung für die weitere Entwicklung meines Unternehmens in der Zukunft.

Mit freundlichen Grüßen

Hans-Martin Köhler

Dank für Glückwunsch zum Geschäftsjubiläum

Frauke und Kevin Gerster
Lyoner Str. 21
53571 Marktheiden

12. Mai 199X

Liebe Nachbarn,

nachdem wir von unserer Hochzeitsreise zurückgekehrt sind, möchten wir uns als erstes bei Ihnen bedanken für den lautstarken und wunderbar schrägen Polterabend, den Sie uns organisiert haben. Wenn es nach der Unmenge an Geschirr geht, das an diesem Abend zerschlagen wurde, und nach der Phonzahl des Lärms – unsere Ehe könnte wohl nicht glücklicher werden!

Noch einmal vielen Dank und auf gute Nachbarschaft

Ihre

Frauke Gerster
Kevin Gerster

Sandra und Michael Bausinger
Tucholsky-Str. 23
42702 Remmingen

10. Mai 199X

Liebe Frau Harkort, lieber Herr Harkort,

über Ihre Glückwünsche zu unserer Hochzeit haben wir uns sehr gefreut. Eine ganz besondere Freude aber haben Sie uns mit Ihrem Geschenk gemacht – es hat mittlerweile in unserem neuen Haushalt seinen festen Platz gefunden.

Herzliche Grüße

Ihre

Sandra Bausinger
Michael Bausinger

Karin, Lothar und Steffen Reuter
Karlsring 41
72635 Bad Lautern

September 199X

Liebe Tante Christa, lieber Onkel Jochen,

bevor unser kleiner Steffen am Ende noch das Mannesalter erreicht, wollen wir uns jetzt endlich für eure lieben Wünsche zur Geburt und für die elegante Strampelhose bedanken. Steffen hat sie mittlerweile gebührend in Besitz genommen und fühlt sich anscheinend sauwohl darin. Überhaupt scheint es ihm auf der Welt zu gefallen. Er ist gesund, sehr munter (vor allem nachts) und hat riesigen Appetit. Karin und ich sind überglücklich und schon vollkommen abhängig von unserem Kind. Ich hoffe, er wird's verkraften.

Euch wünschen wir alles Liebe und vor allem Gesundheit. Wenn wir aus dem Gröbsten heraus sind, kommen wir auf jeden Fall mit unserem Sprössling vorbei!

Noch einmal Dank für alles

eure

Karin, Lothar und Steffen

Julia Heinrichs
Bahnhofstr. 12
16587 Bausin

8. Januar 199X

Liebe Tante Ingrid,

was für ein wunderbares Weihnachtsgeschenk! Wie machst du es nur, mit solcher Sicherheit genau das zu treffen, was mich einfach glücklich macht, wenn ich es besitze? Ich habe mich riesig gefreut und freue mich noch immer. Ganz, ganz herzlichen Dank!

Wir haben Weihnachten und den Jahreswechsel wie gewohnt ruhig verbracht und uns ein bisschen erholt. Ich hoffe, dir ging es nicht anders. Mittlerweile stecke ich schon wieder in der Arbeit und bin im alten Trott, kaum dass das neue Jahr angefangen hat.

Für dich noch einmal alle guten Wünsche für das neue Jahr, vielen, vielen Dank und herzliche Grüße

deine

Julia

Dank

Dank für Hilfe

Scheuen Sie sich nicht, nachdrücklich Ihre Dankbarkeit zu zeigen. Man wird Ihnen gerne wieder helfen.

Manche Hilfeleistungen von Freunden, Verwandten oder Bekannten sind einen Dankesbrief wert. Sicherlich gilt dies nicht, wenn Ihr Nachbar Ihnen beim Obstpflücken geholfen hat. Dagegen ist die schriftliche Form des „Danke"-Sagens immer dann angesagt, wenn es um eine Hilfeleistung von größerem Gewicht geht. Beispielsweise dann, wenn Ihre Tochter oder Ihr Sohn durch Vermittlung eines Bekannten eine Lehrstelle bekommen hat. Bedanken Sie sich schriftlich auch für eine nette Geste oder einen guten Tip, wenn der Bedankte in größerer Entfernung lebt.

Mögliche Stichworte für die inhaltliche Gestaltung eines Dankschreibens:

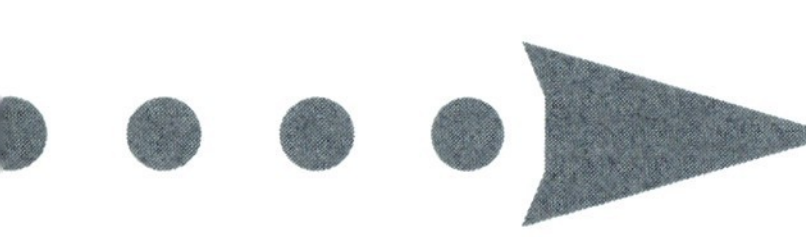

- **Ausdruck von Freude und Dank**
- **Positive Würdigung der freundlichen Hilfe oder Geste**
- **Herzliche Grüße und gute Wünsche**
- **Angebot, in Zukunft die Hilfe des Briefschreibers in Anspruch zu nehmen**

▶ Dank für Hilfe, Seite 167
▶ Dank an Arzt oder Pflegepersonal, Seiten 142–145
▶ Dank an Kooperationspartner, Seite 169

Ewald Förster
Plattenweg 18
27191 Osterholz

19. Juni 199X

Lieber Herr Berger,

Ihre Empfehlung hat entscheidend dazu beigetragen, dass mein Sohn Ingo einen qualifizierten Ausbildungsplatz als Chemielaborant erhalten hat. Er kann somit endlich den beruflichen Weg gehen, den er seit langem anstrebt. Sie können sich denken, dass meine Frau und ich darüber sehr erleichtert sind. Ich danke Ihnen von Herzen für Ihren Einsatz und würde mich freuen, Ihnen bei Gelegenheit ebenfalls gefällig sein zu können.

Ingo wird Ihnen noch persönlich danken.

Mit freundlichen Grüßen

Ewald Förster

Dank

Dank an Kooperationspartner

„Streicheleinheiten" erhalten die Freundschaft. Das gilt natürlich auch für Geschäftsbeziehungen!

Wenn Kooperationsprojekte zu großer Zufriedenheit verlaufen oder besonders erfolgreich abgeschlossen wurden, gibt es Anlass, dem Partner zu danken und sich in gelöster Atmosphäre über neue gemeinsame Aktivitäten zu verständigen.
Mögliche Stichworte für das Dankschreiben an einen Partner:

- **Ausdruck von Zufriedenheit und Dank für erfolgreiche Kooperation**
- **Positive Würdigung der Leistungen des Adressaten**
- **Wunsch, die erfolgreiche Zusammenarbeit fortzusetzen**
- **Einladung oder Verabredung**
- **Herzliche Grüße**

▶ Dankschreiben an Partner, Seite 169

inter*netz* gmbh
Auerbachstr. 52, 57292 Konradstal

Herrn Bert Kammer
Beiler und Partner
An der Höhe 3

56298 Lechen

28.04.9X

Sehr geehrter Herr Kammer,

unser gemeinsames Projekt Bertram Intranet ist nunmehr abgeschlossen. Ich möchte Ihnen noch einmal für die außerordentlich erfolgreiche Zusammenarbeit und Ihren persönlichen Einsatz danken. Nur Ihrem Engagement und Ihrem kreativen Ressourcenmanagement ist es zu verdanken, dass wir bei diesem Projekt im vorgesehenen Zeitplan bleiben konnten.

Wir sollten den erfolgreichen Abschluss noch einmal mit einem gemeinsamen Abendessen feiern. Mein Terminvorschlag: Freitag, der 14. Mai 199X. Bitte teilen Sie mir mit, ob Ihnen dieser Vorschlag recht ist. Ich werde dann einen Tisch in unserem gemeinsamen Lieblingsrestaurant ‚Da Enzo' reservieren. Bei einer Flasche Brunello lassen sich sicherlich einige interessante neue Projektideen entwickeln.

Mit freundlichen Grüßen

Kevin Mangold

Kevin Mangold
Geschäftsführer

Dienstjubiläum

Glückwunsch zum Dienstjubiläum

Bei der Gratulation zu einem Jubiläum sollte man das gemeinsam gegangene Stück Weg in den Vordergrund rücken.

Steht ein Dienstjubiläum an, so begehen dies meist verdiente Mitarbeiterinnen oder Mitarbeiter, die einem Unternehmen oder einer Behörde über Jahre hinweg Treue bewiesen haben. Manchmal sind sie schon als Auszubildende, seinerzeit noch als „Stifte" bezeichnet, dort eingetreten. Dankt ein Unternehmen dem Jubilar, so muß der Dank sich auf die gesamte berufliche Laufbahn in diesem Hause beziehen.
Ein Dienstjubiläum kann aber auch für den Kollegenkreis oder Geschäftspartner ein Anlass sein, Gratulation und Anerkennung zu formulieren. Stellen Sie in einem solchen Falle gemeinsame Erfolge in den Vordergrund.

Mögliche Stichworte für die inhaltliche Gestaltung:

- **Gratulation**
- **Blick zurück: die Anfänge der Berufstätigkeit und ihre Rahmenbedingungen, verschiedene Stufen der Berufskarriere bis zum aktuellen Status**
- **Persönliche Würdigung von Leistung, Berufsethos, Einsatz usw.; aus Unternehmenssicht: Gewinn für das Unternehmen**
- **Eventuell persönliche Erinnerungen des Briefschreibers, anekdotische beziehungsweise humorvolle Randbemerkungen**
- **Reflexionen über den schnellen Lauf der Zeit, über Alter und Jugendlichkeit usw.**
- **Blick in die Zukunft und gute Wünsche**

▶ Glückwunsch zum Dienstjubiläum, Seiten 171–173
▶ Glückwunsch zu persönlichen Erfolgen, Seiten 258 und 259
▶ Glückwunsch zur Beförderung, Seiten 78–81

Dr. Ulrich Manteuffel
Marienhof 2
76982 Lechingen

05.11.199X

Herrn
Moritz von der Weiden
Kornblumenweg 11

76981 Lechingen

Sehr geehrter Herr Kollege,

zum fünfundzwanzigsten Dienstjubiläum sende ich Ihnen meine herzlichen Glückwünsche.

Wir sind ja diese Jahre ein großes Stück weit zusammen gegangen und so möchte ich Ihnen bei dieser Gelegenheit zunächst danken, dass unsere Zusammenarbeit alles in allem so reibungslos und im besten Sinne kollegial verlaufen ist.

Fünfundzwanzig Jahre Berufstätigkeit sind eine lange Zeit, vor allem in einer verantwortlichen Position wie der Ihren. Manche sind zu diesem Zeitpunkt bereits „ausgebrannt", retten sich in Routine. Sie aber verkörpern das Gegenteil: Das positive Gewicht langjähriger Berufserfahrung verbindet sich mit Ihrer besonderen Befähigung zu visionärem Denken und mit fortgesetzter Lernfähigkeit. An Routine ist da gar nicht zu denken, Sie bersten vielmehr vor neuen Ideen und Impulsen und geben Ihre Begeisterungsfähigkeit an Mitarbeiter und Kollegen weiter.

Dass sich das in Zukunft ändern könnte, ist wohl auszuschließen. Ich wünsche Ihnen weiterhin produktive Unruhe und eine erfolgreiche Arbeit. Und ich wünsche uns eine Fortsetzung der bewährten harmonischen Zusammenarbeit.

Mit den besten Grüßen

Ulrich Manteuffel

Herrn
Peter Ruprecht
Markgrafenstr. 45
51217 Mecheln

25.04.199X

Sehr geehrter Herr Ruprecht,

zu Ihrem fünfundzwanzigsten Dienstjubiläum gratuliert Ihnen die ganze Abteilung, alle Mitarbeiterinnen und Mitarbeiter, sehr herzlich.

Unter Ihrer Leitung ist unsere Abteilung in den letzten Jahren neu strukturiert worden. Sie haben dabei auch schwierige Entscheidungen mit großer Loyalität gegenüber jedem einzelnen Mitarbeiter, mit Gerechtigkeitssinn und sozialer Verantwortung getroffen. Mittlerweile sind wir zu einem erfolgreichen Team zusammengewachsen.
Wir möchten Ihnen dafür heute unseren Respekt und unsere Verbundenheit ausdrücken. Für die Zukunft hoffen wir, dass Sie Ihre Tätigkeit noch lange fortsetzen werden, im Interesse des Unternehmens und im Interesse aller Mitarbeiter.

Mit den besten Wünschen

Gabi Weichesmüller
Ingo Engel
Michael Schmid
Christian Ring

POHLMANN
Autozubehör GmbH
Heiligendorfer Str. 4 · 27733 Geeschen

14.02.9X

Sehr geehrte, liebe Frau Recken,

am heutigen Tage gehören Sie 25 Jahre unserem Unternehmen an. Ich gratuliere Ihnen von Herzen dazu – und ich gratuliere *uns,* dass wir Sie zu unseren Mitarbeiterinnen zählen dürfen.

Sie gehören ja zu denen, die bereits in der Gründungsphase am Aufbau der Firma mitgewirkt haben und seitdem mit großem Einsatz, mit Witz und Können unsere Unternehmensziele vertreten. Was wäre unser Kundencenter ohne Ihr großes Leistungspensum, Ihre ruhige Souveranität und Ihren Teamgeist?

Liebe Frau Recken, dieser Tag ist Anlass genug, Ihnen im Namen der Geschäftsleitung und aller Mitarbeiter für Ihre Leistungen und Ihre Loyalität zu danken. Natürlich verbinden wir unseren Dank mit dem Wunsch, dass unsere erfolgreiche Zusammenarbeit noch viele Jahre andauern möge!

Das Präsent, das wir Ihnen heute im geselligen Rahmen überreichen werden, kann nicht mehr sein als eine symbolische Geste des Dankes. Ich hoffe, Sie werden dennoch Ihre Freude daran haben.

Mit herzlichen Grüßen

Matthias Pohlmann

Matthias Pohlmann
Geschäftsleitung

Einladung

Vom Grillabend zur Tauffeier

Wenn Sie Ihren Gästen ganz deutlich zeigen wollen, dass es Ihnen wichtig ist, sie bei Ihrem Fest oder Ihrer Party begrüßen zu dürfen, dann sollten Sie die Einladung schriftlich formulieren.

Einladungen unter Freunden und guten Bekannten zu einem geselligen Umtrunk oder einem Abendessen spricht man meist telefonisch aus. Das ist unkompliziert und entspricht dem zwanglosen Anlass. Für alle anderen Gelegenheiten ist eine schriftliche Einladung angebracht.

Für die Einladung zu Familienfeiern und zu großen Festen oder Diners verwendet man eine gedruckte Briefkarte. In der Regel ist der Einladungstext knapp und förmlich gehalten, kann aber durchaus – je nach persönlichem Geschmack – auch locker, witzig oder ironisch formuliert sein. Grundsätzlich signalisieren die Form und die Stilebene der Einladung, auf welche Art von Feier sich der Empfänger einstellen sollte. Es ist daher wichtig, dass der Einladende die richtigen Signale gibt und dass dem Gast unmissverständlich deutlich wird, welche Kleidung und welche Geschenke in diesem Fall angemessen sind.

Wollen Sie der förmlichen Einladung eine zusätzliche persönliche Note geben, schreiben Sie eine kurze handschriftliche Bemerkung auf die Karte oder legen die Karte einem persönlichen Einladungsbrief bei.

Zu anderen Formen privater Geselligkeit, zu Abendessen und Gartenpartys, zu Einweihungsfesten und Sonntags-Brunch, können Sie selbstverständlich formlos mit einem kurzen Schreiben auf Karte oder Briefbogen in Handschrift oder Maschinenschrift einladen.

Was Sie bei einer schriftlichen Einladung berücksichtigen sollten:

- **Ausdrücklicher Hinweis, welche Personen mit diesem Schreiben eingeladen werden: der Empfänger, der Empfänger mit Lebenspartner, mit Kindern usw.**
- **Präzise Informationen zu Datum, Uhrzeit, Wochentag und Ort; gegebenenfalls Anfahrtsplan**
- **Hinweis auf den Charakter der Feier: Essen, Umtrunk, Party, Tanz usw.; innen oder außen**
- **Hinweis auf die Größenordnung der Feier: Beisammensein im kleinen Kreis, große Familienfeier usw.**
- **Hinweis auf erwünschte Kleidung bei besonderen Anlässen**
- **Hinweis, ob der Empfänger auf die Einladung antworten soll**
- **Dem Förmlichkeitsgrad des Anlasses angemessener Sprachstil**

▶ Einladungsschreiben, Seiten 175–183
▶ Förmliche Einladung, Seiten 184–187
▶ Absage einer Einladung, Seiten 188–191
▶ Bestätigung einer Einladung, Seiten 192–197

Marlies und Hansgeorg Marzahn
Kirchplatz 2
40276 Frenchen
Tel. 059-24356

2. Januar 199X

Sehr geehrte Frau Lenbach,

am Samstag, den 16. Januar, ab ca. 19 Uhr möchten wir für eine kleine Runde von Freunden und Bekannten ein Abendessen geben. Würden Sie uns mit Ihrem Partner die Freude machen, bei diesem Anlass unsere Gäste zu sein?

Bitte geben Sie uns kurzfristig Nachricht, ob wir mit Ihrem Besuch rechnen dürfen.

Mit freundlichem Gruß

Marlies Marzahn
Hansgeorg Marzahn

Simone und Konrad Wüsthoff
An der Leine 6
35547 Cossen

10. Juni 199X

„Was lange währt …“

Liebe Freunde,

wir können es selbst noch nicht glauben: unser Haus ist endlich fertig!

Ihr wisst, wie lange es gedauert hat und mit wie vielen Rückschlägen und Pannen es verbunden war. Aber das soll jetzt alles vergessen sein, das Nest wird bezogen und es heißt: feiern!

Ihr seid herzlich eingeladen zum Einweihungsfest

am Samstag, 26. Juni 199X.

Wir erwarten euch am Nachmittag. Bringt gute Laune mit und Festfreude – für alles andere sorgen wir.

Bis zum Fest also!

Eure

Simone

Konrad

Johanna Sommer
Untergasse 6
33344 Großheim

15.04.9X

Frenzi Kalteneck
Frankenallee 12

55667 Marthal

Liebe Frenzi,

wie du an meiner neuen Adresse siehst, bin ich umgezogen. Die alte Wohnung war einfach zu klein geworden für das, was sich über die Jahre hinweg ansammelt. In der neuen Bleibe habe ich viel Raum, viel Licht und zum ersten Male auch die Möglichkeit, viele Freunde gemeinsam zu einer Party einzuladen.

Mit der ersten Party soll meine neue Wohnung angemessen eingeweiht werden, und du bist herzlich dazu eingeladen: am Samstag, dem 2.5.199X, ab 20 Uhr in der Untergasse 6.

Bring bitte so viele Freunde mit wie du möchtest – Platz ist genug da, und an Ess- und Trinkbarem wird es auch nicht mangeln.

Vielleicht kannst du mir einige Tage vorher sagen, ob du zur Party kommst und mit wie vielen Personen. Dann fallen mir die Vorbereitungen leichter.

Hoffentlich bis zum 2. Mai,

deine

Johanna

Felix Grasser
Stresemannstr. 68
61817 Heiselheim

2. September 199X

Hallo Freunde,

ich kann es selbst am Wenigsten glauben, aber mein Personalausweis zeigt es unerbittlich an: Ich werde noch in diesem Monat 30!

Nun gibt es bei solch traurigen Anlässen immer zwei Möglichkeiten. Entweder man hofft darauf, dass niemand es merkt, oder man geht in die Offensive und feiert, dass es kracht. Ich habe mich für die zweite Lösung entschieden.

Wer mich also in mein 30. Lebensjahr hineinbegleiten möchte (und ich hoffe, das möchtet ihr alle!), der komme bitte in aufgedrehter Partylaune

am Samstag, dem 22.9.,
ab 20 Uhr,
ins Vereinshaus des TuS Heiselheim,
Am Sportfeld 2.

Ich freue mich auf euch!

Bis dann also
euer

Felix

Bernhard und Lia Klewald
Sonnenhofstr. 27
72552 Sächingen

31.05.199X

Frau
Claudia Hamann
Sonnenhofstr. 29

72552 Sächingen

Liebe Frau Hamann,

wir feiern am 16. Juni unsere goldene Hochzeit. Dazu laden wir Sie ganz herzlich ein.

Seit vielen Jahren sind wir gute Nachbarn, und Sie haben die Geschicke unserer Familie immer mit großer Anteilnahme begleitet. Umso mehr würden wir uns freuen, Sie an unserem Festtage im Kreise unserer Gäste begrüßen zu dürfen.

Wir feiern am 16. Juni ab 11 Uhr in unserem Garten, bei schlechten Witterungsbedingungen im Haus.

Mit freundlichen Grüßen

Ihre

Lia Klewald
Bernhard Klewald

Claudia und Martin Dehmel
Kesselring 7
02122 Kortum

28.10.199X

Familie Lahmer
Lindenstr. 83

02120 Kortum

Liebe Moni, lieber Stefan,

mittlerweile hat unsere Einladung zum Martinsfest schon Tradition. Auch in diesem Jahr laden wir euch mit euren Kindern zum abendlichen Beisammensein am Namensfest von Martin ein. Es gibt natürlich wieder eine große, gut gefüllte Martinsgans. Und es gibt wie jedes Jahr ein kleines Rahmenprogramm, das vor allem von den jüngeren Gästen bestritten wird.

Unsere eigenen Kinder haben in diesem Jahr ein kleines Gesangspotpourri zum Thema ‚Gans' eingeübt; Roswitha Niemann wird ein kleines Stück auf der Geige spielen. Es wäre schön, wenn auch ihr oder eure Kinder etwas zum Programm beisteuern könntet – wir erinnern uns an den wunderbaren Sketch vom vergangenen Jahr!
Aber lasst euch selbstverständlich nicht unter Druck setzen. Ihr seid uns in jedem Fall willkommen, ob mit oder ohne Bühnenauftritt!

Wir freuen uns auf einen schönen, besinnlichen und anregenden Abend unter Freunden.

Viele Grüße
eure

Claudia
Martin

Liese und Manfred Stein
Kopernikusstr. 5
12121 Wesenstein

16. September199X

Herrn und Frau
Konrad Blum und Elke Schierer
Industriehof 8

12120 Wesenstein

Liebe Elke, lieber Konrad,

unser Kalender sagt unmissverständlich: In der nächsten Woche beginnt der Herbst! Doch bevor es so weit ist und die ersten Blätter fallen, wollen wir noch einmal den Sommer feiern.

Zu unserem letzten Grillabend in diesem Jahr laden wir euch und einige weitere Freunde am kommenden Samstag, den 20.9.199X, ab 19 Uhr in unseren Garten ein. Der Wettergott scheint günstig gestimmt, sodass wir uns ohne Wollpullover und Regenschirme versammeln können. Stattdessen gibt es alles, was der Sommer zu bieten hat: kühle Drinks, leichte Salate, Barbecue und die heißesten Sommerhits zum Abtanzen.

Wir freuen uns auf euch und auf eine schöne sommerliche Gartenparty!

Viele Grüße

Liese
und Manfred

Technologiezentrum
Kamener Str. 72, 54422 Messen

Isotop GmbH
Frau Karin Gistel
Arminstr. 6

54418 Ortenberg

01.09.9X

Tag der offenen Tür

Sehr geehrte Frau Gistel,

in diesen Tagen feiert unser Unternehmen sein 5-jähriges Bestehen.
Aus diesem Anlass möchten wir unseren Kunden die Möglichkeit geben, einen Blick hinter die Kulissen zu werfen und unsere Mannschaft bei einem Glas Prosecco in geselliger Atmosphäre kennen zu lernen.

Wir laden Sie herzlich ein zum ‚Tag der offenen Tür'
am Samstag, den 18. September 199X, ab 13 Uhr
in unseren Firmenräumen im Messener TGZ, Kamener Str. 72

Sie werden interessante Einblicke in unsere bisherigen Arbeiten und unsere laufenden Projekte und ein wenig unsere technische Infrastruktur kennen lernen.

Um besser planen zu können, bitten wir um Rückmeldung, ob wir Sie an diesem Tag als unseren Gast begrüßen dürfen. Eine Antwortkarte liegt diesem Schreiben bei.

Hoffentlich dürfen wir Sie am 18. September als Gast begrüßen – wir würden uns freuen!

Mit freundlichen Grüßen

Carla Menzel

EINLADUNG ZUM ‚TAG DER OFFENEN TÜR'

Katrin Hettchen-Steiner und Markus Steiner
Laurenziusstr. 28
84950 Atternheim

5.6.199X

Herrn und Frau
Eckhard und Doris Bauser
Am Weißen Stein 7

84353 Waltzberg

Liebe Tante Doris, lieber Onkel Eckhard,

unser kleiner Daniel wird am 22.6.199X um 12 Uhr in der Hedwigskirche in Atternheim getauft.

Zur Tauffeier laden wir euch ganz herzlich ein.

Anschließend gibt es ein kleines Festessen zu Ehren unseres jüngsten Sprosses. Wir hoffen, dabei die engere Familie wieder einmal vollzählig versammelt zu sehen.

Wir rechnen fest mit euch!

Herzliche Grüße

Katrin
Markus

Einladung

Förmliche Einladung

Wenn Sie wissen, wie viele Gäste kommen werden, fallen die Vorbereitungen leichter. Bitten Sie also ruhig um eine verbindliche Rückmeldung.

Auf förmliche Einladungen erwartet man üblicherweise eine Antwort des Empfängers, gleich ob Bestätigung oder Absage. Um dieser Erwartung Nachdruck zu verleihen, setzen Sie an den unteren Rand der Einladungskarte die formelhafte Abkürzung „u.A.w.g.". Das bedeutet: „um Antwort wird gebeten." Sofern Sie nicht Ihre Telefonnummer auf der Karte vermerken, dürfen Sie dann eine schriftliche Antwort erwarten.
Gerade bei besonders feierlichen Anlässen wird der Gastgeber den Rahmen des Festes angemessen gestalten wollen. Mit der Einladung kann man den Gästen seine Vorstellungen unaufdringlich übermitteln.
Ein entsprechender Hinweis findet sich dann auf der Einladungskarte, ebenfalls im unteren Bereich der Karte. Traditionell wird hier nur auf die Kleidung des Herrn verwiesen (Frack, Smoking, dunkler Anzug, Uniform). Die Anforderung „Abendkleid" für die Dame ist damit automatisch eingeschlossen, kann aber auch ausdrücklich benannt werden.
Was Sie bei einer förmlichen Einladung berücksichtigen sollten:

- **Hinweis, welche Personen mit diesem Schreiben eingeladen werden, z.B. neben dem Empfänger auch dessen Lebenspartner**
- **Genaue Angabe zu Datum, Uhrzeit, Wochentag und Ort; gegebenenfalls Anfahrtsplan**
- **Hinweis auf den förmlichen Charakter des Festes**
- **Hinweis auf die erwünschte Kleidung: Frack, Smoking, dunkler Anzug usw.**
- **Hinweis, ob eine Antwort erwünscht ist**

▶ Förmliche Einladungsschreiben, Seiten 185–187
▶ Zwangslose Einladungsschreiben, Seiten 174–183

Kurt M. Schroeder

lädt

aus Anlass seines 60. Geburtstages

Herrn und Frau Cornelius

zum Empfang in die Bad Königsteiner Redoute
am Freitag, den 18. September 199X, um 11 Uhr

Lavaterstr. 56 · 61098 Kronstadt · Tel. 02 34-7 16 25

Dunkler Anzug · u.A.w.g.

WIR HEIRATEN

Lydia Simonis · Stefan Matheuer

Die kirchliche Trauung findet statt
am Montag, den 16. Juni 199X, um 16 Uhr
in St. Georgen in Frankenthal

Die Einladung zum Empfang können Sie gesondert beilegen.

Lydia und Stefan Matheuer

bitten

im Anschluss an die kirchliche Trauung
zum Hochzeitsempfang mit anschließendem Abendessen
im Restaurant Lustgarten
87098 Frankenthal

u.A.w.g.

Werner May
Friedrich-Schiller-Str. 85
32343 Laassen

5.6.199X

Herrn
Frank Busenius
Moorstr. 6

32345 Laassen

Lieber Herr Busenius,

ein „runder" Jahrestag steht ins Haus.

Meinen 50. Geburtstag möchte ich im Kreis all jener feiern, die mich in den letzten Jahren und Jahrzehnten privat und beruflich begleitet haben.

Meine Familie, meine Freunde und meine Geschäftspartner sind herzlich eingeladen, am 12. August mit mir ein halbes Hundert gut gelebter Jahre zu feiern!

12. August 199X
ab 11 Uhr
Hotel Bellevue – Laassen

Ihr

Werner May

u.A.w.g.

Einladung

Absage einer Einladung

Niemand wird Ihnen eine Absage verübeln, wenn Sie rechtzeitig und begründet reagieren.

Gerade wenn Sie eine Einladung absagen wollen oder müssen, sollten Sie umgehend antworten – der Gastgeber braucht Klarheit für seine Vorbereitungen. Ist die Einladung formlos, können Sie telefonisch oder schriftlich reagieren. Auf förmliche Einladungsschreiben antworten Sie dagegen grundsätzlich in schriftlicher Form – es sei denn, auf der Einladungskarte ist ausdrücklich eine Telefonnummer vermerkt. Schreiben Sie mit der Hand!

Für die Absage einer Einladung braucht es etwas Fingerspitzengefühl. Schließlich soll der Gastgeber in seiner freundlichen Geste nicht brüsk zurückgewiesen werden. In jedem Fall hat er Anspruch auf eine plausible Erklärung, warum Sie der Einladung nicht folgen können. Verzichten Sie auf eine unbestimmte Formulierung wie „anderweitige Verpflichtung".

Mögliche Stichworte für die inhaltliche Gestaltung:

- **Dank für die Einladung, Ausdruck persönlicher Freude gerade über diesen Anlass**
- **Bedauern darüber, nicht kommen zu können**
- **Begründung für die Abwesenheit**
- **Gegebenenfalls noch einmal: Bedauern, Bitte um Verständnis, Dank**
- **Wunsch, sich bald wiederzusehen oder das Treffen nachzuholen**

▶ Absage einer Einladung, Seiten 189–191
▶ Einladung, Seiten 174–187
▶ Bestätigung einer Einladung, Seiten 192–197

Klaus und Gunhild Eschern
Monebachstr. 29
73054 Oltenberg

14. März 199X

Herrn und Frau
Hanspeter und Mechthild Stracke
Prinzregentenstr. 7

74923 Feltenheim

Sehr geehrte Frau Stracke, sehr geehrter Herr Stracke,

über Ihre Einladung zum Abendessen haben wir uns sehr gefreut.

Leider ist es uns an diesem Tag nicht möglich zu kommen. Am selben Abend nimmt unsere Tochter Katharina an einer Schultheateraufführung teil und sie erwartet mit Recht unsere Anwesenheit – umso mehr, als sie eine Hauptrolle übernommen hat. Bitte haben Sie dafür Verständnis.

Wir hoffen sehr, dass sich schon bald eine neue Gelegenheit findet, einen Abend in geselliger Runde miteinander zu verbringen.

Mit herzlichen Grüßen

Klaus und
Gunhild Eschern

Ute Stürmer und Joachim Heintze
Burgwall 26
62029 Altenstädten

2.6.199X

Liebe Jennifer, lieber Marc,

eure Einladung zur Hochzeit hat uns sehr gefreut. Aber warum musstet ihr von 365 möglichen Tagen im Jahr ausgerechnet diesen für euer Fest auswählen? Mitten im Sommer, mitten in der Urlaubszeit …

Es tut uns schrecklich leid, aber wir sind auf Reisen! Schon vor einem halben Jahr haben wir unsere Kreuzfahrt in die Karibik für Juli gebucht und wir können jetzt nicht mehr umbuchen.

Aber wir sind sicher, dass ihr auch ohne uns gut in den Hafen der Ehe einlaufen werdet! Wir werden an euch denken und zum gegebenen Zeitpunkt unter tropischem Sternenhimmel auf euer Glück anstoßen. Wir sehen uns dann hoffentlich bald nach unserer Rückkehr.

Herzlichst

Ute
Joachim

ABSAGE EINER EINLADUNG ZUR HOCHZEITSFEIER

Dr. Eduard Kröger
Thomas-Mann-Str. 60
23232 Joachimsberg

10.11.199X

Herrn
Matthäus Maier
Rheinpromenade 2

44567 Hochheim

Sehr geehrter Herr Maier,

dass Sie mich zu dem engen Kreis zählen, der gemeinsam mit Ihnen Ihr Dienstjubiläum feiert, hat mich gefreut und geehrt. Ich würde Ihrer Einladung gerne nachkommen, doch bin ich leider in der kommenden Woche beruflich im Süden unterwegs.

Ich möchte Ihnen daher auf diesem Wege ganz herzlich gratulieren und wünsche Ihnen einen unvergesslichen Tag in gut gelaunter Runde. Beziehen Sie mich in Gedanken in die Gästeschar ein und genießen Sie den guten Tropfen, denen ich Ihnen beilege.

Mit herzlichen Grüßen

Ihr

Eduard Kröger

Einladung

Bestätigung einer Einladung

Teilen Sie dem Gastgeber möglichst schnell mit, ob Sie kommen möchten oder verhindert sind.

Antworten Sie auf Einladungen so schnell wie möglich – Sie erleichtern dem Gastgeber die Planung. Bei formlosen Einladungen können Sie den unkomplizierten Weg gehen und zum Telefonhörer greifen. Ebenso gut können Sie aber auch mit einigen persönlichen Karten- oder Briefzeilen Ihre Freude über die Einladung übermitteln. Auf förmliche Einladungsschreiben antworten Sie grundsätzlich in schriftlicher Form – es sei denn, die Karte des Gastgebers erwähnt ausdrücklich eine Telefonnummer für Bestätigung oder Absage.
Antworten Sie mit kurzen, freundlichen, persönlich gehaltenen Formulierungen und heben Sie hervor, dass Sie gerne kommen. Schreiben Sie mit der Hand!

- **Dank für die Einladung**
- **Ausdruck der Freude über die Einladung**
- **Zusage:** ***Wir kommen gern …***
- **Gruß**

▶ Bestätigung einer Einladung, Seiten 193–195
▶ Absage einer Einladung, Seiten 189–191
▶ Einladung, Seiten 174–187

Monika Ferth
Budapester Str. 52
83509 Kelmbach

18.12.199X

Liebe Frau Hennig, lieber Herr Hennig,

Ihre Einladung zur Silvesterparty nehme ich sehr gerne an. Ich freue mich auf einen fröhlichen Jahresausklang im Kreise netter Menschen.

Sind Sie damit einverstanden, dass ich in Begleitung meines Lebenspartners komme?

Mit herzlichen Grüßen

Monika Ferth

Waltraud und Hermann Fagoth
Yorckstr. 39
93478 Bersburg

30.04.199X

Herrn und Frau
Lothar und Gudrun Singer
Wilhelm-Busch-Weg 11

93476 Bersburg

Liebe Frau Singer,
lieber Herr Singer,

wir danken Ihnen für Ihre freundliche Einladung und nehmen sie gerne an. Es ist immer wieder ein großes Vergnügen, bei Ihnen zu Gast zu sein, und wir freuen uns auf einen anregenden, geselligen Abend.

Mit freundlichen Grüßen
Ihre

Waltraud Fagoth

Dr. Irina Mechtersbach
Kollwitzstr. 4
01769 Leywitz

06.11.199X

Herrn und Frau
Bodo und Veronika Schlüter
Philosophenweg 16

01765 Chassin

Sehr geehrte Frau Schlüter,
sehr geehrter Herr Schlüter,

vielen Dank für Ihre Einladung. Ich werde sehr gerne kommen und bin erfreut und geehrt, dass Sie mich so ausdrücklich zum Kreis Ihrer Freunde zählen.

Mit den besten Grüßen

Irina Mechtersbach

Jens Reichert
Jean-Paul-Straße 8
81429 Bayersbrunn

2.10.199X

Ingrid Fahneder
Markgrafenstr. 35

82654 Portsheim

Liebe Ingrid,

danke für deine netten Zeilen und die Einladung zum Abendessen. Ich komme natürlich sehr gerne und freue mich auf dich, auf die anderen Freunde und nicht zuletzt auf die Geschmackserlebnisse, die du uns sicherlich wieder verschaffen wirst!

Bis dahin

Jens

Georg und Sabine Löwental
Reuterweg 29
01853 Betzenhagen

20.7.199X

Liebe Susan, lieber Jörg,

wir haben uns sehr über eure Einladung zur Hochzeitsfeier gefreut und kommen natürlich gerne.

Seid herzlich gegrüßt

Georg
und Sabine

E-Mail

Electronic mail

Eine E-Mail ist ein elektronischer Brief, der von Computer zu Computer über ein Netz geschickt wird. Dazu benötigt man einen Netzanschluss und ein Mail-Programm.

Auch eine E-Mail ist und bleibt ein Brief!

Jeder Empfänger und jeder Absender einer E-Mail hat eine eigene E-Mail-Adresse. Soweit die Adresse des Empfängers vollständig und exakt eingegeben wird, erreicht der elektronische Brief den Adressaten meistens innerhalb weniger Minuten. Allerdings gibt es auch „Staus" im Netz, d. h. starke Netzbelastungen, sodass eine E-Mail manchmal erst nach einem Tag zugestellt wird. Wichtig ist: Damit eine E-Mail ihr Ziel erreicht, muss der Empfänger nicht am Computer sitzen oder den Computer angeschaltet haben. Der Brief wird vielmehr in einem elektronischen Briefkasten abgelegt. Sobald der Empfänger dann sein E-Mail-Programm aufruft, werden ihm alle angekommenen Briefe angezeigt und er kann sie lesen.

Sie können auf diesem Weg nicht nur Briefe und andere Texte verschicken, sondern auch Grafiken und Dateien als Anlage, *attachment* genannt. Der große Vorteil dabei ist: Der Empfänger erhält alle Inhalte der E-Mail als digitale Daten und kann sie in seinem Computer gegebenenfalls weiter verarbeiten, ausdrucken usw.

Und so sieht eine typische E-Mail-Adresse aus: *henry.meyer@wwbv.de*

Achten Sie darauf, dass die E-Mail-Adresse in jeder Position richtig geschrieben ist – ansonsten wird Ihr Brief nicht ankommen.

Charakteristisches Merkmal ist das @-Zeichen in der Mitte, der sogenannte Klammeraffe. Er steht für das englische Wort *at* und trennt den Benutzernamen (links) von dem Rechnernamen, der eigentlichen Internet-Adresse (rechts). In diesem Beispiel handelt es sich also um den Benutzer *Henry Meyer,* der einen elektronischen Briefkasten auf dem Rechner des Unternehmens *wwbv* hat. Am Ende der Adresse, durch Punkt getrennt, steht ein Code für das Land oder einen Nutzungsbereich. *.de* ist der Code für Deutschland; *.uk* bedeutet Großbritannien; *.fr* ist Frankreich usw. Mögliche Codes für andere Nutzungsbereiche sind *.com* für *commercial* oder *.org* für *Organisation.*

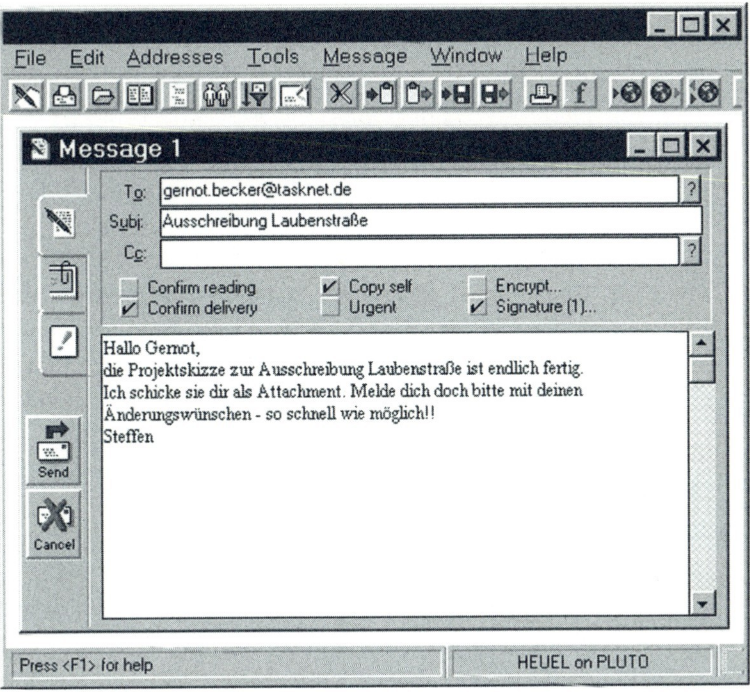
File Edit Addresses Tools Message Window Help
Message 1
To: gernot.becker@tasknet.de
Subj: Ausschreibung Laubenstraße
Cc:
Confirm reading
Confirm delivery
Copy self
Urgent
Encrypt...
Signature (1)...
Hallo Gernot,
die Projektskizze zur Ausschreibung Laubenstraße ist endlich fertig.
Ich schicke sie dir als Attachment. Melde dich doch bitte mit deinen
Änderungswünschen - so schnell wie möglich!!
Steffen
Send
Cancel
Press <F1> for help
HEUEL on PLUTO

E-Mail

Schneller und anders schreiben

E-Mail ist ein äußerst schnelles Medium, vor allem dann, wenn man den Computer standardmäßig als Arbeitsgerät nutzt. Man erspart sich nicht nur die langen Zustellungsfristen der traditionellen Briefpost (im Slang des digitalen Zeitalters: *snail mail,* die Schneckenpost), sondern auch das Formatieren, Ausdrucken und Ausfertigen eines Briefes.

Bemühen Sie sich bei förmlichen Anlässen trotz der Verführungen des Mediums um einen korrekten Schreibstil.

Wenn es so schnell geht wie bei der E-Mail, verändert sich auch die Art des Schreibens. Die Schreibweise ist flüchtiger und nachlässiger als beim Brief. Man schreibt sozusagen „ins Blaue hinein". Das heißt aber auch: in der Praxis werden bei E-Mail sehr viel mehr „Fehler" gemacht (und akzeptiert!) als bei anderen Briefformen. Insgesamt gibt es eine größere Toleranz abweichenden, aber auch fehlerhaften Schreibweisen gegenüber – zum Beispiel neigen viele zur radikalen Kleinschreibung. Und es ändert sich der Stil: er wird direkter, weniger formal und nähert sich der mündlichen Sprache an.

Das aber sind nur Tendenzen der Schreib-Praxis, die Sie nicht als neue Norm verstehen sollten. Wenn Sie daher eine E-Mail an einen Geschäftspartner schreiben, sollten Sie die üblichen Regeln des „guten" Schreibens durchaus beachten. Im privaten Bereich werden Sie dann aber merken, dass sich Ihr Stil sehr schnell auf das neue Medium einstellen wird. Vielleicht in ähnlicher Weise, wie es das zweite Beispiel auf der vorhergehenden Seite gezeigt hat.

In E-Mails und beim Chatten, dem Gespräch über das Netz, hat sich eine neue, bildhafte Form der Mitteilung durchgesetzt: Smileys, so genannte Emoticons. Das sind kleine Zeichnungen, meist Gesichter, die man aus normalen Satzzeichen zusammensetzt. Sie drücken die Gefühle oder andere Botschaften des Schreibenden knapp und ohne Worte aus. Wenn Sie z. B. ein freundliches Lächeln übermitteln wollen, schreiben Sie: :-) . Oder wenn Sie Bedauern und Traurigkeit empfinden: :-(.

Mittlerweile gibt es eine Unzahl solcher Emoticons, deren Interpretation allerdings nicht immer eindeutig ist. Eine kleine Liste von Vorschlägen finden Sie auf der rechten Seite.

Emoticons

Unser kleines Lexikon mit Smileys und ihren Bedeutungen soll Ihnen als Anregung dienen – darüber hinaus sind Ihrer Fantasie keine Grenzen gesetzt.

:-)	Lächeln, Humor, Freundlichkeit
:-)))	Gelächter
;-)	augenzwinkerndes Lächeln
:*)	Albernheit
:-(	traurig, Bedauern
:-<	elend, unglücklich
:-/	skeptisch
:-\	unentschlossen
:-*	Oops!
:-#	zensiert
:-x	Küsschen
:-o	rufen
8-)	Brille, Brillenträger
P-)	Pirat (Augenklappe)
:-?	Lippen lecken
:~i	rauchen
„;-)“	zwinkern
:-{	Schnauzbartträger
*<|:-)	Weihnachtsmann
>@§&%&	Fluch

Entschuldigung

Entschuldigung nach Schaden

Eine schriftliche Entschuldigung muss glaubwürdig abgefasst sein.

Wenn der Schaden eingetreten ist oder das Falsche getan wurde, führt kein Weg mehr an einem Entschuldigungsbrief vorbei. Sie sollten ihn mit großer Klarheit formulieren, sachlich benennen, was vorgefallen ist, und für die Konsequenzen einstehen. Ironie wäre hier fehl am Platz. In jedem Fall sollte Ihre Bitte um Entschuldigung nicht floskelhaft, sondern verbindlich und glaubwürdig wirken.
Mögliche Stichworte für die inhaltliche Gestaltung:

- **Bedauern über den Vorfall, der zur Entschuldigung führt**
- **Benennung des Vorfalls**
- **Bei Schäden: Angebot, für die Folgen oder Kosten aufzukommen**
- **Glaubwürdige Entschuldigung**
- **Symbolischer Handschlag, Hoffnung auf Normalisierung des Verhältnisses oder ähnliches**

▶ Entschuldigung nach Schaden, Seite 203
▶ Verspäteter Antwortbrief, Seiten 204 und 205
▶ Versprechen nicht gehalten, Seiten 206 und 207

Wanja und Thomas Holthausen
Lenhartstr. 62
83025 Breitenstein

3.2.199X

Herrn und Frau Kalenbach
Lenhartstr. 62

83025 Breitenstein

Sehr geehrte Frau Kalenbach, sehr geehrter Herr Kalenbach,

wir bitten Sie noch einmal herzlich und nachdrücklich um Entschuldigung für die Wasserschäden, die wir in Ihrer Wohnung verursacht haben. Der unvorsichtige Umgang mit unserer defekten Waschmaschine hat Ihnen viel Ärger und vermeidbaren Schaden gebracht. Unsere Versicherung kommt natürlich für alle entstandenen Kosten auf, aber wir wissen, dass damit der Flurschaden im nachbarschaftlichen Verhältnis noch nicht behoben ist.

Da uns sehr an der Fortsetzung unserer guten Nachbarschaft gelegen ist, würden wir uns freuen, wenn Sie in der nächsten Woche einmal abends bei uns zu Gast sein würden. Dürfen wir auf Ihre Zustimmung hoffen?

Noch einmal mit der Bitte um Nachsicht und
mit freundlichen Grüßen

Wanja Holthausen
Thomas Holthausen

Entschuldigung

Verspäteter Brief

Wenn sich das Antwortschreiben verzögert, ist eine Entschuldigung vonnöten.

Es gibt keine feste Regelung, wann man spätestens auf den Brief eines Freundes oder Bekannten antworten sollte. Aber in vielen Fällen legt schon das Anliegen eines Schreibens oder das emotionale Gewicht seiner Aussage eine zügige Beantwortung nahe. Und nicht alles lässt sich am Telefon angemessen besprechen.

Falls Sie es versäumen, Ihren Antwortbrief in einem vertretbaren Zeitraum zu formulieren, sollten Sie beim nächsten Brief nicht einfach schweigend darüber hinweggehen. Entschuldigen Sie sich ausdrücklich, und begründen Sie, warum Ihre Antwort mit so großer Verspätung eintrifft.

- ▶ Verspäteter Antwortbrief, Seiten 204 und 205
- ▶ Versprechen nicht gehalten, Seiten 206 und 207
- ▶ Entschuldigung nach Schaden, Seiten 202 und 203

Ingo Kluthmann
Speicherstraße 28
27140 Seerthen

11. Juni 199X

Liebe Christiane,

Anfang Mai war es, als ich aus meinem Urlaub in Griechenland zurückgekehrt bin. In dem inzwischen angehäuften Stapel von Briefen lag zu meiner großen Freude auch der deine. Am liebsten hätte ich mich sofort hingesetzt und dir zurückgeschrieben – ja, ich war nach Lektüre deines Briefes bereits in Gedanken mit meiner Antwort beschäftigt. Ich habe es dann doch nicht getan: zuerst mussten das Geschäftliche und die Terminsachen abgearbeitet werden.

Nun ist mehr als ein Monat vergangen. Endlich finde ich die Ruhe, dir in aller Ausführlichkeit zu schreiben. Zwar sind meine Gedanken von damals längst durch alle Lüfte entflogen, aber ich hoffe, dass sie sich jetzt beim Wiederlesen deiner Zeilen vollständig wieder einstellen.

(es folgt Persönliches)

Entschuldigung

Versprechen nicht gehalten

Jeder kennt das: man hat's einfach vergessen!

Wenn Sie ein Versprechen nicht eingelöst haben – weil Sie es womöglich schlichtweg vergaßen – kann das Grund genug für einen Entschuldigungsbrief sein. Versuchen Sie erst gar nicht, Ihr Versäumnis wortgewaltig zu rechtfertigen. Sagen Sie einfach, wie es war, und entschuldigen Sie sich dafür!

▶ Versprechen nicht gehalten, Seite 207
▶ Verspäteter Antwortbrief, Seiten 204 und 205
▶ Entschuldigung nach Schaden, Seiten 202 und 203

Ulf Seeheim
Wilhelmystr. 71
44208 Herresberg

14. April 199X

Lieber Carlos,

vor mittlerweile zwei Monaten hast du mich gebeten, dir eine Liste der hiesigen Makler zu schicken. Schande über mich – ich habe es schlicht vergessen! Verzeih mir, im Allgemeinen halte ich mich durchaus für einen zuverlässigen Menschen und vor allem für einen zuverlässigen Freund.

Aber vielleicht ist es ja noch nicht zu spät. Ich lege dir daher die gewünschte Liste bei und hoffe, dass sie dir hilfreich ist.

Herzliche Grüße

Ulf

Erkrankung

Erkrankung im Urlaub

Melden Sie eine Erkrankung während Ihres Urlaubs unverzüglich beim Arbeitgeber.

Wenn Sie tatsächlich einmal in Ihrem Urlaub erkranken und nicht zum vorgesehenen Zeitpunkt an Ihren Arbeitsplatz zurückkehren können, schreiben Sie einen Brief an Ihren Vorgesetzten oder die zuständige Personalabteilung.
Ihr Brief sollte folgende Aspekte und Aussagen enthalten:

- **Eindeutiger Adressat**
- **Erkrankung im Urlaub; Bedauern über die Erkrankung**
- **Art der Erkrankung**
- **Mögliche Folgen: voraussichtliche Abwesenheit vom Arbeitsplatz**
- **Hoffnung, dass der Arbeitsanfall dennoch bewältigt wird**
- **Gegebenenfalls Vorschläge, wie der Arbeitsanfall von den Kollegen zu bewältigen ist**
- **Verweis auf Attest des Arztes**

▶ Erkrankung im Urlaub, Seite 209

Heiner Plettmann
z.Zt. Hotel Archangelo
Via S.Maria, 51
I-56120 Viareggio

23.08.9X

Transcord GmbH
Personalabteilung
Frau Irene Gellert
Masurenallee 27

D-01624 Großkampen

Sehr geehrte Frau Gellert,

ich bin während meines Urlaubs in Italien an einer schweren Darminfektion erkrankt und kann mein Hotelzimmer nicht verlassen. Der behandelnde Arzt hat mich für 10 Tage krankgeschrieben, so dass ich meinen Urlaub überschreiten muss und die Arbeit voraussichtlich erst wieder am 05.09.9X aufnehmen kann.

Bitte benachrichtigen Sie meinen Bereichsleiter, Herrn Plüger. Ich hoffe, dass meine krankheitsbedingte Abwesenheit ihm und meinen Kollegen keine allzu großen Probleme verursacht. In kritischen Fällen bin ich telefonisch oder per Fax in meinem Hotel erreichbar (Tel. 00 39-51-34 86 54, Fax -34 86 55).

Das Attest des behandelnden Arztes (in italienischer Sprache) lege ich bei.
Ich bitte um Ihr Verständnis.

Mit freundlichen Grüßen

Heiner Plettmann

Anlage
Attest

Erstkommunion

Glückwunsch zur Erstkommunion

Falls Sie selbst nicht religiös sind, sollten Sie neutrale Glückwünsche formulieren.

Insbesondere in katholischen Regionen ist es üblich, dass nicht nur Verwandte, sondern auch Freunde und Bekannte der Familie Glückwünsche zur ersten heiligen Kommunion aussprechen. Einige persönliche Worte oder Zeilen wirken sehr viel verbindlicher als vorgedruckte Glückwunschkarten.

Ist der Glückwunschbrief einem Geschenk beigelegt, sollte ausdrücklich Bezug auf dieses Geschenk genommen werden.

Mögliche Stichworte für die inhaltliche Gestaltung:

- **Gratulation**
- **Überlegungen und Wünsche zum religiösen Inhalt dieses Tages**
- **Erinnerungen an das eigene Erleben dieses Tages und seiner Bedeutung**
- **Überlegungen und Wünsche zur allgemeinen Bedeutung des christlichen Glaubens für das eigene Leben jetzt und in der Zukunft**
- **Gute Wünsche für den Verlauf der Feier**

▶ Glückwunsch zur Erstkommunion, Seiten 211–213

Otmar Borkhaus
Canisiusstr. 5
84410 Lauber

10. April 199X

Lieber Max,

du wirst am kommenden Sonntag zum ersten Mal zur heiligen Kommunion gehen und unseren Herrn in Form von Brot und Wein empfangen.

Ich erinnere mich gut an meine eigene erste heilige Kommunion. Wir wurden lange auf diesen Tag vorbereitet, es gab eine große Familienfeier – ähnlich wie bei dir heute. Ich selbst war voll fiebriger Erwartung und furchtbar aufgeregt und verstand doch die Bedeutung dieses großen Sakraments eigentlich nur halbwegs.

Falls es dir in diesem Punkt ähnlich geht, möchte ich dir versichern, wie wichtig die heilige Kommunion seitdem für mich geworden ist als eine Nahrung für die Seele und als Stärkung meines Glaubens. Hier spüre ich immer wieder, wie nah mir Gott ist und wieviel Kraft und Sicherheit er mir gibt.

Ich wünsche mir, dass die heilige Kommunion für dich ähnliche Erfahrungen bringen wird. Das Buch, das ich dir als Geschenk beilege, kann dir dabei nützlich sein. Es enthält sehr persönliche Berichte von jungen Menschen über die Bedeutung des Glaubens für ihr Leben.

Mit herzlichen Grüßen
Dein Onkel

Otmar

Cornelia Lippens
Aachener Str. 5
55980 Effeln

12. April 199X

Liebe Nicki,

nun ist also der große Tag gekommen, und ich kann nicht, wie damals am Taufbecken, an deiner Seite stehen. Es tut mir sehr, sehr leid, aber ich verspreche dir, diesen ganzen Tag in Gedanken bei dir zu sein und dich zu begleiten. Ich wünsche dir einen schönen, einen großen Tag, der dir im Gedächtnis bleiben wird. Ich wünsche dir auch viele liebe Menschen um dich, die das Feierliche und Fröhliche dieses Tages mit dir begehen. Und ich wünsche dir, dass du selbst erfährst, wie sich dein Leben ein wenig verändert durch die Möglichkeit, mit Christus enger und direkter in Verbindung zu treten.

Viele liebe Grüße und Gottes Segen
deine

Tante Conni

Familie Pohlenz
Bergstr. 90
99988 Walden

8.4.199X

Liebe Daniela,

zum Fest der ersten heiligen Kommunion gratulieren wir dir ganz herzlich.

Es ist ein großer Tag für einen gläubigen Menschen, und wir wünschen dir, dass du schöne und starke Erinnerungen an dieses Fest mit in dein weiteres Leben nehmen wirst.

Mit herzlichen Grüßen, auch an deine Eltern

Familie Pohlenz

Geburt eines Kindes

Zeitungsanzeige oder Karte?

Eine Anzeige in der Tageszeitung ist der schnellste Weg, die Geburt einem größeren Kreis bekannt zu geben.

Ein neuer Erdenbürger oder eine neue Erdenbürgerin wird von den glücklichen Eltern üblicherweise schriftlich angezeigt, sei es mittels gedruckter Karten oder als Anzeige in der örtlichen Tageszeitung. Für beide gibt es viele unterschiedliche Gestaltungsmöglichkeiten. Einige typische Beispiele finden Sie auf den nächsten Seiten.
Einige Stichworte für die inhaltliche Gestaltung:

- **Name des Kindes (eventuell Geschlecht, falls der Name dies nicht eindeutig zum Ausdruck bringt)**
- **Größe, Gewicht, Augenfarbe oder ähnliches**
- **Stellung in der Familie: 3. Kind, Thronfolger usw.**
- **Gegebenenfalls humorvolle Kommentare zum Geburtsverlauf**
- **Empfängt die Mutter in der Klinik Besuch?**
- **Dank an Ärzte, Hebammen oder Schwestern**

▶ Geburtsanzeigen, Seiten 215–217

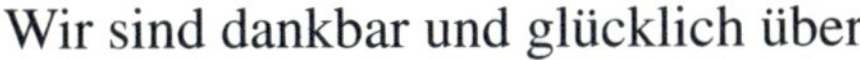

Wir sind dankbar und glücklich über

Justin

geboren am 10. Oktober 199X

Es soll ihm gut gehen auf dieser Welt!

Gabriele Heller-Johnson und Marc Johnson

Wir danken der freundlichen Mannschaft der
Entbindungsstation im Elisabeth-Krankenhaus Mellen

„Ein Sonntagskind!“

Nils

* 18.4.199X – 3220 g – 53 cm

Eva, Michael und Katharina Geitherr
Am Buchrain 8
48576 Hohenfeld

Unsere Sophie hat ein Brüderchen bekommen!

Lorenz Ortega Kerpener

20. Juli 199X

3750 g – 52 cm

Wir sind glücklich.

Julia und Alexander Kerpener
Höhenstr. 6
76543 Gannstadt

Geburt

Glückwunsch zur Geburt eines Kindes

Gratulieren Sie so persönlich wie möglich.

Wohl kaum ein Ereignis wird mit ebenso viel Spannung erwartet wie die Geburt eines Kindes. Und kaum ein Ereignis bringt soviel Neues für eine Familie mit sich, sowohl an Freude als auch an Belastung. Würdigen Sie die Geburt eines Kindes ruhig in all ihren Facetten.
Mögliche Stichworte für die inhaltliche Gestaltung:

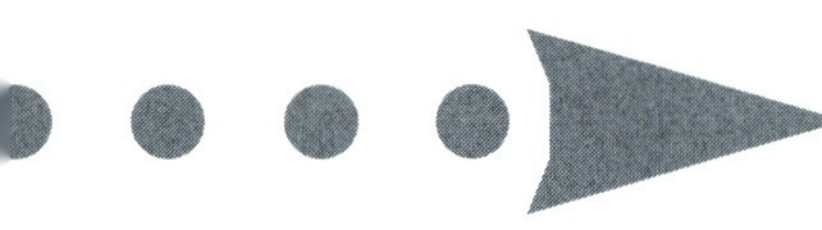

- **Persönliche Freude über die Geburt des Kindes**
- **Abwägen zwischen den Belastungen der nahen Zukunft und dem Glück, ein Kind zu haben**
- **Würdigung der Anstrengungen und Belastungen der Mutter bei der Geburt und Wünsche für eine schnelle Rekonvaleszenz**
- **Positive Beschreibung der aktuellen Situation: gemeinsam Neues entdecken, Entwicklungen wahrnehmen und bestimmen**
- **Gute Wünsche für Wachstum und Entwicklung des Kindes**
- **Gute Wünsche für die Eltern**
- **Vorfreude auf Besuch oder Begegnung**

Ist der Glückwunschbrief einem Geschenk beigelegt, sollte ausdrücklich Bezug auf dieses Geschenk genommen werden.

▶ Glückwunsch zur Geburt, Seiten 219–223
▶ Dank für Glückwunsch zur Geburt, Seite 164

Familie Heiger-Struck
Masurenweg 45
75212 Oberedingen

3. Oktober 199X

Familie Kossuth
August-Bebel-Str. 3

75212 Oberedingen

Liebe Familie Kossuth,

zu Ihrem Familiennachwuchs gratulieren wir Ihnen von Herzen!

Wir hoffen, dass der kleine Erdenbürger die noch ungewohnte Umgebung bald zu schätzen weiß und dies durch möglichst problemfreies Wohlverhalten kundtut. Dass er also trinkt, schläft und lacht, wie es die Handbücher für junge Eltern idealerweise vorsehen. Dass er auch ein wenig auf das Schlafbedürfnis seiner Eltern achtet. Dass er vor allem wächst und gedeiht zur Freude seiner ganzen Umwelt!

Wir wünschen Ihnen und Ihrem kleinen Sohn alles Liebe und viel Glück.
Ihre

Marlene Heiger-Struck

Marlies Groeter
Varnhagenufer 18
22768 Holmen

15.11.199X

Familie Neumann
Larensteinstr. 80

22987 Niessensen

Liebe Familie Neumann,

zur Geburt Ihres neuen Familienmitglieds sende ich Ihnen meinen herzlichen Glückwunsch.

Möge sich der kleine Christian nur recht wohl in der Welt fühlen. Die wichtigste Bedingung dafür ist ja schon geschaffen: Er wird in einer glücklichen, harmonischen Familie aufwachsen. Sie wird ihm Sicherheit und Geborgenheit geben und den Sinn für das Schöne und Gute aufschließen, für Freude und Zufriedenheit.

Mit den besten Wünschen für die Zukunft

Marlies Groeter

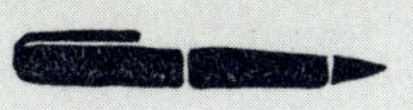

Ulla und Ingo Wertheim
Am Flugfeld 2
71117 Hohwinter

7.10.199X

Liebe Steffi, lieber Jochen,

euer Sohn wirkt noch etwas verknittert, aber dafür strahlt ihr beide auf dem Foto umso mehr. Was ja für glückliche Eltern nur allzu verständlich ist, und wir strahlen mit!

Wir freuen uns tatsächlich riesig mit euch und bereiten uns bereits innerlich auf unsere zukünftigen Aufgaben als Babysitter vor.

Für euch aber heißt es jetzt erst einmal: die Strapazen der Geburt hinter sich lassen und sich in aller Ruhe dem Familienglück widmen. Sobald ihr dann wicder Lust auf Gesellschaft habt, meldet euch doch bitte schnell bei uns – wir möchten schließlich den kleinen Jakob auch persönlich in Augenschein nehmen!

Alles Liebe

Ulla
+ Ingo

Katharina Schleh
Nachtigallenweg 23
89034 Achern

24.3.199X

Liebe Karin, lieber Jürgen, lieber Felix,

mit großer Freude habe ich erfahren, dass ihr jetzt glückliche Eltern einer kleinen Tochter seid und du, Felix, eine kleine Schwester bekommen hast. Von ganzem Herzen wünsche ich euch und dem Kind alles Glück der Welt und Gottes Segen.

Die Strapazen der Geburt liegen mittlerweile hinter euch, jetzt beginnt die alltägliche Sorge um das Wohl des kleinen Menschen, der seinen Lebensweg erst beginnt. Aber für euch ist es ja nicht das erste Mal, dass ihr euch auf die besonderen Bedingungen dieser Situation einstellt. Euer Felix mit seinem fröhlichen Temperament ist schließlich der beste Beweis, wie gut es euch gelingt, ein Kind mit Liebe zu umsorgen und behutsam ins Leben einzuführen. Ihr werdet es auch bei Laura nicht anders halten!

Ich freue mich darauf, euch alle bald wiederzusehen und vor allem die kleine Laura auf dem Arm halten zu können.

Bis dahin alles Gute für euch
eure

Tante Kathi

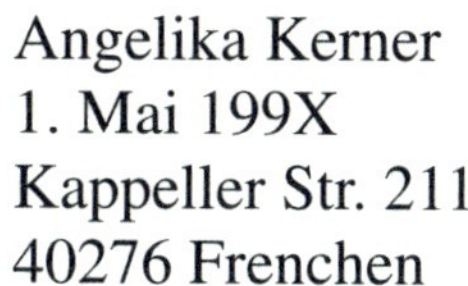

Angelika Kerner
1. Mai 199X
Kappeller Str. 211
40276 Frenchen

Marijke van Dohmen
Carnisiusstr. 16

52952 Sahlberg

Liebe Marijke,

dass du deine Töchter nun wohlbehalten zu Hause in deinen Armen halten darfst, freut mich sehr.

Du weißt, wie sehr ich deinen Mut und deine Stärke während der Schwangerschaft bewundert habe. Und diese Stärke möge dir erhalten bleiben, während du deine beiden Süßen aufwachsen siehst.

Wo und wann immer du Hilfe brauchst, lass es mich wissen. Als allein erziehende Mutter von Zwillingen solltest du nicht zögern, Unterstützung geradezu zu fordern.

In diesem Sinne bin ich immer
deine Freundin seit Kindertagen

Geburtstag

Zeitungsanzeige

Anzeigen mit Glückwünschen zum Geburtstag sind ein beliebtes Geschenk.

Zeitungsanzeigen zum Geburtstag schaltet man in der Regel nicht aus Anlass des eigenen Wiegenfestes, sondern für die meist „runden" Geburtstage von Freunden, Verwandten, Kollegen oder Nachbarn. Sie sind meist launig-humorvoll, oft aber leider nur humorvoll gemeint. Nicht die gute Absicht zählt – wichtig ist ausschließlich, dass die Anzeige dem Geburtstagskind selbst gefallen wird. Vermeiden Sie jedes Risiko und verzichten Sie auf alle Aussagen, Reime und Witzeleien, die dem Adressaten peinlich sein könnten oder die ihm wahrscheinlich nicht zusagen werden.

Einige Beispiele für typische Geburtstagsanzeigen finden Sie auf den nächsten Seiten. Auch die Anzeigenabteilungen der Zeitungen helfen hier gerne mit Vorschlägen weiter.

Hier einige Vorschläge:

- **Foto aus Kindertagen des Gratulanten, eventuell Gegenüberstellung mit aktuellem Foto**
- **Selbstgereimtes Gedicht**
- **Trinkspruch oder ähnliches aus der gratulierenden Runde: Kegelverein, Kollegen, Kleingartenkreis, Sportverein usw.**
- **Foto von den Gratulierenden, eventuell um ein Fässchen Bier oder einen Blumenstrauß gruppiert**

▶ Zeitungsanzeigen zum Geburtstag, Seiten 225–227

Ach,

Luise,

kein Mädchen ist wie diese!

Und das schon seit ***75*** Jahren …

Wir gratulieren von Herzen.

Monika, Lore, Kurt, Thomas,
Wolfgang und Marlies

Mit 18

darfst du endlich Gas geben in deinem grünen Spitfire,
stellst du endlich deine Beine unter deinen eigenen Tisch,
kannst du es denen da oben an der Wahlurne endlich mal zeigen,
winken (endlich!) die große Liebe und die große Freiheit.

Robert, heute ist er da, dein **Independence Day.**

Wir drücken dir die Daumen:
Rem, Lars, Carsten, Tine, Wally, Kuppe
und alle anderen Freunde aus dem ‚Triangel'

Isa

mein Liebling,
von Herzen
alles Gute zum Geburtstag.

Machst du mich auch im neuen Jahr
ebenso glücklich
wie in all den anderen zuvor?

Dein
Carlos

Geburtstag

Glückwunsch zum Geburtstag

Wohl jeder freut sich über gute Wünsche zum Geburtstag.

Wohl jeder wird sich über einige persönliche Worte zum Geburtstag freuen. Es muss ja kein längerer Brief sein. Auch einige kurze Zeilen werden erfreut aufgenommen.
Mögliche Stichworte für die inhaltliche Gestaltung:

- **Geburtstag als Schnittstelle zwischen Vergangenheit und Zukunft**
- **Erinnerungen an die Vergangenheit**
- **Ziele und Planungen für die Zukunft**
- **Lob des Geburtstagskinds: Kondition, Aussehen, Mentalität usw.**
- **Ironischer Umgang mit Falten, grauen Haaren usw.**
- **Gute Wünsche: Glück, Gesundheit, Erfolg usw.**
- **Verweis auf den Verlauf der Geburtstagsfeier**
- **Gedanken über den schnellen Gang der Zeit**
- **„Runder“ Geburtstag: neuer Lebensabschnitt**
- **18. Geburtstag, 65. Geburtstag: neue Lebensphase**
- **50. Geburtstag: halbes Jahrhundert; Hälfte**
- **hoher Geburtstag: Rückblick auf erfülltes Leben**

Ist der Glückwunschbrief einem Geschenk beigelegt, sollte ausdrücklich Bezug auf dieses Geschenk genommen werden.

▶ Glückwunsch zum Geburtstag, Seiten 229–241
▶ Glückwunsch zum 18. Geburtstag, Seite 237
▶ Glückwunsch zum 30. Geburtstag, Seite 238
▶ Glückwunsch zum 40. Geburtstag, Seite 239
▶ Glückwunsch zum 50. Geburtstag, Seite 240
▶ Glückwunsch zum 70. Geburtstag, Seite 241
▶ Glückwunsch, Seiten 256 und 257
▶ Dank für Glückwunsch zum Geburtstag, Seiten 157 und 158

Herta Weiher
Rödermarkstr. 67
67744 Westhausen

13.10.199X

Liebe Cornelie,

ich wünsche dir einen schönen, fröhlichen Geburtstag mit vielen lieben Menschen um dich herum. Das nächste Jahr soll dir recht viel Glück bringen, Gesundheit und Lebensfreude! Mögen dich die größeren und auch die kleineren Sorgen verschonen, sodass du alle Tage heiter genießen kannst.

Von Herzen liebe Grüße, sei fest umarmt,
deine

Herta

Klaus Masur
Luisenplatz 5
37798 Laschwig

5. Oktober 199X

Mein lieber Freund,

nun ist schon wieder ein Jahr vergangen – sei's drum! Wichtig ist ja doch nur, dass so ein Jahr gut vergeht, dass es aufregend ist, anregend und spannend. Bei dir habe ich nie einen Zweifel gehabt, dass du das Leben genau so angehst und jeden Tag und jedes Jahr voll ausschöpfst. Was sagt also schon der Geburtstag im Kalender? Vor allem, dass es Anlass gibt, auf ein neues, ereignisreiches Jahr anzustoßen. Und auf viele weitere, die noch kommen sollen. In diesem Sinne sei herzlich gegrüßt und umarmt,

dein

Klaus

Maria Lethern
Grundstr. 76
82555 Bad Wernigen

23. Juni 199X

Liebe Karla,

von ganzem Herzen sende ich dir Glück- und Segenswünsche zu deinem Geburtstag! Wie viele dieser Jahrestage haben wir nun schon erlebt, und vor uns liegen jedesmal weniger – die Zeit dazwischen scheint immer schneller zu verrinnen. Und doch sollten wir den Blick nicht nur in die Vergangenheit richten, sondern weiterhin frohgemut in die Zukunft schauen und unseren Weg sicher in Gott wissen.

Ich wünsche dir für jetzt und für viele weitere Jahre Gesundheit, Lebenskraft und Heiterkeit. Wer wie du sein Leben so froh und optimistisch angeht, bei dem ist Gottes Segen, was er auch tut.

Liebe Grüße

Maria

Moritz Likowski
Sandweg 16
33994 Wülfen

15.12.199X

Liebe Omi,

sei nicht böse, dass ich an deinem runden Geburtstag nicht bei dir sein kann. Du weißt, ich stecke mitten in Prüfungsvorbereitungen, und so schicke ich dir auf diesem Wege meine herzlichsten Glückwünsche.

Es ist schön, dass es dir weiterhin so gut geht und dass du deinen Geburtstag wieder im ganz großen Rahmen feiern wirst. Deine Feste sind ja in unserer Familie schon zur Legende geworden, und ich kann nur hoffen, dass ich im nächsten Jahr wieder Gelegenheit habe, daran teilzunehmen.

Liebe Omi, ich wünsche dir für das kommende Jahr und für alle folgenden Jahre vor allem Gesundheit und Lebensfreude. Wir alle sind froh, dich als Mittelpunkt unserer Familie zu haben, und du musst dafür sorgen, dass das auch möglichst lange so bleibt!

Sei herzlich umarmt,
dein

Moritzle

Diana Mattes
Metzer Str. 56
52837 Sollem

11.5.199X

Liebe Corinna,

alle guten Wünsche und einen dicken Kuss zu deinem zehnten Geburtstag!
Für das beiliegende Geld kauf dir ein schönes Buch – ich weiß ja nicht so gut, was du zur Zeit gerne liest oder was du schon hast. Oder steck das Geld in dein Sparschwein und warte, bis es dick und voll genug ist und du es für einen größeren Wunsch schlachten kannst.

Und jetzt wünsche ich mir noch, dass du fröhlich mit allen Freundinnen und Freunden deinen Geburtstag feierst, und dass es dir weiter gut geht. Mehr Spaß in der Schule, nicht so strenge Lehrer, nette Freundinnen und viele interessante Dinge im neuen Jahr wünscht dir

deine Tante

Diana

MEUSER UND PARTNER
Industriehof 26a, 72788 Wendlingen

Herrn J. Kern
Johannes Kern GmbH
Plauenerstr. 45

84433 Sichern

15.02.9X

Sehr geehrter Herr Kern,

zu Ihrem Geburtstag sende ich Ihnen meine besten Wünsche.

Ein neues Jahr ist immer auch eine neue Herausforderung. Ich bin sicher, dass Sie sich den Aufgaben des kommenden Jahres mit der gewohnten Zielstrebigkeit und Entschlusskraft stellen und Ihr Unternehmen erfolgreich weiterentwickeln werden.

Mit einem kleinen Präsent möchte ich Ihnen für unsere bisherige gute Zusammenarbeit danken, an der Sie einen so großen Anteil haben. Lassen Sie uns diese Verbindung in den nächsten Monaten weiter ausbauen!

Mit herzlichen Grüßen

Michael Meuser

GLÜCKWUNSCH ZUM GEBURTSTAG AN EINEN GESCHÄFTSPARTNER

Möbelparadies
Einkaufszentrum Neue Heide · 23054 Kersum

Herrn
Maximilian Cordes
Kellenhusener Str. 26

24865 Gertwig

22.01.9X

Herzlichen Glückwunsch!

Sehr geehrter Herr Cordes,

unsere Kundenkartei sagt uns, dass Sie am 28. Januar Geburtstag haben. Wir wünschen Ihnen für Ihr neues Lebensjahr Glück, Gesundheit und Erfolg!

Ein kleines Präsent wartet auf Sie an unserer zentralen Kundeninformation im Möbelparadies Neue Heide. Schauen Sie doch in der nächsten Zeit wieder einmal bei uns vorbei und bringen Sie diesen Brief mit. Es lohnt sich!

Noch einmal alles Gute

Ihr

Arne Teutsch

Möbelparadies Neue Heide

KARL JANSEN GMBH
Geschäftsführung: Dipl.-Ing. Peter Stribeck
Turmstr. 51, 49205 Fertheim

18.11.9X

Sehr geehrter Herr Paulsen,

zu Ihrem Geburtstag schicke ich Ihnen meine besten Wünsche. Im neuen Lebensjahr soll es nicht an Gesundheit, Glück und positiven Erfahrungen mangeln. Dass Sie in unserem Unternehmen weiterhin zielgerichtet Ihren Weg gehen werden, davon bin ich fest überzeugt. So freue ich mich auf die Fortsetzung unserer erfolgreichen Zusammenarbeit!

Das beiliegende Buchpräsent ist für Ihre Mußestunden gedacht – auch diese soll es ja im neuen Jahr geben!

Herzliche Grüße

Peter Stribeck

Dr. Ludwig Sandmann
Im Birkenholz 12
31992 Karlsaue

11. August 199X

Lieber David,

nun wirst du also erwachsen! Vorbei die tapsigen Kinderschritte und die jugendlichen Gehversuche ins Leben – über Nacht tritt plötzlich die Reife ein und du siehst dich ganz auf eigenen Beinen stehen, in eigener Verantwortung. Aber was soll's! Noch immer bist du natürlich jung, noch immer „Teenager", und die Vorteile deines Alters überwiegen bei weitem die Nachteile.

Du bist in die Freiheit deines eigenen Lebens entlassen – viel Glück wünsche ich dir dafür, Klarheit und Mut. Wirf die Kinderschuhe hinter dich und zieh dir die Siebenmeilenstiefel an, zum erfolgreichen Fort-Schreiten ins selbstbestimmte, selbstbewusste Leben.

Hélas!

Dein Onkel Ludwig

Karin Wehring und Thomas Buscheid
Richard-Wagner-Str. 28
04733 Mierig

14.07.199X

Lieber Enrico,

der Abschied vom Twen-Alter fällt sicher nicht leicht – wir sprechen da aus eigener Erfahrung. Aber der Eintritt ins etwas reifere Alter hat sich ja schon länger angekündigt: mit den ersten grauen Haaren im schwarzen Schopf, mit der etwas ruhigeren Gangart, die man seinem Leben (und vor allem dem Nacht-Leben) verordnet.

Und doch kein Grund, melancholisch zu werden! Nimm nur diese runde, harmonische, wohlproportionierte 3, die dich in den nächsten zehn Jahren begleiten wird. Sie ist Symbol der Vollkommenheit, Höchststufe aller guten Dinge und bringt (zumindest im Märchen) Glück. Wir finden, dass sie damit die richtige Zahl ist für diese kommenden Jahre, in denen viele Versprechungen, private und berufliche, sich erfüllen sollen.

Willkommen also im Club! Du wirst bald sehen, dass es noch ein Leben nach den Zwanzigern gibt.

Mit allen guten Wünschen für die nächsten zehn Jahre

Karin

Tom

Günter und Sybille Mühling
Hölderlinweg 15
73322 Gertingen

4. September 199X

Lieber Manfred,

die Schwaben werden ja bekanntlich erst mit 40 g'scheit (und die anderen nie). In diesem Sinne erwarten wir von dir nach deinem heutigen Ehrentage und für alle Zukunft natürlich Wunder der Erleuchtung.

Nun sind ja schon deine bisherigen Lebensleistungen ziemlich beachtenswert – auf was müssen wir uns also da noch gefasst machen?!

Wir wünschen dir für deinen Geburtstag noch einmal eine schöne, ausgelassene, „unvernünftige" Feier, bevor dann ab morgen das eher trockene Brot der Weisheit den Speiseplan bestimmen wird.

Als kleines Geschenk legen wir dir eine richtig harte Bücher-Nuss bei, an der du nach deinem 40. Jahrestag die neu gewonnene G'scheitheit erproben magst.

Sei herzlich gegrüßt
von deinen

Antonius Hecker
Am Ring 45
27227 Seedorf

2.11.199X

Lieber Hans,

du machst die runde Summe des halben Hunderts voll. Der 50. Geburtstag, das ist sozusagen der Aussichtspunkt, von dem aus man in Ruhe auf die eine Hälfte des Wegs zurückblicken kann, die man erfolgreich bewältigt hat. Und von dem man vorwärtsschaut auf die zweite Hälfte, die man mit der Erfahrung des gestandenen Bergsteigers und der Lust auf neue Anforderungen angehen wird.

Ich wünsche dir, dass du auch in deiner zweiten Lebenshälfte ebenso beherzt bergauf schreiten wirst, wie dir das in der ersten gelang. Auch in zehn oder zwanzig Jahren – da bin ich mir sicher – wirst du keinen Rost angesetzt haben, denn bekanntlich rostet nur der, der rastet. Der Stillstand aber ist deine Sache nicht. Du suchst die Herausforderung, gehst fernab der ausgetretenen Pfade und triffst dabei immer wieder Neues und Überraschendes. Was kann ich dir Besseres wünschen, als dass dies so bleibt?

Herzliche Grüße

Anton

Gerhard und Monika Kramme
Wilhelmsplatz 8
52828 Laschede

8.2.199X

Lieber Ernst,

die allerherzlichsten Glück- und Segenswünsche zu deinem 70. Geburtstag!
Wir werden aus der Ferne an dich denken und ein Glas oder auch mehr auf dein Wohl trinken. Lass dich von deiner Familie und den anwesenden Freunden umso kräftiger feiern und hochleben und genieße den Tag – siebzig Lebensjahre sind schließlich eine ganz ordentliche Leistung.

Für die nächsten Jahre und Jahrzehnte wünschen wir dir nur das Allerbeste. Die kleinen und die größeren Gebrechen, die du bisher so erfolgreich abgewehrt hast, sollen weiterhin vor der Tür bleiben – deine Energie und Tatkraft aber mögen wie gewohnt Einlass finden. Bleib also so, wie wir dich schon immer kennen: gesund, fröhlich, optimistisch und zupackend!

Auf viele weitere Jahre!

Deine

Krammes

Genesungswünsche

Trost und Mut geben

Schwerkranke Menschen haben ein Recht auf Rücksichtnahme. Genesungswünsche an leichter Erkrankte dürfen durchaus erheiternd wirken.

Menschen zu schreiben, die schwer erkrankt sind, erfordert großes Feingefühl. Trost zu geben und Mut zu machen, womöglich bei einer unheilbaren Krankheit, ist keine leichte Aufgabe und gelingt sicherlich nicht im Rückgriff auf leere Beschwichtigungsformeln. Gerade hier sollte man sorgfältig darauf achten, im Brief einen persönlichen, authentischen Ton zu finden und sich gedanklich ganz auf die Person des Kranken zu konzentrieren.

Bereiten Sie Ihren Brief etwa mit den folgenden Fragen vor: Wie geht der Empfänger selbst vermutlich mit seiner Krankheit um? Ist er eher optimistisch oder neigt er zum Schwarzsehen? Ist er bereit, sich der Realität schonungslos zu stellen, oder neigt er zum Wegsehen? Ist er ein religiöser, gläubiger Mensch? Welche Diskretion verlangt der Empfänger von seiner Umwelt, wie offen also darf ich sprechen?

Dagegen sind Briefe im Falle weniger schwerer Erkrankungen oder nach Unfällen leichter zu schreiben. Hier dürfen Sie – wenn der Empfänger dafür empfänglich ist – ruhig auch ironisch formulieren. Aber überziehen Sie dabei nicht – ein kranker Mensch entwickelt eine höhere Empfindsamkeit, auch gegenüber lockeren Bemerkungen.

Vergessen Sie nicht Ihr zentrales Anliegen: Sie wollen dem Kranken Ihr Mitgefühl vermitteln, Genesungswünsche übermitteln und Trost und Mut zusprechen!

▶ Genesungswünsche, Seite 243
▶ Genesungswünsche nach Unfall, Seite 244
▶ Genesungswünsche bei schwerer Krankheit, Seite 245

Melanie Struve
Casinostr. 23
28098 Ahausen

8. März 199X

Liebe Omi,

du musst schon wieder das Bett hüten, und das tut mir sehr leid. Es ist wirklich ein Kreuz mit diesen grippalen Infekten. Wenn sie nicht gründlich auskuriert sind, gibt es immer mal wieder einen Rückfall. Halte dich also dieses Mal strikt an den Rat des Arztes, werde nicht übermütig, und gib deinem Körper die Zeit, die er braucht, um wieder ganz gesund zu werden. Du wirst sehen, es geht vorbei, und dann wirst du den Frühling draußen im Garten genießen!

Lass mich bitte wissen, was ich für dich tun kann. In jedem Fall denke ich mit allen guten Wünschen an dich. Und da das Wünschen bei mir immer hilft, wirst du sehr bald gesund sein!

Viele liebe Grüße

Melanie

Manuel Costanza
Marstallstr. 62
77260 Ludwigseck

19.10.199X

Liebe Maxi,

ich kann mir gut vorstellen, wie sauer du gerade bist, auf dich, auf die Welt, auf das Schicksal, das dir so übel mitspielt. Und du hast ja recht – sich am dritten Urlaubstag das Bein zu brechen, um dann zwei Wochen im Krankenhaus festzusitzen, ist bitter. Da fehlen selbst mir die tröstenden Worte.

So denk ich nur ganz lieb an dich und hoffe, dass du vielleicht doch schneller als erwartet aus deinem Krankenverlies herauskommst. Bis dahin wird dich Jochen mit genügend Lesestoff versorgen, und die eine oder andere Flasche Gewürztraminer wird er sicherlich auch durch das Spalier der strengen Krankenschwestern hindurchschmuggeln.
Ach ja, du wirst schon das Beste daraus machen!

Bei dir vorbeischauen kann ich leider nicht: bis nach Bolzano ist es denn doch zu weit. Ich werde aber am Wochenende anrufen.

Bis dahin liebe Grüße, auch an Jochen

Manuel

Frauke Sander
Märkische Straße 17
04637 Lattenberg

24. April 199X

Frau
Karla Strettin
c/o Elisabethenkrankenhaus
Comeniusstr. 5-11

55322 Verlen

Liebe Karla,

heute Morgen kam deine Nachricht von deiner Erkrankung. Ich will dir so schnell wie möglich schreiben, damit du weißt, wie sehr ich an dich denke.

Sicher, diese Nachricht ist ein Schock, und ich kann nachfühlen, wie verzweifelt du bist. Nichts scheint dir mehr wie vorher, alles muss nun mit anderen Augen betrachtet werden. Aber gerade darin liegt ja auch eine Chance, und die gilt es jetzt wahrzunehmen! Bisher war jeder Tag selbstverständlich, das Leben schien ohne Ende dahinzufließen. Nun aber ist diesem Lebensgefühl jäh die Grundlage entzogen, der Gedanke an ein Ende wird unabweislich. Das macht Angst, und es ist doch auch Anlass und Gelegenheit, jeden weiteren Tag, jedes kleine Erlebnis als ein großes Geschenk zu erfahren. Wie besonders ist doch jeder Tag, wie viele Gelegenheit gibt er zum Genießen und zur Freude, wenn er nicht mehr unbewusst dahingelebt wird!

Aber dies ist ja nur ein Aspekt deiner Situation. Wichtig ist jetzt vor allem die gute Nachricht, die auf die schlechte folgte: dass die Ärzte die Krankheit im Griff haben und dass die Prognosen ausgesprochen günstig sind. Ich brauche dir ja nicht die vielen Krankheitsfälle aus unserem Bekanntenkreis aufzuzählen, bei denen die Ausgangslage weitaus schwieriger war und die doch einen positiven Verlauf genommen haben. Du wirst mit der vergleichsweise begrenzten Gefährdung erst recht fertig werden, und dein Optimismus, deine Energie und deine Lebenskräfte werden dir dabei helfen.

Halte dich ans Leben! Ich bin bei dir mit meinen Gedanken und Wünschen.
Wir hören bald wieder voneinander.

Deine

Frauke

Gericht – Zeugenaussage

Abwesenheit wegen Krankheit

Vorladungen müssen Sie schriftlich absagen.

Wenn Sie in einem Gerichtsverfahren als Zeuge geladen sind, können Sie nur aus sehr wichtigen Gründen einen Sitzungstermin absagen. Sie sollten dies schriftlich tun. Eine Krankheit, die Sie ans Bett fesselt, ist natürlich ein solcher Grund. Aber legen Sie Ihrem Schreiben in jedem Fall ein ärztliches Attest bei.

Für die Mitteilung an das Gericht beachten Sie bitte folgende Aspekte:

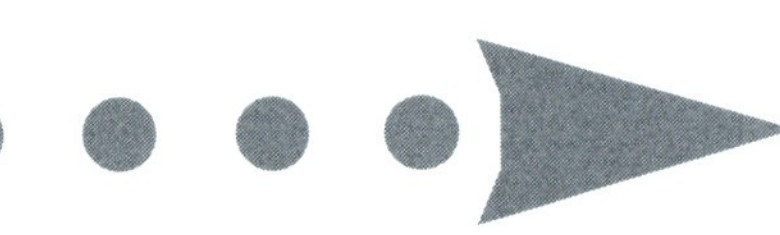

- **Adresse des Gerichts wie auf Ladung zur Zeugenaussage angegeben**
- **Angabe des Aktenzeichens beziehungsweise Benennung der Rechtssache und Datum der Gerichtsverhandlung**
- **Begründung für Abwesenheit trotz Ladung als Zeuge**
- **Verweis auf ärztliches Attest oder andere Belege**
- **Vollständige Unterschrift**

▶ Abwesenheit vor Gericht, Seite 247

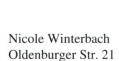

Nicole Winterbach
Oldenburger Str. 21
28351 Lassenhorn

02.12.9X

Amtsgericht Lassenhorn
Am Kopperfeld 2

28352 Lassenhorn

Zeugenaussage
Aktenzeichen CS/Ghf-2345

Sehr geehrte Damen und Herren,

am 05.12.199X bin ich als Zeugin geladen in Sachen

> Hans Haller, Möritzweg 32, Lassenhorn
> gegen
> Cornelie Latour, Ostparkstr. 47, Lassenhorn.

Da ich erkrankt bin, werde ich bei der Verhandlung nicht anwesend sein können. Eine ärztliche Bescheinigung liegt bei.

Mit freundlichen Grüßen

Nicole Winterbach

Anlage
Bescheinigung Dr. med. Jens Gellersen

Geschäftsbeziehungen

Kooperationsangebot

Scheuen Sie sich nicht, eine Kooperation zunächst schriftlich in die Wege zu leiten.

Kleine oder auch mittelständische Unternehmen sind mitunter nicht ohne Unterstützung durch ein anderes Unternehmen in der Lage, einen Auftrag zu bewältigen. Sofern sie dann Unterstützung durch einen bislang unbekannten Kooperationspartner suchen, kann eine erste Kontaktaufnahme in schriftlicher Form hilfreich sein. Das Kooperation suchende Unternehmen hat Gelegenheit, sich selbst vorzustellen und das Kooperationsanliegen darzulegen. Und der potentielle Partner hat keinen Anlass, sich überrumpelt zu fühlen.
Mögliche Stichworte für die inhaltliche Gestaltung:

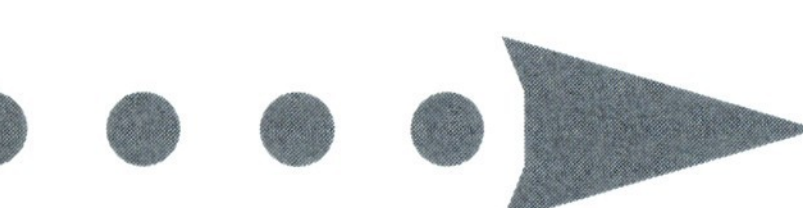

- **Wie sind Sie auf das angeschriebene Unternehmen aufmerksam geworden?**
- **Kurze Vorstellung des eigenen Unternehmens bzw. Unternehmensbereichs**
- **Kurze Darstellung des Projekts oder Unternehmensziels, das zur Kooperationsanfrage geführt hat**
- **Kooperationsinteresse bekunden**
- **Gesprächsangebot**
- **Hinweis auf Unternehmensprofil, Referenzen und ähnliches in der Anlage**
- **Bitte um Rückmeldung**

▶ Kooperationsangebot, Seite 249

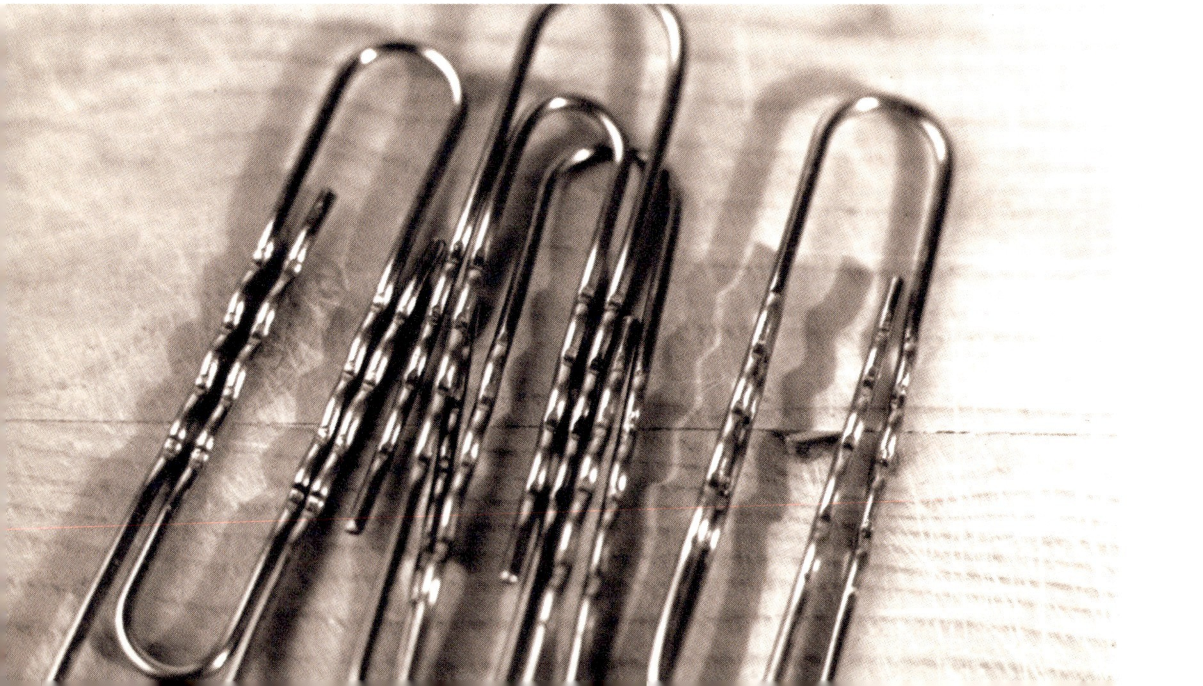

Rainstr. 35 · 13763 Morningen

Interface GmbH
Herrn Nils Weimar
Bebelstr. 128

14252 Crummen

21.11.9X

Interesse an Kooperation

Sehr geehrter Herr Weimar,

durch einen langjährigen Geschäftsfreund, Herrn Georg Keilmann, bin ich auf Ihr Unternehmen aufmerksam geworden.

Unser eigener Tätigkeitsschwerpunkt liegt in der Entwicklung von Sicherheitslösungen für firmeninterne Netzwerke. Für einen großen Kunden wird nun die Berücksichtigung von E-Commerce-Lösungen notwendig. Herr Keilmann teilte mir mit, dass Sie auf diesem Gebiet über einschlägige Erfahrungen verfügen. Wir sind daher an einer Zusammenarbeit mit Ihrem Unternehmen interessiert.

Als Anlage finden Sie unser Firmenprofil, das Ihnen erste Auskunft über unser Leistungsspektrum und unsere Kundenreferenzen gibt.

Bitte teilen Sie mir mit, ob auch Sie an einer Zusammenarbeit interessiert sind. Falls dies der Fall ist, sollten wir möglichst bald zu einem ersten Gespräch zusammentreffen.

Mit freundlichen Grüßen

Bernhard Probst

Anlage
Firmenprofil Softdesign GmbH

Geschäftseröffnung

Glückwunsch zur Geschäftseröffnung

Geben Sie Starthilfe!

Im Falle einer Geschäftseröffnung gilt für Bekannte wie Kollegen: Glückwünsche erhalten die Freundschaft!

Mögliche Stichworte für die inhaltliche Gestaltung:

- **Gratulation**
- **Freude über den Erfolg und das Erreichte**
- **Eventuell Gedanken über den Status der Selbstständigkeit: Unabhängigkeit, Risiko, Kreativität, Erfolgschancen usw.**

- **Aussagen zum jeweiligen Waren- oder Dienstleistungsangebot**
- **Gute Wünsche für die Zukunft und den geschäftlichen Erfolg**
- **Eventuell Perspektiven für geschäftliche Zusammenarbeit ansprechen**

▶ Glückwunsch zur Geschäftseröffnung, Seite 251
▶ Glückwunsch, Seiten 256 und 257
▶ Dank für Glückwunsch zur Geschäftseröffnung, Seite 159

Elke und Peter Henkels
Wettinerstr. 56
16754 Lorenzburg

10.03.199X

Heidi und Steffen Körner
Wälsungenstr. 3

02674 Krummau

„Und jedem Anfang wohnt ein Zauber inne …“

Liebe Heidi, lieber Steffen,

zur Geschäftsübernahme gratulieren wir euch und drücken euch die Daumen für eine erfolgreiche, glückliche Zukunft!

Wie spannend ist es, einen Schnitt zu machen und ein neues Leben zu beginnen: in einer neuen Umgebung, mit neuen Zielsetzungen und Perspektiven. Wie schön ist es auch, dies zu zweit zu tun: die Risiken gemeinsam zu tragen, die ungewohnten Aufgaben mit vereinter Kraft anzugehen.

Möge der „Zauber des Anfangs“ in eurem neuen Leben nur recht lange anhalten und euch beflügeln!

Mit allen guten Wünschen und in Freundschaft

Geschäftsjubiläum

Einladung zum Geschäftsjubiläum

Kein Anlass ist besser geeignet, Ihr Unternehmen ins beste Licht zu rücken!

Nehmen Sie Ihr Geschäftsjubiläum zum Anlass, sich bei Ihren Kunden und Geschäftspartnern positiv in Erinnerung zu bringen. Es gibt kaum einen besseren Anlass, Ihr Unternehmen unaufdringlich ins beste Licht zu rücken. Engere Geschäftsfreunde und Partner sollten Sie dabei persönlich ansprechen.

Mögliche Stichworte für die inhaltliche Gestaltung:

- **Rückblick auf die Zeit der Gründung, die damaligen Rahmenbedingungen, die Stufen der Geschäftsentwicklung, die Protagonisten, den aktuellen Status**
- **Eventuell persönliche Erinnerungen**
- **Eventuell Ausblick in die Zukunft, Planungen**
- **Zusammenfassende Würdigung der Unternehmensgeschichte**
- **Einladung zur Jubiläumsfeier**

▶ Einladung zum Geschäftsjubiläum, Seite 253
▶ Einladung, Seiten 174–184
▶ Dank für Glückwunsch zum Geschäftsjubiläum, Seiten 160 und 161

MEDIA
TOP
Inh. Ludwig Richter · Ottlienplatz 8 · 27350 Langholm

Herrn
Wolfgang Stülpnagel
Schanzenweg 2

27352 Langholm

03.10.9X

Vor 50 Jahren …

Sehr geehrter Herr Stülpnagel,

vor 50 Jahren eröffnete mein Vater in einer Baracke seiner alten Heimatstadt einen kleinen Verkaufsraum für gebrauchte Elektrogeräte.

Zehn Jahre später bezog er schon einen Neubau in der Kieler Straße und zeigte in vier Schaufenstern stolz die neuesten Fernsehschränke in Eichenfurnier.

Wiederum zwanzig Jahre später übernahm ich nach dem Tode meines Vaters einen anerkannten Fachhandel für Radio, Fernsehen und Hifi mit mittlerweile zwanzig Angestellten.
Heute ist aus der kleinen Baracke eine Kette von sechs florierenden Medienmärkten mit fast 200 Arbeitsplätzen geworden. Der Name mag sich geändert haben – die Erfolgsgeschichte ist dieselbe geblieben.

Ich denke, das alles ist Anlass genug, 50 Jahre Firmengeschichte gebührend zu feiern: gemeinsam mit unseren Kunden in allen unseren Märkten und mit vielen Aktionen.
Bei Freunden und Geschäftspartnern möchte ich mich im Rahmen eines Empfangs im historischen Sitzungssaal des Langholmer Rathauses für die langjährige, gute Zusammenarbeit bedanken und zwar exakt am 50. Jahrestag,

am Montag, 21. Oktober 199X, um 10 Uhr.

Ich würde mich sehr freuen, Sie und Ihre Frau zu diesem Jubiläumsempfang begrüßen zu dürfen.

Mit freundlichen Grüßen

Ludwig Richter

u.A.w.g.

Geschäftsübergabe

Mitteilung an Geschäftsfreunde

Ein Wechsel ist ein guter Anlass für den neuen Inhaber, sich selbst und seine Ziele bei den Kunden einzuführen.

Eine Geschäftsübergabe sollte nicht stillschweigend erfolgen. Nutzen Sie die Gelegenheit, Ihren Kunden für ihre Treue zu danken und werben Sie um Vertrauen für Ihren Nachfolger.

Mögliche Stichworte für die inhaltliche Gestaltung:

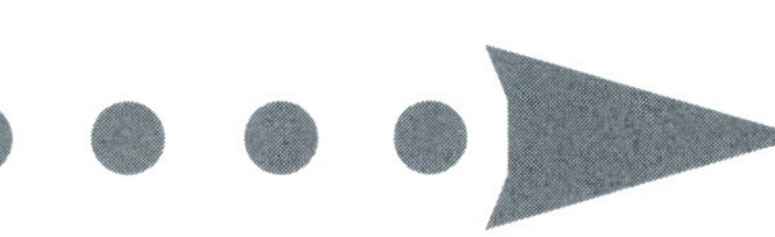

- **Mitteilung über Abgabe des Geschäfts, Zeitpunkt und neuen Inhaber**
- **Gründe für die Abgabe des Geschäfts: Alter, Krankheit, veränderte Lebensplanung usw.**
- **Kurze Vorstellung des neuen Inhabers, positive Würdigung**
- **Dank an Kunden oder Geschäftsfreunde für gute Zusammenarbeit**
- **Bitte um Vertrauen für den Nachfolger**

► Mitteilung über Geschäftsübergabe, Seite 255

Frau
Martha Stamm
Wildbachstr. 12

83061 Olzheim

20.03.9X

Geschäftsübergabe

Sehr geehrte Kundinnen, sehr geehrte Kunden,

irgendwann ist es wohl für jeden an der Zeit, sich aus dem aktiven Berufsleben zurückzuziehen. Auch ich respektiere mein Alter und übergebe zum 1. April 199X meinen Holzfachbetrieb an meinen Sohn Gernot Schulte.

Sie kennen meinen Sohn seit vielen Jahren aus unserer gemeinsamen Arbeit im Betrieb und Sie werden wahrscheinlich nachvollziehen können, dass ich mir keinen besseren Nachfolger wünschen kann.

Ich selbst blicke dankbar auf vier Jahrzehnte harter und erfolgreicher Arbeit zurück, in denen meine zufriedenen Kunden mein wichtigstes Kapital waren. Bitte bringen Sie meinem Nachfolger dasselbe Maß an Vertrauen und Treue entgegen, das Sie mir in all diesen Jahren geschenkt haben.

Mit freundlichen Grüßen
Ihr

Johannes Schulte

Glückwunsch

Alle guten Wünsche

Um einem Menschen Glück zu wünschen, gibt es zahlreiche Anlässe: Geburtstag und Namenstag, Familienfeste, die Feiertage im Jahreskreis, persönliche oder geschäftliche Erfolge, Jubiläen … Für viele dieser Anlässe gibt es vorgedruckte Karten mit Bildmotiven in bunter Vielfalt. Oft genügt es, eine solche Glückwunschkarte zu verschicken, womöglich ergänzt um einige handgeschriebene Worte.

Für Glückwunschbriefe gilt: Handschriftliches wirkt persönlicher.

Vor allem bei Familienfesten aber sind längere und vor allem persönliche Gratulationsschreiben üblich. Aber auch bei anderen Anlässen ist ein persönlich geschriebener Brief ein Beweis von Verbundenheit, Nähe und Zuneigung zwischen Schreiber und Empfänger. So groß die Zahl der Anlässe für Glückwunschbriefe ist, so groß ist auch die Vielfalt der persönlichen Ausdrucksmittel. Hier sind Sie aufgefordert, Ihre persönliche Note einfließen zu lassen, ob ernsthaft oder ironisch, ob locker-formlos oder stilbewusst, immer aber ohne die gängigen Glückwunsch-Floskeln.

Der eigene, unverwechselbare Stil wird allerdings manchmal zum Bumerang, wenn die Person des Briefempfängers dabei aus dem Blickfeld gerät. Ein falsch gewählter Ton oder eine Anekdote am falschen Platz kann kränkend sein. Halten Sie sich daher beim Schreiben immer die Person vor Augen, an die Sie Ihren Brief richten – ihr gelten schließlich die doch aufrichtigen Glückwünsche!

- ▶ Glückwunsch zum Abitur oder Schulabschluss, Seiten 260–265
- ▶ Glückwunsch zum beruflichen Abschluss, Seiten 266 und 267
- ▶ Glückwunsch zur Beförderung, Seiten 78–81
- ▶ Glückwunsch zum Dienstjubiläum, Seiten 170–173
- ▶ Glückwunsch zur Erstkommunion, Seiten 210–213
- ▶ Glückwunsch zur Geburt eines Kindes, Seiten 218–223
- ▶ Glückwunsch zum Geburtstag, Seiten 228–241
- ▶ Glückwunsch zur goldenen Hochzeit, Seiten 268 und 269
- ▶ Glückwunsch zur Hochzeit, Seiten 274–281
- ▶ Glückwunsch zur Konfirmation, Seiten 284–287
- ▶ Glückwunsch zum Namenstag, Seiten 328–333
- ▶ Glückwunsch zu persönlichen Erfolgen, Seiten 258 und 259
- ▶ Glückwunsch zur silbernen Hochzeit, Seiten 366–369
- ▶ Glückwunsch zur Verlobung, Seiten 394–397
- ▶ Glückwunsch zur Wahl, Seiten 420–423
- ▶ Grüße beim Eintritt in den Ruhestand, Seiten 356 und 357
- ▶ Neujahrswünsche, Seiten 334–337
- ▶ Ostergrüße, Seiten 338–341
- ▶ Weihnachtsgrüße, Seiten 424–427

Karola Heeger
Am Ried 4
38822 Großwüsten

13. 09. 199X

TaJo – Keramik aus Portugal
Frau Tanja Wiese und
Herrn Joachim Budau
Cassirerstr. 22

55660 Kleinen

Liebe Tanja, lieber Joachim,

was für eine schöne Überraschung – ihr habt euch tatsächlich selbstständig gemacht! Wir gratulieren euch zu eurem Mut und zu eurem Unternehmungsgeist und wünschen euch die nötige Portion Glück.

Glück zu haben, das hängt ja nicht nur an der blinden Macht des Schicksals, sondern das ist auch Verdienst. Ihr habt euch den Schritt in die Selbstständigkeit gemeinsam hart erarbeitet und erkämpft und ihr werdet euer Glück jetzt so leicht nicht wieder loslassen.

Ein spannender Lebensabschnitt beginnt, und wir drücken euch die Daumen, dass aus dem guten Anfang eine erfolgreiche und glückliche Zukunft wird.

Mit allen guten Wünschen

eure

Karola

Glückwunsch

Gratulation zu persönlichen Erfolgen

Herausragende Ereignisse verdienen besondere Anerkennung. Und sie sind immer ein Anlass, die persönliche Verbundenheit mit dem Adressaten zu unterstreichen.

Besondere Erfolge eines Menschen sollten auch in einer besonderen, persönlichen Form gewürdigt werden. Eine vorgedruckte Karte oder eine Standardfloskel reichen dazu in der Regel nicht aus. Schließlich sind herausragende Ereignisse wie Prüfungen, Schulabschluss, Beförderungen oder Dienstjubiläen seltener im Leben als die Jahresfeiern von Geburtstag und Weihnachten.

Was macht ein solches persönliches Glückwunschschreiben aus? Gehen Sie konkret auf die Person des Empfängers ein, auf die Voraussetzungen und die Bedeutung seines Erfolges. Beschreiben Sie auch Ihre eigene Freude über das Ereignis, das hier zu feiern ist. Achten Sie dabei auf die Stilebene: Stehen Sie zum Empfänger in einem privaten, freundschaftlichen oder verwandtschaftlichen Verhältnis oder handelt es sich um eine förmliche Beziehung? Im ersten Fall schreiben Sie sicher freier, lockerer, humorvoller, im zweiten Fall eher in nüchternem, gehobenem Stil. Die persönliche Note sollte aber in beiden Fällen durchscheinen. Und schreiben Sie Ihren Glückwunsch möglichst mit der Hand – das wirkt in jedem Fall persönlicher.

Mögliche Stichworte für die inhaltliche Gestaltung:

- **Gratulation**
- **Würdigung derjenigen Aspekte des Erfolges, die für den Empfänger wahrscheinlich von besonderer Bedeutung sind**
- **Verweis auf die persönlichen Voraussetzungen dieses Erfolges: Arbeit, Fähigkeiten, Qualifikationen, Disziplin usw.**
- **Gegebenenfalls Dank, z.B. für gute geschäftliche Beziehungen oder Leistung für das eigene Unternehmen**
- **Gute Wünsche für die Zukunft**
- **Gute Wünsche für das Fest aus Anlass des Erfolges**

Ist der Glückwunschbrief einem Geschenk beigelegt, sollte ausdrücklich Bezug auf dieses Geschenk genommen werden.

▶ Glückwunsch zu persönlichen Erfolgen, Seite 259
▶ Glückwunsch zum Abitur oder Schulabschluss, Seiten 260–263
▶ Glückwunsch zu Hochschulabschluss und Doktortitel, Seiten 264 und 265
▶ Glückwunsch zum beruflichen Abschluss, Seiten 266 und 267
▶ Glückwunsch zur Beförderung, Seiten 78–81
▶ Glückwunsch zum Dienstjubiläum, Seiten 170–176
▶ Glückwunsch zur Wahl, Seiten 420–423

Kevin Steinmüller
Kaltzer Allee 182
83012 Reitsch

22. Juni 199X

Vanessa Klages
Berner Blick 13

83012 Reitsch

Herzlichen Glückwunsch

Liebe Vanessa,

„am Mute hängt der Erfolg", das wusste schon Fontane.

Dass du nun tatsächlich die Landesmeisterschaften im Kunstspringen mit Bravour gewonnen hast, das ist ein starkes Stück! Dazu möchte ich dir ganz herzlich gratulieren. Ich würde dich und deinen Erfolg gern ein bisschen feiern und dich zum Essen einladen. Hast du Lust?

Am Wochenende werde ich dich anrufen. Bis dahin sei herzlich gegrüßt
dein

Kevin

Glückwunsch

Glückwunsch zum Abitur oder Schulabschluss

Machen Sie Mut!

Neben der Anerkennung der Leistung sollte ein Glückwunsch zum Schulabschluss auch ein wenig Mut und Zuversicht mit auf den Weg in die Zukunft geben.

Mögliche Stichworte für die inhaltliche Gestaltung:

- **Gratulation**
- **Verweis auf die Mühen der Vergangenheit und den berechtigten Stolz auf den Erfolg**
- **Blick in die Zukunft: Möglichkeiten, aktuelle Anforderungen und Schwierigkeiten, Ermutigung**
- **Erinnerungen an das eigene Erleben dieses Abschlusses**
- **Gute Wünsche für mögliche Feiern**
- **Gute Wünsche für die Zukunft in Studium oder Beruf**

▶ Glückwunsch zum Abitur, Seiten 261 und 262
▶ Glückwunsch zum Schulabschluss, Seite 263
▶ Glückwunsch zum Hochschulabschluss, Seite 264
▶ Glückwunsch zum Doktortitel, Seite 265
▶ Glückwunsch zum beruflichen Abschluss, Seiten 266 und 267

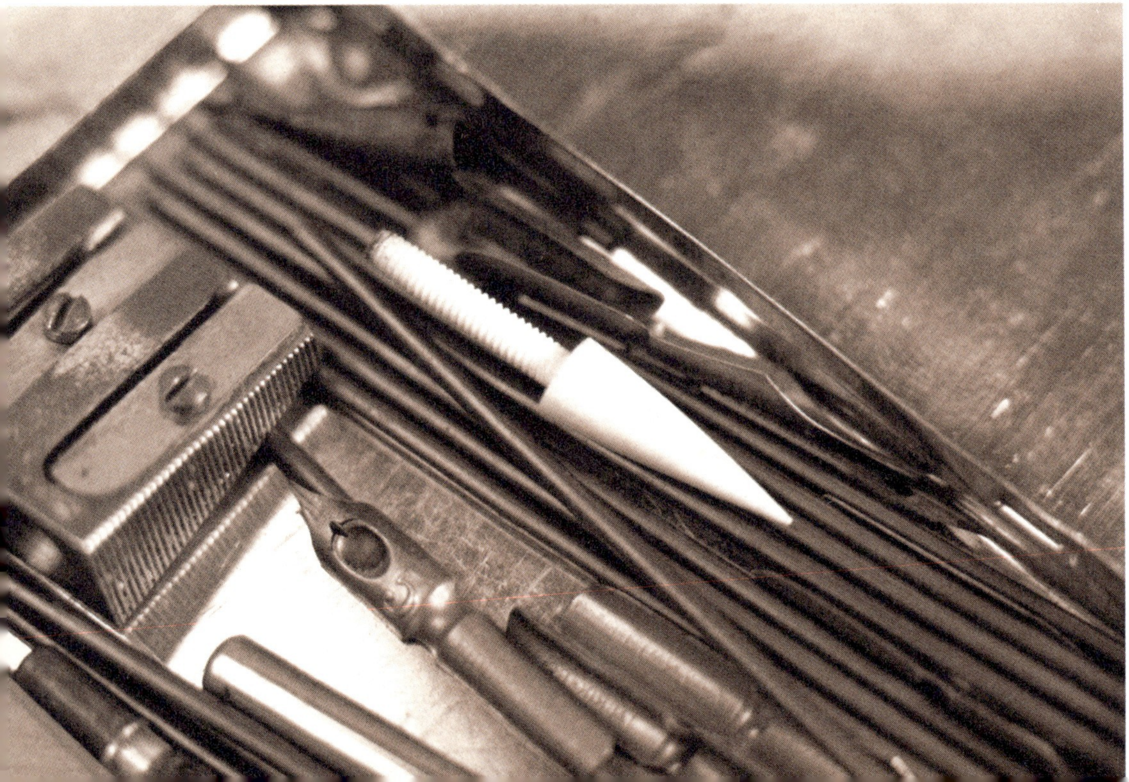

Friederike Klagges
Carolusring 72
58882 Bornheim

18. Juni 199X

Liebe Jennifer,

deine Mutter hat mir vom bestandenen Abitur erzählt. Ich freue mich sehr, dass du die Schule so gut geschafft hast und gratuliere dir herzlich.

Offenbar weißt du schon sehr genau, wohin du beruflich gehen willst. Das ist beneidenswert, denn für die meisten (und ich erinnere mich da gut an meine eigene Jugend!) bringt der Schulabschluss zunächst ernste Orientierungsprobleme mit sich. Ich wünsche dir von Herzen, dass sich deine Wahl bewähren wird und dass du mit deinem Studium in einen spannenden neuen Lebensabschnitt eintrittst!

Für deine Zukunft alles Gute

deine

Tante Friederike

Walter und Judith Winter
Abt-Adalbert-Str. 4
87878 Maxheim

8.7.199X

Lieber Björn,

du hast also das Abitur bestanden und wir gratulieren dir dazu recht herzlich.
Früher sprach man bei diesem Anlass von „Reifeprüfung“: Der Abiturient hat nicht nur gute Leistungen in Mathematik, Deutsch und Englisch nachgewiesen, sondern besitzt auch alle Voraussetzungen, um selbstständig und selbstverantwortlich sein Leben in die Hand zu nehmen.

Die erste wichtige Weichenstellung hast du ja schon getroffen, als du dich für den Zivildienst entschieden hast. Du wirst weitere Pläne und Zielsetzungen für deine Zukunft mit dir tragen. Wie auch immer du deine Studien- und Berufswahl treffen wirst, wir wünschen dir dafür Glück, Klarheit und Geradlinigkeit!

Mit allen guten Wünschen

Onkel Walter

Tante Judith

Klaus Fischer
Am Salzlager 3
28547 Hever

15.7.199X

Lieber Oliver,

du hast die Schule abgeschlossen und das offenbar mit einem sehr achtbaren Ergebnis. Ich gratuliere dir dazu und bin mit dir froh, dass die leidige Schulzeit endlich ein Ende hat.

Die Orientierungsphase, die jetzt kommt, ist allerdings nicht einfach. Ich weiß, dass du seit Monaten nach einer Lehrstelle suchst, aber bislang keinen Erfolg hattest. Mit deinem guten Zeugnis werden sich hoffentlich in der nächsten Zeit mehr Chancen ergeben. Eines allerdings solltest du beherzigen: Das Wichtigste für deine Zukunft ist jetzt eine qualifizierte Ausbildung, auch wenn deine persönlichen Berufswünsche dabei nicht oder nur zum Teil erfüllt werden!

Als dein Patenonkel werde ich für meinen Teil alles tun, um dich bei der Suche nach einem Ausbildungsplatz zu unterstützen. In den letzten Wochen habe ich schon in diesem Sinne in meinem Unternehmen und im Bekannten- und Freundeskreis angefragt. Sobald es von dort positive Signale gibt, werde ich mich sofort bei dir melden.

Mit allen guten Wünschen für dich und deine Zukunft

dein

Klaus aus Hever

20. Juli 199X

Liebe Sandra,

du hast es also geschafft! Ganz herzlichen Glückwunsch, ein dickes Kompliment und unsere Bewunderung für deine Disziplin und dein Durchhaltevermögen vor allem beim Endspurt.
Als glückliche Eltern sind wir natürlich auch ein bisschen stolz auf deinen großen Erfolg, aber vor allem freuen wir uns mit dir, dass diese harte Zeit vorbei ist und dass es jetzt wieder Raum für Freizeit, Erholung und neue Pläne gibt. Wenn wir auch sehr gespannt sind, wie du deinen Berufsweg angehen wirst und was die Zukunft bringt, wissen wir doch auch, dass alles seine Zeit hat. Und jetzt ist erst einmal die Zeit des Feierns, des Reisens und des Entspannens. Der beiliegende Scheck soll dir dafür eine Grundlage verschaffen.

Alles Liebe und Gute für dich, bis bald

deine glücklichen Eltern

Klaus Fliess
Karlstr. 26
23666 Kempen

10. November 199X

Frau Margit Sponer
Hildegardstr. 72

34577 Asslingen

Liebe Margit,

was für ein Grund, stolz zu sein: meinen herzlichen Glückwunsch zum Doktorhut!

Es sind ja nicht nur die zwei Buchstaben, die jetzt zu deinem Namen hinzugekommen sind. Es ist vor allem das Gefühl, etwas Außergewöhnliches vollbracht zu haben.

Für deinen weiteren Lebens- und Berufsweg wünsche ich dir dasselbe Maß an Beharrlichkeit, Klugheit und Erfolg.

Herzlichst
dein

Opa

Glückwunsch

Glückwunsch zum beruflichen Abschluss

Personalchefs sind gut beraten, die Erfolge ihrer Mitarbeiter in Aus- und Weiterbildung zu würdigen.

Der Abschluss der beruflichen Ausbildung ist der wichtigste Schritt ins Erwachsenenleben. Er verdient eine besondere Würdigung durch ein Glückwunschschreiben. Aber nicht nur Berufsanfänger legen berufliche Abschlüsse ab. Zweiter Bildungsweg und eine fortlaufende berufliche Qualifikation sind auch im Leben vieler Erwachsener Anlass, immer wieder Abschlüsse anzustreben. Diese kosten oft nicht wenig Mühe und es ist durchaus gerechtfertigt, dies anzuerkennen.
Mögliche Stichworte für die inhaltliche Gestaltung:

- **Gratulation**
- **Verweis auf die Mühen der Vergangenheit und den berechtigten Stolz auf den Erfolg**
- **Blick in die Zukunft: Möglichkeiten, aktuelle Anforderungen**
- **Gute Wünsche für die berufliche Zukunft**

▶ Glückwunsch zum beruflichen Abschluss, Seite 267
▶ Glückwunsch zum Abitur oder Schulabschluss, Seiten 260–265
▶ Glückwunsch zu persönlichen Erfolgen, Seiten 258 und 259

HANSEN GMBH
Geschäftsführung · Schloßstr. 63 · 02678 Beutin

20.06.9X

Lieber Herr Rotter,

meinen Respekt und meine Glückwünsche zu Ihrer erfolgreichen Abschlussprüfung zum Wirtschaftsprüfer. Der Erfolg ist umso größer, als Sie ja diese Ausbildung neben Ihren beruflichen Verpflichtungen in Ihrer Freizeit absolviert haben. Dazu gehört ein hohes Maß an Selbstdisziplin, Ausdauer und Leistungsorientierung.

Ich freue mich und bin stolz, dass ein so zielstrebiger und tatkräftiger Mitarbeiter wie Sie meinem Unternehmen angehört. Sie gehören zu denen, die in Zukunft in verantwortlicher Funktion die Entwicklung dieses Unternehmens mitbestimmen sollen. Wir werden ja in wenigen Tagen Gelegenheit haben, im Rahmen des üblichen Mitarbeitergesprächs über mögliche neue Aufgaben und Perspektiven zu sprechen.

Noch einmal herzlichen Glückwünsch und beste Grüße

Dr. Kurt Brandström

Goldene Hochzeit

Glückwunsch zur goldenen Hochzeit

Eine goldene Hochzeit muss gebührend gewürdigt werden.

Gleich, ob in der Familie, unter Freunden oder im Bekanntenkreis: Eine goldene Hochzeit ist immer ein Ereignis, das gebührend gefeiert werden muss. Formulieren Sie persönliche Glückwünsche – das geehrte Paar wird sie sicher gerne als Erinnerung an diesen Tag aufbewahren. Mögliche Stichworte für die inhaltliche Gestaltung:

- **Gratulation**
- **Rückblick auf 50 Jahre Gemeinsamkeit; gegebenenfalls eigene Erinnerungen**
- **Lob des Paares, seines Zusammenstehens, seiner Liebe, seines Zusammenpassens**
- **Lob der langen Dauer, der Reife**
- **Lob der Familie**
- **Gute Wünsche für den Verlauf der Feier**
- **Gute Wünsche für die weitere gemeinsame Zukunft**

Ist der Glückwunschbrief einem Geschenk beigelegt, sollte ausdrücklich Bezug auf dieses Geschenk genommen werden.

▶ Glückwunsch zur goldenen Hochzeit, Seite 269
▶ Glückwunsch zur silbernen Hochzeit, Seiten 366–369

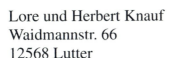

Lore und Herbert Knauf
Waidmannstr. 66
12568 Lutter

15.11.199X

Liebe Frau Körner,
lieber Herr Körner,

fünfzig Jahre gemeinsam gegangen, das ergibt ein reiches, erfülltes Leben. Wir freuen uns mit Ihnen, dass Sie diesen goldenen Jubiläumstag gemeinsam bei bester Gesundheit feiern können.

An einem solchen Tag richtet man den Blick zurück auf die frühen Jahre der Liebe und auf die alten Zeiten, die so gut nicht immer waren. Dass Sie das Beste daraus gemacht haben, beweist der große Familienkreis von Kindern, Enkelkindern und Urenkeln, die sich fröhlich um Sie scharen werden. Lassen Sie sich von allen feiern und feiern Sie kräftig mit!

Wir wünschen Ihnen Glück und Wohlergehen und viele weitere gemeinsame Jahre.

Ihre

Lore und Herbert Knauf

Hochzeit

Zeitungsanzeige

Die Anzeigen-Abteilung der beauftragten Zeitung wird Sie sicher gern bei der Gestaltung der Anzeige beraten.

Vielleicht wollen Sie ja Ihre Hochzeit in der örtlichen oder auch überregionalen Presse annoncieren. Dabei können Sie dem Text auch Bildmotive hinzufügen, zum Beispiel verschränkte Ringe, ein stilisiertes Brautpaar oder ähnliches. Auch der Stil des Anzeigentextes ist Geschmackssache: ob nüchtern oder humorvoll, ob distanziert oder selbstironisch – formulieren Sie ihn so, wie es Ihrer Person und Ihrem Lebensgefühl entspricht.

Die Hochzeitsanzeige in einer Tageszeitung richtet sich naturgemäß an einen größeren Kreis als denjenigen, den Sie als Gäste zur Hochzeitsfeier eingeladen haben. Überlegen Sie daher sehr genau, welche Informationen Sie in den Anzeigentext aufnehmen. Zum Beispiel können Sie durchaus auf die Angabe der Tagesadresse verzichten.

Einige Beispiele für Hochzeitsanzeigen finden Sie auf den nächsten Seiten. Aber natürlich gibt es fast unbegrenzte Möglichkeiten für Formulierung und Gestaltung.

- ▶ Hochzeitsanzeigen, Seiten 271–273
- ▶ Glückwunsch zur Hochzeit, Seiten 275–281
- ▶ Dank für Glückwunsch zur Hochzeit, Seiten 162 und 163

WIR HEIRATEN

Renata Jepanic
Lutz Martensen

Meckenbacher Str. 5, 52344 Gerscheid

Kirchliche Trauung am Freitag, den 8. Mai 199X,
um 16 Uhr in der Laurentius-Kirche in Gerscheid

Claudia Becker-Storm
Blasius Konnersbach

Paulinerstr. 43, 84343 Oberlarau

Kirchliche Trauung am Samstag, den 14. März 199X, um 11 Uhr
in der Pfarrkirche St. Egidius zu Oberlarau

Tagesadresse: Schlosshotel Jägersbrunn, 85623 Waldgerm

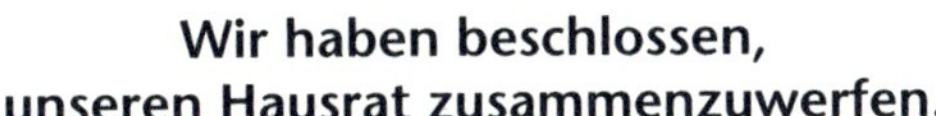

Wir haben beschlossen,
unseren Hausrat zusammenzuwerfen.

Georgia Plessen

und

Torsten Wallheim-Koben

Am 24. Juni 199X um 10 Uhr
im Historischen Rathaus von Michelbach

Hochzeit

Glückwunsch zur Hochzeit

Geizen Sie nicht mit guten Wünschen!

Karten und Briefe zur Hochzeit werden stets mit besonderer Aufmerksamkeit gelesen. Gute Wünsche werden hier fast zum Omen – geizen Sie also nicht damit! Etwas Vorsicht ist bei der Formulierung von Wünschen für die Zukunft angebracht. Vieleicht hat das Paar da sehr eigene Vorstellungen. Seien Sie lieber etwas zurückhaltend und beziehen Ihre Wünsche auf das Glück des Paares.

Mögliche Stichworte für die inhaltliche Gestaltung:

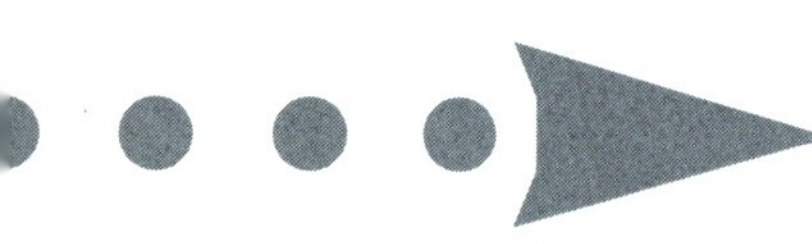

- **Persönliche Freude über Vermählung**
- **Hochzeit als Lebenseinschnitt mit positivem Blick in die Zukunft**
- **Würdigung der Brautleute, ihrer Liebe und ihres Zusammenpassens**
- **(Ironischer) Rückblick in die Zeit des Junggesellen-Daseins**
- **Positive Beschreibung der Zukunft: gemeinsam weitergehen, Neues entdecken, Stärken gemeinsam entfalten**
- **Gute Wünsche für die Zukunft**

Ist der Glückwunschbrief einem Geschenk beigelegt, sollte ausdrücklich Bezug auf dieses Geschenk genommen werden.

▶ Glückwunsch zur Hochzeit, Seiten 275–281
▶ Dank für Glückwunsch zur Hochzeit, Seiten 162 und 163
▶ Glückwunsch zur silbernen Hochzeit, Seite 269
▶ Glückwunsch zur goldenen Hochzeit, Seiten 366–369

Susanne und Holger Fröhlich 10.6.199X
Achernstr. 87
81118 Ludwigslust

Liebe Frau Marger-Theuern,
lieber Herr Theuern,

zu Ihrem Hochzeitsfest wünschen wir Ihnen von Herzen Glück: das Glück einer gemeinsamen Zukunft, das Glück der geteilten Freude und des geteilten Leids. Zu zweit unterwegs zu sein auf dem Lebensweg, das ist eben die doppelte Freude und nur noch das halbe Leid.

Gehen Sie Ihren Weg in liebevoller Zweisamkeit – dann wird das Glück sich ganz von selbst einstellen.

Mit allen guten Wünschen
Ihre

Fröhlichen

Dietmar und Franca Petzold
An der Lohmühle 6
04545 Gambach

21.4.199X

Liebes Brautpaar,

von ganzem Herzen gratulieren wir Ihnen zu Ihrer Vermählung. Wir wünschen Ihnen alles erdenkliche Glück für Ihren gemeinsamen Lebensweg, ungetrübte Freude und die Leichtigkeit des Seins. Liebe, Vertrauen und Harmonie mögen Sie begleiten. Und vergessen Sie niemals: Der Regenguss, der dann und wann kommt – er geht vorüber!

Mit allen guten Wünschen
Ihre

Franca und Dietmar Petzold

Martin und Alexandra Halber
Metternichstr. 7
98765 Laiden

02.06.199X

Liebe Braut,
lieber Bräutigam,

zu Ihrer Vermählung sprechen wir Ihnen die herzlichsten Glückwünsche aus.
Möge Ihr Hochzeitstag der glückliche Auftakt für einen liebevollen, harmonischen und vertrauensvollen Lebensweg zu zweit sein, der unbeirrt durch gute wie durch schlechte Tage führt.

Mit herzlichen Grüßen

M&A Halber

Veit Kartull
Johannisstift 7
62129 Wedeln

12. August 199X

„… die größte von ihnen aber ist die Liebe."

Liebes Brautpaar,

gibt es eine schönere Erkenntnis als diesen Satz? Und gibt es einen vollkommeneren Zustand als den der erfüllten Liebe? Ich denke nicht, und sicherlich werden Sie meine Überzeugung teilen. Denn Sie sind ja im Begriff, Ihrer Liebe Ausdruck zu geben durch Ihre Heirat und den Schritt in eine gemeinsame Zukunft.

Ich wünsche Ihnen von ganzem Herzen, dass Ihre Liebe Erfüllung findet und dass sie ihren ganzen Reichtum und ihre Schönheit entwickeln wird. Die Ehe ist ja nichts anderes als das Gefäß, in dem dieses kostbare Gut bewahrt wird. Welchen Sinn aber hätte das Gefäß ohne seinen Inhalt?

Dem Brautpaar, den Liebenden wünsche ich alles Gute für ihren gemeinsamen Lebensweg.

Herzlichst

Ihr

Veit Kartull

Valentin Pfleger und Tim Uhland
Chamissoplatz 6
50987 Köln

01.12.199X

Liebe Nina, lieber Gregor,

eure wilde Ehe, so schreibt ihr, hat jetzt ein Ende – ihr tretet vor den Traualtar.
Nun, wir hoffen, dass auch die „bürgerliche" Ehe, die ihr eingeht, noch wild genug bleiben wird. Denn auch zehn volle Jahre des Zusammenlebens haben ja eure leidenschaftliche Zuneigung füreinander nicht schmälern können. Im Gegenteil: Ihr wirkt immer noch und immer wieder wie ein frisch verliebtes Paar – ohne Abnutzungserscheinungen.

Was bleibt uns also zu wünschen für euren gemeinsamen Lebensplan mit amtlichem Trauschein? Im Grunde nur eine glückliche Fortsetzung von dem, was ist: eurer unbeirrbaren Liebe und eures Vertrauens zueinander, eurer Freundlichkeit und eures großen Herzens.

Wir freuen uns mit euch,

eure

Valentin und Tim

Mara und Volker Sommerau
Höhenweg 3
77334 Hartheim

30.08.199X

Lieber Bernd,

jedes Huhn findet sein Korn und jedes Schiff seinen Hafen. Wir haben immer daran geglaubt – du aber warst skeptisch. Du siehst: Wir haben recht bekommen und du läufst nun tatsächlich in den Hafen der Ehe ein! Unser Salut dazu!

Natürlich sind wir gespannt darauf, deine zukünftige Frau kennen zu lernen. Und wir sind sicher, dass sie uns gefallen wird. Denn wer einen so harten Brocken wie dich weich klopft, muss einfach unwiderstehlichen Charme besitzen.

Wir fiebern also schon dem Polterabend und der Hochzeitsfeier entgegen!

Bis dahin herzliche Grüße

Mara und Volker

Norbert und Evamaria Krühle
Hochstr. 34
06123 Massheim

7. März 199X

Liebe Barbara, lieber Arnd,

zu eurer Hochzeit wünschen wir euch von ganzem Herzen Glück! Möge jeder Tag eures gemeinsamen Lebens leicht und heiter werden, möget ihr jeden davon genießen. Die Freude aneinander und der Spaß miteinander sollen euch bleiben, ebenso wie die vielen lieben Freunde, die sich heute zu eurem Festtag versammeln werden.

Mit allen guten Wünschen für die Zukunft

Bert
Eva

Hotelbuchung

Zimmerreservierung im Hotel

Zimmerbuchungen schriftlich bestätigen!

Es ist üblich, eine telefonische Zimmerbuchung noch einmal schriftlich zu bestätigen, vorzugsweise mit Fax.
Dafür genügen folgende Angaben:

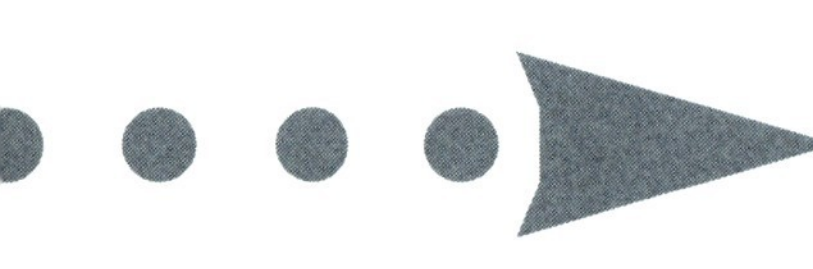

- **Absender und Datum**
- **Name und Anschrift des Hotels**
- **Im Betreff:** ***Bestätigung Zimmerreservierung***
- **Inhalt: Bezug auf Telefonat mit Angabe von Datum beziehungsweise Zeitpunkt; Bestätigung der Reservierung mit Angabe der Zimmerkategorie, der eingeschlossenen Leistungen, des Preises und der Aufenthaltsdauer mit Datum**
- **Angabe der Kreditkartennummer oder Hinweis auf andere Zahlungsweise**
- **Eventuell ergänzende Informationen, zum Beispiel zu später Anreise am Abend**
- **Grußformel und Unterschrift**

▶ Zimmerreservierung, Seite 283
▶ Fremdsprachige Briefe, Seiten 450–455

Mario Thieß
Kannemacherstr. 78
065432 Pließen

05.04.199X

Hotel Palace
Bahnhofstr. 2

90847 Nürnberg

Bestätigung Zimmerreservierung

Sehr geehrte Damen und Herren,

ich bestätige hiermit die telefonische Zimmerreservierung vom heutigen Tage.

Bitte reservieren Sie mir:

> **ein Doppelzimmer mit Bad**
> **vom 12. bis 16.4.199X**
> **zum Preis von DM 312,00 pro Nacht**
> **inkl. Frühstücksbuffet.**

Meine Kreditkarten-Verbindung:

> Eurocard Nr. 5555 6666 1111 4444
> gültig bis 04/9X.

Beachten Sie bitte, dass meine Frau und ich am 12. April voraussichtlich erst gegen 23 Uhr im Hotel eintreffen werden.

Mit freundlichen Grüßen

Mario Thieß

Konfirmation

Glückwunsch zur Konfirmation

Segenswünsche, die nicht von Herzen kommen, können schnell peinlich wirken.

Die Konfirmation ist im Leben eines Jugendlichen von besonderer Bedeutung. Sie steht am Übergang zum Erwachsenenalter und sollte entsprechend gewürdigt werden. Wenn Sie selbst im Glauben verankert sind, setzen Sie in Ihrem Brief selbstverständlich auch religiöse „Wegmarken". Allerdings empfiehlt es sich, auf abgegriffene Redewendungen zu verzichten und stattdessen eigene Erfahrungen zu vermitteln.

Mögliche Stichworte für die inhaltliche Gestaltung:

- **Gratulation**
- **Überlegungen und Wünsche zum Eintritt ins ‚autonome', selbstverantwortliche Leben**
- **Überlegungen und Wünsche zur Bedeutung des christlichen Glaubens für das eigene Leben jetzt und in der Zukunft**
- **Erinnerungen an das eigene Erleben dieses Tages und seiner Bedeutung**
- **Gute Wünsche für den Verlauf der Feier**
- **Gute Wünsche für die Zukunft**

Ist der Glückwunschbrief einem Geschenk beigelegt, sollte ausdrücklich Bezug auf dieses Geschenk genommen werden.

▶ Glückwunsch zur Konfirmation, Seiten 285–287
▶ Glückwunsch, Seiten 256 und 257

Juliane Wahrig
Passauer Platz 8
95643 Frankental

12. Mai 199X

Liebe Andrea,

am Tag deiner Konfirmation bekennst du dich zu unserem Glauben. Ich wünsche dir, dass dieses Bekenntnis deinem Leben Orientierung und Maßstab sein wird. Denn der Glaube befreit uns zur Tat, wie er uns die Gewissheit über das richtige Handeln gibt. So lebe deinen Glauben und verwandle ihn in Tatkraft, Zielstrebigkeit und Beherztheit.

Die Konfirmation ist der „Rüsttag" fürs Leben. Sie wird daher mit Recht festlich begangen, im Kreis der Familie und der Freunde. Ich selbst kann an deiner Konfirmationsfeier leider nicht teilnehmen, wünsche dir aber ein fröhliches, unvergessliches Fest mit allen deinen Lieben. Mein kleines Geschenk macht dir hoffentlich Freude.

Sei von Herzen gegrüßt

deine

Tante Juliane

Tobias Remmert
Kustosstr. 82
03265 Laubenhorn

25. April 199X

Lieber Felix,

übermorgen ist deine Konfirmation, und ich weiß ja, welche Bedeutung dieser Tag für dich hat. Du lebst deine religiöse Überzeugung konsequent und eindrucksvoll auch für die, die selbst nicht religiös sind. Die Feier der Konfirmation, so hast du mir erklärt, bedeutet für dich das selbstbestimmte, bewusste Glaubensbekenntnis. Ich wünsche mir für dich, dass dieser Tag für dich den Schub und die Bestärkung bringt, die du davon erwartest.

Herzliche Grüße

Tobias

Familie Wachauer
Claudiusstr. 76
69112 Nidenthal

8.5.199X

Lieber Marc,

herzlichen Glückwunsch zu deiner Konfirmation.

Es ist nun nicht mehr zu übersehen, dass du langsam erwachsen wirst. Das ist eine spannende Zeit, in der man sozusagen von neuem das Laufen auf den eigenen Beinen lernt. Wir wünschen dir dafür viel Glück, Mut und die nötige Unbefangenheit. Für die nahe Zukunft drücken wir dir die Daumen vor allem für einen guten Schulabschluss und Erfolg bei der Suche nach einem Ausbildungsplatz.

Und dann haben wir noch einen dritten Wunsch: dass du auch in Zukunft regelmäßig bei uns vorbeischaust – wir möchten beim Monopoly-Spielen nicht auf dich verzichten! Unser beiliegendes Geschenk – eine große Spielesammlung – soll dich für alle Fälle an unsere endlosen Spielrunden erinnern.

Mit allen guten Wünschen für die Zukunft

deine

kleinen und großen Wachauer

Kontaktaufnahme

Kontaktaufnahme nach langer Zeit

Nach langer Funkstille ist es besser, schriftlich Kontakt aufzunehmen.

Manche Freunde oder gute Bekannte verliert man aus den Augen, ohne dass sich Sympathie oder Interesse verflüchtigt hätten. Nach langer Zeit der Funkstille wieder Kontakt aufzunehmen, scheint oft schwierig, insbesondere im direkten Gespräch oder über Telefon. Ein Brief macht es möglich, die Worte genau abwägen zu können und dem Empfänger Zeit zu geben, sein eigenes Interesse an einer Wiederanknüpfung des Kontakts zu erkunden. Es besteht hier keine Gefahr, jemanden zu überrumpeln.
Es versteht sich von selbst, dass es für diesen Schreibanlass keine vorgestanzten Formen gibt, sondern dass jeder seinen eigenen Ton und seinen ganz persönlichen Ausdruck finden muss. Das Briefbeispiel auf der rechten Seite kann dafür nicht mehr als ein Anhaltspunkt sein.

- **Verweis auf lange Zeit ohne Kontakt und Gefahr der Entfremdung**
- **Eigenes Bedauern darüber**
- **Angebot, den Kontakt wieder aufleben zu lassen**
- **Gegebenenfalls konkreter Vorschlag, sich wiederzusehen**

▶ Kontaktaufnahme nach langer Zeit, Seite 289

Klaus Freiling
Marienstr. 47
82108 Kempen

6. August 199X

Lieber Christian,

lange ist es her, dass wir voneinander gehört haben, noch länger, dass wir uns gesehen haben: Sind wir dabei, uns aus den Augen zu verlieren? Was mich betrifft, würde ich das außerordentlich bedauern. In der letzten Zeit habe ich häufig unsere wunderbaren langen Gespräche vermisst und die Offenheit, in der wir auch über sehr persönliche Dinge sprechen können. Mir liegt viel daran, dass wir unser Gespräch wieder aufnehmen und unserer Freundschaft einen neuen Schub geben. Was meinst du?

Falls es dir ähnlich geht, schlage ich ein Treffen noch in diesem Sommer vor, zum Beispiel am ersten September-Wochenende bei mir in Kempen. Wenn es dir lieber ist, komme ich auch gerne zu dir. Es wäre schön, wenn du dich melden würdest!

Herzliche Grüße

Klaus

Kündigung

Kündigung des Arbeitsverhältnisses

Beachten Sie sehr genau die rechtlichen Voraussetzungen einer Kündigung!

Ein Arbeitsverhältnis kann vom Arbeitnehmer wie vom Arbeitgeber gekündigt werden. Die Kündigung muss schriftlich abgefasst sein. Eine ausführliche rechtliche Würdigung von Kündigung und Kündigungsschutz ist an dieser Stelle nicht möglich. Achten Sie aber in jedem Falle auf die folgenden Mindestanforderungen einer Kündigung:

- **Benennung des Zeitpunkts, zu dem gekündigt wird, unter Bezug auf vertragliche, tarifvertragliche oder gesetzliche Regelung**
- **Nennung des Kündigungsgrundes (außer bei Kündigung während der Probezeit)**
- **Übergabe oder Postversand gegen Empfangsbestätigung**

▶ Kündigung durch Arbeitnehmer, Seite 291
▶ Kündigung durch Arbeitgeber, Seiten 292 und 293

Tim Budau
Im Tal 34
89922 Arhausen

19.04.9X

Einschreiben

Leisegang AG
Abt. IV/3
Herrn Thomas Dehner

89924 Arhausen

Kündigung meines Arbeitsverhältnisses

Sehr geehrter Herr Dehner,

wie bereits mündlich am 15.04.9X besprochen, kündige ich aus persönlichen Gründen meinen Arbeitsvertrag bei der Firma Leisegang AG fristgerecht zum 30.06.9X.
Zugleich beantrage ich die Gewährung meines restlichen Jahresurlaubs von 12 Arbeitstagen zum 14.06.9X.

Bitte senden Sie mir meine Lohnsteuerkarte und ein qualifiziertes Arbeitszeugnis zu.

Ich werde die Jahre unserer Zusammenarbeit in sehr guter Erinnerung behalten und danke für Ihr Verständnis.

Mit freundlichen Grüßen

Tim Budau

NeuBau GmbH
Orthnerstr. 3-5
72087 Klosterbronn

Einschreiben

Herrn
Karl Bottenstedt
Singener Str. 54

72056 Grödental

23.10.9X

Kündigung des Arbeitsverhältnisses

Sehr geehrter Herr Bottenstedt,

der anhaltende konjunkturelle Rückgang in der Bauwirtschaft hat auch unser Unternehmen nicht verschont. Aus wirtschaftlichen Gründen sehen wir uns gezwungen, die Beschäftigtenzahl im Bereich Tiefbau deutlich zu verringern.

Leider müssen wir daher Ihren Arbeitsvertrag fristgerecht zum

31.12.199X

kündigen.

Der Betriebsrat ist angehört worden und hat dieser Kündigung zugestimmt. Sie werden in den zwischen Unternehmensleitung und Betriebsrat vereinbarten Sozialplan einbezogen.

Wir bedauern, dass objektive wirtschaftliche Faktoren zu dieser Entwicklung geführt haben, hoffen jedoch, dass Sie bald einen neuen Arbeitsplatz finden werden.

Mit freundlichen Grüßen

i. A. Curtius
Erwin Curtius

FRISTGERECHTE KÜNDIGUNG DURCH ARBEITGEBER

M*andel* **G***mbH*
Geschäftsleitung
Krammstr. 45, 01654 Hiermar

Einschreiben

Herrn
Dirk Schlegel
Marbachweg 21

01554 Maltenberg

28.10.9X

Außerordentliche Kündigung Ihres Arbeitsvertrages

Sehr geehrter Herr Schlegel,

hiermit kündigen wir Ihren Arbeitsvertrag vom 14.9.9Y fristlos.
Für die Kündigung Ihres Arbeitsverhältnisses sind folgende Verhaltensgründe ausschlaggebend:

- Sie haben wiederholt und regelmäßig die vertraglich vereinbarten Arbeitszeiten nicht eingehalten.
- Sie haben Ihrem Gruppenleiter in zwei Fällen nachweislich falsche Gründe für Ihre Abwesenheit vom Arbeitsplatz genannt.

Da Sie somit die arbeitsvertraglichen Vereinbarungen in wichtigen Fällen verletzt haben und sich Ihr Verhalten trotz erster und zweiter schriftlicher Abmahnung nicht nachhaltig geändert hat, sehen wir keine Möglichkeit für eine weitere Zusammenarbeit.

Unter Anrechnung Ihres restlichen Jahresurlaubs wird die Kündigung wirksam zum 15.11.9X.

Der Betriebsrat wurde wegen Ihrer fristlosen Kündigung angehört. Er hat der Kündigung zugestimmt.

Mit freundlichen Grüßen

i. A. A. v. Heymstedt

Alexander von Heymstedt

Kündigung

Kündigung eines Vertretungsvertrages

Beachten Sie eventuelle vertragliche Kündigungsvereinbarungen.

Manchmal erfüllen Kooperationspartner nicht die in sie gesetzten Erwartungen und man muss sich wohl oder übel von ihnen trennen. Auch bei einer derartigen Kündigung gilt es, die Vertragsregelungen genau zu studieren, um sich vor unliebsamen Überraschungen zu schützen.

Folgende Aspekte sollten Sie in Ihrem Kündigungsschreiben beachten:

- **In der Betreffzeile: Benennung der Kündigungsabsicht und des gekündigten Vertrages**
- **Darstellung der Gründe für die Vertragskündigung**
- **Vertragskündigung mit Nennung des Kündigungstermins und Verweis auf vertragliche Kündigungsfrist**
- **Aussagen zur Abwicklung der wechselseitigen Lasten und Pflichten**
- **Eventuell Dank für Zusammenarbeit**
- **Wunsch für geschäftliche Zukunft**

▶ Kündigung eines Vertretungsvertrages, Seite 295

Offert GmbH

Geschäftsführung · Meisenweg 45 · 34534 Holzgitter

Einschreiben

Herrn
Lutz Menne
Lauterweg 3

02244 Kaupsch

02.11.9X

Kündigung unseres Vertretungsvertrages vom 01.10.199X

Sehr geehrter Herr Menne,

unsere Zusammenarbeit hat nicht zu dem von beiden Seiten gewünschten und erwarteten Erfolg geführt.

Ihre Auftragsakquise liegt nun schon im zweiten Geschäftsjahr bei einem Volumen von nicht mehr als 30 TDM, während andere Regionalvertreter durchschnittlich etwa 80 TDM p.a. erreicht haben. Nachdem Sie seit einem Jahr massive Vertriebsunterstützung von unserer Seite erhalten haben, muss ich angesichts der unbefriedigenden Umsatzsituation nunmehr annehmen, dass Sie an der Vertretung unseres Warensortiments nicht genügend interessiert sind. An dieser Situation haben offensichtlich auch unsere Gespräche vom 6. Februar und 10. Mai dieses Jahres nichts geändert.

Sie werden selbst mit den erzielten Ergebnissen Ihrer Vertretung nicht zufrieden sein. Es liegt daher sicherlich im beiderseitigen Interesse, diese Kooperation zu beenden.

Hiermit kündigen wir den Vertretungsvertrag vom 01.10.9X fristgerecht zum 31.12.9X.

Bitte schicken Sie uns bis zu diesem Zeitpunkt alle Musterbücher und Werbematerialien zurück. Noch ausstehende Provisionen werden wir errechnen und auf Ihr Konto überweisen.

Für Ihre weitere Geschäftstätigkeit wünsche ich Ihnen viel Erfolg.

Mit freundlichen Grüßen

i. A. Lothar Kurz

Dipl.-Ing. Lothar Kurz

Kündigung

Kündigung eines Mietvertrages durch den Mieter

Sollten Sie unsicher sein, wie Sie einen Mietvertrag rechtswirksam kündigen können, so ziehen Sie einschlägige Fachbücher oder einen Rechtsbeistand zu Rate.

Für die Kündigung eines Mietverhältnisses brauchen Sie als Mieter keinen besonderen Grund anzugeben. Sie müssen aber in jedem Fall schriftlich kündigen, und die Kündigung muss in der Regel von allen im Mietvertrag benannten Mietern eigenhändig unterschrieben sein. Die Kündigung muss dem Vermieter spätestens am dritten Werktag desjenigen Monats zugehen, mit dem die Kündigungsfrist beginnt.

Als Kündigungsfrist gelten auch auf Seiten des Mieters die gesetzlich festgelegten Mindestfristen oder die vertraglich vereinbarten Fristen. Die kürzeste gesetzliche Kündigungsfrist beträgt 3 Monate. Sie verlängert sich je nach Dauer des Mietverhältnisses: nach 5 Jahren auf 6 Monate, nach 8 Jahren auf 9 Monate, nach 10 Jahren auf 12 Monate. Unter bestimmten Bedingungen gibt es ein Sonderkündigungsrecht des Mieters, sodass er mit einer kürzeren Frist kündigen kann, zum Beispiel bei Mieterhöhungen oder Modernisierungen. Bei schwerer schuldhafter Vertragsverletzung des Vermieters kann der Mieter fristlos kündigen. Eine Nachmieterregelung gilt nur, wenn sie vertraglich vereinbart wurde.

Natürlich ist die rechtliche Situation weitaus vielschichtiger. Für Einzelheiten konsultieren Sie bitte entsprechende Nachschlagewerke.

Nehmen Sie als Mieter in die schriftliche Kündigung folgende Aspekte auf:

- **Name und Adresse aller Mieter als Absender**
- **Ort und Datum**
- **Korrekte Adresse des/der Vermieter**
- **Eindeutige Aussage zur Kündigung des Mietvertrages mit Angabe des Kündigungstermins**

- **Angabe, ob die Kündigung fristgemäß erfolgt oder vorzeitig mit besonderer Begründung**
- **Wenn Sie wollen: Grund für die Kündigung**
- **Bei entsprechender Klausel im Mietvertrag: Vorschläge für Nachmieter mit Name und Adresse**
- **Vollständige Unterschrift aller Mieter**

▶ Kündigung durch den Mieter, Seite 297
▶ Kündigung durch den Vermieter, Seiten 298 und 299
▶ Mietangelegenheiten, Seiten 324–327

Lothar Mattes
Kerberstr. 34
12345 Oberhof

20.11.199X

Einschreiben

Herrn
Cornelius Wiedmann
Kampstr. 6

12345 Oberhof

Kündigung des Mietverhältnisses

Sehr geehrter Herr Wiedmann,

leider muss ich den Mietvertrag über meine Wohnung in 12345 Oberhof, Kerberstr. 34, 1. Stock links, zum 31.5.199X kündigen. Der Grund ist eine berufliche Veränderung zum 1.1.199X, die mich dazu zwingt, kurzfristig nach Frankfurt/Main überzusiedeln.

Laut Mietvertrag beträgt die Kündigungsfrist mindestens 6 Monate. Da ich in jedem Fall vorher ausziehen muss, wäre ich Ihnen dankbar, wenn Sie einen Ersatzmieter akzeptieren würden. Als möglichen Ersatzmieter schlage ich Ihnen vor:
Herrn Thomas Meinhard, Wiesenau 18, 12345 Oberhof, Telefon 011/23456.
Herr Meinhard hat sein Interesse bekundet, zum 1.1.199X in das bestehende Mietverhältnis einzutreten. Er ist mir persönlich bekannt. Seine berufliche und familiäre Situation ist der meinen vergleichbar.

Neben Herrn Meinhard kann ich Ihnen bei Bedarf weitere Interessenten nennen, die als Nachmieter für meine Wohnung zum 1.1.199X in Frage kommen.
Ich werde mich in den nächsten Tagen in dieser Angelegenheit mit Ihnen in Verbindung setzen. Darüber hinaus bitte ich Sie um einen Terminvorschlag für die Abnahme meiner Wohnung bis zum 20.12.199X.

Mit freundlichen Grüßen

Lothar Mattes

Kündigung

Kündigung eines Mietvertrages durch den Vermieter

Als Vermieter sollten Sie sich genau über Ihre rechtliche Position informieren, bevor Sie eine Kündigung formulieren. Anderenfalls riskieren Sie Ärger und Misserfolg.

Wie ein Mietverhältnis beendet werden kann, hängt von der Art des Vertrages ab. Ein Zeitmietvertrag endet zum vertraglich festgelegten Zeitpunkt. Dagegen muss ein Mietverhältnis auf unbestimmte Zeit in schriftlicher Form gekündigt werden. Wenn kein schwerer Vertragsverstoß vorliegt, sind dabei die gesetzlichen oder vertraglichen Kündigungsfristen zu beachten.

Die Kündigung muss in der Regel an alle vertraglichen Mieter adressiert sein und von allen vertraglichen Vermietern ausgesprochen und unterschrieben werden. Wird die Kündigung durch einen Bevollmächtigten des Vermieters ausgesprochen, muss eine entsprechende Vollmacht beiliegen. Die Kündigung muss dem Mieter spätestens am dritten Werktag desjenigen Monats zugehen, mit dem die Kündigungsfrist beginnt.

Der Vermieter darf nur kündigen, wenn ein gesetzlich anerkannter Kündigungsgrund vorliegt, z. B. eine schuldhafte Vertragsverletzung oder Eigenbedarf, der genannt und begründet werden muss.

Der Vermieter muss rechtzeitig auf die Möglichkeit des Widerspruchs gegen die Kündigung und auf Form und Frist des Widerspruchs hinweisen. Sinnvollerweise geschieht dies im Kündigungsschreiben selbst.

Die rechtliche Situation ist sehr vielschichtig, konsultieren Sie bitte entsprechende Nachschlagewerke.

Nehmen Sie in die schriftliche Kündigung folgende Aspekte auf:

- **Name und Adresse aller Vermieter als Absender**
- **Ort und Datum, korrekte Adresse des/der Mieter**
- **Eindeutige Aussage zur Kündigung des Mietvertrages mit Angabe des Kündigungstermins**
- **Angabe, ob fristgemäße oder fristlose Kündigung**
- **Darstellung der Begründung für die Kündigung im Sinne der gesetzlich anerkannten Kündigungsgründe**
- **Hinweis auf Möglichkeit des Mieters zum Widerspruch und Angabe der Widerspruchsfrist**
- **Vollständige Unterschrift des/der Vermieter**
- **Bei Kündigung durch Bevollmächtigten: Vollmacht als Anlage**

▶ Kündigung durch den Vermieter, Seite 299
▶ Kündigung durch den Mieter, Seite 297
▶ Mietangelegenheiten, Seiten 324–327

Wolfgang Cassen
Titusstr. 68
20769 Hamburg

23.06.199X

Einschreiben

Frau
Sigrid Köstler
Frankfurter Str. 128
10345 Berlin

Kündigung des Mietverhältnisses

Sehr geehrte Frau Köstler,

wie schon im persönlichen Gespräch angekündigt, sehe ich mich gezwungen, den Mietvertrag über die von Ihnen bewohnte Wohnung
Frankfurter Str. 128 in 10345 Berlin, 2. Stock links,
zum 30.9.199X wegen Eigenbedarfs fristgerecht zu kündigen.

Begründung Eigenbedarf:
Meine Tochter Anne wird ab 1.10.199X ihr Studium in Berlin aufnehmen und benötigt entsprechenden Wohnraum. Da meine Familie keinen weiteren Wohnraum in Berlin besitzt, muss ich mein Kündigungsrecht für die von Ihnen gemietete Wohnung wahrnehmen.

Dafür bitte ich um Ihr Verständnis.

Bitte beachten Sie die Renovierungsbestimmungen des Mietvertrages vom 8.2.199X unter § 11. Zur Vereinbarung eines Abnahmetermins werde ich mich rechtzeitig mit Ihnen in Verbindung setzen.

Gegen diese Kündigung können Sie Widerspruch einlegen. Ihr Widerspruch muss bis zum 31.08.199X in schriftlicher Form bei mir eingehen.

Mit freundlichen Grüßen

W. Cassen

Kündigung

Kündigung eines Zeitschriftenabonnements

Bei einer Kündigung ist es immer günstig, die Vertragsbedingungen zu kennen. Dann hat das Kündigungsschreiben Hand und Fuß.

Um das Abonnement einer Zeitschrift oder einer Zeitung zu kündigen, genügt eine kurze schriftliche Mitteilung. Beachten Sie die vertraglich vereinbarte Kündigungsfrist oder kündigen Sie „zum nächstmöglichen Zeitpunkt", falls Sie die Abonnementsbedingungen nicht verfügbar haben. Selbstverständlich können Sie in Ihrem Schreiben auch Gründe für die Kündigung nennen. Vieleicht wollen Sie ja Ihrem Herzen Luft machen und Ihrer Verärgerung über schlechten Service oder Qualitätsverlust der Zeitschrift Ausdruck geben.

Folgende Aspekte sollten Sie in Ihrem Brief beachten:

- **Korrekte und vollständige Anschrift**
- **In der Betreffzeile: Titel der Zeitschrift, Benennung der Kündigungsabsicht und Angabe der Kunden- oder Abonnementsnummer.**
- **Kurze Mitteilung über Kündigung des Abonnements und Angabe des Kündigungstermins**
- **Eventuell Gründe für die Kündigung**
- **Eventuell Bitte um Verzicht auf Rückwerbeversuch**
- **Bitte um Bestätigung der Kündigung**
- **Formaler Gruß**

▶ Kündigung eines Zeitschriftenabonnements, Seite 301

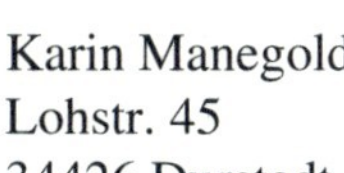

Karin Manegold
Lohstr. 45
34426 Durstadt

06.05.9X

Langhans Verlagsgruppe
Abonnementverwaltung
Klausener Str. 29

82982 Merscheid

Kündigung Abonnement „Du und ich"
Kunden-Nummer EM 0/1654

Sehr geehrte Damen und Herren,

hiermit kündige ich das Abonnement der Zeitschrift „Du und ich" zum nächst möglichen Termin und entziehe Ihnen gleichzeitig die Einzugsermächtigung zu Lasten meines Kontos 765 234 bei der Stadtsparkasse Durstadt.

Der Grund meiner Kündigung ist die außerordentlich unzuverlässige Auslieferung der Zeitschrift. Über vier Monate hinweg erreichte mich die Lieferung nur nach zweiwöchiger Verspätung beziehungsweise ausdrücklicher Mahnung. Für diese fortgesetzten Zustellungsprobleme bringe ich mittlerweile kein Verständnis mehr auf.

Bitte sehen Sie von Rückwerbungsversuchen ab und bestätigen Sie mir schriftlich den Erhalt dieser Kündigung.

Mit freundlichen Grüßen

K. Manegold

Lieferanzeige

Auslieferung – Versandanzeige

Vor allem bei Teillieferungen von Waren sollte der Kunde informiert werden.

In vielen Fällen will oder sollte der Kunde darüber informiert werden, zu welchem Termin eine Ware geliefert wird.
Eine solche Lieferanzeige ist beispielsweise üblich,

- wenn nur ein Teil der bestellten Waren verschickt werden kann
- wenn die Warensendung in mehreren Teilen verschickt wird
- wenn die Rechnung nicht sofort zugeschickt werden kann
- wenn der Kunde eine Lieferanzeige wünscht

Für die Lieferanzeige gibt es einen Vordruck (DIN 4994), doch sind Sie nicht auf eine bestimmte Form verpflichtet.
Folgende Aspekte sollte eine Lieferanzeige enthalten:

- **Angaben zur Ware bzw. zu den Teilen, die geliefert werden**
- **Liefertermin für offene Positionen**
- **Versandweg, Versandbedingungen und gegebenenfalls Transportunternehmen**
- **Gegebenenfalls Hinweis auf Zustellung der Rechnung**

▶ Lieferanzeige, Seiten 303–305

Betten Linhart
Colmarer Str. 71
75021 Uhingen

Frau
Friede Lauterbach
Hegelstr. 6

62911 Kaltenbronn

10.04.9X

Lieferanzeige
Ihre Bestellung vom 08.03.9X – Unsere Bestätigung vom 14.03.9X

Sehr geehrte Frau Lauterbach,

die von Ihnen georderte Sonderanfertigung von Bettdecken ist frühzeitiger fertig gestellt worden, als ursprünglich angekündigt.

Deshalb kann die Auslieferung nun schon in den nächsten Tagen über UPS erfolgen.
Wir hoffen, dass diese hochwertige Bettware Ihren Erwartungen voll entspricht und dass wir Sie auch weiterhin zu unseren zufriedenen Kundinnen zählen dürfen.

Mit freundlichen Grüßen

M. Linhart

Magda Linhart

ORTWEIN GMBH

Systemlösungen · Weimarer Str. 54 · 02452 Plausen

Weicken GmbH
Frau Katrin Schuhmann
Kammstr. 14

02458 Nessen

02.04.9X

Auslieferungstermin
Ihr Auftrag vom 15.2.199X

Sehr geehrte Frau Schuhmann,

mittlerweile sind die bestellten Büromöbel vollständig bei uns eingetroffen.
Als Termin für Auslieferung und Montage haben wir Dienstag, den 11.04.9X in unseren Kalender eingetragen. Bitte planen Sie die Ankunft unserer Monteure ab 8.00 Uhr ein.
Sollte eine Auslieferung an diesem Tag für Sie nicht möglich sein, setzen Sie sich bitte direkt mit unserem Auslieferungslager in Verbindung. Die Telefonnummer ist 0211/3459-234.

Noch einmal vielen Dank für Ihren Auftrag.

Mit freundlichen Grüßen

i.A. Kurze

Hardy Kurze

Skand Möbel GmbH
Lehrsteinstr. 5 · 27209 Kopplum

Herrn
Carsten Luther
Jägerstr. 103
72902 Landheim

22.08.9X

Ihre Bestellung vom 17.08.9X

Sehr geehrter Herr Luther,

vielen Dank für Ihren Auftrag.
Wir können Ihnen schon jetzt verbindlich einen Anlieferungstermin für die bestellten Möbel mitteilen. Sie erhalten

1 Esstisch „Björn“ in Kiefer und Pinie natur
8 Stühle „Lars“ in Kiefer natur

am 16.09.9X vormittags.

Bitte stellen Sie sicher, dass an diesem Tag ab 8 Uhr angeliefert werden kann.
Die Lieferung erfolgt durch die

Spedition Simon
Karlshorststr. 65
27390 Tronken
Tel. 0245-67890.

Mit freundlichen Grüßen

i.A. E. Berger
Evi Berger

Lieferverzug

Mahnung

Machen Sie als Kunde von Ihrem Recht Gebrauch, eine verschleppte Lieferung zu beschleunigen, indem Sie eine Nachfrist setzen.

Wenn ein Verkäufer die bestellte Ware nicht zum vereinbarten Liefertermin übergibt, gerät er in Lieferverzug. Der Kunde hat dann die folgenden rechtlichen Möglichkeiten, die Lieferung durchzusetzen oder vom Kaufvertrag zurückzutreten.

Zunächst ist zu überprüfen, ob die Bestellung bzw. der Kaufvertrag einen eindeutigen Liefertermin vorsieht. Ist dies nicht der Fall, muss der Kunde zunächst schriftlich oder auch mündlich mahnen. Gibt es aber eine solche vertragliche Vereinbarung, ist eine Mahnung nicht erforderlich. Sie wird dennoch genutzt, um dem Verkäufer eine angemessene Nachfrist zu setzen und ihn auf die Folgen nach Ablauf der verlängerten Lieferfrist hinzuweisen. Wird die Ware auch innerhalb der Nachfrist nicht zugestellt, kann der Käufer vom Vertrag zurücktreten und/oder gegebenenfalls Schadenersatz verlangen.

Folgende Aspekte sollte eine Mahnung im Falle eines Lieferverzugs enthalten:

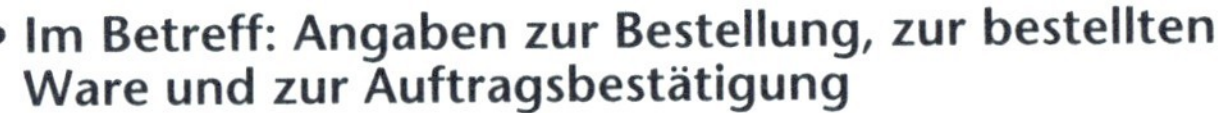

- **Im Betreff: Angaben zur Bestellung, zur bestellten Ware und zur Auftragsbestätigung**

- **Hinweis auf den vereinbarten Liefertermin und auf die Überschreitung dieses Termins**

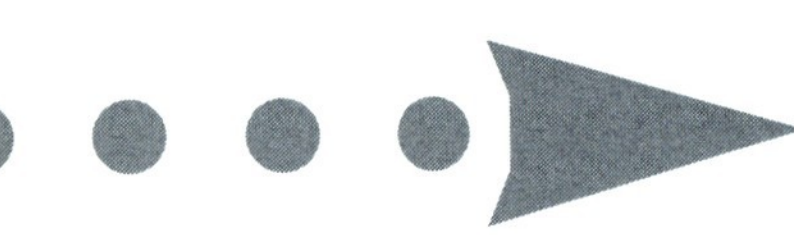

- **Aussage zu den Folgen der Verzugs für den Kunden**
- **Angemessene Nachfrist setzen**
- **Hinweis auf die rechtlichen Folgen bei Überschreitung der Nachfrist**
- **Bitte um Bescheid**

▶ Mahnung bei Lieferverzug, Seite 307

Com/net GmbH  Lahnstraße 4, 52064 Hallenwinter

Novo Computer GmbH
Herrn Christoph Kleinert
Heckerstr. 51

52899 Langen

30.03.9X

Unsere Bestellung Nr. Ha-5612 vom 28.02.9X

Sehr geehrter Herr Kleinert,

die bestellte Hardware und Software sollte gemäß Ihrem Angebot Nr. 123-9X innerhalb 14 Tagen ab Auftragsvergabe geliefert werden. Der späteste Liefertermin wäre daher der 14.03.9X gewesen. Tatsächlich erhielten wir zu diesem Zeitpunkt nur die bestellten Drucker und Scanner, nicht aber fünf Compaq-Multimediarechner. In mehreren Telefongesprächen haben Sie sich seitdem nicht auf einen verbindlichen Liefertermin festlegen können.

Da unser Unternehmen zum 01.04.9X drei neue Mitarbeiter eingestellt hat und wir dringend funktionsfähige Arbeitsplätze benötigen, setze ich Ihnen hiermit eine Nachfrist bis zum 07.04.9X. Sollten Sie die Rechner auch bis zu diesem Termin nicht liefern, treten wir von unserem Auftrag zurück.

Bitte beantworten Sie dieses Schreiben postwendend.

Mit freundlichen Grüßen

R. Hagen

Rolf Hagen

Mahnung

Zahlungen durchsetzen

Vergessen Sie nicht, Erinnerungs- und Mahnschreiben mit Zahlungsfristen zu versehen.

Wird ein Rechnungsbetrag vom Käufer nicht bezahlt, so mahnt ihn der Verkäufer, seine vertragliche Schuld zu begleichen. Üblicherweise wird über eine abgestufte Folge von Mahnschreiben versucht, den Schuldner zunächst ohne rechtlichen Beistand zur Zahlung zu bewegen.

Nach Ablauf der Zahlungsfrist schickt man eine freundliche Zahlungserinnerung oder die Kopie der Rechnung. Nach weiteren 14 Tagen folgt die 1. Mahnung, mit der spätestens der Zahlungsverzug eintritt, dann mit größerem Nachdruck die 2. Mahnung und weitere Mahnschreiben mit jeweils 14 Tagen Abstand. Die letzte Mahnung schließlich droht mit einer Klage. Beachten Sie folgende Aspekte:

Zahlungserinnerung

- **Im Betreff: Bezug auf Rechnung, Rechnungsnummer und Rechnungsdatum, Ware oder Dienstleistung**
- **Freundliche Erinnerung an die Begleichung der Rechnung; Anlage: Kopie der Rechnung**

1. Mahnung

- **Verweis auf Zahlungserinnerung, Rechnung, Fälligkeitstermin**

- **Aufforderung zur Zahlung und Fristsetzung**
- **Gegebenenfalls Festsetzung einer Mahngebühr**

2. Mahnung und eventuell weitere Mahnungen

- **Verweis auf letzte Mahnung und vorhergehende Mahnschreiben, Rechnung, Fälligkeitstermin**
- **Nachdrückliche Aufforderung zur Zahlung und Fristsetzung für Zahlungseingang**
- **Gegebenenfalls Hinweis auf Inkassoverfahren, Rechtsnachteile oder gerichtliches Mahnverfahren**
- **Festsetzung von Mahngebühren und Verzugszinsen**

Letzte Mahnung

- **Verweis auf vorhergehende Schreiben und Termin**
- **Endgültig letzte Fristsetzung für Zahlungseingang**
- **Festsetzung von Mahngebühren und Verzugszinsen**
- **Androhung des gerichtlichen Mahnverfahrens**

Reinhard Köhler

Meisterbetrieb
Heidestr. 17 · 34477 Kleinhaden

Herrn
Kurt Fleißer
Burgstr. 56

34476 Kleinhaden

11.08.9X

Zahlungserinnerung
Unsere Rechnung Nr. 123-8752 über Tischlerarbeiten in Ihrem Haus vom 15.07.9X

Sehr geehrter Herr Fleißer,

sicher haben Sie übersehen, dass unsere Rechnung über den Betrag von

DM 2.560,–

noch zur Zahlung offensteht.

Bitte überweisen Sie den ausstehenden Betrag bis zum 25.08.9X.

Mit freundlichen Grüßen

Reinhard Köhler

Reinhard Köhler

Anlage
Rechnungskopie

Hans Plessen Heizungsbau
Niemöllerstr. 50, 69212 Kleisheim

Herrn
Manfred Behle
Brüder-Grimm-Str. 18

69213 Kleisheim

18.02.9X

Mahnung
Rechnung Nr. 245-99 vom 8.01.199X – Zahlungserinnerung vom 02.02.9X

Sehr geehrter Herr Behle,

am Neujahrstag dieses Jahres haben wir Sie aus einer Notlage befreit und Ihre Gasetagenheizung wieder funktionsfähig gemacht.

Leider haben Sie trotz Zahlungserinnerung die entsprechende Reparaturrechnung bis heute nicht beglichen. Unpünktliche Zahlungen aber können leicht unser Unternehmen selbst in eine finanzielle Notlage bringen.

Bitte zahlen Sie daher umgehend den ausstehenden Rechnungsbetrag von DM 472,00 auf unser Konto.

Mit freundlichen Grüßen

Ingrid Plessen
Ingrid Plessen

Möhringer & Co
Ladenburger Str. 8
83765 Stetthain

Busentus GmbH
Herrn Lothar Krens
Cranachstr. 47

85019 Weidental

01.09.9X

Erste Mahnung
Rechnung Nr. 54-276-23 vom 18.7.199X – Zahlungserinnerung vom 08.08.9X

Sehr geehrter Herr Krens,

mit einer Zahlungserinnerung hatte ich Sie erneut gebeten, unsere Rechnung vom 18.07.9X zu begleichen. Leider konnten wir bis heute keinen Zahlungseingang feststellen.

Sofern es sich um vorübergehende Liquiditätsengpasse handelt, möchte ich Ihnen gerne entgegenkommen. Möglich wäre zum Beispiel eine Ratenzahlung des Rechnungsbetrags. Falls Sie eine solche Regelung wünschen, setzen Sie sich doch bitte umgehend mit mir in Verbindung.

Unbenommen von einer solchen Lösung setze ich Ihnen hiermit eine letzte Zahlungsfrist bis zum 15.09.9X.

Mit freundlichen Grüßen

Carla Höfen

Carla Höfen (Dipl.-Ing.)

modulo GmbH
Lohwaldstr. 1 · 39876 Hunswig

Einschreiben

Karl Domus GmbH
Herrn Ulrich Domus
Kranichweg 32

78564 Kornmechem

27.10.9X

Zweite Mahnung
Rechnung Nr. 9X-hvi90-1 vom 01.09.9X über Büromöbel der Serie „Croma"
Erste Mahnung vom 02.10.9X

Sehr geehrter Herr Domus,

finanzielle Engpässe gibt es gelegentlich in jedem Unternehmen. Sie sollten aber nicht zum Abbruch des Gesprächs zwischen Geschäftspartnern führen.

Sie haben auf unser Mahnschreiben vom 02.10.9X bis heute nicht reagiert. Wir bitten Sie hiermit nachdrücklich um die Begleichung der Rechnung.

Der Rechnungsbetrag erhöht sich mit diesem Schreiben um DM 30,00 Mahngebühr auf DM 5.480,00.

Wir setzen Ihnen eine letzte Zahlungsfrist bis zum 10.11.9X. Sollte die Zahlung bis zu diesem Datum nicht eingegangen sein, sehen wir uns gezwungen, die Angelegenheit einem Inkassounternehmen zu übertragen.

Sollte Ihre Zahlung mittlerweile erfolgt sein, bitte ich Sie, dieses Schreiben als gegenstandslos zu betrachten.

Mit freundlichen Grüßen

Wotan Tomus

Wotan Tomus

L O T U S GmbH
Hertz-Str. 71, 76442 Renningen

Einschreiben

Wollinger KG
Herrn Kurt Wollinger
Lothringerstr. 27

66295 Lautern

02.04.9X

Dritte und letzte Mahnung
Unsere Rechnung Nr. GH-645-23 vom 14.01.9X
Mahnschreiben vom 18.02.9X und 10.03.9X

Sehr geehrter Herr Wollinger,
wir haben Sie in unseren Mahnschreiben um die Begleichung des Rechnungsbetrags gebeten. Auf beide Erinnerungen haben Sie nicht reagiert.

Der Rechnungsbetrag setzt sich mittlerweile wie folgt zusammen:

Rechnung vom 14.01.9X	DM 2.500,00
Mahngebühr 2. Mahnung	DM 10,00
Mahngebühr 3. Mahnung	DM 10,00
	DM 2.520,00
Zzgl. 16 % ges. MwSt.	DM 403,20
Gesamt	DM 2.923,20

Sie haben nun die letzte Möglichkeit, ein gerichtliches Verfahren abzuwenden. Überweisen Sie bitte den Betrag von DM 2.923,20 bis zum 20.04.199X auf unser Konto. Sollte bis zu diesem Datum keine Zahlung erfolgen, wird unsere Rechtsabteilung ein gerichtliches Mahnverfahren einleiten.

Mit freundlichen Grüßen

i. A. Paul Pöppel

Paul Pöppel

Mängelrüge

Mängelrüge, Reklamation, Beanstandung

Halten Sie festgestellte Mängel immer schriftlich fest. Ihr Wunsch nach Ersatz erhält dadurch mehr Nachdruck.

Ist ein Käufer mit der gelieferten Ware oder einer Dienstleistung nicht einverstanden, so teilt er dies dem Verkäufer in einer Mängelrüge (auch: Reklamation oder Beanstandung) mit. Eine solche Mängelrüge kann sich auf Abweichungen in der Art, der Menge oder der Qualität der bestellten Waren oder Dienstleistungen beziehen.

Wenn die Beanstandung gerechtfertigt ist, können Sie als Käufer zwischen folgenden Rechtsansprüchen wählen:

- Der Kaufvertrag wird rückgängig gemacht (sogenannte Wandlung)
- Der Käufer erhält einen Preisnachlass (Minderung)
- Die beanstandete Ware oder Leistung wird umgetauscht beziehungsweise nachgebessert
- Der Käufer erhält Schadenersatz (zum Beispiel bei arglistig verschwiegenen Mängeln)

Um für spätere gerichtliche Auseinandersetzungen gewappnet zu sein, sollten Sie eine Mängelrüge immer schriftlich niederlegen und zustellen. Und wenn Sie auch über die mangelhafte Lieferung verärgert sind: Bleiben Sie höflich im Ton!

Folgende Aspekte sollten Sie in eine Mängelrüge aufnehmen:

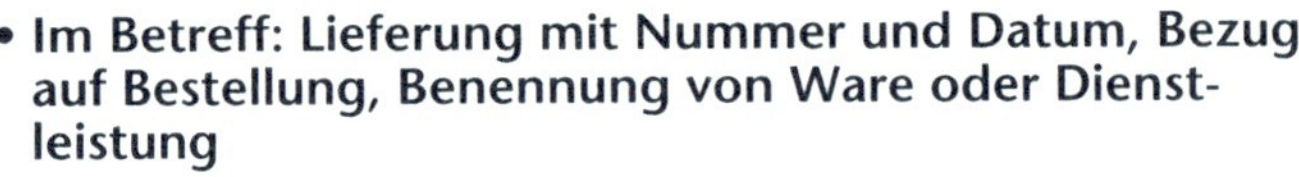

- **Im Betreff: Lieferung mit Nummer und Datum, Bezug auf Bestellung, Benennung von Ware oder Dienstleistung**
- **Präzise Beschreibung des festgestellten Mangels**
- **Vorschlag zur Regelung (Umtausch, Minderung, Wandlung usw.) oder Bitte an Verkäufer um entsprechenden Vorschlag**
- **Bitte um Stellungnahme**

▶ Mängelrüge, Seite 315

▶ Mängelrüge – Antwortschreiben, Seiten 316–319

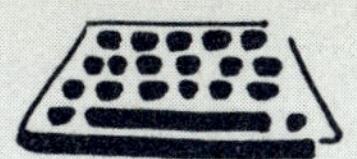

KAMENEDER UND PARTNER

DR. ULRICH KAMENEDER · STERNHEIMSTR. 71 · 85204 MONAU

Colamo GmbH
Herrn Manfred Bausener
Gutenbergstr. 28

62087 Großhutten

14.03.9X

Mängelrüge
Ihre Lieferung über 25 Tischleuchten *Cyprus* – Lieferschein 286-199X

Sehr geehrter Herr Bausener,

bisher waren wir mit Ihren Produkten sehr zufrieden. Die letzte Lieferung von Tischleuchten aber enthielt mangelhafte Ware.

Sie lieferten uns

25 Tischleuchten *Cyprus,* Artikel-Nr. L 879, zum Preis von je DM 122,00 netto

Bei insgesamt 10 der gelieferten Tischleuchten fehlt die weiße Lackierung des Sockels.

Ich bin bereit, auch diese Ware zu behalten und zu einem skontierten Ladenverkaufspreis anzubieten, wenn Sie einen Preisnachlass von DM 50,00 pro mangelhafter Tischleuchte gewähren.

Falls Sie mit diesem Vorschlag einverstanden sind, geben Sie uns bitte Nachricht und schicken uns eine geänderte Rechnung zu.

Mit freundlichen Grüßen

Dr. Ulrich Kameneder

Dr. Ulrich Kameneder

Mängelrüge

Antwortschreiben

Die Prüfung einer Reklamation ist eine kaufmännisch wie juristisch unerlässliche Vorsichtsmaßnahme. Nur in den seltensten Fällen sind Beanstandungen völlig unbegründet. Sie sollten keinesfalls den Fortbestand ansonsten intakter Geschäftsbeziehungen aus den Augen verlieren.

Setzen Sie sich mit der Reklamation eines Kunden sachlich auseinander, selbst wenn sie in provokativem Ton verfasst sein sollte. Schließlich mag es sein, dass seine Verärgerung berechtigt ist. Aber auch im anderen Falle geht es ja in der Regel um die Fortsetzung einer positiven Geschäftsbeziehung.

Geben Sie also dem Kunden zu verstehen, dass Sie seine Beanstandungen ernst nehmen. Insbesondere dann, wenn Sie die Reklamation nicht akzeptieren, müssen Sie eine nachvollziehbare Argumentationslinie entwickeln. Vermeiden Sie polemische Äußerungen ebenso wie die überzogene Betonung des eigenen Expertenwissens – Sie wollen Ihren Geschäftspartner schließlich behalten und nicht verärgern!

Auf eine Mängelrüge können Sie unterschiedlich reagieren:

- Sie erkennen die Mängelrüge als berechtigt an. Der Verfahrensvorschlag des Kunden wird akzeptiert (Wandlung bzw. Rücktritt vom Kaufvertrag, Minderung, Umtausch oder Nachbesserung, Schadenersatz).
- Sie erkennen die Mängelrüge als teilweise berechtigt an und machen einen alternativen Verfahrensvorschlag.
- Sie erkennen die Mängelrüge nicht als berechtigt an. Die Beanstandung des Kunden wird zurückgewiesen oder Sie akzeptieren seinen Verfahrensvorschlag dennoch, um die Geschäftsbeziehung nicht zu gefährden.

Die folgenden Aspekte sollten Sie in Ihre Antwort auf eine Mängelrüge aufnehmen:

- **Im Betreff: Lieferung oder Dienstleistung; Verweis auf Mängelrüge**
- **Welche Mängel wurden reklamiert?**
- **Aussage zur sorgfältigen Prüfung der Mängelrüge**

- **Sachliche Stellungnahme (Anerkennung, teilweise Anerkennung, Ablehnung)**
- **Verfahrensvorschlag des Kunden übernehmen oder Gegenvorschlag entwickeln**
- **Gegebenenfalls Entschuldigung für Mängel bzw. Bitte um Verständnis bei Ablehnung der Mängelrüge**

▶ Antwort auf Mängelrüge, Seiten 316–319
▶ Mängelrüge, Seiten 314 und 315

medienwelt **GmbH**
Am Kamp 13 · 55588 Kostheim

Elektro Lamers GmbH
Herrn Meinhard Nenning
Konradinstr. 56

67788 Karmen

02.05.9X

Ihre Mängelrüge vom 12.04.9X
Lieferungsnr. 9X-154-vid

Sehr geehrter Herr Lamers,

wir bedauern den von Ihnen beschriebenen Schaden an den gelieferten Videorecordern. Allerdings sehen wir die Verantwortung für die Beschädigung nicht bei uns.

Da wir die Ware wie immer sorgfältig verpackt haben und da nur ein Teil der Lieferung Schäden aufweist, kann die Beschädigung nur durch unsachgemäßen Transport entstanden sein.

Da wir also kein Verschulden unsererseits feststellen können, lege ich Ihnen nahe, Ersatzansprüche bei dem Speditionsunternehmen, das Sie beauftragt hatten, geltend zu machen.

Mit freundlichen Grüßen

i. A. Jacqueline Meers
Jacqueline Meers

Master AG

Lausitzer Allee 20, 29876 Kunau-Laffel

Möller und Sohn
Herrn Rainer Möller
Hanseweg 6

41112 Schorfen

02.03.9X

Ihre Mängelrüge vom 15.02.9X
Warenlieferung Nr. 9X-654/he vom 10.02.9X über 40 Herrenanzüge

Sehr geehrter Herr Möller,

die fehlerhafte Ausfertigung der Warenlieferung, die Sie reklamieren, bedauere ich sehr.

Leider kann ich erst heute auf Ihre Mängelrüge eingehen. Der beanstandete Herrenanzug, den Sie uns als Belegstück geschickt haben, ist erst vor zwei Tagen bei uns eingegangen.

Bei der Prüfung des Stückes haben unsere Fachleute bestätigt, dass die Webstruktur des Anzugs die von Ihnen beschriebenen Fehler aufweist.

Ihrem Wunsch entsprechen wir selbstverständlich gerne und nehmen die fehlerhaften Herrenanzüge zurück. Der Rechnungsbetrag wird Ihnen gutgeschrieben.

Ich werde persönlich dafür Sorge tragen, dass sich solche Fehler in Zukunft nicht wiederholen, und bitte Sie um Ihr Vertrauen.

Mit freundlichen Grüßen

Ortwin Verbel

Ortwin Verbel

colamo GmbH
Gutenbergstr. 28, 62087 Großhutten

Kameneder und Partner
Herrn Dr. Ulrich Kameneder
Sternheimstr. 71

85204 Monau

19.03.9X

Lieferschein 286-199X
Ihr Schreiben vom 14.03.9X

Sehr geehrter Herr Dr. Kameneder,

ich bedaure, dass die Lichtanlage Cyprus nicht in vollem Umfang Ihren Vorstellungen entspricht.

Wie Sie aus unseren bisherigen Geschäftsbeziehungen wissen, ist die volle Zufriedenheit unserer Kunden unser oberstes Unternehmensziel. Selbstverständlich bin ich daher mit der von Ihnen vorgeschlagenen Preisminderung einverstanden.

Sie erhalten als Anlage eine neue Rechnung mit reduziertem Rechnungsbetrag.

Ich hoffe sehr, dass dieser unglückliche Vorfall die weitere Entwicklung unserer Geschäftsbeziehungen nicht beeinträchtigen wird. In jedem Fall werde ich mich um Ihren nächsten Auftrag persönlich kümmern.

Danke für Ihr Verständnis.

Mit freundlichen Grüßen

Manfred Bausener

Manfred Bausener

Anlage
Rechnung

Mietangelegenheiten

Mängelanzeige durch den Mieter – Mietminderung

Auch Mieter, die ihre Rechte kennen, werden klug genug sein, eine einvernehmliche Lösung mit dem Vermieter anzustreben.

In der Mietwohnung können Mängel auftreten, beispielsweise Feuchtigkeitsschäden oder eine mangelhafte Beheizung. Der Mieter teilt solche Mängel dem Vermieter schriftlich mit und fordert ihn zur Instandsetzung auf. Reagiert der Vermieter nicht, kann der Mieter seine Mietzahlung um eine angemessene Quote mindern. Führt das nicht zum Erfolg, kann er in weiteren Schritten auch einen größeren Mietbetrag zurückbehalten, bis die Schäden behoben sind, er kann vom Vermieter Schadenersatz fordern, er kann selbst die Handwerker bestellen, er kann die Reparatur vor Gericht einklagen – oder am Ende fristlos kündigen.
Für Einzelheiten der rechtlichen Situation bei Wohnungsmängeln konsultieren Sie bitte entsprechende Nachschlagewerke zum Mietrecht.
Bei einer Mängelanzeige an den Vermieter sollten Sie folgende Aspekte beachten:

- **Klare und vollständige Beschreibung des Mangels**
- **Angabe des Datums, zu dem der Schaden auftrat oder von Ihnen bemerkt wurde**
- **Bitte um rasche oder sofortige Behebung des Schadens**
- **Zusendung als Einschreiben**

In weiteren Schreiben, falls der Vermieter nicht reagiert:

- **Bezug auf erste Mängelanzeige**

- **Wiederholung und Fortschreibung der Mängelbeschreibung**
- **Verweis auf Versäumnis des Vermieters**
- **Nachdrückliche Aufforderung zur Mängelbeseitigung**
- **Ankündigung des nächsten Schrittes, um Mängelbeseitigung zu erzwingen**
- **Zusendung als Einschreiben mit Rückschein**

▶ Mängelanzeige durch den Mieter, Seiten 321 und 322
▶ Mietminderung nach Mängelanzeige, Seite 323
▶ Mietangelegenheiten – Erhöhung der Miete und Widerspruch, Seiten 324–327
▶ Kündigung durch den Mieter, Seiten 296 und 297
▶ Kündigung durch den Vermieter, Seiten 298 und 299
▶ Interesse an Wohnungsangebot, Seiten 432 und 433

Björn Schlenker
Amtsstr. 145
28723 Südholm

24.01.199X

Hausverwaltung Karben
Herrn Günter Karben
Gertrudenweg 24

28724 Südholm

Schadensmeldung

Sehr geehrter Herr Karben,

seit gestern ist der Heißwasserboiler, der Bad und Küche meiner Wohnung mit warmem Wasser versorgt, vollständig ausgefallen. Mir ist natürlich an einer sehr schnellen Behebung des Schadens gelegen.

Bitte veranlassen Sie die fachgemäße Reparatur oder Ersetzung des Boilers. Um einen Termin mit dem Handwerker zu vereinbaren, bin ich tagsüber unter der Telefonnummer 83456 erreichbar.

Mit freundlichen Grüßen

Björn Schlenker

Edwina's
Mode für Damen
Schuchardtstr. 11
72323 Corb

Haushüter GmbH
Frau Sentha Völz
Am Berge 225

72323 Corb

12. Mai 199X

Mängelanzeige

Sehr geehrte Frau Völz,

wie bereits gestern telefonisch besprochen, ist die Schließanlage des Ladenlokals immer noch defekt. Da ich nicht gewillt bin, die Kosten für die fehlerhaft ausgelösten Alarmrufe der Polizei weiterhin zu tragen, möchte ich meinem Anliegen auf diesem Wege Nachdruck verleihen.

Bitte teilen Sie mir bis zum 17.05.9X schriftlich mit, wie und wann Sie für Abhilfe sorgen werden. Anderenfalls sehe ich mich genötigt, meinen Rechtsanwalt hinzuzuziehen.

Mit freundlichen Grüßen

Edwina Kreutz

Edwina Kreutz

Björn Schlenker
Amtsstr. 145
28723 Südholm

20.02.199X

Einschreiben mit Rückschein

Hausverwaltung Karben
Herrn Günter Karben
Gertrudenweg 24

28724 Südholm

Ausfall der Heißwasserversorgung
Mein Brief vom 24.1.199X – unser Telefonat vom 7.2.199X

Sehr geehrter Herr Karben,

in meinem Brief vom 24.1.199X habe ich Sie über den Ausfall des Heißwasserboilers in meiner Wohnung informiert und um rasche Schadensbehebung gebeten.
Nachdem Sie auf dieses Schreiben nicht reagierten, habe ich Sie am 7.2.199X telefonisch an mein Anliegen erinnert. Sie haben in diesem Gespräch zugesagt, noch am nächsten Tag einen Handwerker zu beauftragen. Danach aber habe ich weder etwas von Ihnen noch von einem beauftragten Handwerker gehört. Der Boiler ist bislang nicht repariert worden.

Ich fordere Sie hiermit noch einmal nachdrücklich auf, für eine zügige Reparatur zu sorgen. Vorsorglich weise ich darauf hin, dass ich vom 1.3.199X an den Mietzins um 10 % kürzen werde, da der Verzicht auf Warmwasser eine deutliche Verminderung des Wohnwerts darstellt. Selbstverständlich werde ich wieder den ungekürzten Mietpreis zahlen, sobald die Reparatur erfolgt ist.

Mit freundlichen Grüßen

Björn Schlenker

Mietangelegenheiten

Erhöhung der Miete

Lassen Sie sich durch die Ankündigung einer Mieterhöhung nicht zu Gefühlsausbrüchen hinreißen, zumindest nicht zu schriftlichen. Prüfen Sie die rechtliche Ausgangslage und formulieren Sie Ihre Einwände dann sachlich. Das wird Ihre Erfolgschancen erhöhen.

Der Vermieter kann die Erhöhung der Miete nicht einseitig erklären, sondern muss die Zustimmung des Mieters einholen. Die Zurückweisung einer Mieterhöhung ist dann allerdings nicht in das freie Ermessen des Mieters gestellt, sondern darf nur erfolgen, wenn wichtige rechtliche Bestimmungen zur Mieterhöhung nicht beachtet wurden.

Einige Bestimmungen sind: Die letzte Mieterhöhung muss mindestens ein Jahr zurückliegen. Die neue Miete darf die ortsübliche Vergleichsmiete nicht wesentlich übersteigen. Der Vermieter muss die so genannten Kappungsgrenzen beachten, d. h. in der Regel die Miete innerhalb von 3 Jahren um nicht mehr als 30 % erhöhen. Die Mieterhöhung muss begründet werden und nachprüfbar sein.

Die Mieterhöhung muss in schriftlicher Form verlangt werden und vom Vermieter oder dessen Bevollmächtigten unterschrieben sein. Der Mieter hat nach Eingang des Schreibens mindestens zwei Monate Zeit zur Prüfung der Mieterhöhung und ihrer Begründung (den Monat, in dem der Brief ankommt, und zwei zusätzliche Monate). Stimmt er der Erhöhung zu, ist die Miete zum 3. Monatsersten nach Eingang des Mieterhöhungsschreibens fällig. Stimmt er nicht zu, kann der Vermieter auf Zustimmung klagen. Ist die geforderte Mieterhöhung unberechtigt hoch, kann nicht die ganze Erhöhung zurückgewiesen werden, sondern nur derjenige Teil, der über die zulässige Miete hinausgeht. Konsultieren Sie bitte Nachschlagewerke zum Mietrecht.

Für ein schriftliches Mieterhöhungsverlangen sollten Sie folgende Aspekte beachten:

- **Adressaten sind alle vertraglichen Mieter**
- **Bitte um Zustimmung des Mieters zur Mieterhöhung**
- **Bezifferung des neuen Mietpreises**
- **Begründung der Mieterhöhung unter Beachtung der gesetzlichen Bestimmungen; insbesondere Nachweis der ortsüblichen Vergleichsmieten**
- **Angabe, ab wann die Erhöhung gilt**
- **Vollständige Unterschrift des/der Vermieter**
- **Zusendung als Einschreiben oder mit Boten**

▶ Erhöhung der Miete, Seite 325
▶ Widerspruch gegen Mieterhöhung, Seiten 326 und 327
▶ Mängelanzeige durch den Mieter, Seiten 321 und 322
▶ Kündigung durch den Mieter, Seiten 296 und 297
▶ Kündigung durch den Vermieter, Seiten 298 und 299

Carl W. Lorrach
Weberstr. 62
72098 Maihingen

18.04.199X

Herrn und Frau
Manfred und Regine Hildebrand
Kiesweg 4

72096 Maihingen

Mieterhöhung zum 01.07.199X

Sehr geehrte Frau Hildebrand,
sehr geehrter Herr Hildebrand,

seit dem 01.03.199Y zahlen Sie für Ihre Wohnung eine monatliche Nettomiete von DM 968,00. Das entspricht einem Quadratmeterpreis von DM 11,00.
Der aktuelle Mietspiegel der Stadt Maihingen vom 01.03.199X weist für Wohnungen dieses Baujahres, dieser Lage und vergleichbarer Ausstattung einen Quadratmeterpreis von DM 12,80 aus.
Ich beabsichtige, den Mietpreis Ihrer Wohnung der ortsüblichen Vergleichsmiete anzupassen und bitte Sie, einer Erhöhung der Nettomiete auf monatlich DM 1.126,40 zuzustimmen. Die Höhe der Nebenkosten und der Heizkostenpauschale bleibt vorerst unverändert. Der monatlich zu zahlende Gesamtbetrag beläuft sich daher auf DM 1.486,40.
Bitte schicken Sie mir Ihr schriftliches Einverständnis zur Mieterhöhung bis zum 31.05.9X. Der neue Mietpreis ist dann erstmals zum 01.07.9X fällig.

Mit freundlichen Grüßen

Carl W. Lorrach

Carl W. Lorrach

Anlagen
Kopie: Auszug aus Mietspiegel
Einverständniserklärung

Kirsten Ludewig
Sonnenweg 17
83765 Lohberg

12.05.199X

Treuverwaltung Nienwegen
Herrn Warden
Rathausplatz 8

83759 Kamberg

Ihr Brief vom 8.5.199X – Mieterhöhung

Sehr geehrter Herr Warden,

den von Ihnen gewünschten neuen Mietpreis kann ich in der vorgesehenen Höhe nicht akzeptieren.

Die bisherige Grundmiete von DM 820,– soll sich ab 1. September auf DM 1200,– erhöhen, d. h. um ca. 35 %. Die gesetzliche Kappungsgrenze für Mieterhöhungen aber liegt bei 30 %.

Ich werde Ihnen ab 1.9.199X einen um 30 % erhöhten Mietpreis zahlen, das sind DM 1066,–. Bitte bestätigen Sie mir noch einmal schriftlich den neuen Mietzins.

Mit freundlichen Grüßen

K. Ludewig

Paolo Sartori
Hans-Albers-Str. 65
24477 Lüderen

02.03.199X

Frau
Marion Stetten
Klosterweg 12

24478 Lüderen

Widerspruch gegen Mieterhöhung
Ihr Schreiben vom 25.2.199X

Sehr geehrte Frau Stetten,

die von Ihnen gewünschte Erhöhung der Miete kann ich nicht akzeptieren. Sie geben in Ihrem Schreiben keine Begründung an, warum Sie den Mietzins erhöhen. Dies ist allerdings gesetzlich vorgeschrieben.

Darüber hinaus liegt der von Ihnen genannte Mietpreis deutlich, und zwar um ca. 30 %, oberhalb der Vergleichsmiete des aktuellen Mietspiegels der Stadt Lüderen.

Daher werde ich auch weiterhin den bislang vereinbarten Mietpreis an Sie zahlen. Ich bitte um Ihr Einsehen.

Mit freundlichen Grüßen

P. Sartori

Namenstag

Glückwunsch zum Namenstag

Ein kurzer Rekurs auf den Namenspatron ist am Namenstag immer angebracht.

Der Namenstag wird in katholischen Familien gefeiert. Er ist dem persönlichen Tauf- und Rufnamen in dessen Bezug zum Namenspatron gewidmet. Als Heiliger wird dieser an einem bestimmten Tag im Kirchenjahr besonders geehrt.
Mögliche Stichworte für die inhaltliche Gestaltung:

- **Gratulation**
- **Verweis auf die persönliche Bedeutung des Festes**
- **Bezüge zum Namenspatron und dessen überlieferten Tugenden oder Taten**
- **Gute Wünsche, auf den Tag und die Feier bezogen**

Ist der Glückwunschbrief einem Geschenk beigelegt, sollte ausdrücklich Bezug auf dieses Geschenk genommen werden.

▶ Glückwunsch zum Namenstag, Seiten 329–333
▶ Glückwunsch zum Geburtstag, Seiten 228–241
▶ Glückwunsch, Seiten 256 und 257

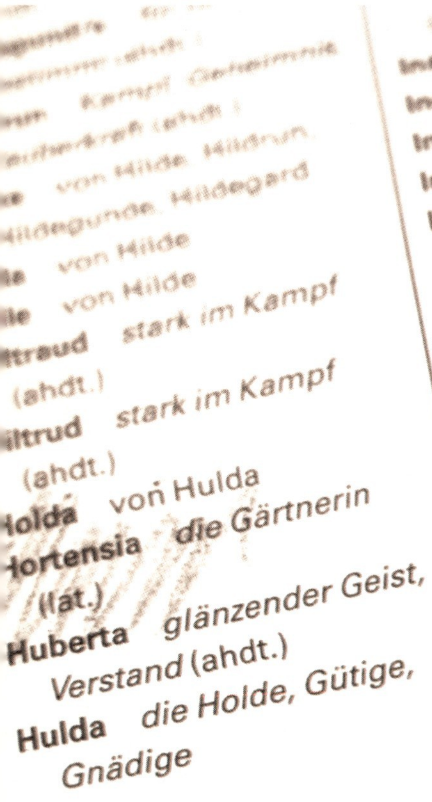

Paula Herrlinger
Ismaningerstr. 34
84224 Cannstadt

10. August 199X

Liebe Clara,

zu deinem Namenstag wünsche ich dir alles Gute und Gottes Segen. Heute in der Frühe habe ich besonders innig an dich gedacht und für dich gebetet. Mir fiel wieder einmal auf, wie seelenverwandt du doch deiner Namenspatronin bist und wie sehr dein Leben auch ein „in Spuren gehen“ ist! Bleibe ihr und dir treu und sei weiter eine Ansprechpartnerin für jeden, der Zuspruch und Unterstützung braucht.

Von Herzen
deine

Paula

Karlheinz und Angelika Hartung
An der Georgshütte 6
47766 Becheln

22.06.199X

Lieber Johannes,

zu deinem Namenstag senden wir dir die besten Wünsche!

Heute wählen Eltern für ihre Kinder oft einen Namen, der in erster Linie gut mit dem Nachnamen zusammenklingt und der nicht zuletzt ‚modern' ist.

Als wir selbst dir vor fast dreißig Jahren deinen Namen gaben, haben wir sicherlich auch solche Überlegungen angestellt, aber ebenso an den geistigen Bezugspunkt zum Namenspatron gedacht. Wir sind froh, dass du diesen Bezug immer gespürt und gelebt hast und dass du dem Heiligen, dessen Namen du trägst, bis heute in ganz besonderer Weise zugetan bist.

Umso mehr gibt es Grund, dir zu deinem Namensfest zu gratulieren und dir einen besinnlichen und fröhlichen Tag im Kreis deiner Lieben zu wünschen.

Sei herzlich umarmt

von deinen Eltern

Leonhard Masur
Schuhmarkt 6
36788 Grossen

17.11.199X

Liebe Tante Lis,

herzliche Glückwünsche zu deinem Namenstag!

Wir haben erst neulich im Religionsunterricht einige Erzählungen von deiner Namenspatronin, der Heiligen Elisabeth, gehört, und ich habe viel an dich gedacht. Es waren schöne Geschichten über die Sorge der Heiligen Elisabeth für Arme und Kranke. Ich finde, dass es sehr schön ist, eine solche Namenspatronin zu haben!

Viele Grüße und alles Gute

Leo

Ulrich Sartorius
Barbarossaplatz 21
53438 Deuzheim

10.11.199X

Lieber Martin,

ich möchte dir heute ganz herzlich zu deinem Namensfest gratulieren.

Wie du weißt, ist bei uns der Namenstag fast wichtiger als der Geburtstag, und ich selbst halte an diesem alten Brauch gerne fest. So möchte ich auch zu deinem Namenstag das Gedenken an den Mann zurückrufen, den deine Eltern für dich zum Vorbild wählten. Ob es sich bei diesem Heiligen und seinem Werk nun um eine Legende handelt oder um die historische Wahrheit, kann am Ende gleichgültig bleiben.

Wichtig ist das Muster, das zum Vorbild werden kann, in diesem Fall die Großherzigkeit, die Hilfsbereitschaft und die Zuwendung zu den Bedürftigen. Was könnte falsch daran sein, sich zum Jahresfest des Namenspatrons auf diese beispielhaften Werte zu besinnen? Zumal ich weiß, lieber Martin, dass du dir diese Werte in hohem Maße zu eigen gemacht hast.

Mit allen guten Wünschen
dein Pate

Ulrich Sartorius

Moritz Bechtold
Lohbergstr. 45
38098 Kreienthal

23.04.199X

Lieber Georg,

die herzlichsten Wünsche zu deinem Namenstag! Ich weiß schon, es ist etwas aus der Mode gekommen, diesen Tag zu begehen. Aber ich finde ihn eigentlich immer noch denkwürdig, denn die Bindung an den Namenspatron hat durchaus Bedeutung für das eigene Leben. Man geht seinen Lebensweg ja immer auch ein wenig „in Spuren", und sich dabei an den Tugenden und Haltungen des großen Heiligen zu orientieren, dessen Namen man trägt, ist vielleicht gar kein schlechter Ratschlag. Was kann ich dir also zu deinem Namenstag Besseres wünschen als den Mut, die Entschlusskraft und die Geradlinigkeit, die deinem Namenspatron zugesprochen werden?

Mit herzlichen Grüßen

dein

Moritz

Neujahrswünsche

Alle guten Wünsche

Neujahr ist ein guter Anlass, sich in Erinnerung zu bringen.

Für viele Menschen ist es ein schöner Brauch, anlässlich des Jahreswechsels gute Wünsche für das kommende, noch „frische“ Jahr zu senden. In jedem Falle ist dieser Anlass oft willkommen, auch weitläufige Kontakte wieder aufleben zu lassen oder sich im Freundes- und Bekanntenkreis in Erinnerung zu bringen.
Mögliche Stichworte für die inhaltliche Gestaltung:

- **Gute Wünsche für das neue Jahr: Glück, Gesundheit, Erfolg, Liebe, Familie, geschäftliche Partnerschaft usw.**
- **Überlegungen zum Jahreswechsel: Schnittstelle von Vergangenheit und Zukunft; Rückschau und Perspektiven**
- **Überlegungen zu Zielen, Vorsätzen, Planungen für das neue Jahr**

▶ Neujahrswünsche, privat, Seite 335
▶ Neujahrswünsche, geschäftlich, Seiten 336 und 337
▶ Weihnachtsgrüße, Seiten 424–427

Lieber Jonas,

meine besten Wünsche zum neuen Jahr,
beruflichen Erfolg, Glück in der Liebe und
endlich die lang geplanten Reisen
in die fernen Regionen dieses Planeten.

Was ich mir noch wünsche:
dass wir uns im kommenden Jahr häufiger sehen als im letzten!
Ich selbst werde jedenfalls mein Bestes dafür tun.

Alles Liebe
dein

Berthold

HANSEN GMBH

Michael Howald, Bereichsleiter Vertrieb, Emsstr. 4-8, 46879 Kellen

Struth GmbH
Frau Sybille Struth
Meurenbruch 56

54773 Lahnburg

20.12.9X

Sehr geehrte Frau Struth,

im vergangenen Jahr haben sich unsere Geschäftsbeziehungen sehr erfolgreich entwickelt. Ich denke, beide Partner können über die erreichten Ergebnisse mehr als zufrieden sein.

Es gibt also Anlass genug, auch im neuen Jahr auf diesem erfolgreichen Weg vorwärts zu gehen und sich neue Ziele zu setzen. Das nächste Treffen für weitere Planungen haben wir ja schon für den Monat Januar terminiert.

Ich bedanke mich für die ausgezeichnete Zusammenarbeit und wünsche Ihnen für das Jahr 199X alles Gute, Glück und Erfolg!

Mit den besten Grüßen

Michael Howald

Michael Howald

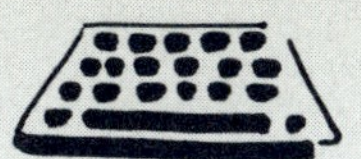

ANDERMANN GMBH
Soester Str. 7, 59223 Kellheim

Coaching GmbH
Herrn Thomas Lackes
Gartenstr. 51
72442 Ecklingen

20.12.9X

Sehr geehrter Herr Lackes,

nach vielen Jahren erfolgreicher Zusammenarbeit stand die vergangene Periode im Zeichen einer strategischen Neuorientierung meines Unternehmens und infolgedessen rückläufiger gemeinsamer Geschäftsbeziehungen.

Bei unserer letzten Besprechung aber haben wir festgestellt, dass es auch für die Zukunft gemeinsame Operationsfelder gibt, die wir im neuen Jahr offensiv angehen wollen.

Ich nehme den Jahreswechsel zum Anlass, diese Ausrichtung noch einmal zu bekräftigen. Für das neue Jahr erwarte ich vor allem einen großen Schritt vorwärts in der abgestimmten Vermarktung von IT-Beratungsleistungen in den deutschsprachigen Ländern. Ich bin sicher, dass sich dieses Segment bis zur nächsten Jahreswende hochdynamisch entwickeln wird.

Ihnen, Ihrem Unternehmen und Ihrer Familie wünsche ich ein gutes, ein erfolgreiches neues Jahr!

Mit den besten Grüßen

Dr. Gerhard Andermann

Dr. Gerhard Andermann
Geschäftsführer

Ostergrüße

Osterhase und Lenz sind da

Mit Ostern kommt die Auferstehung, nicht allein im christlichen Sinne.

Für Christen ist das Osterfest der Höhepunkt des kirchlichen Jahres. Aber nicht nur in christlichen Zusammenhängen ist Ostern ein ganz besonderes Fest. Der Winter ist (endlich) vorüber, die Natur erwacht und die Lebensfreude erhält mit der strahlenden Sonne wieder Auftrieb. Dieser Freude kann man in schriftlichen Ostergrüßen Ausdruck verleihen. Mögliche Stichworte für die inhaltliche Gestaltung:

- **Gute Wünsche für das Fest**
- **Überlegungen zur Jahreszeit: Frühling, erwachende Natur, Blüte, Wärme, aufsteigende Entwicklungslinie**
- **Überlegungen zum religiösen Inhalt des Festes: Erlösung und Auferstehung**
- **Überlegungen zur Tradition und zum Brauchtum des Festes, vor allem für Kinder: Osterhase, Ostereier, Suchen der Ostereier**

Ist der Brief einem Geschenk beigelegt, sollte ausdrücklich Bezug auf dieses Geschenk genommen werden.

▶ Ostergrüße, Seiten 339–341

Lieber Felix,

dieses Jahr ist der Osterhase bei uns schon früher vorbeigekommen, um ein Geschenk für dich abzugeben. Und er hat auch keine bunten Eier gebracht, sondern ein schönes Buch. Wir schicken es dir heute, damit es rechtzeitig zum Osterfest bei dir ankommt.

Wir freuen uns schon sehr, dass du uns bald mit Mama und Papa besuchen kommst. Opa hat schon wieder die Schaukel im Garten aufgehängt, und dann warten da noch ein paar Überraschungen auf dich. Du wirst staunen!

Jetzt aber wünschen wir dir erst einmal ein fröhliches Osterfest und eine erfolgreiche Suche nach Osternestern und Ostereiern. Grüße bitte Papa und Mama von uns

deine

Oma und Opa

Liebe Mami, lieber Papi,

wir alle wünschen euch ein frohes Osterfest!

Wie immer fahren wir über die Ostertage an den Tegernsee und hoffen natürlich auf gutes Wetter, das erste Grün und viele blühende Bäume.

Wie schön ihr es jetzt haben müsst! Vor dem Haus wird jetzt der Goldregen blühen und vielleicht auch schon die Kirsche im Garten. Wie ich euch kenne, werdet ihr jeden Sonnenstrahl nutzen, um euch hinauszusetzen auf die Terrasse und dort auch den Osterfeiertag zu verbringen.

Lasst es euch gut gehen, genießt euren Garten und die ersten schönen Frühlingstage und bleibt vor allem gesund.

Die Kinder schicken euch einige Zeichnungen, die sie für euch zu Ostern gemalt haben. Neben dem Osterhasen seid auch ihr darauf porträtiert – ihr werdet eure Freude daran haben.

Alles Liebe von unserer ganzen kleinen Familie
eure

Sami

Liebe Tine, lieber Bernd,

das Osterfest steht an, aber haben wir nicht gerade erst die Weihnachtsgrüße ausgetauscht? Die Zeit fliegt, und umso schöner und wichtiger ist es, dass wir uns zu den Festen im Jahreskreis immer wieder in Erinnerung bringen.

Ich wünsche euch frohe Ostern, frühlingshafte Außenbedingungen und viele Überraschungs-Eier! Nehmt mich in Gedanken mit zu eurem Osterspaziergang (in jedem Fall vor den Toren der Stadt!) und tragt die Frühlingssonne mit euch, auch wenn das Wetter nicht mitspielen will.

Alles Liebe und bis bald
euer

Hannes

Polizei

Briefe an die Polizei

Bleiben Sie sachlich, man wird Ihr Anliegen dann eher ernst nehmen.

Nicht jedes Ärgernis mit Nachbarn oder falsch parkenden Autos sollte Anlass geben, sich an die Polizei zu wenden oder gar Anzeige zu erstatten. Doch wenn tatsächlich alle anderen Mittel – beispielsweise das direkte Gespräch – ausgeschöpft sind, bleibt oft nur der Weg zur nächsten Polizeidienststelle oder eben ein Brief an die Polizei.

Ein solches Schreiben wird später gegebenenfalls als Beweismittel herangezogen. Halten Sie sich daher auch bei den Einzelheiten strikt an die Wahrheit und überlegen Sie sehr genau, welche Aussagen Sie treffen. Ihr Brief sollte einen sachlichen Ton einhalten und weniger impulsiv als informativ sein.

Geben Sie Ihrem Brief an die Polizei den folgenden Aufbau:

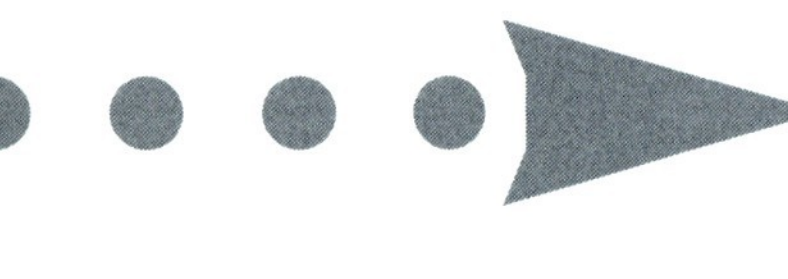

- **Absender und Datum**
- **Korrekte Anschrift der Polizeidienststelle**
- **Im Betreff: Benennung des Anliegens, zum Beispiel Anzeige gegen Unbekannt**
- **In Anrede: *Sehr geehrte Damen und Herren,* soweit Ihnen nicht der Dienststellenleiter oder ein anderer zuständiger Polizeibeamter namentlich bekannt ist**
- **Klare und kompakte Darstellung des problematischen Sachverhalts**
- **Ergänzende Informationen, zum Beispiel über eigene Recherchen**
- **Klare Benennung des eigenen Anliegens, zum Beispiel: Bitte, eine Anzeige aufzunehmen oder ein unrechtmäßig geparktes Kraftfahrzeug abzuschleppen usw.**
- **Grußformel**

▶ Anzeige gegen Unbekannt, Seite 343
▶ Briefe an Ämter, Seiten 82–99

Frank Marowitz
Richard-Wagner-Str. 47
88342 Ockershausen

08.03.9X

Polizeidienststelle
Kirchstr. 38

88342 Ockershausen

Anzeige gegen Unbekannt

Sehr geehrte Damen und Herren,

in der vergangenen Nacht haben unbekannte Personen mein Zweifamilienhaus in der Richard-Wagner-Str. 47 straßenseitig mit Graffiti besprüht, und zwar auf ganze Länge vom Erdboden bis in etwa 2,50 m Höhe.

Meine Familie und ich haben in der Nacht nichts bemerkt; auch unsere Mieter und unmittelbaren Nachbarn haben den Vorfall nicht beobachtet.

Ich erstatte hiermit Anzeige gegen Unbekannt wegen Sachbeschädigung.

Für Rückfragen stehe ich Ihnen natürlich gerne zur Verfügung (Telefon 7 86 54). Vor allem bitte ich Sie, den entstandenen Schaden an meinem Haus so schnell wie möglich zu kontrollieren, damit ich eine Übermalung in Auftrag geben kann.

Mit freundlichen Grüßen

F. Marowitz

Protokoll

Ergebnisse festhalten

Das Protokoll hält den Verlauf beziehungsweise die Ergebnisse einer Besprechung in nachweisfähiger Form fest. Es ist daher ein Mittel der Dokumentation, aber auch der Kontrolle und Beweisführung.
Für ein Protokoll gelten teilweise ähnliche Anforderungen wie für eine Aktennotiz:

Ein Protokoll muss vollständig sein, unmissverständlich und gut strukturiert. Unterschiede kann es allerdings in der Länge der Darstellung geben.

Ein Protokoll muss sachlich und distanziert wiedergeben, was besprochen wurde. Es dient der Dokumentation von Ergebnissen und Arbeitsaufträgen sowie der Information Dritter.

Nicht jedes Protokoll ist kurz gefasst; es gibt verschiedene Grade der Ausführlichkeit.
Protokolliert wird während der Verhandlung, daher in der Zeitform der Gegenwart: *Herr Dr. Henrichs referiert über die Umsatzziele der kommenden Geschäftsperiode.*
Die Sprache des Protokolls ist nüchtern, sachlich und distanziert. Es muss jederzeit deutlich werden, dass der Protokollant nicht seine persönliche Meinung wiedergibt, sondern die Äußerungen einer anderen Person. Dafür eignet sich der Gebrauch der indirekten Rede, sprachlich in der Form des Konjunktiv I (1. Möglichkeitsform), ersatzweise auch des Konjunktiv II (2. Möglichkeitsform). Beispielsweise wäre die Wirklichkeitsform des folgenden Beispiels durchaus missverständlich: *Frau Lahmann sagt, dass die Produktionskosten nicht wettbewerbsfähig sind. Die Mitbewerber sind am Markt etwa 20% preiswerter.* Zumindest für den zweiten Satz ist nicht eindeutig erkennbar, ob es sich um eine Aussage des Protokollanten oder der Frau Lahmann handelt. Daher wird hier richtigerweise der Konjunktiv gebraucht: *Frau Lahmann sagt, dass die Produktionskosten nicht wettbewerbsfähig seien. Die Mitbewerber seien am Markt etwa 20% preiswerter.*
Allerdings gibt es für den Einsatz des Konjunktivs einen Ermessensspielraum. Wenn auch ohne Konjunktiv zu erkennen ist, dass es sich um eine Aussage in indirekter Rede (also um die Meinung einer anderen Person) handelt, genügt die Form des Indikativ (Wirklichkeitsform). In unserem Beispiel lässt etwa der erste Satz – allein gestellt – gar keinen Zweifel über den Sprecher zu: *Frau Lahmann sagt, dass die Produktionskosten nicht wettbewerbsfähig sind.*
Um Missverständnisse zu vermeiden, sollten Sie beim Verfassen von Protokollen besonders auf die Zeitangaben achten. Was zum Zeitpunkt der protokollierten Verhandlung *heute, morgen* oder *nächstes Jahr* war, kann beim späteren Nachlesen verwirrend wirken. Verwenden Sie daher am besten bedingte Zeitangaben wie *am selben Tag, am folgenden Tag* oder *ein Jahr später.*

Protokoll

Protokollarten

Es gibt Anlässe, bei denen sämtliche Diskussionsbeiträge wörtlich protokolliert werden sollten. In anderen Fällen genügt ein kurzes Ergebnisprotokoll mit den wichtigsten Beschlüssen. Für unterschiedliche Rahmenbedingungen und Ziele haben sich die folgenden Protokollarten bewährt:

Bevor Sie ein Protokoll verfassen, sollten Sie mit den Gesprächsteilnehmern absprechen, welche Art der Protokollführung gewünscht ist.

Wörtliches Protokoll

Jedes Wort einer Besprechung oder Tagung wird festgehalten, aber auch andere Vorgänge wie Folieneinsatz oder Beifallsbekundungen werden protokolliert. Im geschäftlichen Umfeld ist diese Protokollart nicht üblich.

Verlaufsprotokoll

Das Protokoll gibt den gesamten Verlauf einer Besprechung in ausführlicher Form wieder, allerdings in sinnvoller Weise gekürzt und geordnet. Nicht nur die Sachargumente und Beschlüsse, sondern auch die Namen der Redner werden festgehalten.

Kurzprotokoll

Verhandlungsverlauf und Sachargumente werden meist stichwortartig wiedergegeben, die Beschlüsse und Ergebnisse dagegen ausführlich. Der Diskussionsverlauf bleibt in großen Linien erkennbar. Die Namen der Redner werden nur in besonderen Fällen benannt.

Ergebnisprotokoll, Beschlussprotokoll

Wenn später nur die Ergebnisse einer Besprechung, also Beschlüsse, Handlungsanweisungen oder Wahlergebnisse von Bedeutung sind, wählt man diese kurze Protokollart. Das Verhandlungsergebnis wird vollständig beziehungsweise wörtlich protokolliert, die Namen der Redner oder der Inhalt einzelner Diskussionsbeiträge spielt keine Rolle. Es bietet sich an, für diese Protokollart ein eigenes Formblatt zu verwenden.

Gedächtnisprotokoll

Das Gedächtnisprotokoll wird erst nach Abschluss der Besprechung in der Zeitform der Vergangenheit aufgezeichnet. In Struktur und Form entspricht es der *Aktennotiz* (▶ Aktennotiz).

Protokoll

Aufbau eines Protokolls

Soll ein Protokoll rechtskräftig formuliert sein, müssen Sie auf formale Vollständigkeit achten.

Damit ein Protokoll Rechtskraft erhält, müssen die nachfolgend genannten Angaben (mit Ausnahme von Betreff und Tagesordnung) vollständig enthalten sein. Zudem müssen die Teilnehmer dem Protokoll ausdrücklich zustimmen beziehungsweise auf Widerspruch innerhalb einer bestimmten Frist verzichten.
Halten Sie in Ihrem Protokoll die folgenden Punkte fest:

- **Angaben zu Unternehmen, Gruppe, Versammlung, Besprechung**
- **Verteiler**
- **Name des Protokollführers**
- **Ort, Raum**
- **Datum, Uhrzeit (von – bis)**
- **Teilnehmer (anwesend – abwesend, Vertretung, nur zu bestimmten Tagesordnungspunkten anwesend)**
- **Name des Vorsitzenden**
- **Betreff**
- **Tagesordnungspunkte**
- **Besprechungsinhalte (je nach Protokollart)**
- **Anträge, Beschlüsse und Abstimmungen meistens im Wortlaut**
- **Unterschriften des Protokollführers und des Vorsitzenden**
- **Datum der Protokollerstellung**

▶ Protokoll, Seite 347
▶ Aktennotiz, Seiten 60–63

EXPERTS GMBH

Protokoll: Besprechung GL/Vertrieb

Datum	09.02.199X
Zeit	11.00-12.30 Uhr
Ort	Kleiner Besprechungsraum, Zi. D 21
Teilnehmer	Frau Dr. Schneider (Geschäftsleitung)
	Herr Schadewald (Abteilungsleiter Vertrieb)
	Frau Thieme (Abteilung Vertrieb)
Protokoll	Frau Lohmann
Verteiler	Teilnehmer, Herr Johannsen
Tagesordnung	1. Protokoll der Besprechung vom 15.01.199X
	2. Umstrukturierung der Abteilung Vertrieb

TOP 1: Das Protokoll der Besprechung vom 15.01.199X wird von allen Teilnehmern bestätigt und ohne weitere Diskussion zu den Akten genommen.

TOP 2: Frau Dr. Schneider schlägt im Namen der Geschäftsleitung eine Neugliederung der Abteilung Einkauf in drei Bereiche vor: Hardware, Software und Service.
Herr Schadewald und Frau Thieme wollen zusätzlich einen vierten Bereich einrichten: Netzwerklösungen. Sie begründen dies mit günstigen Umsatzerwartungen in diesem Geschäftsfeld und der Notwendigkeit, Aktivitäten und Personal zum Thema Netzlösungen für Unternehmen zu bündeln.
Frau Dr. Schneider zeigt sich skeptisch, kurzfristig die personelle Basis für einen eigenständigen Bereich Netzwerklösungen aufbauen zu können. Sie wird den Vorschlag der Abteilung in der Geschäftsleitung diskutieren.

Weiteres Vorgehen: Eine endgültige Regelung soll bei einer Abteilungsleitersitzung am 26.02.199X getroffen werden.

Oldesleben, den 09.02.199X

Angefertigt	Für die Richtigkeit
Sigrid Lohmann	Dr. Mia Schneider
Sigrid Lohmann	Dr. Mia Schneider
Protokollführerin	Besprechungsleiterin

Rechnung

Fakturieren

Um gelieferte Waren oder Dienstleistungen in Rechnung zu stellen, können Vordrucke benutzt werden (DIN 4991). Grundsätzlich sind die Formulierungen nicht vorgeschrieben, wohl aber einige grundlegende Rechnungsbestandteile. Üblicherweise sind Rechnungen sehr knapp und unpersönlich abgefasst – beispielsweise unter Verzicht auf Anrede und Grußformel.

Achten Sie darauf, dass Ihre Rechnung alle wesentlichen Bestandteile enthält.

Der nachfolgende Schritt im Korrespondenzfluss des Zahlungsverkehrs kann das *Mahnschreiben* (▶ Mahnung – 1. Mahnung) sein.

Folgende Aspekte sollten Sie in einer Rechnung benennen:

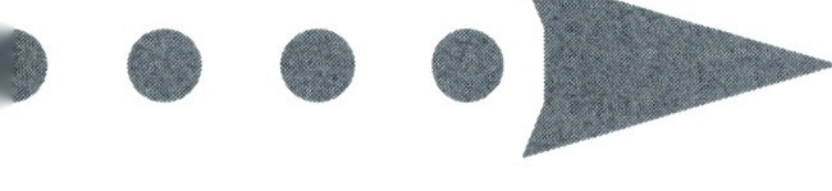

- **Im Betreff: Rechnungsnummer, gegebenenfalls Bezug auf Bestellung und Liefertermin**
- **Art und Menge der Ware oder Dienstleistung, Bestell- oder Artikelnummer**
- **Angabe der Einzelpreise und des Gesamtpreises**
- **Ausweis des Umsatzsteuersatzes und der Umsatzsteuer**
- **Zahlungsfrist oder Zahlungstermin, Bankverbindung**

▶ Rechnung, Seite 349
▶ Lieferanzeige, Seiten 302–305
▶ Mahnung, Seiten 308–313

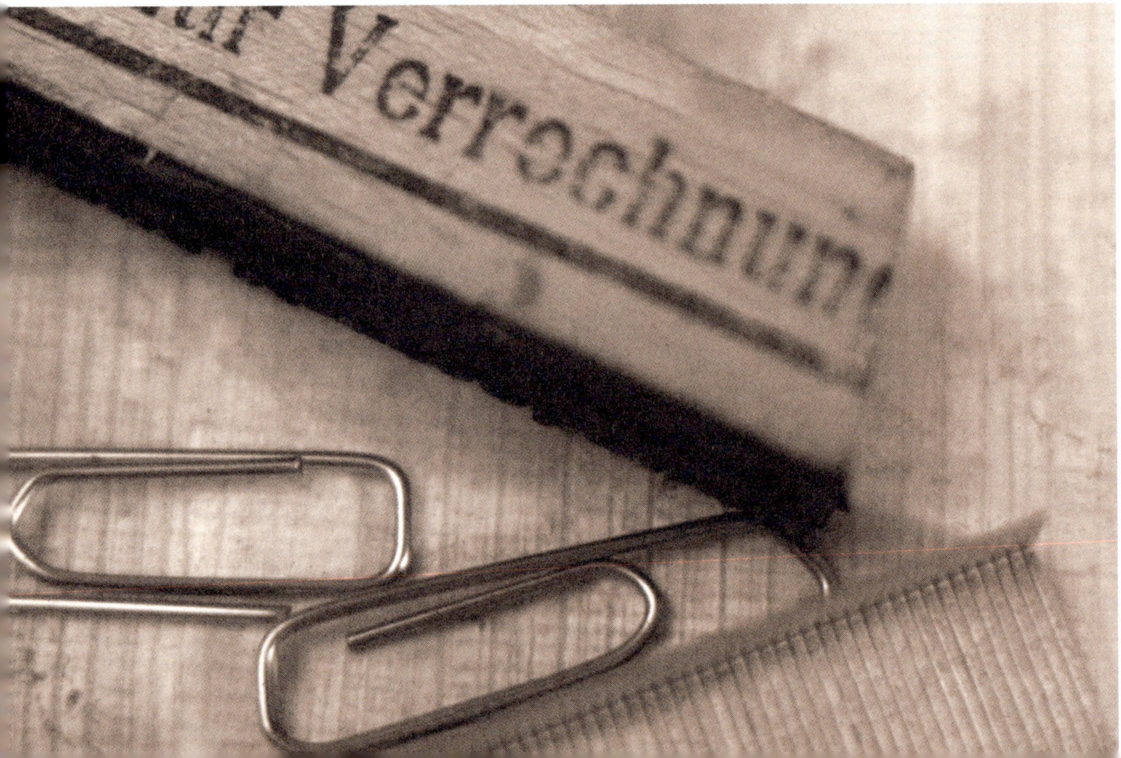

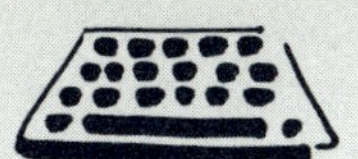

Pohlmann und Söhne
Maximilianstr. 51

83012 Reitsch

02.11.9X

Rechnung Nr. 190-43-2399

Wir lieferten Ihnen am 26.10.199X frei Haus:

	Einzelpreis	Gesamtpreis
30 Stück Leuchtensysteme *Xenia*	DM 210,00	DM 6.300,00
15 Stück Hängeleuchten *Madras*	DM 540,00	DM 8.100,00
Netto		DM 14.400,00
Zzgl. MwSt. 16 %		DM 2.304,00
Rechnungsbetrag		DM 16.704,00

Rechnungsbetrag zahlbar innerhalb 30 Tagen ohne Abzug.

Erfüllungsort und Gerichtsstand ist Sahldorf.

Hamburger Str. 68, 25441 Sahldorf

Reklamation

Telefonrechnung

Bevor Sie einen Fehler der Telekom voraussetzen, sollten Sie Ihre Rechnung sorgfältig prüfen.

Telefonrechnungen sind heutzutage relativ gut zu überprüfen, da sie die Kategorien der geführten Gespräche oder – auf Wunsch – alle einzelnen Gespräche auflisten. Sollten Ihnen dabei Unstimmigkeiten auffallen, müssen Sie diese der Telefongesellschaft gegenüber sehr gut begründen – die Nachweispflicht bei Verdacht auf Fehlbuchungen liegt bei Ihnen. Ein Vergleich der reklamierten Rechnung mit den Vergleichswerten einer längeren Vorperiode oder ein hoher Rechnungsbetrag in einer Tarifgruppe, die zuvor noch nie beansprucht wurde, können die Begründung der eigenen Zweifel plausibel unterstreichen.
Beachten Sie bitte, dass Ihr Einspruch keine aufschiebende Wirkung hat. Die Rechnung muss zunächst voll bezahlt werden, auch wenn sie Ihrer Meinung nach fehlerhaft ist.
Folgende Aspekte sollten Sie bei einem Reklamationsbrief beachten:

- **Korrekte Anschrift der örtlichen oder regionalen Buchungsstelle der Telefongesellschaft**

- **Im Betreff: Kennzeichnung der reklamierten Rechnung mit Bezugszeitraum und Datum; Kundennummer oder Nummer des Buchungskontos**
- **Darstellung des Sachverhalts: Zahl der berechneten Tarifeinheiten, vermuteter Fehler**
- **Begründung für Verdacht auf Fehlbuchung**
- **Bitte um Überprüfung und Rückbuchung**

▶ Reklamation einer Telefonrechnung, Seite 351
▶ Reklamation einer Urlaubsreise, Seiten 352 und 353
▶ Reklamation eines beschädigten Gepäckstücks, Seiten 354 und 355

Ulf Hartmann
Kugelgasse 46
35875 Görschen

26.04.9X

Deutsche Telekom AG
Buchungsstelle

30745 Heilberg

Telefonrechnung vom 20.04.9X für den Zeitraum 9.3.–11.4.9X
Buchungskonto 390000654456

Sehr geehrte Damen und Herren,

die Telefonabrechnung für den Zeitraum März/April 199X kann ich in dieser Form nicht akzeptieren.

Sie berechnen mir unter anderem unter der Leistungs-Nummer 17342 für 3 Welt 4-Verbindungen 1858 Gebühreneinheiten. Tatsächlich habe ich aber kein Telefongespräch in dieses Tarifgebiet geführt, so wie ich überhaupt keine Telefonate ins Ausland führe. Es kommt auch keine andere Person in Frage, die sich während des Abrechnungszeitraums in meiner Wohnung aufgehalten haben könnte.

Meines Erachtens handelt es sich hier um einen Abrechnungsfehler. Bitte überprüfen Sie die Rechnung und überweisen Sie die Fehlbuchung auf mein Konto zurück.

Mit freundlichen Grüßen

Ulf Hartmann

Reklamation

Mängel während der Urlaubsreise

Bevor Sie Mängel anzeigen, sollten Sie sich vergewissern, ob diese überhaupt eine Regresspflicht verursachen.

Der Reiseprospekt versprach Ihnen ein Luxushotel in paradiesisch ruhiger Strandlage, Ihr Urlaubslogis an der türkischen Riviera aber hat den Charme einer Autobahnraststätte. Die Rechtslage ist hier eindeutig: Sie haben Anspruch auf zumindest anteilige Rückerstattung der Reisekosten. Falls Sie berechtigten Grund zur Reklamation Ihrer Reisebuchung haben, geben Sie den Mangel unbedingt bei der Reiseleitung an und verlangen Sie Abhilfe. Wenn sich die Situation nicht verbessern lässt, setzen Sie schon am Urlaubsort eine entsprechende Aktennotiz auf und lassen Sie sie vom zuständigen Reiseleiter gegenzeichnen.
In Ihrem Reklamationsschreiben schildern Sie dann detailliert den Sachverhalt und stellen Ihre Regressforderung. Der Brief sollte folgende Aspekte enthalten:

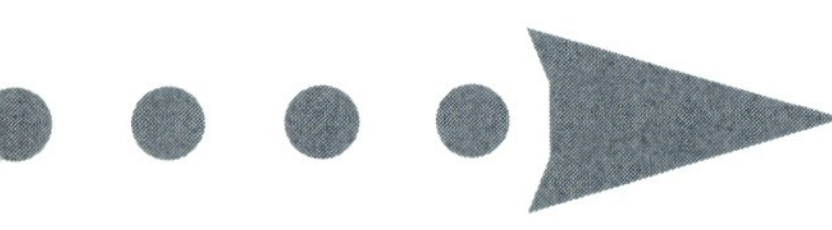

- **Angaben zur Reisebuchung einschließlich Vertragsnummer, Urlaubsziel, Hotel, Reisezeit**
- **Wiedergabe der angekündigten (aber nicht realisierten) Leistungsmerkmale der gebuchten Reise**
- **Plastische und ausführliche Beschreibung der Defizite und Mängel**
- **Verweis auf erfolglose Mängelanzeige vor Ort**
- **Verweis auf Dokumentation der Mängel und Bestätigung durch örtliche Reiseleitung**
- **Bezifferung der Regressforderung**
- **Fristsetzung für Antwort**

▶ Reklamation einer Urlaubsreise, Seite 353
▶ Reklamation eines beschädigten Gepäckstücks, Seiten 354 und 355

Doris und Günter Hagenbeck
Lausitzer Str. 56
02762 Greuthen

23.07.199X

Transculture Reisen
Am Rabeneck 8

10735 Machfeld

Unsere Transculture-Reise nach Güremyi/Türkei vom 8. bis 22.7.199X
Buchungsbestätigung vom 05.03.199X

Sehr geehrte Damen und Herren,
während unseres Reiseaufenthalts in der Türkei sollten wir nach Aussagen des Transculture-Reisekatalogs und der Buchungsbestätigung in einem äußerst ruhigen Hotel in parkähnlicher Umgebung wohnen.
Tatsächlich wurde während unseres Aufenthaltes in unmittelbarer Nachbarschaft des Hotels Göreme Beach, in ca. 50 Meter Entfernung, ein neuer Hotelkomplex hochgezogen. Da unser Zimmer direkt zur Baustelle hin lag, waren wir mit Ausnahme der Sonntage von morgens 6 Uhr bis abends 20 Uhr einem nahezu ununterbrochenen Baulärm ausgesetzt. Unsere Mängelanzeige führte nicht zu einer Verbesserung der Situation. Der Umzug in ein ruhigeres Zimmer war nicht möglich, da das Hotel komplett ausgebucht war. Diese Darstellung wird bestätigt von dem Bericht des örtlichen Reiseleiters, den wir in Kopie beifügen. Die erhoffte und in Aussicht gestellte Ruhe und Erholung haben wir unter diesen Umständen nicht finden können. Wir stellen fest, dass die Qualität des Urlaubs in hohem Maße beeinträchtigt war und nicht dem Angebot entsprach. Wir erwarten daher, dass Sie uns 50 % der Reisekosten zurückerstatten. Bitte nehmen Sie zu diesem Schreiben bis zum 10.8.199X Stellung. Sollten wir keinen positiven Bescheid von Ihnen erhalten, werden wir die Angelegenheit unserem Rechtsanwalt übergeben.

Mit freundlichen Grüßen

Günter Hagenbeck

Anlage
Kopie Mängelbericht der Reiseleitung

Reklamation

Beschädigtes Gepäckstück

Wenn Ihr Gepäck Schaden genommen hat, können Sie Schadenersatz geltend machen.

Bei Flug- oder Bahnreisen kann es vorkommen, dass aufgegebene Gepäckstücke beschädigt ausgehändigt werden. Üblicherweise füllen Sie dann gleich am Flughafen oder Bahnhof ein Formblatt des Verkehrsunternehmens aus. Aber nicht immer stehen solche Formulare zur Verfügung und manchmal entdeckt man den Schaden erst zu einem späteren Zeitpunkt. Reklamieren Sie den Schaden dann in einem persönlichen Brief.
Folgende Aspekte sollten Sie bei einem Reklamationsbrief beachten:

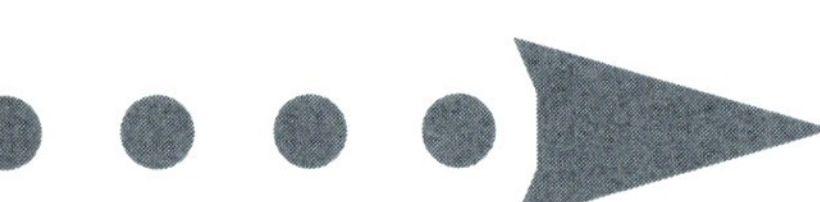

- **Möglichst korrekte Anschrift des Transportunternehmens und seiner Bearbeitungsstelle für Reklamationen**
- **Präzise Angabe der Reisedaten: Datum, Uhrzeit, Zug- oder Flugnummer, Zielort**
- **Darstellung des reklamierten Schadens**
- **Bitte um Reparatur des Schadens oder Kostenerstattung**
- **Als Anlagen: Fahrkarte oder Flugticket, Gepäckschein, Reparaturrechnung**

▶ Reklamation eines beschädigten Gepäckstücks, Seite 355
▶ Reklamation einer Telefonrechnung, Seiten 350 und 351
▶ Reklamation einer Urlaubsreise, Seiten 352 und 353

Manuela Leibrecht
Burgweg 12
032275 Gerenburg

28.04.9X

Luftlinie AG
Gepäckdienst

60745 Frankfurt

Beschädigtes Gepäckstück

Sehr geehrte Damen und Herren,

bei meinem Flug von Mailand nach Frankfurt am 18.4.199X, Flugnr. LL 26457, ging ein Aktenkoffer verloren, der sich aber später wiederfand und mir am 21.4. nach Hause zugestellt wurde.

Leider habe ich bei der Übergabe und einer schnellen Kontrolle des Koffers nicht bemerkt, dass die Schließmechanik beschädigt worden war und ausgetauscht werden musste.

Mittlerweile habe ich den Schaden beheben lassen und bitte um Erstattung der entstandenen Kosten. Alle notwendigen Belege finden Sie als Anlage.

Mit freundlichen Grüßen

Leibrecht

Anlagen
Reparaturrechnung
Kopie Flugschein
Kopie Gepäckübergabeschein

Ruhestand

Grüße zum Eintritt in den Ruhestand

Nicht jedem fällt der Übergang in den Ruhestand leicht. Nehmen Sie Rücksicht auf diese Gefühle.

Der Eintritt ins Rentenalter und das altersbedingte Ausscheiden aus dem Berufsleben ist für die meisten Menschen ein tief greifender Lebenseinschnitt. Manche begrüßen ihn als Befreiung von einer schwer gewordenen Last, viele sehen ihm aber auch mit der Sorge entgegen, eine sinnvolle Lebensorganisation jenseits der Berufsarbeit zu finden.
Wenn Sie einem Freund, einem Verwandten oder einem Kollegen Ihren herzlichen Gruß zum Eintritt in den Ruhestand schicken, stellen Sie sich ganz auf den erwarteten Umgang des Empfängers mit dieser besonderen Situation ein: Sieht er schon jetzt vor allem die Vorzüge des neuen Lebensabschnitts – kann man ihm also gratulieren – oder leidet er (noch) am altersbedingten Verlust des geregelten Berufslebens?

Mögliche Stichworte für die inhaltliche Gestaltung:

- **Gratulation oder neutraler Verweis zum Eintritt in den Ruhestand**
- **Positive Überlegungen zur neuen Lebenssituation: Freiheit, selbstbestimmtes Tun, keine „Arbeitsmühle" mehr, endlich Zeit für …, Erschließung neuer Tätigkeitsbereiche, Familie, Reisen**
- **Oder Ansprechen der durchaus schwierigen Übergangssituation zum Ruhestand, dann positive Wendung: aktiver Charakter wird sich auch in Zukunft Tätigkeitsfelder schaffen, Relativierung oder Ironisierung des Alters**
- **Gute Wünsche für die nahe und fernere Zukunft**
- **Gegebenenfalls gemeinsame Pläne für mögliche Aktivitäten ansprechen**

▶ Grüße zum Eintritt in den Ruhestand, Seite 357

Holger Meinl
Korvettenstr. 40
27034 Hagge

25.09.199X

Herrn
Matthias Behne
Bonifazstr. 6

30378 Oberheide

Lieber Matthias,

in wenigen Tagen gibst du also deinen gewohnten Arbeitsplatz auf. Ich kann mir gut vorstellen, dass das mit gemischten Gefühlen geschieht. Schließlich wird ein Workaholic nicht über Nacht zum Freizeitfanatiker. Aber es ist ja ohnehin eine falsche Gleichung, sich den Eintritt ins Rentenalter als Übergang in den Ruhestand zu denken. Ich habe keine Zweifel, dass bei dir der Ruhestand in jedem Fall ein Unruhestand sein wird. Mit deiner unbändigen Energie, deinem Reichtum an Ideen und Plänen, deiner Offenheit für neue Zusammenhänge und Aktionsfelder wirst du schon bald wieder darüber klagen, dass der Tag nur 24 Stunden hat, viel zu wenig für das, was zu tun ist.

Ich wünsche dir zumindest ein wenig Muße bei der Neuorientierung deines Tatendrangs. Lass es dir auch im neuen aktiven Lebensabschnitt gut gehen, alter junger Freund, und halt wie immer die Ohren steif!

Herzlichst

dein

Schule

Abwesenheit wegen Krankheit

Warten Sie nicht zu lange mit einer „Entschuldigung". In der Schule sorgt man sich auch um Ihr Kind.

Um Ihre Tochter oder Ihren Sohn wegen Krankheit vom Schulunterricht abzumelden oder nachträglich zu „entschuldigen", setzen Sie eine kurze schriftliche Erklärung auf. Beschränken Sie sich auf die nüchternen Fakten und verzichten Sie auf wortreiche Entschuldigungen – warum sollten Sie sich für die Krankheit Ihres Kindes entschuldigen? Volljährige Schüler „entschuldigen" sich selbst.
Stellen Sie im Brief nur folgende Aspekte dar:

- **Name des Kindes**
- **Art der Krankheit oder des Unfalls**
- **Tag beziehungsweise Dauer der Abwesenheit vom Unterricht**
- **Gegebenenfalls Hinweis auf beiliegendes ärztliches Attest**
- **Bei längerer Abwesenheit: Vorschlag, wie Ihr Kind den Lehrstoff verfolgen oder nachholen kann**

▶ Schule – Abwesenheit wegen Krankheit, Seite 359
▶ Schule – Beurlaubung aus besonderen Gründen, Seiten 360 und 361
▶ Schule – Information an Schule – Bitte um Gespräch, Seiten 362 und 363
▶ Schule – Abmeldung vom Religionsunterricht, Seiten 364 und 365

Claudia Verheeren
Hansaring 5
38203 Haneburg

4.3.199X

Bettinaschule
Frau Dr. Ute Lachinger
Möbiusstr. 37

38203 Haneburg

Sehr geehrte Frau Dr. Lachinger,

unsere Tochter Sybill hat sich heute beim Tennisspielen verletzt. Wegen eines Bänderrisses kann sie nach Aussage des Arztes die Schule etwa eine Woche lang nicht besuchen.

Sybill wird aber den Unterrichtsstoff nach Möglichkeit auch während dieser Zeit durcharbeiten. Wir haben ihre Freundin Laura Farthmann gebeten, Arbeitsunterlagen und Aufgabenstellungen für sie aus der Schule mitzubringen.

Das Attest des Arztes liegt in Kopie bei.

Mit freundlichen Grüßen

Verheeren

Anlage

Schule

Beurlaubung aus besonderen Gründen

Machen Sie deutlich, dass Sie ein Fehlen im Unterricht nicht leichtfertig hinnehmen, sondern dass Sie gute Gründe für Ihre Bitte um Beurlaubung haben.

Aus besonderen Gründen können Sie Ihre Tochter oder Ihren Sohn kurzzeitig vom Schulunterricht befreien lassen: beispielsweise für seltene Festlichkeiten in der Familie, für Gottesdienste an besonderen Feiertagen oder für Sportaktivitäten. Allerdings muss diese Befreiung vom Unterricht ausdrücklich genehmigt werden. Schreiben Sie Ihren formlosen Antrag sehr freundlich und geben Sie eine überzeugende Begründung, warum die Abwesenheit Ihres Kindes vom Unterricht durch den Anlass ausnahmsweise gerechtfertigt wird. Adressieren Sie Ihren Brief an den Klassenlehrer Ihres Kindes (bei bis zu eintägiger Beurlaubung) oder an den Schulleiter (bei mehr als eintägiger Beurlaubung).
Mögliche Stichworte für die inhaltliche Gestaltung:

- **Name des Kindes**
- **Bitte um Befreiung vom Unterricht für bestimmte Tage**
- **Begründung dieser Bitte: Bedeutung des Anlasses**
- **Hinweis auf geringes Versäumnis beziehungsweise positiven Leistungsstand Ihres Kindes**
- **Gegebenenfalls Vorschlag, wie Ihr Kind den Lehrstoff nachholen kann**

▶ Schule – Beurlaubung aus besonderen Gründen, Seite 361
▶ Schule – Abwesenheit wegen Krankheit, Seiten 358 und 359
▶ Schule – Information an Schule – Bitte um Gespräch, Seiten 362 und 363
▶ Schule – Abmeldung vom Religionsunterricht, Seiten 364 und 365

Beate Kramer-Junklas
Rheinuferstr. 46
52773 St. Gereon

2.5.199X

Schiller-Gymnasium
Frau Dr. Lienhoff
Konrad-Adenauer-Str. 10

52775 St. Gereon

Sehr geehrte Frau Dr. Lienhoff,

am Dienstag, den 16. Mai gibt es in unserer Familie ein großes Fest zu Ehren meines Schwiegervaters, der in Hamburg seinen 80. Geburtstag feiert. Es ist nahe liegend, dass auch die Enkelkinder an einer solchen Feier teilnehmen sollen.
Ich bitte Sie daher, unseren Sohn Holger für den 16. Mai vom Unterricht zu beurlauben. Wir werden darauf achten, dass Holger den versäumten Lehrstoff gründlich nacharbeitet.

Vielen Dank für Ihr Verständnis.

Mit freundlichen Grüßen

B. Kramer-Junklas

Schule

Information an Lehrer oder Schulleitung – Bitte um Gespräch

Warten Sie nicht auf Sprechtage! Nehmen Sie direkt Kontakt zum Lehrer auf, wenn es im Interesse Ihres Kindes ist.

Beschränken Sie Ihren Kontakt zu Lehrern und Schule Ihres Kindes nicht auf die Sprechtage. Bitten Sie um ein Gespräch oder um Beratung, sobald Sie es im Interesse Ihres Kindes und im Sinne der gemeinsamen Erziehungsaufgabe von Eltern und Schule für angebracht halten.

Wenn Sie um ein Gespräch bitten, schlagen Sie einen Termin vor und benennen Sie die Themen, die Ihnen wichtig sind. In der Regel handelt es sich dabei um den Leistungsstand Ihres Kindes oder bestimmte Verhaltensaspekte.

Immer häufiger gibt es aber auch Anlass, der Schule Nachricht über Gewaltanwendungen zu Lasten Ihres Kindes oder anderer Kinder auf dem Schulgelände und auf dem Schulweg zu machen. Warten Sie in solchen Fällen nicht ab, sondern nehmen Sie sofort Verbindung mit Lehrern und Schulleitung auf und versuchen Sie in gemeinsamer Anstrengung, die Schule wieder zu einem befriedeten Ort zu machen. Einen Brief zu diesem Thema finden Sie auf der rechten Seite.

▶ Schule – Beurlaubung aus besonderen Gründen, Seiten 360 und 361
▶ Schule – Abwesenheit wegen Krankheit, Seiten 358 und 359
▶ Schule – Abmeldung vom Religionsunterricht, Seiten 364 und 365

Sigrid und Wolfhard Teipler
Canisiusstr. 72
74477 Kaufbronn

22.11.9X

Westend-Schule
Herrn Schuldirektor Georg Becker
Rathenaustr. 65

74475 Kaufbronn

Sehr geehrter Herr Becker,

seit etwa zwei Wochen klagt unsere Tochter Katharina, die in die Klasse 5b geht, über fortgesetzte Belästigungen durch eine Gruppe von Schülern der 7. Jahrgangsstufe. Diese Belästigungen haben offenbar einen sehr aggressiven Charakter und reichen von hämischen Zurufen bis zu tätlichen Übergriffen auf dem Schulhof und in den Schulkorridoren.

Unsere Tochter ist mittlerweile so verängstigt, dass sie morgens nur noch widerstrebend zur Schule geht und heute wieder einmal weinend nach Hause kam.

Ich bitte Sie dringend, diesen Vorfällen nachzugehen. Auch Sie werden sicher ein Interesse daran haben, dass solche gezielten Aggressionen, die sich offenbar nicht nur gegen meine Tochter, sondern auch gegen andere jüngere Schüler richten, umgehend eingestellt werden.

Selbstverständlich sind wir gerne zu einem Gespräch bereit.

Mit freundlichen Grüßen

Schule

Abmeldung vom Religionsunterricht

Religionsmündige Kinder können sich selbst vom Religionsunterricht abmelden.

Kinder können grundsätzlich vom Religionsunterricht in der Schule befreit werden. Bis zum 13. Lebensjahr müssen die Erziehungsberechtigten eine entsprechende Erklärung unterzeichnen. Mit Vollendung des 14. Lebensjahrs werden Kinder religionsmündig. In den meisten Bundesländern können sie dann selbst und ohne Zustimmung der Eltern darüber entscheiden, ob sie am Religionsunterricht teilnehmen wollen oder nicht. Für die Abmeldung vom Religionsunterricht reicht eine formlose Erklärung an die Schulleitung. Gegebenenfalls besteht dann die Pflicht zur Teilnahme an einem Ersatzunterricht.

▶ Schule – Abmeldung vom Religionsunterricht, Seite 365
▶ Schule – Abwesenheit wegen Krankheit, Seiten 358 und 359
▶ Schule – Beurlaubung aus besonderen Gründen, Seiten 360 und 361
▶ Schule – Information an Schule – Bitte um Gespräch, Seiten 362 und 363

Mattes Seibel
Lahnstr. 30
23456 Langen

20.1.199X

Aloisius-Gymnasium
Frau Studiendirektorin
Hannelore Cordes
Comeniusstr. 18

23457 Langen

Abmeldung vom Religionsunterricht

Sehr geehrte Frau Cordes,

aus eigenem Entschluss möchte ich in Zukunft nicht mehr am Religionsunterricht teilnehmen. Ich bin Schüler der Klasse 10b, 16 Jahre alt und daher religionsmündig.
Bitte teilen Sie mir mit, ob ich ersatzweise an einem anderen Unterricht teilnehmen muss.

Mit freundlichen Grüßen

Mattes Seibel

Silberne Hochzeit

Glückwunsch zur silbernen Hochzeit

Ein festlicher Anlass, der aber durchaus mit Witz kommentiert werden kann.

Kann ein Paar nach 25 Jahren die silberne Hochzeit feiern, blickt es mit Sicherheit auf die aktivsten Jahre seines Lebens zurück. Grund genug, das gemeinsame Bestehen gegenüber allen Problemen positiv zu würdigen. Dem Rückblick sollte in jedem Falle ein Ausblick in die gemeinsame Zukunft folgen.

Mögliche Stichworte für die inhaltliche Gestaltung:

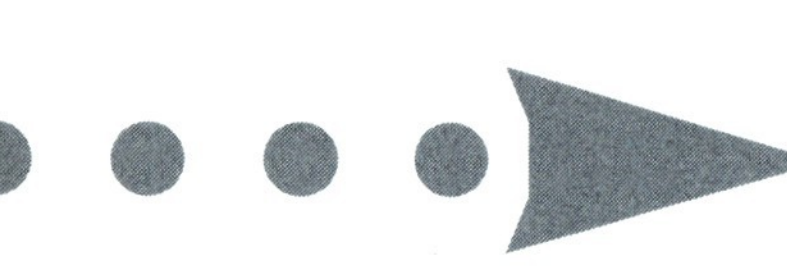

- **Gratulation**
- **Rückblick auf 25 Jahre Gemeinsamkeit; gegebenenfalls eigene Erinnerungen**
- **Lob des Paares, seines Zusammenstehens, seiner Liebe, seines Zusammenpassens**
- **Gute Wünsche für den Verlauf der Feier**
- **Gute Wünsche für die weitere gemeinsame Zukunft**

Ist der Glückwunschbrief einem Geschenk beigelegt, sollte ausdrücklich Bezug auf dieses Geschenk genommen werden.

▶ Glückwunsch zur silbernen Hochzeit, Seiten 367–369
▶ Glückwunsch zur goldenen Hochzeit, Seiten 268 und 269
▶ Glückwunsch, Seiten 256 und 257

Myriam und Heiner Lorenz
Bethmannstr. 76
69098 Friedenau

15.11.199X

Liebe Inge, lieber Horst,

manche scheitern im „verflixten siebten Jahr“, manche auch schon früher. Ihr aber habt alle Hürden der Ehe souverän genommen.

Und wen sollte das wundern? Ihr habt eure Liebe konsequent gelebt statt zerredet. Ihr seid voll Sorge füreinander statt voll Streit. Ihr vertraut euch statt eure Herzen zu vergiften.

Als Langstreckenläufer seid ihr nach diesen 25 Jahren beneidenswert in Form und ohne Ermüdungserscheinungen. So stempelt ihr jeden Pessimisten, der an die Dauer der Liebe nicht glaubt, zum Lügner.

Macht so weiter, nichts Schöneres können wir euch und uns wünschen!

Eure

Mary und Heiner

Christiane Gerke
Gleditschstr. 80
05544 Ansberg

17.4.199X

Liebe Mama,
lieber Papa,

ihr könnt euch vorstellen, dass 25 Jahre für mich ungeheuer lang erscheinen. Schließlich bin ich selbst noch einige Jahre jünger.

Umso mehr freut es mich, dass es diese vielen Jahre so gut zwischen euch geklappt hat. Und dass ich als bleibenden Eindruck von zu Hause mitgetragen habe, dass ihr euch unveränderlich liebt.

Sicherlich kann ich mich auch an Auseinandersetzungen erinnern und an „dicke Luft" zwischen euch. Aber für uns Kinder war immer klar, dass das nur eine kurze Gewitterfront sein konnte, die schnell vorbeizieht – und so war es ja auch. Wir lebten immer in der intuitiven Gewissheit, dass es zwischen euch „stimmt" und dass ihr euch über kurz oder lang wieder zusammenrauft.

Ich hoffe nur, dass ich selber das Glück haben werde, eine solche selbstverständliche, liebevolle Partnerschaft wie die eure zu leben.

Für euch wünsche ich mir natürlich, dass es so bleibt zwischen euch, die nächsten 25 Jahre und mehr. Seid euch in Liebe zugetan und rauft euch gefälligst zusammen, immer wieder!

Eure

Crissi

Liebe Conny, lieber Ralf,

Silbern also diesmal! Wahrscheinlich wird es euch wie mir gehen: dass man nicht begreift, wohin diese Jahre verflogen sind, fünfundzwanzig, die zwischen eurer grünen Hochzeit und dem jetzigen Jubelfest liegen. Ich sehe euch noch vor mir, gerührt und mit unsicherer Stimme, als ihr euch das Versprechen für's Leben gabt, und mich selbst, der das zu bezeugen hatte. Nun also die Silberhochzeit, die als silberne auch bestätigt wird durch die Haarfarbe, die wir jetzt alle tragen – im Ansatz wenigstens.

Aber was sind schon 25 Jahre? Euer Versprechen galt schließlich für immer, für gute und für schlechte Zeiten. So bleibt mir für die nächsten 25 Jahre zu wünschen, dass ihr die gleiche Beständigkeit zeigt, die gleiche Bestätigung der Entscheidung, die ich damals bezeugen durfte. Ich grüße euch also in der Hoffnung, dass wir auch das Fest der goldenen Hochzeit fröhlich vereint begehen werden wie dieses jetzt – womöglich dann mit goldenem Haar?

Alles Liebe

euer

Carl-Ernst

Spendensammlung

Spendenbrief von Verein

Verknüpfen Sie Ihre Bitte um Spenden mit einer Darstellung des konkreten Verwendungszwecks.

In angemessener schriftlicher Form um Spenden zu bitten, ist keine ganz leichte Aufgabe. Auch wenn der gemeinnützige Zweck außer Frage steht, sollte beim Adressaten nicht der Eindruck eines Bettelbriefes oder gar der karitativen Nötigung entstehen. Im Mittelpunkt steht ganz der soziale oder kulturelle Arbeitsbereich, der durch Spenden unterstützt werden soll: seine Leistung und seine unverzichtbare Funktion werden gewürdigt. Erst aus diesem Panorama heraus wird ein Finanzierungsbedarf begründet, dem der Appell zum Spenden folgt. Flankierende Argumentationen können schließlich auf die steuerliche Abzugsfähigkeit der geleisteten Spende verweisen oder auf die bewährte Spendenbereitschaft des Adressaten in vergangenen Jahren.
Die mögliche Variante eines Spendenbriefes finden Sie auf der rechten Seite.

- **Knappe Vorstellung der Vereinsziele**
- **Verweis auf die konkrete Arbeit, gegebenenfalls besondere Erfolge**
- **Begründung des Finanzbedarfs aus dieser Arbeit heraus, möglichst bezogen auf ein konkretes Objekt oder Projekt**
- **Appell an Spendenbereitschaft**
- **Verweis auf Gemeinnützigkeit und Steuerabzugsfähigkeit**
- **Gegebenenfalls Angebot an Spender, die Spende publikumswirksam zu „vermarkten“, z.B. als Beitrag in der örtlichen Presse**

▶ Spenden für einen guten Zweck, Seite 371

Elisabethenverein e.V.

Cornelia Niemann · Vorsitzende · Annenstraße 29 · 58022 Oberratingen

Drogerie Poscher
Herrn Jürgen Poscher
Bahnhofstr. 37
58022 Oberratingen

12.11.9X

Unterstützen Sie uns – es geht um einen guten Zweck!

Sehr geehrter Herr Poscher,

es ist seit vielen Jahren gute Tradition: Der Elisabethenverein verkauft auf dem Weihnachtsmarkt in Oberratingen schöne und nützliche Dinge zugunsten eines gemeinnützigen Zweckes. Im letzten Jahr kamen die Erlöse von mehr als 5.000 DM der Behinderteneinrichtung St. Barbara zugute. In diesem Jahr wollen wir das Altenwerk der Kirchengemeinde Christkönig unterstützen.

Es ist ebenfalls zur Tradition geworden, dass die örtlichen Unternehmen und Einzelhandelsgeschäfte mit Sachspenden zum Erfolg unserer Weihnachtsaktion beitragen. Auf diese Weise wird der gute Zweck zur Angelegenheit der ganzen Gemeinde. Wir dokumentieren dies am Verkaufsstand durch eine Liste der großzügigen Spender.

Bitte unterstützen Sie uns auch in diesem Jahr durch eine Sachspende, die sich nach Qualität und Art gut in den Rahmen unserer vorweihnachtlichen Initiative für bedürftige Senioren einpasst. Selbstverständlich holen wir Ihre Spende gerne bei Ihnen ab – bitte benachrichtigen Sie uns kurz per Telefon oder Fax.

Mit freundlichen Grüßen

C. Niemann

Elisabethenverein e.V.
Vorstandsvorsitzende

Teilhaber

Mitteilung über die Aufnahme eines neuen Teilhabers

Ein neuer Teilhaber braucht das Vertrauen Ihrer Kunden.

Dass Sie einen neuen Teilhaber in Ihr Unternehmen aufnehmen, zeigt, dass Sie neue Ziele anstreben. Lassen Sie Ihre Kunden und Geschäftsfreunde an Ihrer Aufbruchstimmung teilhaben und nutzen Sie die Aufnahme des neuen Teilhabers für die positive Selbstdarstellung Ihres Unternehmens. Darüber hinaus möchten Ihre Partner sicher gerne wissen, welche Kompetenzen und Vollmachten der neue Teilhaber hat.
Mögliche Stichworte für die inhaltliche Gestaltung:

- **Mitteilung über Eintritt eines neuen Teilhabers, Geschäftsführers usw.**
- **Beschreibung seiner Funktion, seiner Bevollmächtigung und seines Aufgabenbereichs**
- **Kurze Darstellung seines fachlichen Hintergrunds und Wertung als Zugewinn für das eigene Unternehmen**
- **Bitte um Vertrauen**

▶ Aufnahme eines neuen Teilhabers, Seite 373

antikcar GmbH

Inh. Manfred Blume, Hansestr. 72, 47023 Langenhorn

Car Import GmbH
Herrn Dirk Sagewald
Winterfeldstr. 65

58023 Krammen

05.11.9X

Aufnahme eines Teilhabers

Sehr geehrte Kunden, sehr geehrte Geschäftspartner,

seit 1. November 199X habe ich einen Teilhaber in meine Firma AntikCar aufgenommen, Herrn Ortwin Lerchbauer. Er wird zugleich als zweiter Geschäftsführer tätig sein.

Herr Lerchbauer ist Experte für französische Oldtimer-Provenienzen und Liebhaber insbesondere der Marke Citroën. Seine Aktivitäten und seine Kompetenz bilden daher eine längst überfällige Ergänzung zur bisherigen Schwerpunkt-Orientierung auf den britischen Markt.

Ich bitte Sie, Herrn Lerchbauer dasselbe Vertrauen entgegenzubringen, das Sie mir in den letzten Jahren geschenkt haben.

Mit freundlichen Grüßen

M. Blume

Manfred Blume

Telefax

So schnell wie das Telefon

Mit *Telefax* (oder einfach: *Fax)* schicken Sie Ihren Brief vom Faxgerät über die Telefonleitung an den Empfänger. Dort kommt eine Kopie der schriftlichen Vorlage an.

Das Wort **Fax** *kommt von* **Faksimile,** *das bedeutet: ein exaktes Abbild.*

Dieser Übertragungsweg bietet sich vor allem dann an, wenn ein Brief ohne Verzögerung den Empfänger erreichen soll. Je nach technischer Ausstattung müssen Sie allerdings mit Qualitätsverlusten bei der Übertragung rechnen.

Sie können selbst einiges für eine gute Übertragungsqualität und eine gute Lesbarkeit Ihres Fax tun: Wählen Sie für die Übertragung glattes, weißes Papier, und achten Sie vor allem auf die Schriftgröße (nicht weniger als 12 Punkt) und den Zeilenabstand (nicht weniger als 1,5)!

Als Telefax können Sie jeden „normalen" Brief oder andere Schriftstücke versenden. Schreiben Sie dann ins Adressfeld das Wort TELEFAX und die Anzahl der übertragenen Seiten. Die meisten Unternehmen und Organisationen arbeiten allerdings mit speziellen Vordrucken. Ein Beispiel sehen Sie rechts.

HOLLERITSCH UND PARTNER

TELEFAX

An:	Herrn Markus Stolten	Von:	lca
Fax:	0221 67512	Seiten:	1
Telefon:		Datum:	29.06.9X
Betreff:	Termin Aussendiensttreffen		

☐ Dringend ☐ Zur Erledigung ☐ Zur Stellungnahme ☐ Zur Kenntnis ☐ Mit Dank zurück

Sehr geehrter Herr Stolten,

für das nächste Außendiensttreffen merken Sie sich bitte schon jetzt den folgenden Termin vor:

Mittwoch, den 3. September 199X, und Donnerstag, den 4. September 199X

Über den Tagungsort des Treffens und die Tagesordnung werde ich Sie spätestens Ende August informieren.

Mit freundlichen Grüßen

Lorenz Carstedt

Lorenz Carstedt
Außendienstleiter

Todesfall

Zeitungsanzeige

Wenn Sie einen Ihnen nahe stehenden Menschen verloren haben, werden Sie nur mit Mühe eine Todesanzeige formulieren können: Vielleicht kann Sie jemand aus Ihrem Umfeld unterstützen.

Im Trauerfall hält üblicherweise das Bestattungsunternehmen Vorlagen für Text und Gestaltung einer Todesanzeige bereit. Nehmen Sie aber, soweit Ihnen dies beim Tod eines engen Verwandten möglich ist, aktiven Anteil an der Formulierung der Anzeige. Schließlich soll sie doch in Stil und Inhalt der verstorbenen Person möglichst nahe kommen und zugleich der Trauer der Hinterbliebenen in angemessener Form Ausdruck geben.

Bei Menschen mit religiöser Bindung wird ein Symbol des Glaubens in den Kopf der Anzeige eingebunden (für den christlichen Glauben meist das Kreuz), eventuell auch ein religiöses Motto (zum Beispiel eine Bibelstelle).

Bei der Formulierung von Todesanzeigen besteht immer die Gefahr, die Trauer der Hinterbliebenen übermäßig stark herauszustellen. Auch wenn damit die Lücke aufgezeigt werden soll, die der Tod eines geliebten Menschen reißt, so ist an diesem Punkt doch Zurückhaltung angebracht. Der Zweck einer Todesanzeige – man sollte es nicht vergessen – ist nicht die Anzeige von Trauer und Schmerz der Lebenden, sondern das respektvolle und liebende Gedenken an die verstorbene Person!

Üblicherweise werden in einer Todesanzeige die folgenden Informationen mitgeteilt:

- **Der vollständige Name des/der Toten**
- **Geburtsdatum und Todesdatum**
- **Die Namen der engsten Verwandten oder Freunde als Unterzeichner der Anzeige**
- **Die Adresse des Trauerhauses**
- **Ort, Tag und Zeitpunkt der Trauerfeier beziehungsweise des Requiems und der Beerdigung**

▶ Beispiele für Todesanzeigen, Seiten 377–383
▶ Beileidsschreiben, Seiten 100–107
▶ Dank für Beileid, Seiten 146–153

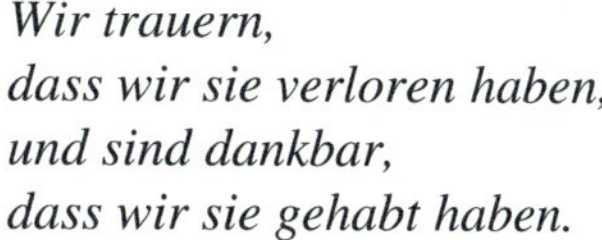

Wir trauern,
dass wir sie verloren haben,
und sind dankbar,
dass wir sie gehabt haben.

MARIA ALBERS

geb. Martin

* 10.8.1919 † 27.3.199X

Wir nehmen Abschied von einer wunderbaren Frau.

Katrin Henke geb. Albers
Hans-Joachim Henke
Stephan Henke
Konrad Martin

60356 Frankenthal, Lahnstr. 5
Berlin und Heidelberg

Das Seelenamt ist am Freitag, den 31. März 199X, um 15.30 Uhr in der St.-Josephs-Kirche in Frankenthal, anschließend die Beerdigung auf dem katholischen Friedhof Frankenthal.

Nach langem, schwerem Leiden verstarb
mein geliebter Mann

PAUL THORAU

* 3.7.1925 † 18.4.199X

In tiefer Trauer:
Herta Thorau
geb. Greven

03652 Waldgermes, Franzensplatz 3

Die Beerdigung findet am Donnerstag, 22. April 199X, um 10.00 Uhr auf dem Friedhof Waldgermes statt.

Anstelle zugedachter Blumen oder Kränze bitte ich im Sinne des Verstorbenen, die Stiftung SOS Kinderdorf (Bank …, BLZ …, Kontonr …) mit einer Spende zu unterstützen.

In Dankbarkeit und Liebe nehmen wir Abschied von
meinem Mann, unserem Vater, Großvater und Bruder

Jürgen Steinmetz

Er ist am 20. Oktober
plötzlich und unerwartet verstorben.

In tiefer Trauer:
Susanne Steinmetz geb. Kampe
Peter und Helen Steinmetz
Ruth Steinmetz-Ostermann
Torsten und Gregor Steinmetz
Otmar Steinmetz

26543 Finkenberg, Stadtgasse 2
Hamburg, Salzburg

Die Trauerfeier findet Freitag, 23. Oktober 199X,
um 15.00 Uhr auf dem Friedhof in Finkenberg statt.

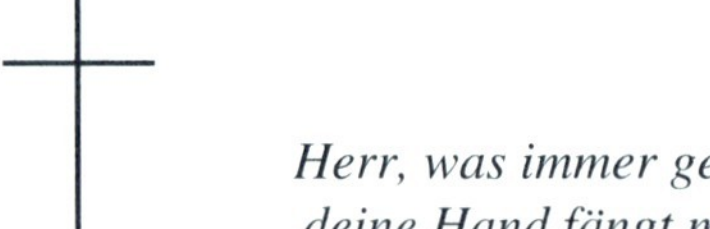

Herr, was immer geschieht,
deine Hand fängt mich auf.

Gott der Herr hat heute unsere liebe Mutter,
Großmutter und Tante zu sich genommen.

Lisa Meissner

geb. Thalbach

* 1.2.1923 † 10.7.199X

Georg und Ingrid Meissner
Hans und Franziska Meissner
Sabine Meissner-Tolbert und Jens Tolbert
Kasimir und Ira Tolbert
Beate Lorenz

72802 Jungenheim, Am Wald 8

Das Seelenamt ist am Montag, den 14. März 199X,
um 11.00 Uhr in St. Andreas, Jungenheim.
Die Beerdigung findet anschließend auf dem Friedhof
Jungenheim statt.

Durch einen schrecklichen Unfall verloren wir
unseren geliebten Sohn, Bruder und Freund

Martin Hülsbach

* 11.8.1973 † 18.9.199X

In tiefer Trauer:
Renate und Max Hülsbach
Thomas Hülsbach
Gonhild Hülsbach
Stefanie Mertens

80332 Karlsbach, Gartenweg 16

Trauerfeier mit anschließender Urnenbeisetzung
am 5.10.199X, 14.30 Uhr auf dem Friedhof Karlsbach
(Trauerhalle).

Wir bitten, von persönlichen Beileidsbekundungen
Abstand zu nehmen.

Niemand, den man liebt, ist jemals tot.
(E. Hemingway)

Wir trauern um unseren Freund und Weggefährten

ROBERT HUSEMANN

Marek Altan
Gabriele Deitmering
Georg Engert
Theo Ewert-Haider
Sigrid Goliath
Cornelie Hauser-Teichmann
Paul-Georg Kiesering
Hans-Herbert Mai
Jürgen Ortmann
Karlheinz Preisgang
Susanne Stichling
Marieluise Streicher
Ludwig Zacharias

Am 5. Juni 199X verstarb nach schwerer Krankheit
unsere langjährige Mitarbeiterin

Martina Lechner

geb. 30.8.1947

Die Verstorbene war über 20 Jahre in unserem Hause
tätig, zuletzt als Abteilungsleiterin.

Mit ihrer Persönlichkeit, ihrer hohen Qualifikation
und ihrem großen Engagement hat sie wesentlich zum
Erfolg unseres Unternehmens beigetragen.

In Trauer und Dankbarkeit nehmen wir Abschied.

Transwerk GmbH
Geroldheim
Geschäftsführung
Mitarbeiterinnen und Mitarbeiter

Die Trauerfeier findet am 10.6.199X um 15.30 Uhr
auf dem Friedhof Geroldheim statt.

Urlaubskarte

Postkarten aus dem Urlaub

Lassen Sie für die Daheimgebliebenen ruhig auch mal die Schattenseiten des Urlaubs durchklingen.

Wie oft haben Sie schon den Wetterbericht Ihres Urlaubsortes an die Daheimgebliebenen geschickt? Wie oft geschrieben, dass es wirklich schön ist auf dem Fleckchen Erde, wo Sie gerade Ihrer Erholung nachgehen? Nichts dagegen – aber vielleicht lassen Sie sich durch die folgenden Beispiele anregen, ab und zu Ihre Urlaubskarten etwas anders zu füllen.

▶ Urlaubskarten, Seiten 385–387

Liebe Suse, lieber Manfred,

hier meinen es einfach alle zu gut mit uns: die Sonne, der Koch und der Herrgott, der diese Insel schuf. Aber bevor ihr uns jetzt zu sehr bedauert: Über mangelnde Gesellschaft können wir nicht klagen – Tausende liegen in Sichtweite.

Herzliche Grüße

Mine

Lieber Johannes,

wir sind hier tatsächlich zu militanten Anhängern der Toskanafraktion geworden. Und wir wissen immer noch nicht, ob nun die Kunst den Ausschlag dafür gegeben hat oder die Landschaft, die Menschen oder der Wein. Jeden Tag versuchen wir von neuem, diese Frage zu beantworten, und fallen nachts ins Bett, trunken von Schönheit und Chianti, berauscht und glücklich.
Herzliche Grüße

Tobi und Susi

Hallo zu Hause,
spätestens nach 14 oder 15 Stunden Flugzeit haben wir uns gefragt, ob das wirklich lohnt, um den halben Erdball zu fliegen. Spätestens nach einem Tag hier in Neuseeland wussten wir: Ja, es lohnt unbedingt. Nicht nur, weil es ein wunderschönes Land ist, sondern weil es anders ist als alles, was wir kannten, und noch einmal anders, als die Reiseführer es uns beschrieben und bebildert haben. Satt und schwer von neuen Erfahrungen werden wir euch bald darüber berichten.

Liebe Grüße von Flori

Vereinsmitgliedschaft

Glückwunsch zur langjährigen Vereinsmitgliedschaft

Wer lange dabei ist, hat viel erlebt. Erzählen Sie es.

Vereine stehen immer für viel Engagement, aber auch Arbeit, die in erheblichem Umfang ehrenamtlich erbracht wird. Ein Jubiläum ist daher ein willkommener Anlass, diese Arbeit zu würdigen.

Mögliche Stichworte für die inhaltliche Gestaltung:

- **Gratulation**
- **Rückblick auf die Zeit des Eintritts in den Verein, die Aktivitäten und Funktionen des Jubilars im Verein, generelle Würdigung seines Einsatzes und seinen aktuellen Status, eventuell Bedeutung dieses Wirkens über den Verein hinaus**
- **Eventuell persönliche Erinnerungen des Briefschreibers**
- **Gute Wünsche für die Zukunft und die weitere Tätigkeit im Verein**

▶ Glückwunsch zur langjährigen Mitgliedschaft im Verein, Seite 389
▶ Glückwunsch zur Wahl in Vereinsvorstand, Seiten 422 und 423
▶ Glückwunsch, Seiten 256 und 257

Erwin Schneider
Am Ried 4
38822 Großwüsten

22. August 199X

Herrn
Karl Heger
Hauptstr. 18

38822 Großwüsten

Lieber Karl,
lieber Sportfreund,

es ist jetzt fast vierzig Jahre her, dass wir uns kennenlernten. Ich machte damals meine ersten Versuche an Reck und Barren und du warst der junge Vereinswart, der uns Kindern dabei auf die Sprünge half und uns vor allem Mut machte, unserem Körper zu vertrauen. Wahrscheinlich wäre ich nicht beim Turnen geblieben, hätte es damals nicht deinen Ansporn und deine Hilfestellung gegeben.

Viele Vereinsfreunde werden mit Sicherheit Ähnliches berichten. Du hast unserem Sportverein und der Sache des Turnsports über nunmehr fünf Jahrzehnte mit einer solchen Hingabe angehört, dass deine Begeisterung für andere ansteckend wirkte, vor allem für junge Turnfreunde. Wie viele neue Mitglieder hast du in all diesen Jahren für den Verein gewonnen? Was wäre unser Verein ohne deinen tatkräftigen Einsatz und dein vorbildliches Verhalten als Turnsportler?

Fünfzig Jahre – ein halbes Jahrhundert – bist du nun Seele und Motor unseres Vereins. Ich möchte dir ganz persönlich dafür Dank sagen und dir Gesundheit und Glück wünschen, auf dass du noch viele Jahre unsere Altherren-Riege verstärkst!

Mit allen guten Wünschen

Verlobung
Zeitungsanzeige

Verlobungen sind wieder „in".

Soweit die Verlobung „offiziellen" Charakter hat, ist es durchaus üblich, sie auch in der Tageszeitung anzuzeigen. Anders als bei Hochzeitsfeiern wird das Ereignis in der Regel als vollendete Tatsache angezeigt: *Wir haben uns verlobt …*

▶ Beispiele für Verlobungsanzeigen, Seiten 391–393
▶ Glückwunsch zur Verlobung, Seiten 394–397
▶ Hochzeitsanzeigen, Seiten 270–273

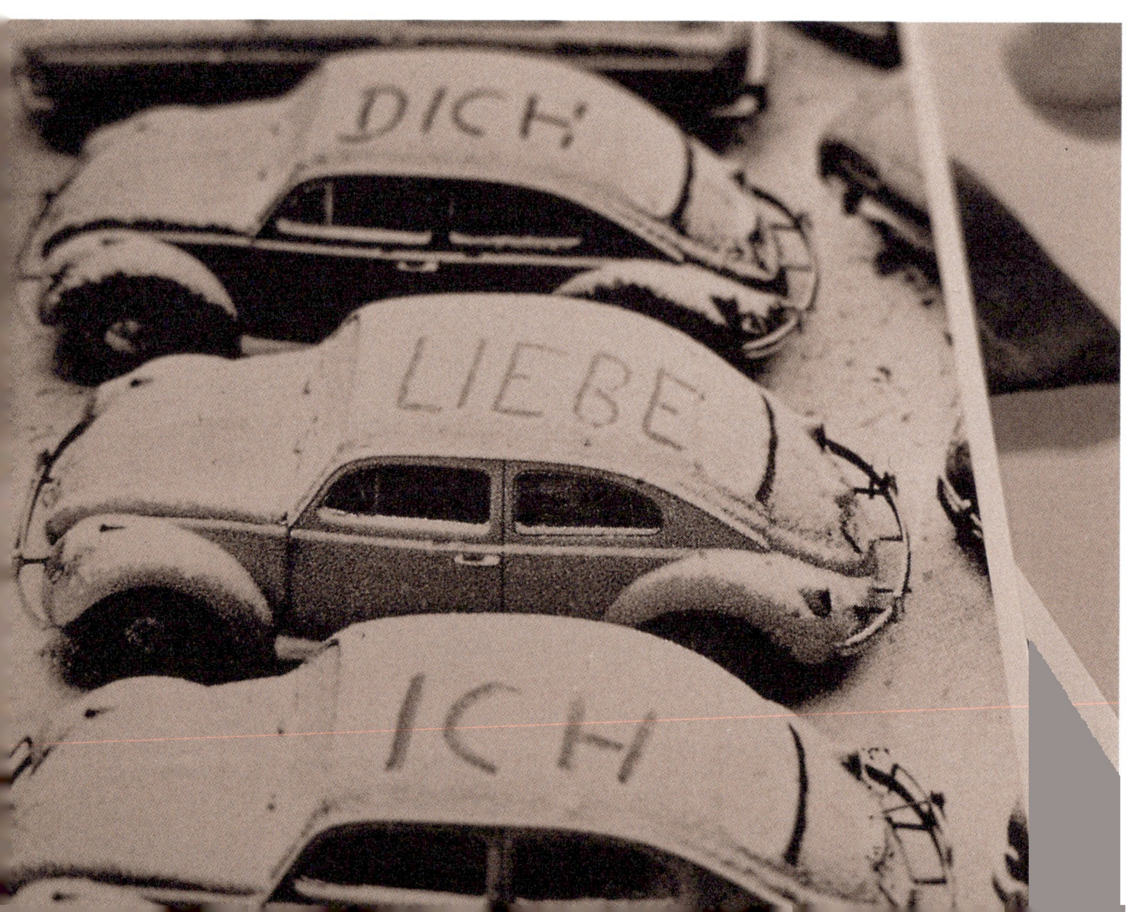

Wir machen die Probe aufs Exempel!

Simone Laacher

und

Alexander Trissenar

haben sich verlobt.

Koblenz, im Mai 199X

Sigrun Lewand-Güthing
Hagen Ulrich Güthing

Christiane Mertheim-Sonneberg
Dr. Dieter Sonneberg

freuen sich, die Verlobung ihrer Kinder

Heidemarie Güthing

und

Carsten Sonneberg

bekanntgeben zu können.

Hamburg und Lüneburg, den 10. Oktober 199X

Wir haben uns verlobt

Moira Coordstan　　***Sven Horbiger***

Frankfurt am Main, den 8. März 199X

Verlobung

Glückwunsch zur Verlobung

Nach ganz alter Rechtausfassung war das Eheversprechen wichtiger als die eigentliche Eheschließung. Das ist natürlich heute nicht mehr der Fall. Aber offizielle Verlobungen kommen zunehmend wieder in Mode. Und sie verdienen eine „offizielle" Anerkennung, sprich: eine Gratulation.

Mögliche Stichworte für die inhaltliche Gestaltung:

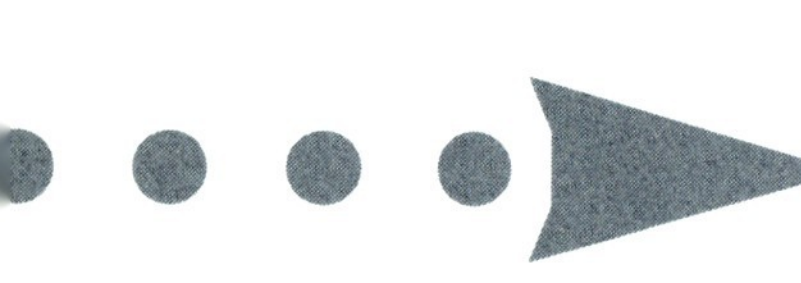

- **Persönliche Freude über Verlobung**
- **Positiver Bezug auf „Versprechen" der Verlobung**
- **Würdigung der Verlobten, ihrer Liebe und ihres Zusammenpassens**
- **(Ironischer) Rückblick auf die (gemeinsame) Vergangenheit des Paares**
- **Positive Beschreibung der gemeinsamen Zukunft**
- **Gute Wünsche für die Zukunft**

Ist der Glückwunschbrief einem Geschenk beigelegt, sollte ausdrücklich Bezug auf dieses Geschenk genommen werden.

▶ Glückwunsch zur Verlobung, Seiten 395–397
▶ Verlobungsanzeigen, Seiten 390–393
▶ Glückwunsch, Seiten 256 und 257

Norbert und Carla Heinrichs
Hörderlinweg 56
72323 Corb

5. Mai 199X

Liebe Frau König,
lieber Herr Stamm,

in der heutigen Zeitung fanden wir Ihre Verlobungsanzeige.

Wir freuen uns mit Ihnen und wünschen Ihnen von ganzem Herzen Glück und Gottes Segen. Schließen Sie sich gemeinsam die Tür zu einem guten, harmonischen Leben auf!

Ihre

Carla Heinrichs
Norbert Heinrichs

Frank Meister und Klaus Thieß
Rohrbachstr. 5
66331 Bad Wilden

16.03.199X

Liebe Mary,
lieber Andy,

ihr habt euch verlobt – wir können es kaum glauben.

So wird also eure Beziehungskiste immer fester gezimmert und wir dürfen damit rechnen, dass ihr darin bald in den Hafen der Ehe einlauft. Wer hätte das in den stürmischen Zeiten eurer jüngeren Jahre gedacht?

Umso mehr drücken wir euch die Daumen für eine glückliche Fahrt zu zweit, unter vollen Segeln neuen, unbekannten Ufern zu.

Wir werden selbstverständlich unseren Teil dazu tun, dieses unerwartete Ereignis gebührend zu feiern. Zu eurer Verlobungsparty könnt ihr fest mit uns rechnen!

Alles Liebe
eure

Frank
und Klaus

31. Januar 199X

Günter und Bettina Morland
Cassirerstr. 22
55660 Kleinen

Liebe Stefanie,
lieber Thorsten,

ihr habt euch also fest füreinander entschieden und die Verlobungsringe getauscht!
Wir freuen uns von ganzem Herzen darüber und wünschen euch alles Glück der Welt für euren weiteren Weg.

Eure
beiden Morlands

Verlustmeldung

Verlorenes Gepäckstück

Nicht immer halten die Verkehrsunternehmen Formulare für die Nachforschung bereit.

Irgendwann kann es passieren: Ein Gepäckstück, das Sie für Flug- oder Bahnreise aufgegeben hatten, kommt nicht am Bestimmungsort an. Oder Sie vergessen in Bus oder Zugabteil Ihr Handgepäck. Die Verkehrsunternehmen halten für solche Fälle meist Formblätter bereit, in denen alle notwendigen Informationen für die Nachforschung oder die Reklamation schnell und gut geordnet eingetragen werden.

Aber nicht immer stehen Ihnen solche Formulare zur Verfügung, sodass Sie in einem persönlichen Brief Ihr Anliegen vorbringen müssen. Beschreiben Sie dann mit klaren Worten den Sachverhalt, teilen Sie alle sachdienlichen Informationen mit, insbesondere Datum und Zeitpunkt, Flug- oder Zugnummer, und bitten Sie freundlich um Nachforschung.

▶ Nachforschung verlorenes Gepäckstück, Seite 399
▶ Reklamation beschädigtes Gepäckstück, Seiten 354 und 355

Dieter Landmann
Kennedyallee 161
63452 Bad Lembach

14.08.9X

Deutsche Bahn AG
Hauptbahnhof
Fundbüro

60765 Frankfurt

Nachforschung nach einer verlorenen Schlüsselmappe

Sehr geehrte Damen und Herren,

bei einer Zugfahrt von Karlsruhe nach Frankfurt/Main am 12.8.9X habe ich eine Schlüsselmappe zurückgelassen.

Es handelt sich um die Zugverbindung IR 2476, 16.46 Uhr ab Karlsruhe. Ich habe in einem Großraumabteil der 2. Klasse im mittleren Zugteil gesessen.

Die Schlüsselmappe ist klein, ca. 7x5 cm, und besteht aus schwarzem genarbtem Leder. Sie enthält einen Schlüsselbund aus 6 BKS-Schlüsseln an einem großen Schlüsselring.

Bitte teilen Sie mir mit, ob sich eine solche Schlüsselmappe gefunden hat und wo ich sie gegebenenfalls abholen kann.

Vielen Dank.

Mit freundlichen Grüßen

D. Landmann

Bitte um Ermittlung eines verlorenen Gegenstands

Versicherung

Briefe an die Versicherung

Es gibt viele Anlässe, an eine Versicherung zu schreiben: die Meldung eines Schadens, die Information über Adressenänderung, die Anfrage zu Versicherungsleistungen usw. Einige Beispiele finden Sie auf den folgenden Seiten.

Geben Sie immer Ihre Versicherungsnummer an, damit Ihr Schreiben zügig bearbeitet werden kann.

Damit Ihr Brief zügig bearbeitet werden kann, nennen Sie in der Betreff-Zeile immer Ihre Versicherungsnummer und Ihr Anliegen. Wenn Sie zusätzlich noch den Namen Ihres Sachbearbeiters wissen und in der Adresse angeben, haben sie alles getan, damit Ihr Schreiben ohne Umwege auf den richtigen Schreibtisch expediert wird.

Bevor Sie Ihr Anliegen schriftlich an Ihre Versicherungsgesellschaft senden, sollten Sie sicherheitshalber nochmals einen Blick auf Ihre Verträge werfen. Sie ersparen sich möglicherweise viel Ärger wegen fehlerhaft formulierter Anträge.

Bei der Mitteilung von Schadensfällen sollten Sie auf folgende Aspekte achten:

- **Anschrift mit dem Namen des Sacharbeiters**
- **Betreffzeile mit Versicherungsnummer und kurzer Formulierung des Anliegens**
- **Beschreibung des Schadensfalles**
- **Gegebenenfalls Kaufbelege für den beschädigten Gegenstand**
- **Gegebenenfalls Zeugenaussagen oder amtliche Belege (bei Unfall oder Krankenhausaufenthalt)**

Beispiele für unterschiedliche Anliegen gegenüber der Versicherung finden Sie auf den folgenden Seiten.

▶ Briefe an die Versicherung, Seiten 401–407
▶ Anfrage an die Bundesversicherungsanstalt für Angestellte, Seite 87

Walter Feller
Marburger Str. 33
42763 Varsen

14.08.9X

Leipziger Versicherung AG
Bahnhofstr. 27

96234 Weiden

Lebensversicherung Nr. 765432.8

Sehr geehrte Damen und Herren,

ich möchte das Bezugsrecht aus meiner Lebensversicherung ändern.

Bislang ist die Bezugsberechtigte meine Mutter, Frau Carla Feller. Bitte nehmen Sie stattdessen vom heutigen Tage an meine Frau, Maria Sophie Osterholz-Feller, geboren am 4.2.1974 in Berlin, als einzige Bezugsberechtigte auf.

Mit bestem Dank und
freundlichen Grüßen

Walter Feller

Karlheinz Schlegel
Ludwig-Uhland-Str. 6
71032 Hochstaden

18.01.199X

Universal Versicherungen
Kundenbetreuung
Auguststr. 45–47

02815 Troitzen

Änderung des Versicherungsstatus
Lebensversicherung Nr. GD-65321-87

Sehr geehrte Damen und Herren,

durch den Verlust meines Arbeitsplatzes befinde ich mich zur Zeit in einer finanziell angespannten Situation. Es ist mir bis auf weiteres nicht möglich, die Beiträge zur Lebensversicherung zu zahlen.

Die Versicherungspolice möchte ich allerdings nicht aufgeben. Ich bitte Sie, die Lebensversicherung für die Zeit meiner Arbeitslosigkeit beitragsfrei zu stellen.

Mit freundlichen Grüßen

K.-H. Schlegel

Monika und Alfons Drescher
Kreuzkirchenstr. 52
29329 Ersleben

20.07.199X

Secure Versicherungen
Agentur Keller
Steinweg 21

29330 Ersleben

Überprüfung der Versicherungsbedingungen
Hausratversicherung Nr. 345 7890

Sehr geehrter Herr Keller,

nachdem wir unser Haus in den letzten Monaten erweitert und neu eingerichtet haben, ist es Zeit für eine Wertberichtigung unserer Hausratversicherung.

Darüber hinaus sind wir interessiert an einer Beratung zu weiteren Versicherungsprodukten, vor allem zu Angeboten der Lebensversicherung.

Könnten Sie oder einer Ihrer Mitarbeiter in der nächsten Zeit bei uns vorbeikommen, um über diese Fragen zu sprechen?

Aus beruflichen Gründen sind mir nur Termine ab 18 Uhr möglich.
Unter Vorbehalt Ihrer Bestätigung schlage ich ein Beratungsgespräch für den 2. oder 3. August um 18 Uhr in unserem Hause vor.

Mit freundlichen Grüßen

Alfons Drescher

Hans-Werner und Lisa Herdt
Lahnstr. 78
34322 Nordheim

5.6.199X

Meinhard und Silvia Kahlen
Lahnstr. 80

34322 Nordheim

Sehr geehrte Familie Kahlen,

so mancher Schuss geht daneben und derjenige Ihres Sohnes Max traf am vorletzten Samstag leider unser Wintergartenfenster und einen nicht ganz preiswerten Keramiktopf. Wir haben ja gemeinsam die Scherben besichtigt.

Mittlerweile ist das Glas ersetzt und die Keramik neu erstanden – der Schaden ist also behoben.

Wir schicken Ihnen die entsprechenden Rechnungen zur Weiterleitung an Ihre Haftpflichtversicherung.

Unsere Bankverbindung:
Stadtsparkasse Nordheim,
BLZ 111 555 222,
Kontonummer 654 332.

Auf weiterhin gute Nachbarschaft und
mit freundlichen Grüßen

Hans-Werner Herdt

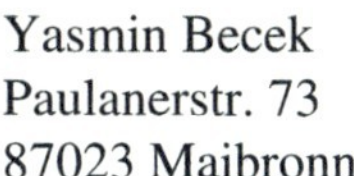

Yasmin Becek
Paulanerstr. 73
87023 Maibronn

2.4.199X

KraVo Versicherungen
Lindenallee 3-5

75534 Lusingen

Versicherungs-Nr. KF-54637
Kündigung der KFZ-Haftpflichtversicherung für PKW MB-DS-191

Sehr geehrte Damen und Herren,

zum 1.4.199X habe ich meinen bisherigen PKW, amtliches Kennzeichen MB-DS-191, verkauft. Die Käuferin ist Frau Marlies Schuhen, Am Born 53, 87365 Ostheim. Frau Schuhen wird das Fahrzeug bei einer anderen Versicherungsgesellschaft versichern.

Ich kündige hiermit zum heutigen Tag die Haftpflichtversicherung für dieses Fahrzeug und bitte Sie, den Restbetrag der bereits gezahlten Versicherungsprämie mit der Prämie für einen neuen PKW, der noch innerhalb dieses Monats ausgeliefert wird, zu verrechnen.

Mit freundlichen Grüßen

Yasmin Becek

Jens Fleming
Am Alten Hafen 4
27156 Nordhaven

30.03.199X

Almende Versicherungen AG
Regionalvertretung
Kundenbetreuung
Marienfelder Str. 29

25987 Klever

Unterbrechung des Versicherungsschutzes
Kraftfahrzeugversicherung Nr. 67-65321-87

Sehr geehrte Damen und Herren,

laut Allgemeinen Bedingungen für die Kraftfahrzeugversicherung kann ich eine Unterbrechung des Versicherungsschutzes beantragen, wenn das Fahrzeug vorübergehend stillgelegt wird. Von diesem Recht mache ich hiermit Gebrauch.

Ich habe meinen PKW am 24.3.199X abgemeldet. Das Fahrzeug befindet sich in meiner Garage. Mit Ende der Stilllegung, voraussichtlich am 31.8.199X, soll der Versicherungsschutz wieder aufleben. Ich werde Sie selbstverständlich rechtzeitig darüber benachrichtigen.

Bitte bestätigen Sie mir schriftlich die Unterbrechung des Versicherungsvertrags.

Mit freundlichen Grüßen

Jens Fleming

Anlage
Abmeldebescheinigung der Zulassungsstelle

Carsten Luther
Goetheplatz 23
034523 Merthausen

21.01.9X

Fortis Versicherungen
Kundenzentrum
Mertonring 5

10762 Berlin

Verlust des Versicherungsscheins
Lebensversicherung Nr. 987123.5

Sehr geehrte Damen und Herren,

leider ist der Versicherungsschein zu meiner Lebensversicherung verloren gegangen. Da ich mittlerweile sicher bin, dass er nicht mehr auffindbar ist, bitte ich Sie um die Ausstellung einer Ersatzpolice.

Mit freundlichen Grüßen

C. Luther

Vertretung

Angebot zur Übernahme einer Vertretung

Formulieren Sie Ihre Erwartungen an eine Zusammenarbeit.

Wenn Sie Ihre Vertriebsaktivitäten verstärken wollen und Repräsentanten suchen, informieren Sie beim schriftlichen Erstkontakt allgemein über Ihr Unternehmensprofil und Ihre Produktpalette. Formulieren Sie aber auch schon deutlich Ihre Marktziele und die mittel- und langfristigen Erwartungen an eine Vertretung.
Mögliche Stichwörter für eine Interessenbekundung:

- **Interesse an Vertretung durch Adressaten**
- **Kurze Vorstellung des eigenen Unternehmens bzw. der Produktgruppe**
- **Verweis auf beiliegendes Informationsmaterial und/oder Referenzliste**
- **Benennung der Vertriebsziele mit dieser Vertretung**
- **Gegebenenfalls Vorschläge für Vertragskonditionen**
- **Einladung bzw. Bitte um Rückmeldung**

▶ Angebot zur Übernahme einer Regionalvertretung, Seite 409
▶ Kündigung eines Vertretungsvertrages, Seiten 294 und 295

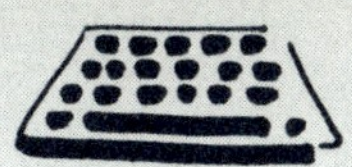

KOLLADOR GMBH
INDUSTRIESTR. 52, 66778 KLOSTERBRONN

Herrn Lothar Gabriel
Königsstr. 21
01045 Bausin

12.09.9X

Regionalvertretung in Sachsen und Sachsen-Anhalt
Ihre Anzeige in der Süddeutschen Zeitung vom 08.09.9X

Sehr geehrter Herr Gabriel,

Ihr Angebot zur Übernahme einer Regionalvertretung in Sachsen und Sachsen-Anhalt interessiert uns.

Wir sind spezialisiert auf die Herstellung von Spezial-Reinigungsmitteln für Kfz-Werkstätten und sind in diesem Segment in West- und Süddeutschland marktführend. Bitte entnehmen Sie nähere Informationen den beigefügten Produktbeschreibungen und Firmenprospekten.

Auf die Erweiterung unseres Kundenkreises in den östlichen Bundesländern legen wir großen Wert und sind überzeugt, dass wir auch hier bei entsprechendem Einsatz einen sehr guten Absatz unserer Spezialreiniger erreichen können.

Unsere Vertreter arbeiten in der Regel auf Provisionsbasis. Wir sind aber grundsätzlich bereit, auch andere Vertretungsformen in Erwägung zu ziehen.

Falls Sie sich eine Zusammenarbeit vorstellen können, möchten wir Sie gerne zu einem Gespräch an unserem Firmensitz in Klosterbronn einladen. Bitte geben Sie mir eine entsprechende Nachricht.

Mit freundlichen Grüßen

Reinhold Fürth

Reinhold Fürth · Bereichsleiter Außendienst

Anlagen
Produktkatalog
Unternehmensprofil

Vollmacht

Vertretung durch eine andere Person

Nicht nur für ältere Menschen ist es bisweilen hilfreich, von Dritten vertreten zu werden.

Mit einer Vollmacht beauftragen und berechtigen Sie eine andere Person, in Ihrem Namen zu handeln und Sie auch bei rechtlich bindenden Vorgängen zu vertreten. Dafür braucht es keiner besonderen Form. Sie sollten allerdings sehr präzise formulieren, wem Sie für welche Angelegenheit und mit welchen sachlichen oder zeitlichen Einschränkungen Vollmacht geben.
Möglicher Aufbau einer Vollmacht:

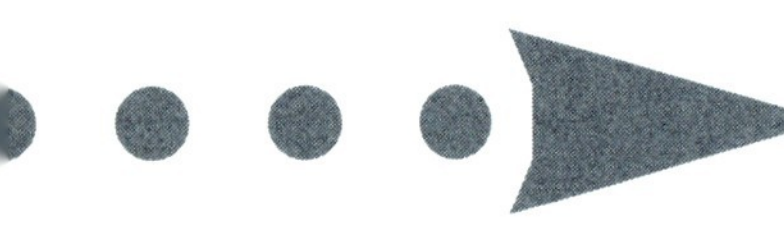

- **Name und Adresse des Vollmachtgebers**
- **Im Betreff: Vollmacht**
- **Präzise Benennung und vollständiger Name des Bevollmächtigten einschließlich Adresse**
- **Präzise Benennung des Inhalts der Vollmacht**
- **Gegebenenfalls zeitliche Begrenzung der Vollmacht**
- **Gegebenenfalls Einschränkung des Geltungsbereichs der Vollmacht**
- **Ort, Datum, vollständige Unterschrift**

▶ Bevollmächtigungen, Seiten 411 und 412
▶ Widerruf einer Vollmacht, Seite 413

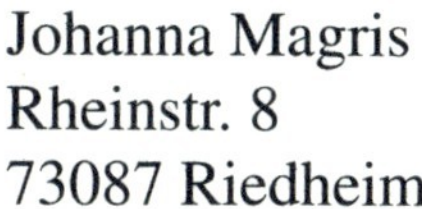

Johanna Magris
Rheinstr. 8
73087 Riedheim

21.11.199X

Vollmacht zur Anmeldung eines PKW beim Straßenverkehrsamt Riedheim

Sehr geehrte Damen und Herren,

hiermit bevollmächtige ich Frau Stephanie Lorenz, wohnhaft in Kirchstr. 17, 73089 Riedheim, den Personenkraftwagen Volkswagen Golf, letztes amtliches Kennzeichen KA-GH 234, auf meinen Namen zuzulassen. Ich überlasse Frau Lorenz zu diesem Zweck meinen Personalausweis.

Johanna Magris

Katrin Weber
Heidornstr. 46
32017 Rudersleben

08.05.9X

VOLLMACHT

Hiermit bevollmächtige ich

Herrn Peter Schwerte, Bahnhofstr. 56, 32017 Rudersleben

mich bei der Eigentümerversammlung der Liegenschaft Kollwitzstr. 5, 32017 Rudersleben, am 09.05.9X zu vertreten.

Herr Schwerte ist berechtigt, zu allen Punkten der Tagesordnung in meinem Namen Erklärungen abzugeben und Entscheidungen zu treffen.

Katrin Weber

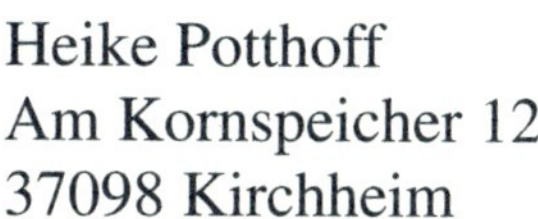

Heike Potthoff
Am Kornspeicher 12
37098 Kirchheim

20.02.9X

Einschreiben

Stadtsparkasse Kirchheim
Marktstr. 5

37098 Kirchheim

Widerruf der Bankvollmacht für Herrn Rainer Mattheis
Konto-Nr. 654123

Hiermit widerrufe ich die am 01.12.199Y erteilte Bankvollmacht für Herrn Rainer Mattheis für mein Konto bei der Stadtsparkasse Kirchheim, Konto-Nr. 654123, mit sofortiger Wirkung.

Heike Potthoff

Voranfrage

Eine Anfrage vorbereiten

Eine Voranfrage trennt die Spreu vom Weizen der geeigneten Anbieter.

Wenn Sie nach den günstigsten Einkaufsbedingungen für Waren oder Dienstleistungen suchen, richten Sie eine Anfrage an mögliche Anbieter. Häufig ist es aber sinnvoll, zunächst eine Voranfrage zu versenden. Sie fragen darin das angeschriebene Unternehmen, ob es überhaupt zu einer Angebotsabgabe bereit und in der Lage ist. Auf diese Weise vermeiden Sie es, umfangreiche Beschreibungen Ihrer Anforderungen an ungeeignete Firmen zu vergeben, und Sie erhalten frühzeitig ein besseres Bild der Anbieterprofile.

Folgende Aspekte sollten Sie in eine Voranfrage aufnehmen:

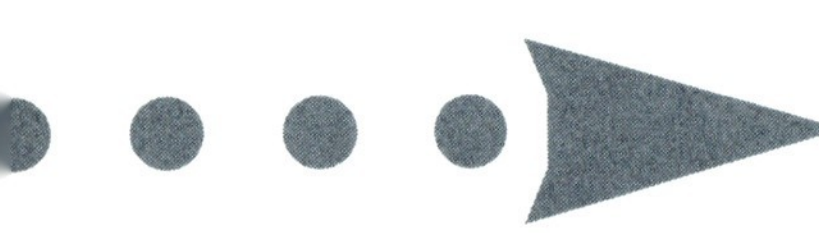

- **Wie sind Sie auf das angeschriebene Unternehmen aufmerksam geworden?**
- **Informationen über Ihr eigenes Unternehmen**
- **Aussagekräftige Angaben zum Gegenstand der Anfrage: Art der Waren oder Dienstleistungen, Umfang, erwarteter Liefertermin**
- **Frage nach der Bereitschaft zur Angebotsabgabe**
- **Fristsetzung für die Antwort bzw. die Angebotsabgabe**

▶ Voranfrage, Seite 415
▶ Antwort auf Voranfrage, Seiten 416 und 417
▶ Anfrage, Seiten 64–67

Com/net GmbH

Lahnstraße 4, 52064 Hallenwinter

Novo Computer GmbH
Heckerstr. 51
52899 Langen

20.02.9X

Voranfrage

Sehr geehrte Damen und Herren,

wir sind ein junges, expandierendes Softwareunternehmen mit Schwerpunkten in den Bereichen Multimedia-Anwendungen und Internet-Programmierung.

Da wir in den nächsten sechs Monaten etwa fünf neue Mitarbeiter für Projekte in diesen Bereichen einstellen werden, muss auch unsere EDV entsprechend erweitert werden. Wir benötigen leistungsfähige Multimedia-Entwicklungsstationen auf Windows NT-Basis mit Programmen für 2-D- und 3-D-Grafikerstellung und Videoschnitt, mindestens zwei neue Laser-Drucker und zwei Scanner. Es sollte sich nicht um No-Name-Produkte, sondern um Geräte eingeführter Markenhersteller handeln. Weitere Hardware- und Software-Zukäufe sind kurzfristig zu erwarten.

Wir suchen für unseren aktuellen Bedarf und für die weitere Zusammenarbeit einen eingeführten Anbieter mit qualifiziertem Service und guten Referenzen. Wichtig sind uns auch räumliche Nähe und flexible Servicebereitschaft des Anbieters.

Sind Sie an einer Geschäftsbeziehung interessiert und könnten Sie uns kurzfristig bis zum 05.03.9X ein Angebot zu dem beschriebenen Hardware- und Softwarebedarf machen?

Bitte schicken Sie uns auch allgemeine Informationen über Ihr Unternehmen, Ihre Standard-Preislisten und Angaben zu Ihren Liefer- und Zahlungsbedingungen zu.
Fragen beantwortet Herrn Theimer unter der Telefonnummer 0 25 52 / 76 51 23.

Mit freundlichen Grüßen

Christian Delfs

Christian Delfs

Anlage
Firmenprospekt

Voranfrage

Antwort auf Voranfrage

Auch eine Antwort auf eine Voranfrage sollten Sie als Marketinginstrument werten, selbst wenn sie negativ ausfällt. Vielleicht ist ja der nächste Auftrag etwas für Ihr Unternehmen?

Wenn Sie eine Voranfrage positiv beantworten, sollten Sie jede Aussage aufnehmen, die Ihre Erfolgsaussichten erhöhen und die Leistungsfähigkeit Ihres Unternehmens belegen kann. Geben Sie präzise Auskunft zu den gestellten Fragen und stellen Sie Ihr Unternehmen positiv dar.

Selbst wenn Sie kein Angebot abgeben wollen oder können, bleibt die Selbstdarstellung ein wichtiges Anliegen des Antwortbriefes. Schließlich sollte das Interesse an Ihrem Unternehmen wach bleiben und die Tür zu einer zukünftigen Zusammenarbeit weiterhin offen stehen. Äußern Sie daher auch ausdrücklich Ihr Bedauern über die Absage und betonen Sie das Interesse an Geschäftsbeziehungen in der Zukunft.

Die Antwort auf eine Voranfrage sollte folgende Aspekte enthalten:

Zusage

- **Dank für die Voranfrage**
- **Interesse an Auftrag und Angebotsabgabe**
- **Präzise Auskunft zu allen Fragen und Anforderungen**
- **Nachweis der besonderen Leistungsfähigkeit für die Bearbeitung dieses Auftrags**
- **Referenzen angeben**
- **Zusätzliche allgemeine Informationen zum Unternehmen geben oder auf beigelegtes Material hinweisen**
- **Aussage zum Zeitrahmen, Bestätigung der vorgegebenen Fristsetzung, möglicher Arbeitsbeginn**

Absage

- **Dank für die Voranfrage**
- **Interesse an Zusammenarbeit**
- **Aussagen zu den Fragen und Anforderungen als Nachweis von Kompetenz**
- **Bedauern über die Absage, Begründung**
- **Gegebenenfalls Verweis auf alternative Anbieter**
- **Gegebenenfalls Verweis auf zukünftige Möglichkeit zur Angebotsabgabe**
- **Hinweis auf mögliche zukünftige Zusammenarbeit**
- **Allgemeine Informationen zum eigenen Unternehmen geben oder auf beigelegtes Material hinweisen**

▶ Antwort auf Voranfrage – Absage, Seiten 417 und 418
▶ Antwort auf Voranfrage – Zusage, Seite 419
▶ Voranfrage, Seiten 414 und 415

Troisdorfer Str. 5 · 52402 Königsweher

Com/net GmbH
Lahnstraße 4

52064 Hallenwinter

23.02.9X

Ihre Voranfrage vom 20.02.9X

Sehr geehrter Herr Delfs,

vielen Dank für Ihre Voranfrage.

Leider gibt es für unser Unternehmen keine Möglichkeit, als Anbieter im Sinne Ihrer Anfrage aufzutreten, da wir uns ausschließlich auf den Vertrieb von Software an Endkunden spezialisiert haben.

Allerdings möchte ich Ihnen ein leistungsfähiges Partnerunternehmen empfehlen, das Aufträge dieser Art regelmäßig und mit hoher Fachkompetenz ausführt. Es handelt sich um die Firma Cowa GmbH, Schöneberger Str. 72 in 52455 Helden, Telefon 02553-934562.

Das beigelegte Prospektmaterial soll Sie darüber informieren, welche Softwareprodukte unser Unternehmen schwerpunktmäßig anbietet. Womöglich ist einiges davon in Zukunft auch für Sie von Interesse, beispielsweise die neue Generation von Spracherkennungs-Software, für die wir ein Kompetenzcenter aufgebaut haben. Natürlich sind wir gerne bereit, Ihnen hierzu weitere Informationen zukommen zu lassen.

Mit freundlichen Grüßen

F. Krapp

Fritz Krapp

Anlagen
Firmenprospekt
Produktprospekte

P R I N T & P R I D E
Drucksysteme
Augustusburger Allee 10A · 96234 Weiden

Com/net GmbH
Lahnstraße 4
52064 Hallenwinter

27.02.9X

Ihre Voranfrage vom 20.02.9X

Sehr geehrter Herr Delfs,

vielen Dank für Ihre Voranfrage. Leider müssen wir Ihnen mitteilen, dass wir in dem von Ihnen angefragten Marktsegment nicht aktiv sind.

Sicher ist unsere Adresse versehentlich in Ihre Aussendung geraten. Sollten Sie jedoch irgendwann in der Zukunft Interesse an hochwertigen Druckmaschinen haben, stehen wir gerne zu Ihrer Verfügung.

Mit freundlichen Grüßen

Pride

Alexander Pride

Novo Computer GmbH
Heckerstr. 51
52899 Langen

Com/net GmbH
Lahnstraße 4
52064 Hallenwinter

24.02.9X

Ihre Voranfrage vom 20.02.9X

Sehr geehrter Herr Delfs,

vielen Dank für Ihre Voranfrage. Gerne arbeiten wir ein Angebot für Ihren aktuellen EDV-Bedarf aus und sind auch an einer längerfristigen Zusammenarbeit interessiert.

Novo Computer GmbH hat sich in nur 10 Jahren als führender Computeranbieter in unserer Region etabliert. Das beigefügte Firmenprofil und unsere Kundenreferenzen geben Ihnen – so hoffe ich – ein eindrückliches Bild unserer Leistungsfähigkeit, unserer Marktpräsenz und unserer Unternehmenskultur.

Ihren Auftrag könnten wir zu attraktiven Preisen innerhalb von maximal 14 Tagen ausführen. Ein qualifizierter Service ist auch für die Software-Unterstützung und die Netzanbindung garantiert. Die räumliche Nähe unserer Unternehmen ist gegeben.
Jedem Kunden, mit dem wir eine dauerhafte Geschäftsbeziehung anknüpfen, wird in unserem Hause ein fester Berater zur Seite gestellt, der Ihnen jederzeit als bestens informierter Ansprechpartner zur Verfügung steht.

So freue ich mich auf Ihre detaillierten Angaben zum aktuellen Bedarf. Wir werden auf dieser Basis umgehend ein Angebot für Sie ausarbeiten.

Mit freundlichen Grüßen

B. Lingen

Bernhard Lingen

Anlagen
Firmenprospekt
Allgemeine Geschäftsbedingungen
Aktuelle Preislisten
Referenzen

Wahl

Glückwunsch zur Wahl

Richten Sie den Blick in die Zukunft.

Die Wahl in ein Amt ist immer auch eine ehrenvolle Bestätigung der gewählten Person, ihrer bisherigen Leistungen und Verdienste. Wenn Sie zur Wahl gratulieren, gehen Sie auf diese Leistungen ein, richten aber auch den Blick in die Zukunft und sprechen dem Gewählten Mut für die weitere Arbeit zu.
Mögliche Stichworte für die inhaltliche Gestaltung:

- **Gratulation**
- **Würdigung der bisherigen Arbeit; Rückblick auf die bisherigen Tätigkeiten und Funktionen**
- **Schlussfolgerung: Wahl ist ein Gewinn für den Verein, die Gemeinschaft, die Partei ...**
- **Gute Wünsche für die weitere Arbeit und Dank für den Einsatz**

▶ Glückwunsch zur Wahl in ein politisches Amt, Seite 421
▶ Glückwunsch zur Wahl zum Vereinsvorsitzenden, Seiten 422 und 423
▶ Glückwunsch, Seiten 256 und 257

Berthold und Evelyn Bauer
Hohenholz 23
41155 Mayen

26.10.199X

Frau
Cornelia Schüren
Hohenholz 6

41155 Mayen

Liebe Frau Schüren,

die Bürger unserer Stadt haben Sie mit eindrucksvoller Mehrheit zur Bürgermeisterin gewählt. Wir freuen uns darüber ganz besonders und schicken Ihnen unsere Glückwünsche.

Seit Jahren haben wir in enger Nachbarschaft verfolgt, wie Sie sich engagiert für die Belange unserer Straße und unseres Stadtteils eingesetzt haben. Sie waren die erste, die vor Jahren gegen die Hochhausbebauung im Brachfeld Ihre Stimme erhob, Sie betrieben aktiv und über alle Parteigrenzen hinweg den Bau einer Umgehungsstraße und die Entlastung unseres Viertels von Durchgangsverkehr.

Bleiben Sie dieser Linie treu, bewahren Sie sich Ihr Engagement und Ihre Bürgernähe auch im neuen Amt mit seiner größeren Verantwortung. Mehr können wir uns als Bürger dieser Stadt nicht wünschen.

Mit herzlichen Grüßen

Berthold und Evelyn Bauer

Michael Fleiter
Kölner Str. 81
56965 Rheinkirchen

03.11.199X

Herrn
Carsten Neuwerk
Plettenstr. 6

56967 Rheinkirchen

Sehr geehrter Herr Neuwerk,

die Begeisterung für den Fußball hat Sie früh gepackt und dann nicht mehr los gelassen: Schon als Kind bolzten Sie auf der Straße, wenig später auf dem Vereinsplatz. Es war der Fußballplatz des Vereins Borussia Rheinkirchen, dem Sie von da an die Treue hielten.

Von Beginn an waren Sie ein höchst aktives Vereinsmitglied. Sie spielten als Vorstopper in der A-Jugend, dann in der ersten Mannschaft, seitdem bei den älteren Semestern. Sie entwickelten Ihre kämpferischen Qualitäten aber nicht nur auf dem Spielfeld, sondern auch als Kassenwart des Vereins bei der Konsolidierung der maroden Finanzen und bei der langjährigen Auseinandersetzung um das neue Vereinszentrum.

Borussia hat nun seinen alten Vorstopper als vorderste Sturmspitze in die Pflicht genommen. Zur Übernahme des Vereinsvorsitzes gratuliere ich Ihnen und wünsche Ihnen viel Erfolg bei den anstehenden sportlichen und organisatorischen Aufgaben!

Mit freundlichen Grüßen

M. Fleiter

Cornelia von Schwendt
c/o Kindertagesstätte „Seifenblasen" e.V.
Kleine Gasse 3

61817 Heiselheim

02.05.199X

Liebe Frau von Schwendt,

mit Freude haben wir von Herrn Hasselberg, der die „Seifenblasen" kürzlich auf seiner Frühjahrsreise besuchte, gehört, dass die Eltern und Erzieherinnen der Kindertagesstätte Sie für weitere zwei Jahre zur Vorstandsvorsitzenden gewählt haben.
Ihr Engagement für den Fortbestand der Einrichtung kann gar nicht hoch genug eingeschätzt werden. Wir alle wissen, wie sehr die freien Träger in Zeiten leerer öffentlicher Kassen kämpfen müssen. Wir wünschen Ihnen, dass es Ihnen auch weiterhin gelingen wird, Ihren Anliegen in den politischen Gremien und in der Öffentlichkeit Nachdruck zu verleihen.
Mit Ihnen an der Spitze ist den Kindern, die die Kindertagesstätte besuchen, weiterhin eine liebevolle und pädagogisch hochmotivierte Betreuung sicher.
Wir hoffen sehr, dass Sie auch uns weiterhin als kompetente und anregende Beraterin zur Seite stehen werden – so, wie wir Sie in den vergangenen Jahren kennen lernen durften.

Mit den besten Wünschen für die Zukunft

Elke Schwietert

Elke Schwietert
Vertrieb Kindergärten

Weihnachtsgrüße

Nicht nur fromme Wünsche

Was könnte geeigneter sein als das Fest der Liebe, um anderen Menschen gute Wünsche zukommen zu lassen?

Die Advents- und die Weihnachtszeit gelten als ruhige und besinnliche Phase im Jahreslauf. An diesem kurzen Innehalten und der Rückbesinnung auf das Wesentliche können Sie Ihren Freundes- und Bekanntenkreis durch persönlich formulierte Weihnachtsgrüße teilhaben lassen.

Mögliche Stichworte für die inhaltliche Gestaltung:

- **Gute Wünsche: Ruhe, Muße, Familie, Festlichkeit usw.**
- **Überlegungen zur Jahreszeit: Dunkelheit, Stille, Ruhe, Jahresende, Jahreswechsel, Zeit zur Besinnung**
- **Überlegungen zur Bedeutung des Festes: religiöse Bedeutung als Geburtsfest des Erlösers; Fest der Liebe, der Freude, des Friedens; Fest des Schenkens**
- **Gute Wünsche im Ausblick auf Jahreswechsel**

Ist der Brief einem Geschenk beigelegt, sollte ausdrücklich Bezug auf dieses Geschenk genommen werden.

▶ Weihnachtsgrüße, Seiten 425–427
▶ Neujahrswünsche, Seiten 334–337
▶ Glückwunsch, Seiten 256 und 257

Liebe Sabine,

dir und deiner Familie wünsche ich eine besinnliche Adventszeit, ein friedliches und erholsames Weihnachtsfest und ein gutes, erfolgreiches neues Jahr.

Für mich gehören diese Wochen des Jahres zu den schönsten, so still und dunkel, wie sie sind. Vieles kommt zur Ruhe, zu Hause ist es warm und behaglich, und die Gedanken können schweifen. Es ist die Zeit, um die Ereignisse des vergangenen Jahres richtig zu gewichten und sich auf das Neue des kommenden Jahres vorzubereiten. Dazu kommt immer wieder die kindliche Freude auf die schöne Festlichkeit der Weihnachtstage, auf Christbaum und Kerzen und kleine Geschenke und auf die alten Weihnachtslieder, die uns das Herz öffnen.

Ich weiß, dass du Ähnliches empfindest in dieser Vorweihnachtszeit, und ich bin gerade jetzt in Gedanken oft bei dir. Ich grüße dich von ganzem Herzen und wünsche dir alles erdenklich Gute,

deine

Gitte

Liebe Oma, lieber Opa,

von ganzem Herzen wünschen wir euch ein frohes und gesegnetes Weihnachtsfest.
Sicherlich habt ihr für das Fest wieder alles genauso schön hergerichtet, wie wir es in Erinnerung haben: den festlich geschmückten Weihnachtsbaum, die große Krippe darunter mit dem geschweiften Stern und das viele leckere Selbstgebackene von Oma, auf das wir uns schon furchtbar freuen.

Unsere Geschenke dürft ihr natürlich erst am Heiligen Abend auspacken. Sie sind dieses Jahr nicht besonders originell ausgefallen, aber sie kommen von Herzen. Beachtet bitte auch die Geschenkanhänger, die Judith selbst gebastelt hat!

Kurz nach den Feiertagen kommen wir dann ja zu euch. Wir freuen uns schon sehr darauf. Bleibt gesund und lasst es euch gut gehen.

Eure

Enkel Max und Lisa

Lieber Herr Thamer,

herzlichen Dank für Ihre Weihnachtsgrüße! Wir fanden Ihren Brief gestern vor, als wir aus dem Skiurlaub in Südtirol zurückkamen, und haben uns sehr über Ihre lieben Zeilen gefreut.

Noch ist es Zeit, Ihnen zum neuen Jahr unsere besten Wünsche zu schicken. Dieses Jahr soll Ihnen nur Gutes bringen, vor allem Gesundheit und neue Herausforderungen. Lassen Sie sich ein wenig vom Leben verwöhnen – mehr, als dass in den letzten Jahren der Fall war. Behalten Sie aber vor allem Ihr fröhliches Herz, das uns selbst so oft Ermutigung gegeben hat.

Mit vielen lieben Grüßen
Ihre

Hellweins

Werbebrief

Werbebrief

Ihr Text braucht Dramaturgie. Er muss den Leser von der ersten bis zur letzten Zeile fesseln.

Mit einem Werbebrief wollen Sie einen Kunden gewinnen. Ob dies gelingt, hängt nicht zuletzt von Ihrer sprachlichen Überzeugungskraft und der Originalität Ihrer Botschaft ab. Die richtigen Informationen in den richtigen Worten an der richtigen Stelle zu bringen, das erfordert einige Sorgfalt.

Die Werbebranche hat ein paar handfeste Regeln aufgestellt, die die Erfolgsaussichten eines solchen Schreibens verbessern sollen und die Sie im Aufbau der meisten Werbebriefe wiederfinden. Dazu gehören:

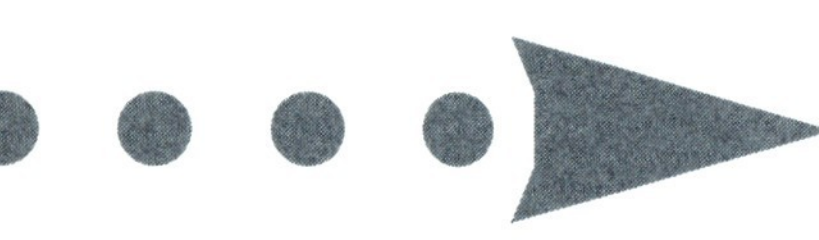

- **Möglichst persönliche Anrede des Adressaten mit Namen**
- **Am Briefanfang: Aufmerksamkeit wecken (z.B. originelle Betreffzeile)**
- **Direkte Ansprache des Lesers: persönliches Interesse ansprechen**
- **Wunsch verstärken, die angebotene Ware zu besitzen**
- **Aktivierung des Lesers: Bestellkarte ausfüllen, Gewinnspiel, Anruf mit Prämie oder ähnliches**
- **Klarer, leicht lesbarer Stil**
- **Hervorhebungen durch Fettdruck oder Unterstreichung (aber nur in Maßen)**
- **Persönliche Unterschrift des (vorgeblichen) Absenders**
- **Verwendung des Postskriptums (PS), da hoher Aufmerksamkeitswert**

▶ Werbebrief, Seite 429

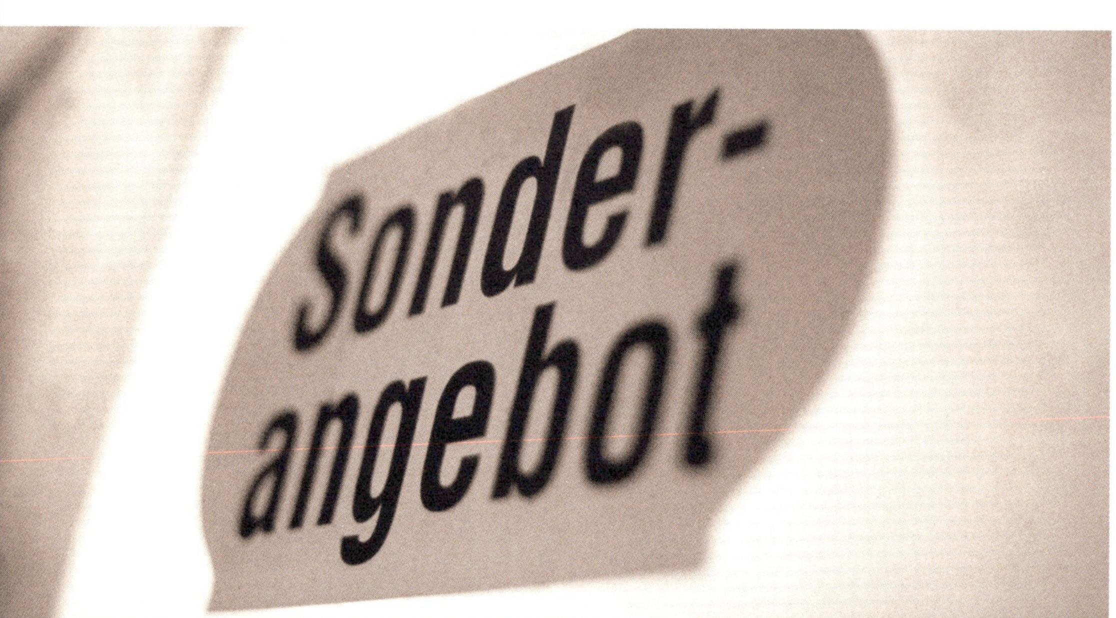

REGIO Verlag
Die Rundschau

Herrn Martin Kaspar
Lahnstr. 54

36098 Mertenbach

Wir verschaffen Ihnen den Überblick – aus nächster Nähe!

Sehr geehrter Herr Kaspar,

als Zeitungsleser wollen Sie über die „große Politik" rund um den Globus informiert werden, aber ebenso über das Vereinsleben in unserer Region. Sie interessieren sich für Korrespondentenberichte aus aller Welt, wollen aber auch täglich wissen, was politisch, kulturell und sportlich vor Ihrer Haustür passiert. Deshalb sollten Sie uns kennenlernen – eine junge Tageszeitung mit Wurzeln in der Region und Blick in die Welt: *Die Rundschau.*

Wir laden Sie ein! Testen Sie uns ohne Risiko und auf unsere Kosten: Zwei Wochen lang liefern wir Ihnen *Die Rundschau* kostenfrei nach Hause. Entscheiden Sie dann selbst, ob Sie in Zukunft ohne Ihre Regionalzeitung von Welt auskommen können. Sie brauchen nur die beiliegende Bestellkarte auszufüllen.

Ich wünsche Ihnen viel Spaß beim Lesen – auf Wiedersehen!

Ihr

Lothar Hennemann

Lothar Hennemann
Vertriebsleiter

PS: Bei den ersten 100 Probebestellern bedanken wir uns mit einem kleinen Geschenk. Lassen Sie sich überraschen!

Widerruf einer Bestellung

Storno

Ein Recht auf Widerruf besteht nur bis zum Eingang der Bestellung.

Eine Bestellung ist zwar rechtlich bindend, kann aber widerrufen werden. Für den Widerruf gibt es allerdings eine sehr enge zeitliche Begrenzung: Er muss spätestens mit der Bestellung beim Verkäufer eintreffen. In der Regel wählen Sie daher für einen Widerruf nicht den üblichen Postweg, sondern die Eilzustellung oder die Übermittlung als Telefax oder Telegramm. Auch der telefonische Widerruf ist möglich, doch sollten Sie sicherheitshalber einen schriftlichen Widerruf nachsenden.

Folgende Aspekte sollte der Widerruf einer Bestellung enthalten:

- **Im Betreff: Angaben zur Bestellung**
- **Hinweis auf Eintreffen der Bestellung nach oder mit dem Widerruf**
- **Bedauern über Widerruf und Bitte um Verständnis**
- **Bitte um schriftliche Bestätigung**

▶ Widerruf einer Bestellung, Seite 431
▶ Bestellung, Seiten 112–114
▶ Antwort auf Bestellung, Seite 115

CompuTop
Söllerstr. 37 · 81083 Kaufingen

Jürgens OHG
Vertriebsabteilung
Kanalstr. 20
11315 Riethen

03.02.9X

Unsere Bestellung vom 03.02.9X
Auftrag Nr. 199X-231-61

Sehr geehrte Damen und Herren,

mit Datum vom heutigen Tage haben wir eine Bestellung an Sie abgeschickt über

1 Notebook HAT CFS 3 zum Preis von DM 4.420,00.

Hiermit widerrufe ich diese Bestellung, da unser Kunde seinen Auftrag zurückgezogen hat. Ich bitte um Ihr Verständnis.

Bitte bestätigen Sie uns die Stornierung schriftlich.

Mit freundlichen Grüßen

i.A. Schober

Ilona Schober

Wohnungssuche

Interesse an Wohnungsangebot

Antworten Sie stets so persönlich wie möglich auf Chiffre-Anzeigen. Der Vermieter wird sich ernst genommen fühlen und positiv auf Sie eingestimmt sein.

Viele Zeitungsanzeigen, in denen Wohnungen zur Vermietung angeboten werden, enthalten keine Telefonnummer, sondern nur eine Postadresse oder eine Chiffre-Nummer. Der Vermieter erwartet also eine schriftliche „Bewerbung" des Interessenten.

Natürlich wollen Sie mit dieser Selbstdarstellung günstige Voraussetzungen schaffen, um die Wohnung gegebenenfalls zu bekommen. Betonen Sie also das, was den meisten Vermietern besonders am Herzen liegt: die Seriosität und die geregelte Einkommenssituation ihrer Mieter. Legen Sie allerdings nicht Ihr Monatseinkommen offen, sondern nennen Sie nur Ihre berufliche Funktion und eventuell Ihren Arbeitgeber. Und wenn es zur Zeit nicht sehr gut um Ihre berufliche Einbindung steht, können Sie die positiven Faktoren beschreiben, die eine baldige Verbesserung der Situation erwarten lassen: Ihre Qualifikationen, frühere Tätigkeiten, aktuelle Aktivitäten in Fort- und Weiterbildung...

Nehmen Sie folgende Aspekte in Ihr Schreiben auf:

- **Im Betreff: Chiffre-Nummer der Wohnungsanzeige**
- **Interesse bekunden an Wohnung**
- **Positive Beschreibung der familiären Situation**
- **Positive Beschreibung der beruflichen Situation**
- **Begründung des Wohnungsbedarfs (Ortswechsel, größere Wohnung, Garten usw.)**
- **Eventuell Verweis auf mögliche Referenzen**
- **Telefonnummer (tagsüber) für Kontaktaufnahme nennen**
- **Wunsch äußern, vom Vermieter zu hören und die Wohnung besichtigen zu können**

▶ Wohnungssuche – Antwort auf Wohnungsanzeige, Seite 433
▶ Mietangelegenheiten, Seiten 320–327
▶ Kündigung der Wohnung, Seiten 296–299

Martin und Claudia Wermer
Schopenhauerweg 45
62916 Wirtsleben

15.09.199X

Stadtanzeiger
Anzeigenabteilung
Pernauer Str. 62-64

62945 Monhausen

Chiffre-Anzeige MD-432 im Stadtanzeiger vom 14.9.199X
Wohnung in Monhausen

Sehr geehrte Damen und Herren,

Sie inserieren eine ruhige 4-Zimmer-Wohnung in Monhausen zum sofortigen Bezug. Wir sind an der Anmietung dieser Wohnung sehr interessiert.

Meine Frau und ich sind beide in gesicherter beruflicher Position mit überdurchschnittlichen, regelmäßigen Einkommen. Meine Frau ist Kundenberaterin, ich selbst bin stellvertretender Filialleiter bei der Allgemeinen Bank in Monhausen. Wir wünschen uns eine Wohnung in der Nähe unseres Arbeitsplatzes.

Zur Familie gehört auch noch unser kleiner Sohn Florian, der mittlerweile in die Grundschule geht.

Über einen Besichtigungstermin würden wir uns freuen. Sie erreichen meine Frau oder mich tagsüber unter der Telefonnummer 345654 und abends unter 54365.

Mit freundlichen Grüßen

Martin Werner

Zahlungseingang

Bestätigung eines Zahlungseingangs

Zahlungseingänge werden üblicherweise nicht bestätigt – es sei denn, der Kunde bittet ausdrücklich darum.

Zeigen Sie Servicebereitschaft!

Eine Bestätigung des Zahlungseingangs macht natürlich Mühe. Kommen Sie Ihren Kunden dennoch entgegen, man wird Ihre Verbindlichkeit zu schätzen wissen.

Die folgenden Aspekte sollten Sie in Ihre Bestätigung des Zahlungseingangs aufnehmen:

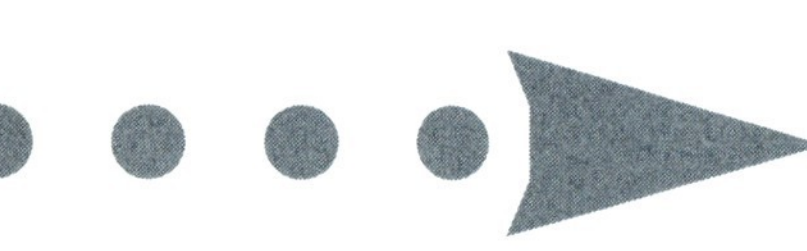

- **Im Betreff: Verweis auf Rechnung und Rechnungsnummer**
- **Bestätigung des Zahlungseingangs**
- **Angabe des Zahlungsbetrages und der ausgewiesenen Umsatzsteuer**
- **Benennung der in Rechnung gestellten und bezahlten Ware oder Dienstleistung**
- **Bestätigung der vollständigen oder teilweisen Begleichung der Rechnung**

▶ Bestätigung des Zahlungseingangs, Seite 435
▶ Rechnung, Seiten 348 und 349

HANSEN KG
Hoffmannstr. 20 · 25301 Lerthaven

Zentral GmbH
Frau Sarah Mertens
Saarlandstr. 256

62080 Geroldshausen

27.05.9X

Ihr Schreiben vom 17.05.9X
Unsere Rechnung ZT-123-23 vom 03.05.9X

Sehr geehrte Frau Mertens,

wie von Ihnen gewünscht, bestätigen wir Ihnen gerne den folgenden Zahlungseingang.

Mit Überweisung vom 17.05.9X erhielten wir DM 2.088,00. In diesem Betrag sind DM 288,00 Mehrwertsteuer enthalten.

Sie haben mit diesem Betrag unsere Rechnung ZT-123-23 vom 03.05.9X über 15 Leinentischdecken Jörgensen SA 109 vollständig beglichen.

Mit freundlichen Grüßen

i.A. Aydin Bahtak
Aydin Bahtak

Zeugnis

Bei Beendigung eines Arbeitsverhältnisses

Sie können keinem Arbeitnehmer sein Zeugnis verweigern.

Wenn ein Arbeitsverhältnis endet, hat der Arbeitnehmer bei einer dauernden Beschäftigung Anspruch auf ein Zeugnis. Er kann sich auch bei einem laufenden Arbeitsverhältnis ein sogenanntes Zwischenzeugnis vom Arbeitgeber ausstellen lassen, um sich damit auf eine andere Stelle zu bewerben. Ein Zeugnis kann in einfacher oder qualifizierter Form ausgefertigt werden.

Einfaches Zeugnis

- **Bezeichnung „Zeugnis"/„Zwischenzeugnis"**
- **Angaben zur Person**
- **Angaben zur Art der Tätigkeit**
- **Angaben zur Dauer der Tätigkeit**
- **Eventuell Dank und gute Wünsche**
- **Ort, Datum, Firmenname und Unterschrift**

Es enthält keine Beurteilung der Person und ihrer Arbeitsleistung.

Qualifiziertes Zeugnis

- **Bezeichnung „Zeugnis"/„Zwischenzeugnis"**
- **Angaben zur Person**
- **Angaben zur Art der Tätigkeit**
- **Angaben zur Dauer der Tätigkeit**
- **Beurteilung der Qualifikation, der Leistung, des Verhaltens in der Arbeit, des sozialen Verhaltens usw.**
- **Aussage zur Art der Beendigung des Arbeitsverhältnisses**
- **Bei positiver Grundhaltung: Dank, Empfehlung und gute Wünsche für den weiteren Berufsweg**
- **Ort, Datum, Firmenname und Unterschrift**

Auf Wunsch des Arbeitnehmers muss der Arbeitgeber ein qualifiziertes Zeugnis ausstellen.

▶ Arbeitszeugnis: Beurteilung, Seite 438
▶ Arbeitszeugnis – negativ, Seite 437
▶ Arbeitszeugnis – positiv, Seite 439

Intercom AG
Europaplatz 8
53543 Seebusch

ZEUGNIS

Herr Markus Spillner, geboren am 05.11.1965, war in unserem Hause vom 01.07.1997 bis 30.06.199X als Sachbearbeiter in der Personalabteilung tätig.

Er war in dieser Zeit insbesondere mit der Verwaltung von Lohn- und Gehaltskonten und der Reisekostenabrechnung betraut.

Herr Spillner hat die ihm übertragenen Aufgaben ordnungsgemäß ausgeführt. Er war immer pünktlich und zuvorkommend. Sein Verhalten gegenüber Vorgesetzten war einwandfrei.

Das Arbeitsverhältnis von Herrn Spillner wurde zum 30.06.199X im gegenseitigen Einvernehmen aufgelöst. Wir wünschen Herrn Spillner für die Zukunft alles Gute.

Seebusch, den 30.09.9X

E. Schmögner

E. Schmögner
Leiter Personalverwaltung

Zeugnis

Beurteilung von Arbeitszeugnissen

Für Werturteile in Arbeitszeugnissen gibt es einen besonderen Code mit versteckten Bewertungen.

Der Arbeitgeber ist nach geltender Rechtsprechung gehalten, ein Zeugnis „wohlwollend" (und dennoch wahrheitsgetreu) abzufassen. Negative Formulierungen sind erlaubt, soweit sie durch die Tatsachen gedeckt sind. Doch müssen zumindest gleichgewichtig positive Beurteilungen enthalten sein.

Auf den ersten Blick finden sich daher in Arbeitszeugnissen in der Regel positive, neutrale oder äußerst vorsichtig gesetzte kritische Aussagen. Dahinter verbirgt sich aber ein geregelter Code, in dem der Arbeitgeber seine Bewertung eines Beschäftigten deutlicher zu erkennen gibt. Kürze und Distanziertheit des Zeugnistextes oder das Fehlen bestimmter, eigentlich erwarteter Leistungsbeschreibungen signalisieren Kritik. Aussagekräftig sind vor allem wohlüberlegte sprachliche Abstufungen nach dem Muster „volle Zufriedenheit" oder „stets vollste Zufriedenheit". Was zunächst sehr vorteilhaft klingen mag, kann am Ende eine deutliche oder auch vernichtende Kritik beinhalten. Dagegen lassen sich wirklich positiv gemeinte Beurteilungen an „gesteigerten" Beiworten und meist auch an einem herzlichen, verbindlichen Ton ablesen.

Einige typische Beispiele für versteckte Bewertungen:

++	*... stets zu unserer vollsten Zufriedenheit*
+	*... stets zu unserer vollen Zufriedenheit*
o	*... zu voller Zufriedenheit*
-	*... zu unserer Zufriedenheit*
--	*... im Großen und Ganzen zur Zufriedenheit*

++	*... ist auch stärksten Belastungen gewachsen*
+	*... ist auch starken Belastungen gewachsen*
o	*... zeigte sich auch Belastungen gewachsen*
-	*... zeigte sich Belastungen im Wesentlichen gewachsen*
--	*... war bemüht, auch bei Belastungen seine Arbeitsleistung zu erbringen*

Wichtig sind auch die Schlussbemerkungen, in denen das Ende des Arbeitsverhältnisses begründet wird und der Arbeitgeber eine Empfehlung ausspricht – oder auch nicht. Steht dort: *Das Arbeitsverhältnis endet in beiderseitigem Einvernehmen* oder lediglich *Das Arbeitsverhältnis endet am ...*, beinhaltet das wahrscheinlich die Kündigung des Arbeitnehmers. Für eine positive Lesart des Zeugnisses sollte sich zum Schluss das *„Bedauern"* (besser noch: das *„außerordentliche Bedauern")* des Arbeitgebers über den Verlust dieses Beschäftigten finden, eine Danksagung für die geleistete wertvolle Arbeit, eine Empfehlung aus fachlichen und persönlichen Gründen und gute Wünsche für den zukünftigen Berufsweg.

TRADEmark GmbH
Bunsenstr. 4 · 61091 Lingenstedt

ZEUGNIS

Frau Frauke Lohse, geboren am 20.06.1970, war vom 01.10.1995 bis 30.09.199X im Bereich Direktmarketing unseres Unternehmens tätig.

Nach einer einmonatigen Einarbeitung übernahm Frau Lohse die Aufgaben einer Kommunikationsassistentin im Telefonmarketing für Werbeartikel. Sehr schnell zeigte sich ihre große Begabung, mit Menschen ins Gespräch zu kommen und sie für unsere Produkte zu interessieren.

Aufgrund ihres außerordentlichen Erfolges bei Kunden und ihrer sozialen Kompetenz im Umgang mit Kollegen übertrugen wir Frau Lohse zum 01.01.1998 die Bereichsleitung Telefonmarketing. Sie hat diesen verantwortlichen Aufgabenbereich mit großem Geschick in der Führung von etwa 10 Voll- und Teilzeitmitarbeitern und mit außergewöhnlichem Erfolg in der Gewinnung und Bindung von Kunden wahrgenommen.
Frau Lohse hat durch ihr Engagement, ihre innovativen Ideen und ihr kommunikatives Talent großen Anteil an der überdurchschnittlichen Umsatzsteigerung ihres Geschäftsbereichs. Sie war zugleich eine allseits respektierte und integrierende Vorgesetzte.

Insgesamt hat sich Frau Lohse als vielfältig belastbar, äußerst zuverlässig und eigeninitiativ bewährt. Wir waren mit ihren Leistungen jederzeit vollständig zufrieden und können Sie fachlich und persönlich sehr empfehlen.

Frau Lohse verlässt unser Unternehmen auf eigenen Wunsch. Wir bedauern diesen Verlust sehr. Wir danken Frau Lohse für ihre wertvolle Mitarbeit und wünschen ihr für ihren weiteren Berufsweg viel Erfolg.

Lingenstedt, den 30.09.199X

Marieluise Kerner

Marieluise Kerner
Geschäftsleitung

Zwischenbescheid

Den Kontakt halten

Ein Zwischenbescheid hilft die „Freundschaft" erhalten.

Nicht jede Anfrage und nicht jede Bestellung kann sofort bearbeitet werden; manche Vorgänge benötigen mehr Zeit, als abzusehen war. Darüber sollten Sie Ihren Geschäftspartner durch einen Zwischenbescheid in Kenntnis setzen. Eine Information dieser Art ist ein Gebot der Höflichkeit, erspart Ihnen aber auch kritische Kundenanfragen zum Stand der Dinge. Einen Zwischenbescheid versenden Sie zum Beispiel auf:

- Anfragen
- Angebote
- Bestellungen
- Mängelrügen
- Bewerbungen

Folgende Aspekte sollten Sie in einem Zwischenbescheid ansprechen:

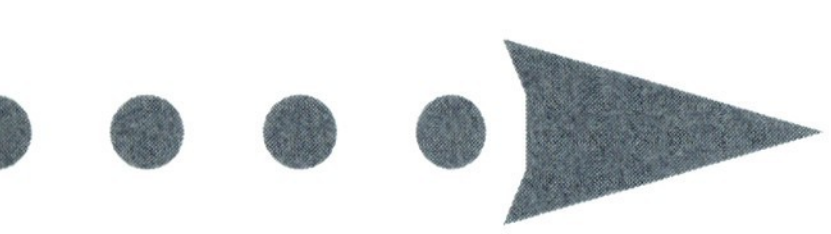

- **Im Betreff: worauf bezieht sich der Zwischenbescheid?**
- **Einleitung: Dank für Anfrage, Angebot, Bewerbung usw.**
- **Bedauernder Hinweis auf längere Bearbeitungszeit, plausible Begründung für die Verzögerung (genaue Prüfung, Nachfrageboom, Urlaubszeit usw.)**
- **Angabe des Termins, bis zu dem der Vorgang bearbeitet ist**
- **Bitte um Verständnis**

▶ Zwischenbescheid auf Anfrage, Seite 441
▶ Zwischenbescheid Bewerbung, Seite 135

Deco Com GmbH
Ludwigsstr. 57
67304 Taunustal

16.06.9X

Landsberg GmbH
Herrn Markus Landsberg
Ebertring 30

82422 Hohburg

Ihre Anfrage vom 10.06.9X

Sehr geehrter Herr Landsberg,

vielen Dank für Ihr Interesse an unserer Kleinmöbel-Kollektion.

Zur Zeit bereiten wir den neuen Musterkatalog für die Konsumgütermesse in Frankfurt vor. Erst in etwa zwei Wochen können wir Ihnen daher unser Angebot an Kleinmöbeln in aktueller und umfassender Form vorstellen. Bitte haben Sie bis dahin noch etwas Geduld – wir schicken Ihnen so schnell wie möglich alle gewünschten Informationen.

Mit freundlichen Grüßen

i. A. W. Spies

Werner Spies
Kundenservice

BO"

ARTICOLI P

Fremdsprachige Briefe

Fremdsprachige Briefe

Der Stil

Andere Kulturkreise haben oft andere Kommunikationsmuster. Passen Sie sich den Gepflogenheiten an, um den Adressaten nicht ungewollt vor den Kopf zu stoßen.

Im Alltag, auch im privaten, kommt es gelegentlich vor, dass man Briefe in einer Fremdsprache verfassen möchte, die man nicht oder nicht gut genug beherrscht. Die wichtigsten Anlässe sind sicher mit der Planung von Auslandsaufenthalten verbunden. Vielleicht möchten Sie aber auch einen Gruß an Freunde oder Geschäftspartner richten.

Nachfolgend haben wir zehn Briefe zusammengestellt, die wichtige Schreibanlässe aufgreifen. Sie finden jeweils als erstes den deutschen Beispielbrief, der dann ins Englische, Französische, Italienische und Spanische übersetzt ist. Unter den fremdsprachigen Briefen finden Sie teilweise kleine Glossare, die Ihnen helfen, die Briefe genau auf Ihre Bedürfnisse zuzuschneiden. Tauschen Sie einfach die Begriffe im Text aus.

Sie werden bemerken, daß die Briefe nicht 1: 1 übersetzt wurden. Jeder Kulturkreis verfügt über eigene Formeln und Stilmittel. Die Briefe nehmen darauf Rücksicht und formulieren die Anliegen insbesondere in den romanischen Sprachen etwas farbiger und gefühlvoller.

Ludwig Jordan
Koselstr. 5
32233 Pließen

15.02.199X

Hotel Victoria
Strasse

Ort

Anfrage

Sehr geehrte Damen und Herren,

durch das Hotelverzeichnis des örtlichen Tourismusbüros bin ich auf Ihr Hotel aufmerksam geworden.

Ich plane im Juli 199X einen Urlaubsaufenthalt in ______. Bitte teilen Sie mir mit, ob Sie für diesen Zeitraum noch ein Doppelzimmer (mit Meerblick!) frei haben. Schicken Sie mir bitte auch Ihre aktuelle Preisliste und weiteres Informationsmaterial über Ihr Haus zu.

Vielen Dank.

Mit freundlichen Grüßen

Ludwig Jordan

Ludwig Jordan
Koselstr. 5
D - 32233 Pließen

15 February 199X

Hotel Victoria
712 Seven Sisters Road
GB - Dover N15 5JT

Dear Sirs,

I found your name in a catalogue from the Tourism Office, and am interested in your hotel.

I am planning a vacation to Dover **in July 199X.** I would like to know if you have a double room* (with a sea view!) available for that period. Please send me a list of your prices along with any other information. Thank you.

Best regards,

Glossar

Die Monatsnamen

Januar	January
Februar	February
März	March
April	April
Mai	May
Juni	June
Juli	July
August	August
September	September
Oktober	October
November	November
Dezember	December

Alle farbig unterlegten Textstellen können mit Begriffen aus dem Glossar ausgetauscht werden.

* Siehe dazu Glossar Seite 452

Schreibweisen für das Datum

im Juli 199X	in July 199X
am 1. August 199X	1 August 199X
am 10. August 199X	10 August 199X
vom 21. September bis 5. Oktober	from 21 September to 5 October
am 01.08.199X	01/08/199X

Ludwig Jordan
Koselstr. 5
D - 32233 Pließen

15.02.199X

Hôtel Victoria
13 Rue de la Concorde
F-31223 Villeneuf

Mesdames, Messieurs,

J'ai trouvé l'adresse de votre hôtel dans le guide fourni par l'agence touristique locale de Villeneuf.

Je désire venir en vacances à Villeneuf **au mois de juillet.** Pouvez-vous me dire si vous déposez d'une chambre pour deux personnes* (avec vue sur la mer) pour cette période? Merci de m'envoyer vos tarifs et si possible des prospectus concernant votre hôtel.

Merci par avance,

Glossar

Die Monatsnamen

Januar	Janvier
Februar	Févries
März	Mars
April	Avril
Mai	Mai
Juni	Juin
Juli	Juillet
August	Août
September	Septembre
Oktober	Octobre
November	Novembre
Dezember	Decembre

Alle farbig unterlegten Textstellen können mit Begriffen aus dem Glossar ausgetauscht werden.

* Siehe dazu Glossar Seite 453

Schreibweisen für das Datum

im Juli 199X	en Juillet 199X
am 1. August 199X	le 01 Août 199X
am 10. August 199X	le 10 Août 199X
vom 21. September bis 5. Oktober	du 21 Septembre an 05 Octobre
am 01.08.199X	01.08.199X

Ludwig Jordan
Koselstr. 5
D - 32233 Pließen

15/02/199X

Spett. Hotel Victoria
via Flaminia, 5
I - 23040 Rimini

Oggetto: richiesta di informazioni

Egregi Signori,

sul catalogo dell'Ufficio del Turismo ho notato il Vostro hotel.

A luglio 199X ho progettato di fare una vacanza a Rimini. Vi prego di comunicarmi, se avete per quel periodo una camera matrimoniale* libera (con vista sul mare!). Vi prego gentilmente di mandarmi anche il Vostro listino prezzi aggiornato e altro materiale informativo. Molte grazie.

Distinti saluti

Glossar

Die Monatsnamen

Januar	gennaio
Februar	febbraio
März	marzo
April	aprile
Mai	maggio
Juni	giugno
Juli	luglio
August	agosto
September	settembre
Oktober	ottobre
November	novembre
Dezember	dicembre

Alle farbig unterlegten Textstellen können mit Begriffen aus dem Glossar ausgetauscht werden.

* Siehe dazu Glossar Seite 454

Schreibweisen für das Datum

im Juli 199X	a luglio 199X
am 1. August 199X	il 1° agosto 199X
am 10. August 199X	il 10 agosto 199X
vom 21. September bis 5. Oktober	dal 21 settembre al 5 ottobre
am 01.08.199X	01/08/199X

Ludwig Jordan
Koselstr. 5
D - 32233 Pließen

15.02.199X

Hotel Victoria
Apartado Postal 1233
E - 88909 Palma de Mallorca

Consulta sobre reserva de habitación

Muy señores míos

Consultando la guía de hoteles de la oficina de turismo local, me ha llamado la atención su hotel.
En Julio de 199X planeo mis vacaciones en Mallorca. Por favor, comuníqueme si tiene una habitación libre*(, con vista al mar,) en estas fechas.
Les ruego me manden la lista actual de precios, asi como más información sobre su hotel. Muchas gracias.

Le saluda atentamente,

Glossar

Die Monatsnamen

Januar	Enero
Februar	Febrero
März	Marzo
April	Abril
Mai	Mayo
Juni	Junio
Juli	Julio
August	Agosto
September	Septiembre
Oktober	Octubre
November	Noviembre
Dezember	Diciembre

Alle farbig unterlegten Textstellen können mit Begriffen aus dem Glossar ausgetauscht werden.

* Siehe dazu Glossar Seite 455

Schreibweisen für das Datum

im Juli 199X	en Julio de 199X
am 1. August 199X	el primero de Agosto de 199X
am 10. August 199X	el 10 de Agosto de 199X
vom 21. September bis 5. Oktober	del 21 de Septiembre al 5 de Octubre
am 01.08.199X	el 01.08.199X

Fremdsprachige Briefe

Die Form

Wenn Sie fremdsprachige Briefe verfassen, möchten Sie es Ihrem Gegenüber sicher so leicht wie möglich machen, sich auf Ihren Brief einzustellen. Andererseits schreiben Sie aus Ihren Gewohnheiten heraus.

Die nachfolgenden Briefe lehnen sich an die jeweils in ihren Sprachräumen üblichen Gestaltungsgewohnheiten an. Entscheiden Sie selbst, was Sie übernehmen möchten.

Hotelbuchung – Zimmerreservierung im Urlaubshotel

Sie haben gewählt: Das Glossar hilft zu benennen, was Ihren Wünschen entspricht. Die beiden letzten Abschnitte des Briefes wurden „für alle Fälle" formuliert. Wenn sie nicht zutreffen, können Sie sie einfach streichen.

- deutsch, Seite 451
- englisch, Seite 452
- französisch, Seite 453
- italienisch, Seite 454
- spanisch, Seite 455

Ludwig Jordan
Koselstr. 5
32233 Pließen

10.03.199X

Hotel Victoria
Straße

Ort

Buchung eines Doppelzimmers

Sehr geehrte Damen und Herren,

auf der Grundlage Ihres Hotelprospekts und Ihrer aktuellen Preisliste buche ich

- ein Doppelzimmer mit Bad oder Dusche
- Meerblick
- Halbpension (Frühstück – Abendessen) für zwei Personen
- **vom 15.07. bis 28.07.199X**
- zum Gesamtpreis von DM 3.080,-

Sobald Sie diese Buchung schriftlich bestätigt haben, überweise ich Ihnen – wie in Ihren Geschäftsbedingungen gefordert – als Vorauszahlung 25% des Gesamtpreises.

Sie können mir die Buchungsbestätigung auch per Telefax schicken. Meine Faxnummer ist: 0049-31263455.

Mit freundlichen Grüßen

Ludwig Jordan

Ludwig Jordan
Koselstr. 5
D - 32233 Pließen

10 March 199X

Hotel Victoria
712 Seven Sisters Road
DOVER N15 5JT
GROSSBRITANNIEN

Dear Sirs,
Based on the information in your brochure and current price list, I would like to reserve:

- a **double room** with bath or shower
- sea view
- **half board** (**breakfast** - **dinner**) for two people
- **from 15/07/199X to 28/07/199X***
- total price £ 1,000.

Upon receipt of written confirmation of this reservation, I will send you a 25% deposit of the total price, as per your conditions.

You can confirm my reservation by fax. My fax number is: 0049-31263455.

Best regards,

Glossar

Das können Sie buchen

Einzelzimmer	single room
Doppelzimmer	double room
Dreibettzimmer	triple room
Doppelbett + Kinderbett	double bed + twin
Zimmer mit Bad (oder Dusche)	room with a bath (or shower)
Halbpension	half board
Vollpension	full board
Übernachtung mit Frühstück	bed and breakfast
Frühstück	breakfast
Mittagessen	lunch
Abendessen	dinner

Alle farbig unterlegten Textstellen können mit Begriffen aus dem Glossar ausgetauscht werden.

* Siehe dazu Glossar Seite 446

Ludwig Jordan
Koselstr. 5
D - 32233 Pließen

10.03.199X

Hôtel Victoria
13 Rue de la Concorde
31223 VILLENEUF
FRANKREICH

Mesdames, Messieurs,

Conformément au prospectus que vous m'avez envoyé, je désirerais réserver dans votre hôtel:

- une **chambre pour deux personnes** avec salle de bain
- avec vue sur la mer
- **demi-pension** (**petit déjeuner, dîner**) pour deux personnes
- **du 15.07. au 28.07***
- au prix de FF 9.240,-.

Aussitôt que vous aurez confirmé par écrit cette réservation, je vous vire – comme exigé dans vos conditions d'exploitation – 25 % du prix d'ensemble en tant que versement par anticipation.

En vous remerciant par avance de bien vouloir me confirmer ma réservation dés que possible, je vous prie d'agréer Mesdames, Messieurs, l'expression de mes salutations distingués.

Glossar

Das können Sie buchen

Einzelzimmer	chambre à une personne
Doppelzimmer	chambre à deux lits
Dreibettzimmer	chambre à trois lits
Doppelbett	chambre à grand lit
Zwei Einzelbetten	chambre à deux lits
Doppelbett + Kinderbett	chambre à grand lit et un lit pour enfants
Zimmer mit Bad (oder Dusche)	chambre avec (salle de) bain (ou douche)
Halbpension	demi-pension
Vollpension	pension complète
Übernachtung mit Frühstück	la nuit avec petit déjeuner
Frühstück	petit déjeuner
Mittagessen	déjeuner
Abendessen	dîner/souper

Alle farbig unterlegten Textstellen können mit Begriffen aus dem Glossar ausgetauscht werden.

* Siehe dazu Glossar Seite 447

Ludwig Jordan
Koselstr. 5
D - 32233 Pließen

10/03/199X

Spett. Hotel Victoria
via Flaminia, 5
23040 RIMINI
ITALIEN

Oggetto: prenotazione di una camera matrimoniale

Egregi Signori,

sulla base del depliant e dell'ultimo listino prezzi del Vostro hotel vorrei prenotare:

- una **matrimoniale con bagno o doccia**
- vista sul mare
- **mezza pensione** (**prima colazione** - **cena**) per due persone
- **dal 15/07/199X fino al 28/07/199X***
- al prezzo totale di L. 3.000.000

Non appena mi confermerete questa prenotazione per iscritto Vi invierò, come da Vostre condizioni, un anticipo pari al 25% del prezzo totale.

La conferma della prenotazione mi può essere inviata anche tramite fax. Il mio numero di fax è: 0049-31263455.

Distinti saluti

Glossar

Das können Sie buchen

Einzelzimmer	camera singola
Doppelzimmer	camera matrimoniale
Dreibettzimmer	camera con tre letti
Doppelbett + Kinderbett	letto matrimoniale + lettino
Zimmer mit Bad (oder Dusche)	camera con bagno o doccia
Halbpension	mezza pensione
Vollpension	pensione completa
Übernachtung mit Frühstück	pernottamento e prima colazione
Frühstück	prima colazione
Mittagessen	pranzo
Abendessen	cena

Alle farbig unterlegten Textstellen können mit Begriffen aus dem Glossar ausgetauscht werden.

* Siehe dazu Glossar Seite 448

Ludwig Jordan
Koselstr. 5
D - 32233 Pließen

15.05.199X

Hotel Victoria
Apartado Postal 1233
88909 PALMA DE MALLORCA
SPANIEN

Reserva de una habitación doble

Muy señores míos

De acuerdo con el prospecto de su hotel y su lista actual de precios, quisiera reservar:

- Una **habitación doble con baño o ducha**
- con vista al mar
- en régimen de **media pensión** (**desayuno** – **cena**) para dos personas
- **del 15.07. al 28.07.199X***
- por un precio total de Ptas. 21.560.-

En cuanto me confirme por escrito esta reserva les mandaré un adelanto por valor del 25% del precio total (de acuerdo a las condiciones de pago establecidas).

También pueden confirmarme la reserva enviándome un fax. Mi número de fax es el 0049-31263455.

Le saluda atentamente,

Glossar

Das können Sie buchen

Einzelzimmer	habitación sencilla
Doppelzimmer	habitación doble
Dreibettzimmer	habitación para 3 personas
Doppelbett + Kinderbett	habitación doble con camita para niño
Zimmer mit Bad (oder Dusche)	habitación con baño (o ducha)
Halbpension	media pensión
Vollpension	pensión completa
Übernachtung mit Frühstück	habitación y desayuno
Frühstück	desayuno
Mittagessen	comida al medio día
Abendessen	cena

Alle farbig unterlegten Textstellen können mit Begriffen aus dem Glossar ausgetauscht werden.

* Siehe dazu Glossar Seite 449

Fremdsprachige Briefe

Die Anschrift

Schreiben Sie die Ortsbezeichnung in der Landessprache, das Land jedoch in deutscher Sprache.

Sofern möglich, können Sie die korrekte Schreibweise der Anschrift den Absenderangaben des ausländischen Briefpartners entnehmen.
Achten Sie bei der Anschrift darauf, dass die Post eindeutig erkennen kann, wohin der Brief gehen soll. Deshalb empfiehlt es sich, das Empfängerland deutsch zu schreiben. Den Wohnort des Empfängers sollten Sie jedoch in der jeweiligen Landessprache aufführen, der italienische oder britische Briefträger wird mit deutschen Bezeichnungen eher seine Mühe haben. Die DIN 5008 empfiehlt, Ort und Land in Großbuchstaben zu schreiben. Daran sollten Sie sich bei geschäftlichen Schreiben halten, bei Privatbriefen ist Ihnen die Form freigestellt.
Für das Empfängerland können Sie entweder den Ländercode benutzen oder den Ländernamen in die letzte Zeile der Anschrift schreiben.

Hotel Victoria
712 Seven Sisters Road
GB - DOVER N15 5JT

oder

Hotel Victoria
712 Seven Sisters Road
DOVER N15 5JT
GROSSBRITANNIEN

Der Ländercode ist identisch mit den international gebräuchlichen, nationalen Autokennzeichen.

Sprachschule – Anfrage für Sprachkurse

▶ deutsch, Seite 457
▶ englisch, Seite 458
▶ französisch, Seite 459
▶ italienisch, Seite 460
▶ spanisch, Seite 461

Holger Preissler
Chlodwigsplatz 41
42043 Vormarschen

21.01.9X

Lingua Mundi
Straße

Ort

Sehr geehrte Damen und Herren,

eine Freundin, Mara Kunert, hat im vorletzten Sommer einen Sprachkurs an Ihrer Schule besucht und hat mir Ihr Institut sehr empfohlen. Ich möchte voraussichtlich im Mai 199X einen vierwöchigen ____________-Kurs für Fortgeschrittene mit dem Schwerpunkt auf mündlicher Kommunikation belegen.

Bitte schicken Sie mir Ihr aktuelles Kursangebot für Frühjahr und Sommer 199X mit Preisangaben. Ich benötige auch Informationen über preiswerte Unterkünfte am Ort, insbesondere über den Aufenthalt in Gastfamilien.

Vielen Dank.

Mit freundlichen Grüßen

Holger Preissler

Holger Preissler
Chlodwigsplatz 41
D - 42043 Vormarschen

21 January 199X

St. Giles
56 Maddox Street
GB - LONDON W1R 9LA

Dear Sirs,

A friend of mine, Mara Kunert, attended a foreign language course at your school last summer and recommended your program. I would like to enrol for an advanced English conversation course lasting four weeks. This would probably be in May 199X.

Please send me a listing of your courses for spring and summer 199X along with the prices. I will also need information on inexpensive lodging, above all on the possibility of staying with a family.

Thank you.

Best regards,

Holger Preissler

Holger Preissler
Chlodwigplatz 41
D - 42043 Vormarschen

21.01.199X

Lingua Mundi
3 Rue Victor Hugo
F - 75123 MONTPELLIER

Mesdames, Messieurs,

Il y a un ans, une amie, Mara Kunert, a suivi un cours chez vous et m'en a parlé avec enthousiasme. En Mai 199X je désirerais probablement moi aussi suivre un cours niveau moyen de quatre semaines, particulièrement axé sur la communication orale.

Pourriez-vous m'envoyer la liste des cours de cette année, vos tarifs, ainsi que des renseignements sur les possibilités d'hébergement aux meilleurs prix, de préférence dans des familles d'accueil si possible.

En vous remerciant par avance, je vous prie d'agréer Mesdames, Messieurs, l'expression de mes salutations distingués.

Holger Preissler

Holger Preissler
Chlodwigsplatz 41
D - 42043 Vormarschen

21/01/199X

Spett. Mondolingue
via Tornabuoni, 17
I - 21342 FIRENZE

Egregi Signori,

un'amica, Mara Kunert che la scorsa estate ha frequentato un corso di lingue nella Vostra scuola, mi ha consigliato il Vostro Istituto. A maggio 199X vorrei iscrivermi ad un corso avanzato di italiano di quattro settimane allo scopo di imparare la lingua parlata.

Vi prego di inviarmi una proposta per un corso per la primavera e l'estate 199X con il relativo listino prezzi. Avrei bisogno anche di avere informazioni sugli alloggi, quelli più economici che si trovano sul posto, e soprattutto sulle possibilità di soggiorni in famiglia.

Molte grazie.

Distinti saluti

Holger Preissler

Holger Preissler
Chlodwigsplatz 41
42043 Vormarschen
Alemania

21.01.199X

Lingua Mundi
Avenida de los Reyes 305b
47383 GUADALAJARA
MEXICO

Muy señores míos

Mi amiga Mara Kunert, que realizó el año pasado un curso de idiomas con ustedes, me ha recomendado encarecidamente su escuela. Me gustaría tomar en Mayo de 199X un curso de español para estudiantes avanzados de 4 semanas de duración. En dicho curso debe prestarse especial atención a la conversación.

Les ruego me envien precios e información sobre cursos de primavera y verano en 199X. También desearia saber que posibilidades baratas de hospedaje podria encontrar en su localidad, especialmente habitaciones en casas particulares.

Agradeciendoles de antemano su amabilidad les saluda atentamente,

Holger Preissler

Fremdsprachige Briefe

Die Anrede

Auch die Anrede ist eine Frage des Stils. Die dafür gültigen Regeln haben sich oft über Jahrhunderte hinweg eingeschliffen.

Versuchen Sie nicht, gegebene Formeln „einzudeutschen". Widerstehen Sie der Herausforderung, aus *Dear Sirs* ein *Dear Ladies and Gentlemen* zu machen ... Sie werden höchstens auf Unverständnis stoßen.

Die in den Beispielen angebotenen Übersetzungen entsprechen den landesüblichen Gepflogenheiten.

Universität – Anfrage für die Einschreibung an einer Universität

Falls Sie ein Studium an einer Universität im Ausland aufnehmen möchten, können Sie die Universitäten Ihrer Wahl zunächst um nähere Informationen und notwendige Unterlagen bitten. Die nachfolgenden Briefe werden durch ein Glossar ergänzt, das die gängigen Studienfächer umfasst. Sie können das Fach Ihrer Wahl in den Brief einsetzen.

- ▶ deutsch, Seite 463
- ▶ englisch, Seite 464
- ▶ französisch, Seite 465
- ▶ italienisch, Seite 466
- ▶ spanisch, Seite 467

Meike Strobel
Deichgrafstr. 6
20987 Klettensen

10.05.199X

Universität zu
Studentensekretariat
Straße
Ort

Studiengang Humanmedizin – Einschreibebedingungen

Sehr geehrte Damen und Herren,

im Herbst 199X möchte ich ein Studium der Humanmedizin beginnen. Ich interessiere mich deshalb auch für die Studienbedingungen an der Universität

Bitte schicken Sie mir alle notwendigen Informationen und Unterlagen zur Einschreibung, zu den Einschreibfristen und zu besonderen Studienbedingungen für mich als EU-Ausländerin zu. Gibt es eine obligatorische Sprachprüfung vor Aufnahme des Studiums und wo kann ich mich über Prüfungsvoraussetzungen und Prüfungstermine informieren?

Bitte senden Sie mir auch die aktuellen Studien- und Prüfungsordnungen für das Fach Humanmedizin zu.

Vielen Dank!

Mit freundlichen Grüßen

Meike Strobel

Meike Strobel
Deichgrafstr. 6
D - 20987 Klettensen

10 May 199X

Oxford University
45 Market Street
GB - OXFORD M51 32X

Subject: **medicine** / matriculation

Dear Sirs,
I would like to attend your university starting in autumn 199X. Consequently I am interested in the matriculation requirements for the university of Oxford.

Please send me all the information and documents necessary for matriculation, matriculation deadlines and university requirements for a European citizen. Is there an English exam for admission to the university? If so, where can I get information on the deadlines and dates for the exam?

Please send me a course program and examination schedule.

Thank you.

Best regards,

Glossar

Studienfächer

Astronomie	astronomy
Chemie	chemistry
Elektrotechnik	electrical engineering
Geschichte	history
Informatik	computer science
Ingenieurwesen	engineering
Jura	law
Kunst	fine arts
Kunstgeschichte	art history
Literaturwissenschaft	literature
Maschinenbau	mechanical engineering
Medizin	medicine
Musikwissenschaften	music
Pädagogik	pedagogy
Philosophie	philosophy
Physik	physics
Politische Wissenschaft	political science
Psychologie	psychology
Soziologie	sociology
Sprachwissenschaft	linguistics
Tiermedizin	veterinary medicine
Wirtschaft	economics
Zahnmedizin	dentistry

Alle farbig unterlegten Textstellen können mit Begriffen aus dem Glossar ausgetauscht werden.

Meike Strobel
Deichgrafstr. 6
D - 20987 Klettensen

10.05.199X

Université de Bordeaux
42 Avenue St. Eustache
F - 16354 BORDEAUX

Médecine/immatriculation

Mesdames, Messieurs,

Je désirerais commencer des études de **médecine humaine** à l`Université de Bordeaux en automne 199X.

Je vous serrais reconnaissant de m'envoyer les informations et documents concernant l'immatriculation et les conditions pour les étrangers de la CEE. Pourriez-vous me dire s'il y a des examens obligatoires de langue à passer pour pouvoir s'inscrire et me préciser dans ce cas les conditions et dates exactes de ces examens?

Par ailleurs, pouvez-vous me préciser le règlement actuel des études et des examens de la faculté de médecine.

En vous remerciant par avance, je vous prie d'agréer, Mesdames, Messieurs,
l'expression de mes salutations distinguées,

Glossar

Studienfächer

Astronomie	astronomie
Chemie	chimie
Elektrotechnik	électrotechnique
Geschichte	histoire
Informatik	informatique
Ingenieurwesen	ingénieur
Jura	droit (faire son ~/étudier le ~)
Kunst	art
Kunstgeschichte	histoire de l'art
Literaturwissenschaft	science de la littérature
Maschinenbau	construction de machines
Medizin	médecine
Musikwissenschaft	science de la musique
Pädagogik	pédagogie
Philosophie	philosophie
Physik	physique
Politische Wissenschaft	science de la politique
Psychologie	psychologie
Soziologie	sociologie
Sprachwissenschaft	linguistique/ philologie
Tiermedizin	médecine vétérinaire
Wirtschaft(swissenschaft)	(science de l') économie
Zahnmedizin	médecine *oder* chirurgie dentaire

Alle farbig unterlegten Textstellen können mit Begriffen aus dem Glossar ausgetauscht werden.

Meike Strobel
Deichgrafstr. 6
D - 20987 Klettensen

10/05/199X

Spett. Università degli Studi di Pisa
Segreteria Studenti
via F. Buonarroti, 2
I - 56100 PISA

Oggetto: corso di studi di **medicina** - termini di iscrizione

Egregi Signori,

in autunno 199X vorrei iniziare un corso di **medicina**, perciò sono interessato anche al corso di studi all'università di Pisa.
Vi prego di inviarmi tutte le informazioni e i documenti necessari per l'iscrizione, informazioni riguardo i termini di iscrizione e riguardo al corso di studio come cittadino europeo. Esiste un esame di lingua prima dell'ammissione al corso? Dove posso informarmi sui termini e sulle sessioni degli esami?
Vi prego di inviarmi anche un programma di studi e di esami per la facoltà di medicina.

Molte grazie!

Distinti saluti

Glossar

Studienfächer

Astronomie	astronomia
Chemie	chimica
Elektrotechnik	elettrotecnica
Geschichte	storia
Informatik	informatica
Ingenieurwesen	ingegneria
Jura	diritto
Kunst	arte
Kunstgeschichte	storia dell'arte
Literaturwissenschaft	letteratura
Maschinenbau	ingegneria meccanica
Medizin	medicina
Musikwissenschaft	musica
Pädagogik	pedagogia
Philosophie	filosofia
Physik	fisica
Politische Wissenschaften	scienze politiche
Psychologie	psicologia
Soziologie	sociologia
Sprachwissenschaft	lingue
Tiermedizin	veterinaria
Wirtschaft	economia
Zahnmedizin	odontoiatria

Alle farbig unterlegten Textstellen können mit Begriffen aus dem Glossar ausgetauscht werden.

Meike Strobel
Deichgrafstr. 6
D - 20987 Klettensen

25.10.199X

Universidad de Salamanca
Secretariado Estudiantil
Calle El Cercado Nr. 2
E - 493729 SALAMANCA

Facultad de **medicina** – condiciones de inscripción

Muy señores míos

En Otoño del año 199X quisiera comenzar a estudiar la carrera de **medicina**. Por este motivo quisiera saber cúales son los requisitos para realizar dicho estudio en la universidad de Salamanca.
Les ruego me envíen toda la información necesaria para la inscripción, asi como los formularios correspondientes, los plazos de inscripción y los requisitos específicos para mi, extranjera de un país de la Unión Europea. ¿Es necesario realizar un examen de idioma para el ingreso en la universidad? ¿Dónde podria informarme sobre los requisitos necesarios para realizar dicho examen, asi como las fechas?
Por favor, envienme también el plan de estudios de la carrera de medicina, asi como información sobre los exámenes a realizar.

Agradeciendole de antemano su amabilidad, le saluda atentamente,

Glossar

Studienfächer

Astronomie	astronomía
Chemie	química
Elektrotechnik	electrotecnia
Geschichte	historia
Informatik	informática
Ingenieurwesen	ingeniería
Jura	derecho
Kunst	ciencias del Arte
Kunstgeschichte	historia del Arte
Literaturwissenschaft	literatura
Maschinenbau	construcción de máquinas
Medizin	medicina
Musikwissenschaft	música
Pädagogik	pedagogía
Philosophie	filosofía
Physik	física
Politische Wissenschaft	ciencias políticas
Psychologie	psicología
Soziologie	sociología
Sprachwissenschaft	filología
Tiermedizin	veterinaria
Wirtschaft	económicas
Zahnmedizin	odontología

Alle farbig unterlegten Textstellen können mit Begriffen aus dem Glossar ausgetauscht werden.

Fremdsprachige Briefe

Grußformel

Die Grußformel ist stark von landestypischen Gepflogenheiten geprägt.

Widmen Sie der Grußformel Aufmerksamkeit. Ein Fehler kann als Unhöflichkeit missdeutet werden.

Insbesondere die französische Korrespondenz kennt beim abschließenden Gruß schillernde Überbleibsel galanter Umgangsformen. Was dem deutschen Leser blumig und ausufernd erscheinen würde, gehört in Frankreich buchstäblich zum „guten Ton". Auch in privaten Briefe herzt man sich verbal, wenn auch nicht ganz so formelhaft wie im geschäftlichen Briefverkehr.

Es empfiehlt sich unbedingt, die Grußformeln auf den jeweiligen Anlass abzustimmen.

Auslandspraktikum – Bitte um Vermittlung einer Praktikumsstelle

Falls Sie sich für ein Praktikum in einem Unternehmen im Ausland interessieren, können die Industrie- und Handelskammern vor Ort Ihnen dabei behilflich sein. Mit nachfolgenden Schreiben können Sie dort um Vermittlung nachsuchen.

Das beigefügte Glossar bietet verschiedene Sprachen an, die Sie – je nach Ihren Kenntnissen – einfügen können.

- deutsch, Seite 469
- englisch, Seite 470
- französisch, Seite 471
- italienisch, Seite 472
- spanisch, Seite 473

Heike Leppert
Dreikönigstr. 45
50789 Hohenfeld

18.01.9X

Industrie- und Handelskammer
Straße
Ort

Vermittlung einer Praktikumsstelle

Sehr geehrte Damen und Herren,

als Studentin der Betriebswirtschaftslehre mit Schwerpunkt auf internationalem Handelsrecht suche ich einen Praktikumsplatz in einem Unternehmen mit internationalen Geschäftsbeziehungen, insbesondere mit Kontakten nach Deutschland.

Ich bin Studentin im 8. Semester an der Universität zu Köln, bin 22 Jahre alt und habe gute Sprachkenntnisse in . Zudem beherrsche ich die Sprache fließend in Wort und Schrift und verfüge über Grundkenntnisse in .

Das Praktikum sollte etwa drei Monate dauern und vorzugsweise in den Monaten Juli bis Oktober 199X liegen, da dies die vorlesungsfreie Zeit an deutschen Universitäten ist.

Ich möchte Sie bitten, meine Anfrage nach einer Praktikumsstelle an geeignete Unternehmen in Ihrem Zuständigkeitsbereich weiterzuleiten oder mir eine Liste von Unternehmen zuzuschicken, bei denen ich mich mit Aussicht auf Erfolg direkt bewerben kann.

In jedem Fall bin ich Ihnen dankbar für eine Rückmeldung.

Vielen Dank für Ihre Bemühungen.

Mit freundlichen Grüßen

Heike Leppert

Heike Leppert
Dreikönigstr. 45
D - 50789 Hohenfeld

18 January 199X

Chamber of Commerce
341 Queen Street
GB - LONDON EC4A 8CH

Internship

Dear Sirs,

I am a Business Administration student, studying International Business Law*, and I am looking for a British company where I can do an internship, which has international business contacts, primarily with Germany.
I am in my eighth semester at the University of Cologne, I am 22 years old and speak **English** well. I also speak and write **French** well and have a basic knowledge of **Spanish**.

The internship should last for approximately three months, preferably from July to October 199X, as I do not have classes during this period.

Could you please send my internship application to a suitable company that you know of, or send me a list of employment agencies where I might be able to find an internship?

I look forward to hearing from you.
Thank you for your help.

Best regards,

Glossar

Welche Sprachen sprechen Sie?

Chinesisch	Chinese
Deutsch	German
Englisch	English
Französisch	French
Italienisch	Italian
Japanisch	Japanese
Portugiesisch	Portuguese
Russisch	Russian
Schwedisch	Swedish
Spanisch	Spanish
Türkisch	Turkish

Alle farbig unterlegten Textstellen können mit Begriffen aus dem Glossar ausgetauscht werden.

* Siehe dazu Glossar Seite 464

Anmerkung:

Obwohl im Englischen eigentlich die Kleinschreibung üblich ist, werden – neben Eigennamen – auch die Sprachen großgeschrieben.

Heike Leppert
Dreikönigstr. 54
D - 50789 Hohenfeld

18.01.199X

Chambre de commerce et de l'industrie de Marseille
13, Avenue de Venterol
26121 MARSEILLE CEDEX 01
FRANCE

Stage étranger

Mesdames, Messieurs,

Etant étudiante en gestion et commerce international* avec une spécialisation en droit commercial international, je cherche à faire un stage dans une firme française qui aurait des relations internationaux, en particulière avec l'Allemagne.
Je suis en 4ème année à l'Université de Cologne, j'ai 22 ans et je parle **français** et **anglais** couramment. J'ai aussi quelques notions d'**italien**.
Mon stage doit durer environ trois mois et le mieux serait pour moi de juillet à octobre, les Universités étant fermés durant cette période en Allemagne.
Pourriez-vous transmettre ma demande aux firmes correspondant aux critères mentionnés ci-dessus ou bien pouvez-vous m'envoyer une liste des firmes en question afin que je puisse leur écrire directement avec les meilleures chances de réponse positive.
Dans l'attente d'une réponse de votre part je vous prie d'agréer, Mesdames, Messieurs, l'expression de mes salutations distinguées,

Glossar

Welche Sprachen sprechen Sie?

Chinesisch	chinois
Deutsch	allemand
Englisch	anglais
Französisch	français
Italienisch	italien
Japanisch	japonais
Portugiesisch	portugais
Russisch	russe
Schwedisch	svédois
Spanisch	espagnol
Türkisch	turc

Alle farbig unterlegten Textstellen können mit Begriffen aus dem Glossar ausgetauscht werden.

* Siehe dazu Glossar Seite 465

Heike Leppert
Dreikönigstr. 45
D - 50789 Klettensen

18/01/199X

Spett. Camera di Commercio
piazza Vittorio Emanuele,3
I - 56100 PISA

Oggetto: collocamento come praticante

Egregi Signori,
come studentessa di economia aziendale* con indirizzo di diritto commerciale internazionale cerco un posto per fare tirocinio in un'azienda italiana che abbia rapporti commerciali internazionali, soprattutto contatti con la Germania.
Sono studentessa all'ottavo semestre all'università di Colonia, ho 22 anni ed ho una buona conoscenza della lingua **italiana**. In più ho una buona padronanza della lingua **inglese** sia parlata che scritta e ho delle conoscenze di base della lingua **francese**.
Il tirocinio dovrebbe durare circa tre mesi e preferibilmente da luglio a ottobre 199X, poiché questo è il periodo in cui non ci sono lezioni all'università tedesca.
Vi chiedo cortesemente di inviare la mia richiesta di tirocinio in un'azienda adatta alla mia preparazione che rientri nella Vostra sfera di competenza o di inviarmi una lista di aziende presso le quali posso fare domanda con possibilità di successo.
Comunque Vi sarei grata se mi inviaste una risposta in merito.

Molte grazie per il Vostro impegno.
Distinti saluti

Glossar

Welche Sprachen sprechen Sie?

Chinesisch	cinese
Deutsch	tedesco
Englisch	inglese
Französisch	francese
Italienisch	italiano
Japanisch	giapponese
Portugiesisch	portoghese
Russisch	russo
Schwedisch	svedese
Spanisch	spagnolo
Türkisch	turco

Alle farbig unterlegten Textstellen können mit Begriffen aus dem Glossar ausgetauscht werden.

* Siehe dazu Glossar Seite 466

Heike Leppert
Dreikönigstr. 45
D - 50789 Hohenfeld

18.01.1998

Cámara de Comercio e Industria
Edificio Raul Bonilla #5
Avenida de los Arboles
E - 45738 BARCELONA

Práctica en el extranjero

Muy señores míos

Soy estudiante de económicas* especializada en derecho internacional de comercio y quisiera realizar una práctica en una empresa italiana con conexiones internacionales, especialmente con Alemania.
Soy estudiante de la Universidad de Colonia. Tengo 22 años, realizo el 8. Semestre y hablo bien varios idiomas. Además del **español** domino el **inglés** hablado y escrito. Poseo también conocimientos elementales de **francés**.
La duración de las practicas debe ser de 3 meses aproximadamente, preferentemente entre Julio y Octubre del 199X, ya que en esta época hay vacaciones universitarias en Alemania.
Le ruego envíe mi solicitud a alguna empresa que cumpla los requisitos antes citados y con la que Usted tenga contactos o me envie una lista de empresas que pudieran aceptar mi solicitud.

En cualquier caso le agradeceria inmensamente una contestación.

Agradeciendole de antemano su amabilidad, le saluda atentamente,

Glossar

Welche Sprachen sprechen Sie?

Chinesisch	chino
Deutsch	alemán
Englisch	inglés
Französisch	francés
Japanisch	japonés
Portugiesisch	portugués
Russisch	ruso
Schwedisch	sueco
Türkisch	turco

Alle farbig unterlegten Textstellen können mit Begriffen aus dem Glossar ausgetauscht werden.

* Siehe dazu Glossar Seite 467

Fremdsprachige Briefe

Einladung

Was im persönlichen Gespräch mit Händen und Füßen problemlos zu bewältigen ist, kann in schriftlicher Form durchaus manchmal Kopfschmerzen bereiten.

Den Zeitraum der nachfolgenden Einladung können Sie anhand der Glossare auf den Seiten 446–449 genau bestimmen, indem Sie die Monate austauschen oder einfach ein genaues Datum einsetzen.

- deutsch, Seite 475
- englisch, Seite 476
- französisch, Seite 477
- italienisch, Seite 478
- spanisch, Seite 479

Liebe Familie ,

nachdem wir im letzten Jahr so schöne Tage bei euch verbracht haben, sind jetzt wir an der Reihe, euch Deutschland von seinen besten Seiten zu zeigen. Wir laden euch also sehr herzlich zu uns ein und bestehen einfach darauf, dass ihr noch in diesem Jahr unsere Gäste seid. Was haltet ihr von der ersten September-woche? Dann kann man noch mit schönem Sommer-wetter rechnen und die Tage im Freien verbringen. Möglich ist aber auch eine Verabredung Mitte Oktober oder Anfang November. Die Unterkunft wird kein Problem sein. Ihr wisst, wir haben ein großes Haus und Platz genug für euch alle.

Gebt uns bald Nachricht, wann ihr nach Deutschland kommen wollt. Wir rechnen fest mit euch!

Eure

Carl und Marie Scherz

Dear Carters,

After our pleasant stay with you last year it is now our turn to show you the best side of Germany. So, we are sending you this heart-felt invitation and insist that this year you be our guests. How does the first week of September suit you? The weather is still good then and we can spend time outdoors. It would also be possible to have you in the middle of October or beginning of November. Accommodations are not a problem, we have a big house with enough room for everyone.

Let us know as soon as possible when you can come to Germany. We are counting on it!

Sincerely,

Carl and Marie Scherz

Chère famille Martin,

Après avoir passé l'année dernière de si belles journées chez vous à , c'est à nous de vous montrer l'Allemagne dans ses meilleurs côtés. Nous vous invitons donc très cordialement chez nous et insistons tout simplement pour que vous soyez cette années nos invités. Que dites-vous de la première semaine de septembre? On pourrait encore compter sur du beau temps d'été et passer les journées dehors. Toutefois, une rencontre mi octobre ou début novembre est également possible. L'hébergement n'est pas un problème car, comme vous le savez, nous avons une grande maison et assez de place pour vous tous.

Donnez-nous bientôt des nouvelles de votre venue en Allemagne. Nous comptons fermement sur vous!

Vos amis

Carl et Marie Scherz

Cara famiglia Rossi,

dopo che l'anno passato abbiamo trascorso da voi un bel periodo, adesso tocca a noi mostrarvi il lato migliore della Germania. Quindi vi invitiamo di cuore e insistiamo che quest'anno siate nostri ospiti. Cosa ne pensate della prima settimana di settembre? In quel periodo si può contare ancora sul bel tempo e si possono trascorrere ancora le giornate all'aperto. Sarebbe possibile anche verso la metà di ottobre o all'inizio di novembre. L'alloggio non è un problema, come sapete abbiamo una casa grande e posto sufficiente per tutti.

Dateci presto notizie su quando volete venire in Germania. Ci contiamo!

Saluti

Carl e Marie Scherz

Querida familia Fuentes,

Tras los días maravillosos que pasamos el año pasado en vuestro país, nos toca ahora a nosotros enseñaros lo mas bonito de Alemania. Estamos encantados de invitaros e insistimos en que este mismo año seáis nuestros huespedes. ¿Qué os parece la primera semana de Septiembre? En esta época el tiempo suele ser bueno y podriamos pasar los dias al aire libre. De todas formas, también podemos vernos a mediados de Octubre o principio de Noviembre. Como sabéis, tenemos una casa grande con sitio para todos vosotros, asi es que seréis nuestros huépedes.

Por favor, contestad pronto cuándo queréis venir a Alemania. Contamos con vosotros.

Muchos recuerdos,

Carl y Marie Scherz

Fremdsprachige Briefe

Glückwunsch zum Geburtstag

Ein wohlformulierter Glückwunsch aus der Ferne wird Ihre Freunde im Ausland sicher erfreuen.

- ▶ deutsch, Seite 481
- ▶ englisch, Seite 482
- ▶ französisch, Seite 483
- ▶ italienisch, Seite 484
- ▶ spanisch, Seite 485

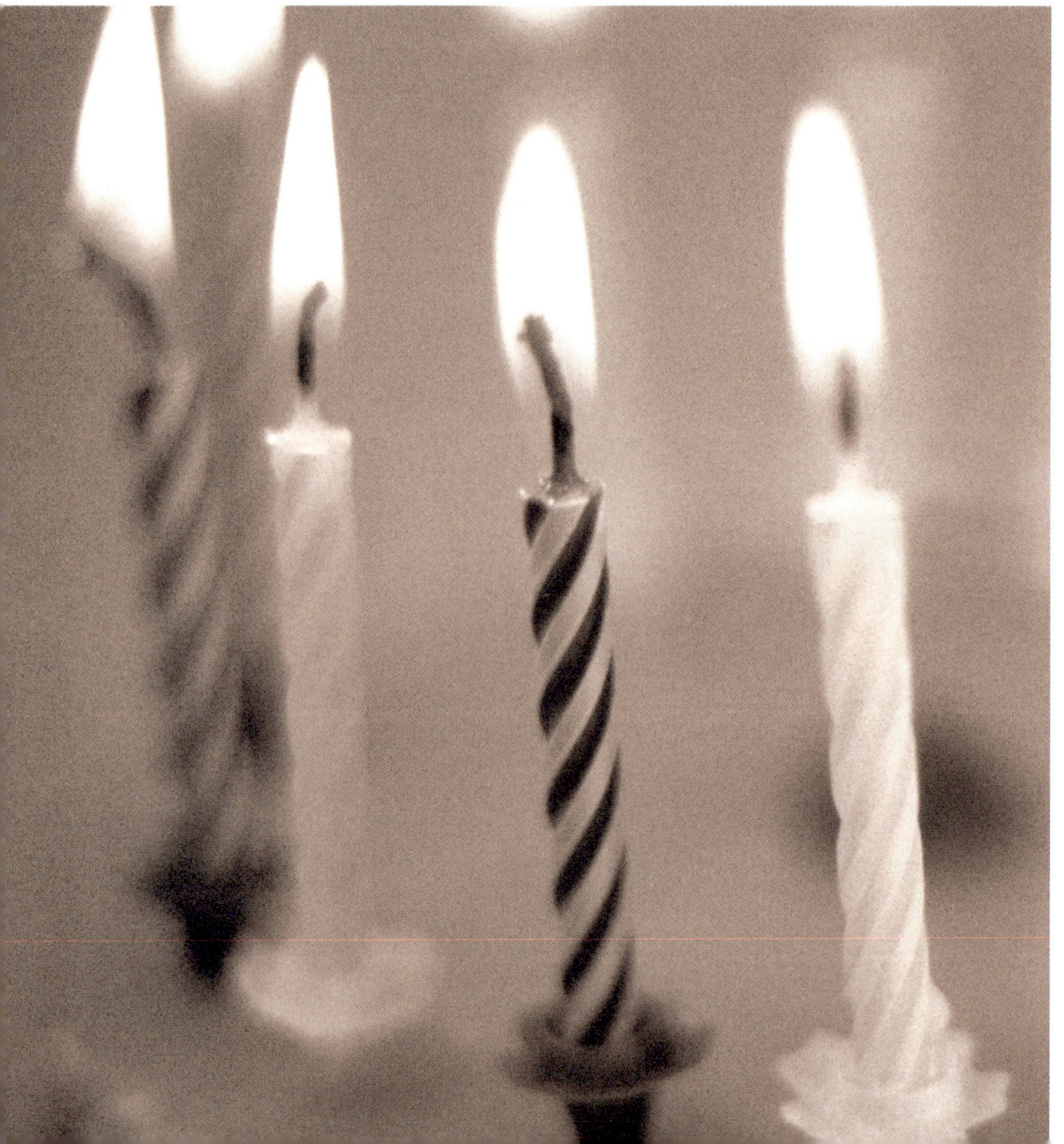

Lieber ________, (liebe ________,)

viele liebe Grüße zu deinem Geburtstag! Wir werden hier in der Ferne auf dich anstoßen und auf dein Glück trinken. Zur Feier des Tages natürlich mit einem sehr guten Rotwein. Auf dein Wohl also und alles Gute für dein neues Jahr!

Deine

Nora

Dear Edward, (dear Camilla,)

Best wishes for your birthday. We will drink a long distance toast to you. Naturally, to celebrate this day we will toast you with a good Chianti. Here's to you and your next year.

Love,

Nora

Glossar

Glückwünsche zu – Greetings for

Geburtstag	birthday
Namenstag	name day
Verlobung	engagement
Hochzeit	wedding
Silberne Hochzeit	silver anniversary
Goldene Hochzeit	golden anniversary
Geburt	birth

Alle farbig unterlegten Textstellen können mit Begriffen aus dem Glossar ausgetauscht werden.

Chère Jeanne, (cher Pascal,)

Reçois ici tous mes voeux les plus sincères d'heureux anniversaire. Ici, nous allons trinquer à ta santé toute la soirée, avec un bon vin français, évidement!

A cette pensée émue, je t'embrasse bien affectueusement,

Nora

Glossar

Glückwünsche zu – félitations à

Geburtstag	anniversaire
Namenstag	fête
Verlobung	fiançailles (f/pl)
Hochzeit	mariage/noces
Silberne Hochzeit	noces d'argent
Goldene Hochzeit	noces d'or
Geburt	naissance

Alle farbig unterlegten Textstellen können mit Begriffen aus dem Glossar ausgetauscht werden.

Anmerkung zur Grußformel

Ein Mann schreibt an einen Mann nicht *je t'embrasse …* (dt.: ich umarme dich …), sondern *amicalement* (dt.: in Freundschaft).

Caro Paolo, (cara Paola,)

Tanti auguri per il tuo compleanno! Brindiamo e beviamo alla tua salute da lontano. Per festeggiare questo giorno brindiamo naturalmente con un buon vino rosso italiano. Alla tua salute e tanti auguri per il tuo nuovo anno!

Saluti

Nora

Glossar

Glückwünsche zu – Auguri per

Geburtstag	compleanno
Namenstag	onomastico
Verlobung	fidanzamento
Hochzeit	nozze
Silberne Hochzeit	nozze d'argento
Goldene Hochzeit	nozze d'oro
Geburt	nascita

Alle farbig unterlegten Textstellen können mit Begriffen aus dem Glossar ausgetauscht werden.

Querida Ana, (querido Miguel,)

Muchas Felicidades por tu cumpleaños. Aqui en la distancia, brindaremos a tu salud, por supuesto con un buen vino español. Deseandote todo lo mejor para el año entrante, te saluda,

Nora

Glossar

Glückwünsche zu – Felicidades por

Geburtstag	cumpleaño
Namenstag	dia del santo
Verlobung	compromiso
Hochzeit	boda
Silberne Hochzeit	bodas de plata
Goldene Hochzeit	bodas de oro
Geburt	nacimiento

Alle farbig unterlegten Textstellen können mit Begriffen aus dem Glossar ausgetauscht werden.

Fremdsprachige Briefe

Grüße zum Jahreswechsel an Geschäftspartner

Nutzen Sie den Jahreswechsel nicht allein, um Ihre Geschäftspartner im Inland zu grüßen und sich in Erinnerung zu bringen. Auch ausländische Partner werden Ihre Nachricht zu schätzen wissen.

- deutsch, Seite 487
- englisch, Seite 488
- französisch, Seite 489
- italienisch, Seite 490
- spanisch, Seite 491

Nordwest GmbH
Stefan Kranich
Karlsstr. 10
75243 Kraibach

18.12.9X

system GmbH
Straße
Ort

Sehr geehrte Frau ,

im vergangenen Jahr haben sich unsere Geschäftsbeziehungen sehr erfreulich entwickelt, und wir können – so denke ich – mit den Ergebnissen mehr als zufrieden sein.

Zum Jahreswechsel möchte ich Sie herzlich grüßen und mich für die gute Zusammenarbeit bedanken. Wir sollten auch im neuen Jahr auf diesem erfolgreichen Weg weitergehen und uns gemeinsam neue Ziele setzen.

Für das Jahr 199X wünsche ich Ihnen und Ihrer Familie alles Gute, Glück und Erfolg!

Mit den besten Grüßen

Stefan Kranich

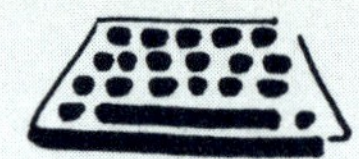

Nordwest GmbH
Stefan Kranich
Karlsstr. 10
D - 75243 Kraibach

18 December 199X

M.C. Components Ltd.
56 Maddox Street
GB - LONDON W1R 9LA

Dear Mr Robertson,

This past year our business relationship has been quite successful and we can, at least I think so, be more than pleased.

I wish to extend my best wishes for a Happy New Year and thank you for your excellent collaboration. We will have to use the same game plan this year and set some new goals together.

I hope that 199X is a good year for you and your family, and that you have all the fortune and success possible!

Best regards,

Stefan Kranich

Nordwest GmbH
Stefan Kranich
Karlsstr. 10
D - 75243 Kraibach

18.12.199X

system S.A.S.
Madame Cathérine Dupont
93 Rue de la révolution
F-12123 PARIS

Chère Madame Dupont,

Durant toute cette année écoulée, notre collaboration s'est très bien passée et nous pouvons, je crois, être très satisfaits des résultats obtenus. Je voulais vous en remercier très sincèrement.

J'espère que nous pouvons continuer dans cette voie pleine de succés pour la nouvelle année que vient afin d'atteindre des nouveaux objectifs.

Veuillez recevoir ici, pour vous et tous le vôtres, mes voeux les plus sincères de bonne et heureuse Nouvelle Année 199X.

Avec toute mon amitié,

Stefan Kranich

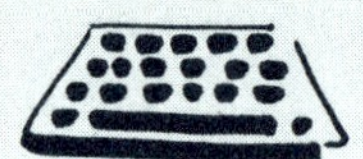

Nordwest GmbH
Stefan Kranich
Karlsstr. 10
D - 75243 Kraibach

18/12/199X

Spett. System srl
Allac.a.Sig.ra Bianchi
via B. Croce, 125
I - 56100 PISA

Gentilissima Signora Bianchi,

l'anno passato i nostri rapporti d'affari hanno avuto dei buoni esiti e possiamo, almeno così penso io, essere più che contenti.

Le volevo fare gli auguri di Buon Anno e ringraziarla per l'ottima collaborazione. Anche per l'anno nuovo dobbiamo proseguire su questa strada ricca di successi e prefissarci insieme nuovi obiettivi.

Per l'anno 199X auguro a Lei e alla sua famiglia tutto il bene, la fortuna e il successo possibile!

I più cordiali saluti

Stefan Kranich

Nordwest GmbH
Stefan Kranich
Karlsstr. 10
D - 75243 Kraibach

18.01.199X

Sistema de Madrid
2245 Noroeste #456
E - 45376 MADRID

Muy Señora mia,

Durante el año ya pasado nuestra relación laboral se ha desarrollado de forma sumamente satisfactoria, pudiendo estar, creo yo, más que contentos con los resultados obtenidos.

Aprovechando el nuevo año tengo el placer de saludarle atentamente y agradecerle el trabajo que hemos realizado en común. También en este nuevo año debemos seguir la misma linea y planear conjuntamente nuevas metas.

Les deseo a Usted y a su familia todo lo mejor para el año 199X. ¡Buena suerte y mucho exito!

Le saluda atentamente,

Stefan Kranich

Fremdsprachige Briefe

Grüße zu Weihnachten und Neujahr an Freunde

Vielleicht würde eine gedruckte Karte in der eigenen Sprache durchaus den gleichen Zweck erfüllen. Persönlicher ist es, wenn Sie einige Zeilen in der Sprache Ihrer Freunde hinzufügen.

▶ deutsch, Seite 493
▶ englisch, Seite 494
▶ französisch, Seite 495
▶ italienisch, Seite 496
▶ spanisch, Seite 497

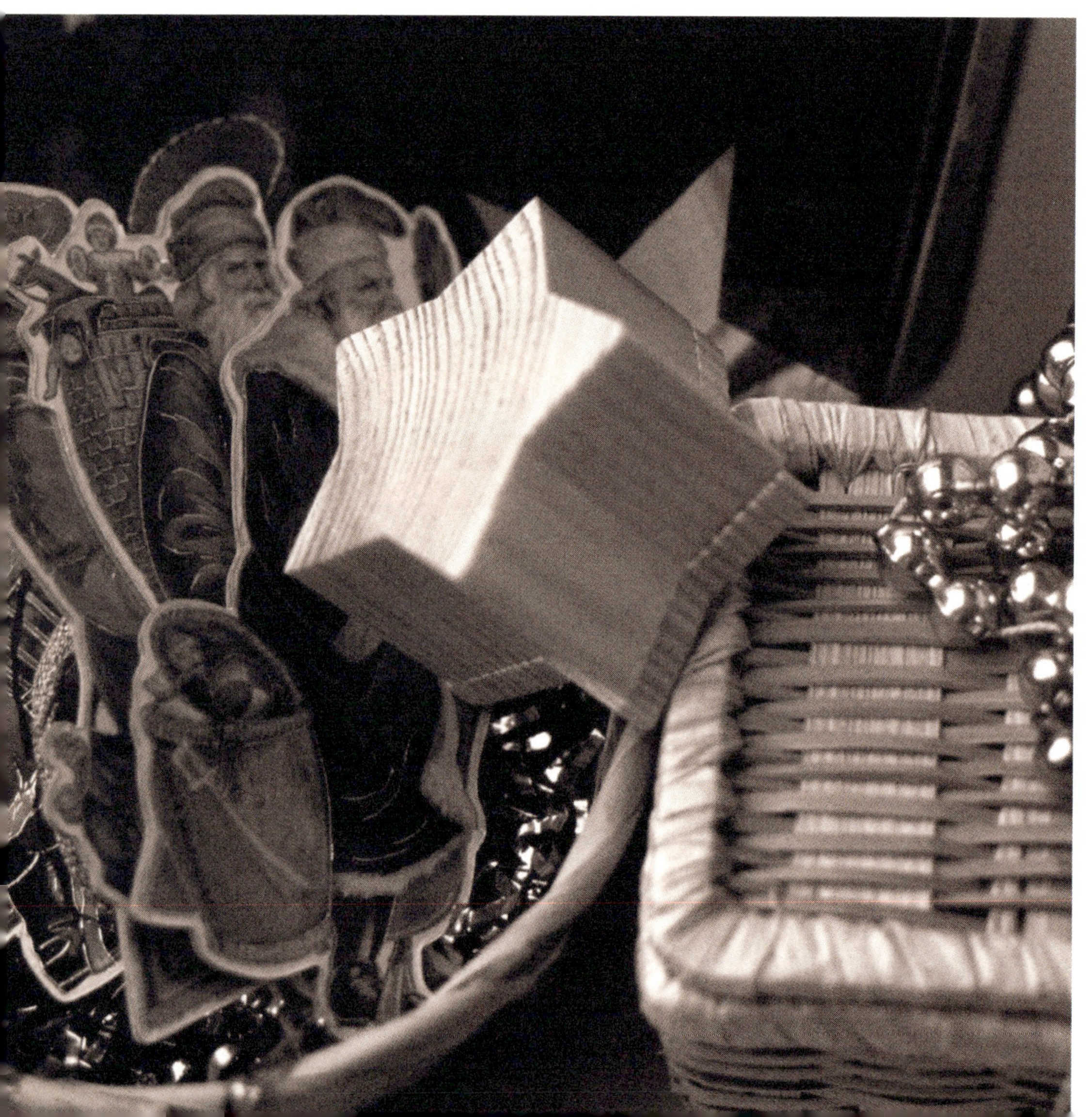

Liebe ______, lieber ______,

herzliche Grüße zum Weihnachtsfest und zum Neuen Jahr! Das kommende Jahr soll euch Glück bringen, Gesundheit und viele neue, aufregende Erfahrungen. Und natürlich sollen alle eure Wünsche in Erfüllung gehen, die meisten zumindest!
Sehen wir uns in diesem Jahr endlich einmal wieder? Das wäre schön!

Viele liebe Grüße

eure

Carl und Marie Scherz

Dear Sam and Sally,

Merry Christmas and Happy new year's! We hope this New Year brings you lots of good fortune, health and wonderful new experiences. And we hope that all your wishes, or at least most of them come true! Will we see each other this year? That would be great!

Love,

Carl and Marie Scherz

Chère Christine, cher Robert,

Reçoyez ici nos voeux les plus sincères de joyeux Noël et d'heureux Nouvelle Année – que cette dernière vous apporte bonheur, santé et pleins de succès.
Et bien sûr, autant que possible, que la majorité de vous désirs se réalisent!
Ce serait super que l'on puisse se revoir cette année, qu'est-ce que vous en pensez?

Dans cette attente, nous vous embrassons très affectueusement,

vos

Carl et Marie Scherz

Cara Laura, caro Andrea,

tanti auguri di Buon Natale e Felice Anno Nuovo!
Che l'anno nuovo vi porti tanta fortuna, salute e novità belle ed entusiasmanti. E vi auguro che tutti i vostri desideri, o perlomeno la maggior parte, si avverino!
Ci rivedremo quest'anno? Sarebbe bello!

Tanti cari saluti

Carl e Marie Scherz

Querida Patricia, querido Franco,

Felices Pascuas y Próspero Año Nuevo. Os deseo que el proximo año os traiga suerte, felicidad y toda clase de nuevas e interesantes experiencias. Que se cumplan todos vuestros deseos, o casi todos.
Nos vamos a ver este año de una vez? Seria estupendo.

Muchos recuerdos,

Carl y Marie Scherz

Fremdsprachige Briefe

Postkarte aus dem Urlaub

Machen Sie Ihren Freunden eine Freude und schicken Sie ihnen eine Urlaubskarte in ihrer Sprache!

- deutsch, Seite 499
- englisch, Seite 500
- französisch, Seite 501
- italienisch, Seite 502
- spanisch, Seite 503

Liebe Familie ,

in diesem Jahr haben wir uns entschlossen, unseren Urlaub im eigenen Land zu verbringen. Es ist schön hier in den bayerischen Bergen – ihr seht es ja auf dem Bild. Wenn wir dann ganz oben auf einem Gipfel stehen, meinen wir manchmal, das Mittelmeer zu sehen. Und wir denken dabei gerne zurück an den letzten Sommer, den wir zusammen mit euch am südlichen Strand verbracht haben.

Seid herzlich gegrüßt von euren deutschen Freunden

Carl und Marie Scherz

Dear Youngs,

We decided to spend our vacation in our own country. Look at this picture, aren't the Bavarian Alps just lovely?

When we are at the very top of the mountain, we sometimes imagine that we can see the Mediterranean and we fondly think of last summer when we were with you on the southern beaches.

Love,

Your German friends

Carl and Marie Scherz

Chère famille Dupont,

Cette année nous avons décidé de passer les vacances dans notre pays. Il fait très beau ici, dans les montagnes bavaroises comme vous pouvez le voir sur la photo. Si nous sommes tout en haut du sommet, nous imaginons de temps en temps pouvoir voir la Méditerranée et nous nous rappelons les merveilleuses vacances passés avec vous l'été dernier sur les plages du sud.

Avec le meilleur et amical souvenir de vos amis allemands,

Carl et Marie Scherz

Cara famiglia Benedetti,

quest'anno ci siamo decisi a trascorrere le vacanze nel nostro Paese. Qui sulle montagne bavaresi è molto bello, guardate la foto!

Quando siamo proprio in vetta al monte qualche volta ci immaginiamo di vedere il Mediterraneo e pensiamo con piacere all'estate scorsa passata con voi sulle spiagge del sud.

Tanti saluti di cuore dai vostri amici tedeschi

Carl e Marie Scherz

Querida familia Llorca,

Este año hemos decidido pasar las vacaciones en nuestro país. Como véis en la postal, los montes Bávaros son preciosos. Cuando estamos arriba, en una de las cumbres, creemos ver el Mediterráneo. Entonces nos encanta pensar en el verano anterior, que pasamos felizmente con vosotros en las playas del sur.

Muchos recuerdos de vuestros amigos alemanes,

Carl y Marie Scherz

Briefgestaltung im Geschäftsbereich – DIN 5008

Briefgestaltung im Geschäftsbereich

DIN 5008

Geschäftsbriefe sind nach DIN 5008 zu gestalten.

Einen privaten Brief können Sie frei nach Ihren Vorstellungen gestalten. Für den Geschäftsbereich gibt es jedoch feste, allgemein akzeptierte und angewandte Regeln für die Gestaltung von Schriftstücken und für die Schreibweisen von Adressen, Datum, Anlagenvermerk usw. Zuständig für solche Regelungen ist in Deutschland das Deutsche Institut für Normung e.V., abgekürzt DIN.
Grundlage für die folgenden Hinweise zur Briefgestaltung ist insbesondere die Norm DIN 5008, die Schreib- und Gestaltungsregeln für die Textverarbeitung festlegt. Sie wird hier auf die Gegebenheiten der elektronischen Textverarbeitung mit PC angewandt.

Papierformat

Format: A 4

Das übliche Format für Briefbögen ist A4 mit der Bemaßung 210 x 297 mm. Weitere Festlegungen für Formate finden Sie in DIN 476-1.

Schrift

Schriftgröße: 10–12 Punkt

Achten Sie bei der Auswahl von Schriftart und Schriftgröße bitte auf gute Lesbarkeit. Auch als Kopie oder nach einer Übermittlung durch Telefax muss der Brief ohne Probleme zu lesen sein.
Die Schrift sollte mindestens 10 Punkt, besser 12 Punkt groß sein. Eine noch größere Schrift sollten Sie allerdings nicht verwenden.
Ausgefallene Schriftarten, wie beispielsweise eine Groteskschrift oder eine Schreibschrift, sollten allenfalls bei besonderen Schreibanlässen eingesetzt werden, beispielsweise bei Werbebriefen. Allzuviele Schriftwechsel erzeugen Unruhe und stören den Lesefluss.

Zeilenabstand

Zeilenabstand etwas größer als Schriftgröße

In der Regel werden Briefe mit einzeiligem Zeilenabstand geschrieben. Die elektronische Textverarbeitung eröffnet Ihnen die Möglichkeit, den Zeilenabstand frei zu formatieren. Um den Text gut lesbar zu halten, ist ein Zeilenabstand von mindestens 130% der Schriftgröße empfehlenswert (also ein Zeilenabstand von ca. 16 Punkt bei einer Schriftgröße von 12 Punkt).
Sinnvoll ist auch die Festlegung von Abständen zwischen Absätzen. Empfehlenswert ist etwa die anderthalbfache Größe des Zeilenabstandes.

Randgestaltung

Bei allen Textteilen des Briefes wird ein Abstand von 24,1 mm zur linken Blattkante eingehalten. In Gradangaben entspricht das je nach Schriftgröße einem Zeilenanfang auf Grad 10 (z.B. bei Pica 10er) oder 12 (z.B. bei Elite 12er).

Vom Zeilenende eines Textes zur rechten Blattkante sollte der Abstand mindestens 8,1 mm betragen. Das entspricht Grad 79 bzw. 94. Empfänger- und Absenderangaben enden bei 109,7 mm von der rechten Blattkante bzw. 39 oder 47 Grad.

Abstand links: 24,1 mm
Abstand rechts: 8,1 mm

Bei doppelseitiger Beschriftung eines Blattes ist die Bemaßung genau umgekehrt: Auf der Rückseite des Briefes beträgt der Abstand zur linken Blattkante dann 8,1 mm, zur rechten Kante 24,1 mm.

Absender

Bei Vordrucken sind die Absenderangaben bereits im Briefkopf enthalten.

Absender: Beginn in 5. Zeile

Ist dies nicht der Fall, setzt man die erste Zeile des Absenders in die fünfte Zeile, gerechnet vom oberen Blattrand.

Der Absenderblock wird ohne Leerzeile und ohne Hervorhebungen geschrieben.

Anschrift

In das Anschriftfeld gehören nicht nur präzise Angaben zum Empfänger, sondern auch postalische Angaben wie beispielsweise die Versendungsform (Einschreiben, Eilzustellung usw.) oder besondere Verfügungen (Nicht nachsenden usw.). Solche Angaben stehen grundsätzlich vor der Anschrift des Empfängers.

Das Anschriftfeld beginnt bei Briefen ohne Vordruck in Zeile 13 vom oberen Blattrand.

Anschrift: Beginn in 13. Zeile

Und so wird ein Anschriftfeld ab Zeile 13 zeilenweise gegliedert – ein Punkt steht für eine Leerzeile:

• (evtl.: Versendungsart, Versendungsform, Vorausverfügung)
•
Empfängerbezeichnung (ggf. mehrere Zeilen)
Postfach mit Nummer oder Straße mit Hausnummer
•
Postleitzahl, Bestimmungsort
•
•

Hinweise zur richtigen Anschrift und Anrede finden Sie auch auf den Seiten 26–37.

Einige weitere Hinweise für die richtige Gestaltung des Anschriftfeldes:

Postleitzahl durchlaufend, Postfachnummer gegliedert

Postleitzahlen werden durchlaufend ohne Leerzeichen geschrieben. Postfachnummern werden dagegen gegliedert, und zwar in Zweiergruppen von rechts beginnend: 4 56 oder 78 90.

Seit der Neuregelung der Postleitzahlen sind Großempfänger eindeutig durch die Postleitzahl identifiziert. Sie müssen hier weder Straße noch Postfach angeben.

Postleitzahl und Bestimmungsort durch Leerzeile absetzen

Achten Sie besonders darauf, die Zeile mit Postleitzahl und Bestimmungsort durch eine Leerzeile von der übrigen Anschrift zu trennen.

Bei Auslandsanschriften wird entweder der Ländercode mit Bindestrich vor die Postleitzahl gesetzt (I-50100 FIRENZE) oder der Name des Bestimmungslandes steht in der Zeile unterhalb des Bestimmungsortes:

50100 FIRENZE
ITALIEN

Siehe dazu auch Seite 456.

Für die Angabe des Bestimmungslandes wird die deutschsprachige Version verwendet, für den Bestimmungsort dagegen möglichst die sprachliche Originalform. Also nicht: FLORENZ–ITALIEN oder FIRENZE–ITALIA, sondern: FIRENZE–ITALIEN.

Bei Auslandsschreiben: Ort und Land in Großbuchstaben

Bestimmungsort und -land bei Auslandsanschriften werden in Großbuchstaben geschrieben!

Für eine korrekte Schreibweise des Anschriftfelds sollten Sie im Übrigen die Absenderangaben des ausländischen Briefpartners übernehmen.

Datum

Die heute gültige Norm für die Angabe des Datums im Geschäftsbereich (DIN EN 28601) ist eine Zeichenkette, die aus den Zahlen für das Jahr, den Monat und den Monatstag besteht - und zwar in der genannten Reihenfolge! Die drei Zahlen werden meistens durch Bindestriche gegliedert.

Ein Beispiel: Das Datum ist der der 18. März 1999. Die Schreibweise im Kopf des Briefes oder im Brieftext selbst ist dann:

1999-03-18
oder
99-03-18

Monat und Tag werden dabei in jedem Fall zweistellig (notfalls mit einer Null) geschrieben.

Im Brieftext selbst (zumindest in deutschsprachigen Briefen) können Sie auch die ausgeschriebene Form verwenden, also:

... am 18. März 1999.

Hinweis: Dies ist die offizielle DIN-Norm auf der Grundlage europaweiter Regelungen. Tatsächlich orientieren sich die meisten Sekretariate aber weiterhin an der älteren Norm, und dies wird sicherlich bis auf weiteres so bleiben.
Sie können daher ohne Bedenken das Datum auch in der „alten" Form schreiben, als Zahlenkette in der Reihenfolge Tag - Monat - Jahr:

18.03.99

Datum: jede Position 2stellig

Beachten Sie, dass jede Position, also Tag, Monat und Jahr, zweistellig geschrieben wird - notfalls durch eine Null ergänzt!
Bei einem Vordruck hat das Datum eine feste Position im Briefkopf.
Falls Sie keinen Vordruck verwenden, setzen Sie das Datum als Zahlenkette, also ohne Ortsangabe, auf Höhe der ersten Zeile des Absenderfelds an den rechten Rand des Schreibens, bündig mit der rechten äußeren Textkante.
Beispiele für die Angabe des Datums im Briefkopf finden Sie in den Briefen auf S. 513–515.

Vorgedruckte Bezugszeichenzeile

In Vordrucken für Geschäftsbriefe findet sich meistens eine Zeile mit vorgegebenen Positionen für die Eingabe von Bezug, Zeichen, Telefondurchwahl, andere Kommunikationswege und Datum. Siehe Brief auf S. 513.

Die Reihenfolge der Leitwörter ist vorgeschrieben.

Die vorgedruckten Leitwörter für diese Zeile werden meist sehr klein (6 Punkt) gesetzt. Das erste Leitwort beginnt 24,1 mm von der linken Blattkante entfernt – bzw. bei Grad 10 oder 12; die weiteren folgen im Abstand von jeweils 50,8 mm (zweimal 10er oder 12er Tab). Die Leitwörter stehen auf Höhe 97,4 mm von der oberen Blattkante bzw. in Zeile 24.
Die Reihenfolge ist vorgeschrieben. Falls Sie nicht auf vorgedruckte Leitwörter zurückgreifen können, dann entnehmen Sie die richtige Reihenfolge (von links nach rechts) dem Beispielbrief auf S. 513.
Für weitere Leitwörter reicht die Laufweite der Zeile nicht aus. Falls nötig, setzt man eine zusätzliche Kommunikationszeile rechts neben das Anschriftfeld (Abstand zur linken Blattkante: 201,9 mm bzw. 50 oder 60 Grad; Abstand der Leitwörter von der oberen Blattkante: 80,4 mm bzw. Zeile 20). Ein Beispiel gibt der Brief auf S. 514.

Falls Sie die Leitwörter in abweichender Gestaltung aufnehmen möchten, haben Sie die Freiheit, sie – wenn auch in derselben Reihenfolge – linksbündig rechts neben dem Anschriftfeld aufzunehmen, beginnend mit dessen erster Zeile.

Telefon und Fax: Nummern in Zweiergruppen

Telefonnummern und Telefaxnummern werden in Zweiergruppen gegliedert, und zwar von rechts beginnend. Die Vorwahl wird in Klammern geschrieben. Ein Durchwahlanschluss ist mit Bindestrich angefügt. Beispiele:

(0 23 45) 9 87 65
(0 23 45) 9 87-123

Im internationalen Schriftverkehr wird dem Ländercode üblicherweise ein +-Zeichen vorangestellt (statt 00 usw.):

+49 35 46 64 53 21

Betreffzeile

Das Anliegen des Briefes benennen Sie stichwortartig in einer Zeile oder in mehreren Zeilen als Betreff. Wahlweise können Sie den Betreff auch durch Fettschrift hervorheben. Am Ende des Betreffs steht kein Punkt! Man setzt auch nicht mehr – wie früher üblich – ein abgekürztes *Betr.:* vor die Zeile.

Betreffzeile: 4 Leerzeilen Abstand zur letzten Anschriftzeile bzw. 2 Leerzeilen Abstand zur Informationszeile

Betreffangaben stehen zwischen der vorgedruckten Informationszeile und der Anrede. Falls die Informationszeile fehlt, stehen sie zwischen Anschrift und Anrede.
Der Abstand zum Bezugszeichen der Informationszeile beträgt zwei Leerzeilen. Der Abstand zur letzten Zeile der Anschrift (bei Fehlen der Informationszeile) beträgt vier Leerzeilen. Die Anrede folgt dann wiederum nach zwei Leerzeilen.

Anrede

Anrede: 2 Leerzeilen Abstand zur Betreffzeile

Die Anrede steht in einer eigenen Zeile und wird mit Komma abgeschlossen. Nach der Anrede folgt eine Leerzeile. Weitere Hinweise zur korrekten Form der Anrede finden Sie auf S. 32–37 und auf S. 551–565.

Brieftext

Brieftext: Ende – mindestens 4 Leerzeilen vor Blattkante

Absätze des Brieftextes haben im Regelfall keinen Einzug. Der Zeilenanfang liegt also gleichmäßig bei 24,1 mm zur linken Blattkante auf Vorderseiten und bei 8,1 mm auf Rückseiten.
Absätze, die eingerückt werden, beginnen bei 49,5 mm von der linken Blattkante bzw. Grad 20 oder 24.
Der Text einer Seite endet mindestens vier Leerzeilen vor der unteren Blattkante. Auf der Folgeseite beginnt der Text nach mindestens fünf

Leerzeilen. Sind Kopf- oder Fußzeilen fest vorgegeben, gilt der Textabstand entsprechend von diesen Feldern.
Hervorhebungen im Text (Fettschrift, Kursivschrift, Unterstreichungen usw.) sollten Sie sehr zurückhaltend anwenden.

Seitennummerierung

Die Seiten eines Briefes werden ab der zweiten Seite fortlaufend nummeriert.
Die Form der Nummerierung ist:

- 2 -

Sie setzen die Seitenzahl in den oberen Bereich der Seite, und zwar in die fünfte Zeile. Die Position ist entweder zentriert bzw. im Abstand von 100,3 mm von der linken Blattkante oder rechts oben.
Wenn Sie mit Textverarbeitungsprogrammen arbeiten, ist es zulässig, die Seiten mit folgender Formulierung zu kennzeichen:

Seitenzahl: 5. Zeile, ab Seite 2

Seite .... von ....

Dieser Hinweis sollte rechtsbündig aufgenommen werden, ein Hinweis auf Folgeseiten ist hier nicht mehr notwendig.
Der Brieftext folgt dann mit mindestens einer Leerzeile Abstand.

Gruß und Unterschrift

Die Grußformel (*Mit freundlichen Grüßen* usw.) steht im Abstand von einer Leerzeile linksbündig unter dem Brieftext.
Soweit vor dem Namen des Unterzeichners noch ein Firmenwortlaut oder eine Funktionsbezeichnung eingesetzt werden soll, steht diese Angabe ebenfalls mit einer Leerzeile Abstand unter der Grußformel.

Gruß: 1 Zeile Abstand zum Text

Funktion: 1 Zeile Abstand zum Gruß

Danach folgt genügend Raum für die handschriftliche Unterschrift. Der Name kann noch einmal maschinenschriftlich wiederholt werden. Wie viele Leerzeilen dafür vorzusehen sind, hängt von der Größe der Unterschrift ab.
Manche Briefe werden von zwei oder mehr Personen unterschrieben. Die Angaben zu den Unterzeichnern und die Unterschriften stehen dann nebeneinander, mit dem Namen des Ranghöheren auf der linken Seite.

Anlagenvermerk

Im Anlagenvermerk wird das Wort Anlage oder Anlagen üblicherweise durch Fettschrift oder Unterstreichung hervorgehoben. Es können dann in den folgenden Zeilen präzisere Angaben zu Anzahl und Art der Anlagen folgen.

Anlage: links – 1 Zeile Abstand zum Namen, Begriff halbfett rechts – Zeile wie Grußformel

Für den Anlagenvermerk gibt es zwei mögliche Platzierungen:

- linksbündig unterhalb der Unterschrift, mit einer Leerzeile Abstand zur maschinenschriftlichen Namensangabe. Falls diese fehlt, mit mindestens drei Leerzeilen Abstand zur Grußformel bzw. zum Firmenwortlaut
- in rechter Position zum Unterschriftenfeld, beginnend in der Zeile der Grußformel, bei 125,7 mm Abstand von der linken Blattkante bzw. Grad 50 oder 60

Verteilervermerk

Verteiler: 1 Zeile Abstand zur letzten Anlagenzeile

Für Verteilervermerke gelten die Angaben zum Anlagenvermerk sinngemäß.
Sollen sowohl Anlagenvermerk wie Verteilervermerk einem Brief hinzugefügt werden, steht der Verteilervermerk mit einer Leerzeile Abstand unter dem Anlagenvermerk.
Beispiele für Anlagenvermerk und Verteilervermerk finden Sie in den Briefen S. 513 und 514.

Geschäftsangaben in Fußzeile

Fußzeile enthält Informationen über das Unternehmen

Vordrucke für Geschäftsbriefe (DIN 676) enthalten in der Regel eine Fußzeile, in der sich allgemeine Informationen über das Unternehmen finden, z.B. Adresse, Kommunikationsanschlüsse und Kontoverbindungen. Bei Kapitalgesellschaften werden hier unter anderem die Rechtsform der Gesellschaft, der Sitz der Gesellschaft und die Nummer des Handelsregisters benannt.

Warnzeichen, Faltmarken, Lochmarke

Kleine Markierungen im Vordruck erleichtern den Umgang mit einem Brief.
Die kurze Linie des Warnzeichens zeigt an, dass (bei einfachem Zeilenabstand) noch neun Zeilen bis zum unteren Textrand verfügbar sind. Die Position des Warnzeichens ist im linken Randbereich.
Faltmarken geben die Linien vor, an denen der Briefbogen für Wickel- oder Leporellofalz zu falten ist, d.h. bei Drittelung des Bogens. Es handelt sich um zwei feine Linien am linken Seitenrand.
Die Lochmarke, ebenfalls eine feine Linie am linken Seitenrand, gibt die Mitteposition des Briefbogens an. Sie ist hilfreich für die Lochung und für die hälftige Faltung des Briefes.

Feld für Briefkopf
27 mm hoch

Feld für Postanschrift des Absenders
Einschreiben
•
Helmert und Partner
Herrn Jürgen Neuhaus
Waldstraße 2
•
20876 Willingen
•
•

Ihr Zeichen, Ihre Nachricht vom	Unser Zeichen, unsere Nachricht vom		Telefon, Name (0101) 201-	Datum
jn	ma	99-03-21	1212	99-05-02
•			Herr Magert	

•
Zahlungserinnerung
•
•
Sehr geehrter Herr Neuhaus,
•
sicher haben Sie übersehen, dass die folgende Rechnung noch zur Zahlung offensteht:
•

Rechnung Nr. ZG-1652-9X vom 99-03-21
über die Lieferung von 2 Druckbehältern SL 612
Rechnungsbetrag DM 4.230,00

•
Bitte überweisen Sie den ausstehenden Betrag bis zum 99-05-12.
•
Mit freundlichen Grüßen
•
Conrad GmbH
Drucktechnik
•
•
•
Manfred Assheimer
•
Anlage
Rechnungskopie

Feld für Geschäftsangaben

DIN 5008 – BEISPIELBRIEF MIT VORGEDRUCKTEM BRIEFKOPF (FORM A NACH DIN 676)

Feld für Briefkopf
45 mm hoch

Feld für Postanschrift des Absenders

•

•

Jürgens KG
Frau Judith Schäfer
Am Runden Holz 14

•

89069 Marktfelden

•

•

		Telefax (08 08) 2 41-	E-mail kaiw@staert.de
Ihr Zeichen, Ihre Nachricht vom	Unser Zeichen, unsere Nachricht vom	Telefon, Name (0101) 201-	Datum
	kw-st	1212 Herr Wegener	9X-10-08

•

•

Unser Angebot an Netzwerk-Komplettlösungen

•

•

Sehr geehrte Frau Schäfer,

•

eine Empfehlung von Herrn Georg Pilchen, Fa. Lohse und Partner, veranlasst mich zu diesem Schreiben.

•

Herr Pilchen teilte mir mit, dass Sie ein kompetentes Softwarehaus suchen, dass Sie beim Aufbau einer Intranet- und Extranetarchitektur unterstützt und Ihren Web-Auftritt gestaltet. Wir haben – wie Sie vielleicht wissen – für die Fa. Lohse und Partner wie für eine Reihe anderer Unternehmen entsprechende Lösungen entwickelt und möchten auch mit Ihnen gerne beraten, wie ein geeignetes Netzkonzept auf der Basis von Internettechnologie zu entwerfen wäre.

•

Um Ihnen einen Überblick über unsere Leistungsfähigkeit, unsere Unternehmensgröße und unsere bisherige Arbeit zu geben, lege ich Ihnen verschiedene Broschüren und Referenzadressen bei. Ich hoffe auf Ihr Interesse!

•

In der kommenden Woche werde ich mich telefonisch bei Ihnen melden. Wir sollten dann einen ersten Kontakttermin vereinbaren.

•

Mit freundlichen Grüßen

•

Staert & Laumer GmbH

•

•

•

•

Kai Wegener
Senior Consultant

Anlagen
Firmenprofil
Referenzliste

•

Verteiler
Herr Pilchen, Lohse undPartner

Feld für Geschäftsangaben

DIN 5008 – BEISPIELBRIEF MIT VORGEDRUCKTEM BRIEFKOPF (FORM B NACH DIN 676)

•

•

•

•

Jennifer Karlstein 1999-01-21
Marienbader Str. 3
10852 Berlin

•

•

•

•

•

•

•

Hotel Eden
An der Promenade 14-16

•

01762 Geritzbad

•

•

•

•

•

Hotelbuchung

•

•

Sehr geehrte Damen und Herren,

•

vielen Dank für Ihr Informationsmaterial. Wir möchten gerne unseren Sommerurlaub in Ihrem Hotel verbringen.

•

Bitte reservieren Sie uns:

•

> 2 x Doppelzimmer mit Dusche oder Bad, Balkon und Meerblick
> 4 x Halbpension (Frühstück, Abendessen)
> für die Zeit vom **2. bis 16. August 1999**
> zum Gesamtpreis von DM 5.120,00

•

Die gewünschte Vorauszahlung werde ich anweisen, sobald Sie meine Reservierung schriftlich bestätigt haben.

•

Mit freundlichen Grüßen

•

•

DIN 5008 – Beispielbrief ohne vorgedruckten Briefkopf

Q
W
A
S

Richtig schreiben – Tipps zum richtigen Gebrauch der deutschen Sprache

Richtig schreiben

Tipps zum richtigen Gebrauch der deutschen Sprache

A

a.a.O.

a.a.O. = *am angeführten Ort* oder *am angegebenen Ort.* Man verwendet es, um Literaturangaben zu verkürzen: *Beierle, Hans: Über die Voraussetzungen des Glücks, a.a.O., S. 12.* Voraussetzung ist, dass dieselbe Literaturangabe im selben Text schon vorher vollständig (mit Erscheinungsort und -jahr) aufgeführt wurde.

ab

Nach der Präposition *ab* steht meistens der Dativ (Frage: wem): *ab (unserem) Werk; ab 4 Exemplaren; ab deutscher Auslieferung; ab Montag, dem 1. März.*

Bei Zeitangaben und bei Mengenangaben kann nach *ab* auch der Akkusativ (Frage: wen) stehen: *ab Montag, den 1. März; ab 4 Exemplare.* Der Akkusativ steht allerdings nicht, wenn ein Artikel oder Pronomen verwendet wird: *ab dem 1. März; ab seinem Eintreffen.*

Abend, abends

Die neue Rechtschreibung hat einige Veränderungen bei der Groß- und Kleinschreibung gebracht. Groß schreibt man schon immer: *eines Abends; es ist Abend; am Abend; diesen Abend; zu Abend essen.* Jetzt wird auch großgeschrieben: *heute Abend; gestern Abend; morgen Abend.*
Kleingeschrieben wird wie bisher: *abends, von morgens bis abends; 10 Uhr abends; montags abends.* Jetzt auch: *montagabends.*

aber

Aber *mit Komma,* abgesehen davon *ohne Komma.*

Vor der Konjunktion *aber* steht immer ein Komma: *Er hat uns gesehen, aber er hat uns nicht erkannt. Sie ist reich, aber unglücklich.*

abgesehen davon

Nach *abgesehen davon* steht kein Komma: *Abgesehen davon geht es mir gut.*

Folgt jedoch ein dass-Satz, ist es nach neuer Rechtschreibung möglich (allerdings nicht zwingend!), ein Komma vor *dass* zu setzen: *Abgesehen davon, dass wir einen kleinen Unfall hatten, war der Urlaub schön.*

abheften
Abheften geht mit dem Dativ (Frage: wo?) einher: *Der Brief wird im Ordner AC abgeheftet.*

Abkürzungen
Es gibt Abkürzungen *mit* und *ohne* Punkt. Wann muss er stehen?
Die Grundregel lautet:
1. Der Punkt steht nach Abkürzungen, die man nur schreibt, aber nicht als Abkürzungen spricht, z. B. *Dr.* (gesprochen *Doktor*), *usw.* (gesprochen *und so weiter*), *Mio.* (gesprochen *Million*).
2. Der Punkt steht nicht nach Abkürzungen, die auch als Abkürzungen gesprochen werden, z.B. *AG* (für *Aktiengesellschaft*), *EU* (für *Europäische Union*), *Akku* (für *Akkumulator*), *PC* (für *Personal Computer*).
Es gibt jedoch leider zahlreiche Ausnahmen von dieser Grundregel. Der Punkt steht beispielsweise auch bei *h.c.* (für *honoris causa*); er steht nicht bei Abkürzungen für einige Währungen und Münzeinheiten *(DM, Pf)* oder für viele Maßeinheiten *(m, km, kg).*
Erhalten abgekürzte Substantive Endungen für die Mehrzahl oder für Beugungsfälle? Grundsätzlich ist dies für die Beugung nicht nötig. Man schreibt also: *am Ende d. M.* (für *dieses Monats*), *des BGB* (für *des Bürgerlichen Gesetzbuchs*), *des PC* (für *des Personal Computers*).
Bei Abkürzungen, die auch als Abkürzungen gesprochen werden, setzt man allerdings häufig die Endung -s für die Mehrzahl, also: *die PKWs, vier PCs* (aber auch: *die PKW, vier PC*). Die Endung ist in diesen Fällen immer -s, auch wenn die eigentliche Mehrzahlendung anders lautet. Also nicht: *die PKWen,* sondern: *die PKWs.* Eine Endung für die Mehrzahl sollte bei weiblichen Formen immer angefügt werden, denn hier ist eine Verwechslung mit der Einzahl möglich: *die GmbH, die GmbHs.*
Achtung: Die Endung -s wird ohne zusätzliches Zeichen an die Abkürzung angehängt. Das „englische" 's (häufig verwendet in der Form *PC's*) ist also falsch!
Viele Abkürzungen sind Teil einer Zusammensetzung: *km-Zahl, UKW-Sender, Abt.-Leiter.* In diesen Fällen steht zwischen Abkürzung und Grundwort immer ein Bindestrich. Dasselbe gilt für eine Zusammensetzung von Abkürzungen: *röm.-kath.* Kein Bindestrich steht bei Zusammensetzungen mit gängigen Kurzformen *(Bus, Bushaltestelle; Akku, Akkubehälter)* und bei Abkürzungen mit Endungen *(FKK, FKKler).*

Zusammengesetzte Abkürzungen mit Bindestrich.

abzüglich
Nach abzüglich steht in der Regel der Genitiv (Frage: wessen): *abzüglich des vereinbarten Rabatts.* Steht das folgende Substantiv allerdings allein, wird es in der Einzahl nicht gebeugt: *abzüglich Rabatt.* In der Mehrzahl

abzgl. + ***Genitiv***

wird bei allein stehendem Substantiv zum Dativ (Frage: von wem oder was) gewechselt: *abzüglich Speisen und Getränken.*

acht

Ziffer + Wort mit Bindestrich.

Schreibt man *acht* oder andere Zahlen als Ziffer und verbindet sie mit einem anderen Wort, wird dazwischen ein Bindestrich gesetzt. Also: *achtjährig* wird zu *8-jährig; achtmal* wird zu *8-mal; viereckig* wird zu *4-eckig.* Dies gilt allerdings nicht für Zusammensetzungen von Ziffern und Nachsilben: *8fach; 5er.*

ad acta (abgekürzt: a.a.)

Aus dem Lateinischen mit der Bedeutung: *zu den Akten, erledigt.*

a dato (abgekürzt: a d.)

Aus dem Lateinischen mit der Bedeutung: *vom Tage der Ausstellung an.*

ad notam

Veraltete Form aus dem Lateinischen mit der Bedeutung: *zur Kenntnis.*

all

Die Beugung des Wortes *all* oder der auf *all* folgenden Wörter bereitet oft Probleme. Beugungsreihen zu *all* sind beispielsweise:
der Schmerz: aller Schmerz, die Ursachen allen Schmerzes, bei allem Schmerz, für allen Schmerz; die Schmerzen: alle Schmerzen, aller Schmerzen, allen Schmerzen, alle Schmerzen;
die Erwartung: alle Erwartung, die Ursachen aller Erwartung, bei aller Erwartung, für alle Erwartung; die Erwartungen: alle Erwartungen, aller Erwartungen, allen Erwartungen, alle Erwartungen.
Bei einem zusätzlichen Attribut sind in einigen Beugungsformen zwei Endungen für *all* möglich: *die Ursachen allen tödlichen Schmerzes* oder *die Ursachen alles tödlichen Schmerzes.*
Und so können Attribute gebeugt werden, die auf *all* folgen:
aller tödliche Schmerz, die Ursachen allen (oder *alles*) *tödlichen Schmerzes, bei allem tödlichen Schmerz, für allen tödlichen Schmerz; alle tödlichen Schmerzen, aller tödlichen Schmerzen, allen tödlichen Schmerzen, alle tödlichen Schmerzen.*
Substantive, die von Adjektiven oder Partizipien abgeleitet sind – z.B. *der Verwandte* (von *verwandt*) oder *das Helle* (von *hell*) – werden folgendermaßen gebeugt:
alles Helle, die Schönheit alles Hellen, bei allem Hellen, für alles Helle.
Für die Mehrzahl gibt es bei diesen Substantiven – außer beim Dativ (Frage: wem) – zwei mögliche Endungen:

alle Verwandten oder *alle Verwandte, das Treffen aller Verwandten* oder *Verwandter, bei allen Verwandten, für alle Verwandten* oder *Verwandte.*

als

Wenn *als* einen Nebensatz einleitet, steht davor ein Komma: *Es war später, als ich gedacht hatte.* Auch bei einer Infinitivgruppe (unbestimmte Form mit zu) mit einleitendem *als* kann man jetzt ein Komma setzen: *Es war besser zu warten, als ihn zu verärgern.* Oder: *Es war besser zu warten als ihn zu verärgern.*

Kein Komma steht vor *als,* wenn es in einem Vergleich zwei Wörter oder Wortgruppen verknüpft: *Ich bin älter als meine Schwester.* In diesem Fall erhält die folgende Wortgruppe (hier: *meine Schwester*) die Beugungsform des Vergleichswortes (hier: *ich*). Also: *Ich sehe ihn* (Akkusativ – Frage: wen) *häufiger als meinen Bruder* (ebenfalls Akkusativ).

Als *vor Nebensätzen mit Komma, als Vergleichswort ohne Komma.*

als – wie

als und *wie* sind Verhältniswörter, die in Vergleichen benutzt werden. Dabei wird *wie* nur im Falle von Gleichheit benutzt, *als* dagegen im Falle einer Ungleichheit: *Er ist so groß wie du. Er ist größer als du.* Nach der ersten Steigerungsstufe wird also nie das Wort *wie,* sondern nur *als* verwendet!

als dass

Vor *als dass* steht ein Komma: *Ich war zu müde, als dass ich noch hätte ausgehen können.*

a.m.

a.m. = ante meridiem. Wird im Englischen für die Uhrzeiten des Morgens bzw. Vormittags benutzt: *10 a.m.* = 10 Uhr vormittags. Die Entsprechung für nachmittags und abends ist *p.m.*

am Montag, dem oder den

Um Wochentag und Datum zu benennen, haben Sie zum Beispiel folgende Möglichkeiten: *Am Montag, dem 18. September, kommen wir an.* Oder: *Am Montag, den 18. September kommen wir an.*

Im ersten Fall *(dem...)* steht ein Komma nach der Monatsangabe, im zweiten Fall *(den...)* steht kein Komma.

Nach den neuen Bestimmungen zur Rechtschreibung kann auch im ersten Beispiel das Komma nach der Monatsangabe wegfallen, also: *Am Montag, dem 18. September kommen wir an.*

Wird aber die Datumsangabe noch durch eine Zeitangabe ergänzt, steht in diesen Fällen immer ein Komma: *Am Montag, dem 18. September, um*

9 Uhr kommen wir an. Oder: *Am Montag, den 18. September, um 9 Uhr kommen wir an.*
Solche Datumsangaben kann man auch ohne *am* vor dem Wochentag machen. Dann steht der Wochentag im Akkusativ und es folgt immer *den …*: *Wir kommen Montag, den 18. September an.*

anbei
anbei ist ein typisches Wort aus der Amts- oder Geschäftssprache. Es wird häufig in verkürzten Aussageformen verwendet: *Anbei ein Durchschlag des Angebots.* Das folgende Wort kann dabei im Nominativ (Frage – wer: *ein Durchschlag*) stehen, aber auch im Akkusativ (Frage: wen): *Anbei einen Durchschlag des Angebots.*

anfällig für / gegen
Das Verhältniswort, das nach *anfällig* steht, ist nicht eindeutig festgelegt. Möglich ist die Ergänzung von *für* oder *gegen,* beides mit derselben Bedeutung: *Ich bin anfällig für Pollenallergien.* Oder: *Ich bin anfällig gegen Pollenallergien.*
Stilistisch zu empfehlen ist allerdings *anfällig für.*

Anfang
Das Wort *Anfang* kann mit Zeitangaben kombiniert werden. Dabei sind folgende Formen möglich: *Anfang 1998; Anfang Januar; Anfang nächster Woche; Anfang des Jahres.*

anfangen
In der Umgangssprache wird *anfangen* oft falsch im Satz platziert. In der Schriftsprache sollte es aber korrekt so verwendet werden: *Er fing laut zu singen an.* Oder: *Er fing an laut zu singen.*
Nicht korrekt ist: *Er fing laut an zu singen.*

Anführungszeichen

Anführungszeichen stehen bei wörtlicher Rede, Zitaten, Hervorhebungen und ironisch gemeinten Anmerkungen.

Anführungszeichen „…" stehen am Anfang und am Ende von wörtlicher Rede und Zitaten.
Sie werden auch zur Hervorhebung von Wörtern und Wortgruppen in einem Text genutzt: *Er kaufte jeden Morgen die „Neue Rundschau".* Für Hervorhebungen gibt es aber auch Alternativen, z. B. Kursivschrift.
Anführungszeichen sind auch geeignet, eine ironische Distanz zum Gesagten zu erzeugen: *Mit deiner „Glanzleistung" hast du uns schwer geschadet.*
Manchmal bereitet der korrekte Gebrauch weiterer Satzzeichen nach oder vor den Anführungszeichen Schwierigkeiten.

1. Punkt und Anführungszeichen bei Zitaten und wörtlicher Rede: Gehört der Punkt zum zitierten Satz, steht er vor den abschließenden Anführungszeichen. Ansonsten steht er nach den Anführungszeichen. Also: *Sie sagte: „Ich rechne fest mit dir."* Oder: *Er wertete diese Entscheidung als „Glücksfall für das Unternehmen".*
2. Komma und Anführungszeichen nach wörtlicher Rede, wenn der übergeordnete Satz weitergeführt wird: Die neue Rechtschreibung verlangt in diesem Fall grundsätzlich ein Komma nach den abschließenden Anführungszeichen, auch wenn davor ein Fragezeichen oder Ausrufezeichen steht: *„Ich komme nicht mit", sagte sie.* Oder: *„Kann ich mitkommen?", fragte sie.* Oder: *„Ich komme mit!", rief sie.*

angenommen

Vor und nach *angenommen* steht ein Komma: *Angenommen, morgen ist gutes Wetter, fahren wir dann?*
Folgt ein *dass*-Satz, ist es nach neuer Rechtschreibung ebenfalls möglich (allerdings nicht zwingend!), ein Komma vor *dass* zu setzen: *Angenommen, dass morgen gutes Wetter ist, fahren wir dann?*

Angestellte

Manche Beugungsformen von *Angestellte* bereiten Schwierigkeiten: *der Angestellte, ein Angestellter, die Angestellten, mehrere Angestellte, alle Angestellten, andere Angestellte, solche Angestellte* und *solche Angestellten, beide Angestellten.*

Anlage

In Geschäfts- und Amtsschreiben können folgende Verweise auf Anlagen benutzt werden: *Als Anlage übersenden wir Ihnen …; Als Anlage finden Sie …; In der Anlage übersenden wir Ihnen …; In der Anlage finden Sie ….*

anlässlich

anlässlich + *Genitiv*

anlässlich ist ein typisches Papierwort der Geschäfts- und Amtssprache. Wenn Sie es verwenden, schließen Sie die folgenden Wörter immer mit Genitiv (Frage: wessen) an: *Anlässlich seines Dienstjubiläums …; Anlässlich der jährlichen Betriebsfeier …*

anliegend

Anliegend übersenden wir Ihnen … ist eine äußerst fragwürdige Formel der Geschäfts- und Amtssprache (wer liegt hier an?). Benutzen Sie besser eine sprachlich korrekte Wendung wie *In der Anlage finden Sie …* oder *Als Anlage übersenden wir Ihnen …*

anscheinend – scheinbar

Der Bedeutungsunterschied von *anscheinend* und *scheinbar* wird häufig missachtet.

Anscheinend drückt eine Vermutung aus, sagt aber nichts darüber aus, ob etwas wahr oder unwahr ist: *Er ging anscheinend auf das Angebot ein* – d.h. wir haben Grund zu der Vermutung, dass er das Angebot annahm.

Scheinbar wird verwendet, um den „Schein" eines Sachverhalts von der zugrundeliegenden, davon abweichenden Wirklichkeit abzuheben: *Er ging scheinbar auf das Angebot ein* – d.h. in Wirklichkeit ging er nicht darauf ein.

Anzahl

Anzahl steht in Verbindung mit einem Bezugswort: *eine Anzahl Hotelgäste; eine Anzahl russischer Tänzer.* Das nachfolgende Bezugswort steht normalerweise im Genitiv (Frage: wessen), kann aber auch im selben Beugungsfall stehen wie *Anzahl* selbst: *Sie begrüßte eine Anzahl russischer Tänzer. Sie begrüßte eine Anzahl russische Tänzer.*

Anzahl ist, grammatisch gesehen, ein Wort in der Einzahl. Üblicherweise wird daher auch das Verb des Satzes in der Form der Einzahl verwendet: *Eine Anzahl Hotelgäste reiste vorzeitig ab.* Es ist aber auch korrekt, dem Sinn zu folgen und den Satz in die Mehrzahl zu setzen: *Eine Anzahl Hotelgäste reisten vorzeitig ab.*

Apostroph

Der *Apostroph* ist ein kleiner Haken, der als Auslassungszeichen verwendet wird. Er steht anstelle von ausgelassenen Buchstaben: *zwei lust'ge Gesellen; Ich will 'nen Cowboy als Mann ...*

Er wird auch verwendet, um bei Namen auf -s, -z oder -x die Form des Genitivs (Frage: wessen) anzuzeigen: *Thomas' Antwortbrief, Cervantes' großer Roman.*

Spätestens mit der Reform der Rechtschreibung ist allerdings die Bedeutung des Apostroph stark zurückgegangen. So steht es zum Beispiel nicht mehr für das ausgelassene -e am Ende eines Wortes: *Leg Holz nach; geh ins Bett; ich find keine Ruh.*

Der Gebrauch des Auslassungszeichens beschränkt sich daher weitgehend auf die Umschreibung umgangssprachlicher Wendungen: *Haste mal 'ne Mark ...*

In einem Fall hat die Rechtschreibreform allerdings den Apostroph neu zugelassen, in „englischen" Formen wie *Anna's Kneipe; Meyer's; Gundlach's Blumen.*

aus
Woher ein Mensch oder eine Sache stammt, wird mit dem Verhältniswort *aus* beschrieben, nicht mit *von: Sie stammt urspünglich aus Sachsen. Dieser Wein kommt aus Italien.*
Nur bei Reisen kann der Ausgangspunkt mit *aus* oder mit *von* verknüpft werden: *Ich werde mit dem Zug von Berlin kommen. Ich komme gerade aus Dresden.*

außer
Nach *außer* können verschiedene Beugungsformen verwendet werden. Interpretiert man es grammatisch als Präposition, steht danach der Dativ (Frage: wem): *Er wollte nichts abgeben außer einem Tisch.* Aber man kann *außer* ebenso gut als Konjunktion interpretieren und beugt das folgende Wort dann wie das Bezugswort: *Er wollte nichts* (= Akkusativ) *abgeben außer einen Tisch* (= Akkusativ).

B

baldmöglichst
baldmöglichst ist ein typisches Papierwort der Amtssprache. Verwenden Sie besser: *möglichst bald* oder *so bald wie möglich.*

Bank
Das Wort *Bank* hat zwei Bedeutungen: Es bezeichnet ein Geldinstitut oder eine Sitzgelegenheit. Die Mehrzahl wird jeweils anders gebildet: *Banken* oder *Bänke.* Achten Sie bei Zusammensetzungen mit Bank auf die richtige Zuordnung bei der Bildung der Mehrzahl, z.B.: *Datenbanken, Organbanken; Muschelbänke, Sandbänke.*

Banken oder Bänke?

bayerisch
Das Eigenschaftswort zu *Bayern* schreibt man üblicherweise mit -e-, also: *bayerisch.* Es ist aber auch möglich, *bayrisch* zu schreiben. Eine dritte Form *(bairisch)* wird nur für die süddeutsche Mundart verwendet.

Beamte
Das Wort wird nach demselben Muster gebeugt wie *Angestellte.*

Bedarf
Dem *Bedarf* folgt als Verhältniswort *an: Unser Bedarf an Kanthölzern ...* In der Kaufmannssprache kommt auch *in* vor: *Unser Bedarf in Kanthölzern ...* Die Mehrzahl *Bedarfe* wird nur in der Amts- und Geschäftssprache verwendet.

beginnen

Der Gebrauch des Mittelwortes *begonnen* bereitet manchmal Schwierigkeiten, und zwar in der Stellung vor einem Hauptwort.
Beispiel: *Die im letzten Jahr begonnene Renovierung wird im Herbst fortgesetzt.* Hier ist der Gebrauch richtig, weil *begonnene* eine Passiv- bzw. Leideform ausdrückt: die Renovierung ist begonnen worden ...
Nicht richtig ist das folgende Beispiel: *Die heute Morgen begonnene Aufsichtsratssitzung ...* Hier ist nichts begonnen worden, sondern hier hat eine Sitzung begonnen. Daher muss das Beispiel in der richtigen Form heißen: *Die Aufsichtsratssitzung, die heute Morgen begonnen hat, ...*

beide

Für **beide** *gilt: immer klein!*

beide wird immer kleingeschrieben: *Die beiden waren nicht zu sehen. Wir beide sind Freunde.*
Die Beugung von und nach *beide* hat einige Sonderformen.
Beispiele für die Beugung von *beide: die beiden, wir beide* oder *wir beiden, ihr beide* oder *ihr beiden, wir beiden Freunde, ihr beiden Freunde, sie beide* (Nominativ – Frage: wer); *ihrer beider Mutter* (Genitiv – Frage: wessen); *euch beiden* (Dativ – Frage: wem); *euch beide* (Akkusativ – Frage: wen); *diese beiden, dieser beiden, diesen beiden, diese beiden; alle beide, aller beider, allen beiden, alle beiden*
Beispiele für die Beugung nach *beide: die beiden glücklichen Gewinner, beide glücklichen Gewinner* oder *beide glückliche Gewinner* (Nominativ); *die Freude beider glücklichen Gewinner* oder *die Freude beider glücklicher Gewinner* (Genitiv); *beiden glücklichen Gewinnern* (Dativ); *beide glücklichen Gewinner* (Akkusativ).

beige

Die Farbbezeichnung *beige* wird nicht gebeugt, erhält also keine Endung: *mit einem beige Kleid.* Besser schreibt man: *mit einem beigefarbenen Kleid.*

Beisatz, Apposition

Beisatz nach Bezugswort mit gleicher Beugung in Kommas.

Beispiel für einen Beisatz: *Mein Nachbar, ein junger Mann, ist Motorradfahrer.*
Ein Beisatz ist ein Hauptwort oder eine Wortgruppe, die einem anderen Hauptwort, einem Fürwort oder einem Namen hinzugefügt ist. Der Beisatz steht nach dem Bezugswort und wird durch Kommas eingeschlossen.
Schwierigkeiten bereitet manchmal die Beugung eines Beisatzes. Die Grundregel ist, dass der Beisatz in denselben Fall gesetzt wird wie das Bezugswort: *Sie ähnelte ihrer Mutter, der berühmten Schauspielerin,...* . Bei Wegfall des Artikels kann der Beisatz regelgemäß auch im Nominativ

(Frage: wer ist er?) stehen: *Das Werk dieses Mannes, Ehrenvorsitzender unseres Vereins, …* Es ist aber falsch, den Beisatz in den Dativ zu setzen, wenn das Bezugswort nicht ebenfalls im Dativ steht. Nicht richtig ist daher: *Sie produzieren für die Kali GmbH, dem größten Unternehmen am Ort.* Richtig ist vielmehr: *Sie produzieren für die Kali GmbH, das größte Unternehmen am Ort.*

Bekannte

Das Wort wird nach demselben Muster gebeugt wie *Angestellte.*

besonders

Das Wort *besonders* kann sinngemäß eine Steigerung ausdrücken: *Er ist zu mir besonders nett.*

Besonders kann aber auch einen Zusatz oder einen Beisatz einleiten und steht dann in der Bedeutung von *insbesondere: Sie liest gerne Erzählungen und Romane, besonders aber Gedichte. Rote, besonders aber malvenfarbige Blumen hat sie am liebsten.* In diesem Fall steht vor *besonders* immer ein Komma.

Bestellung

Das Wort Bestellung kann mit mehreren Verhältniswörtern verbunden werden: *auf, für, über, von.* Üblich ist vor allem *über: Wir erinnern Sie an unsere Bestellung über 20 Kühltruhen.* Das Verhältniswort *für* kann nur verwendet werden, wenn keine Zahlenangabe folgt: *Wir erinnern Sie an unsere Bestellung für Kühltruhen.*

bestmöglich

Dieses Wort drückt schon die höchste Steigerungsstufe aus *(best…).* Man kann es daher nicht noch einmal steigern. Also nicht: *die bestmöglichste Leistung,* sondern: *die bestmögliche Leistung.*

Besser als* bestmöglich *geht's nicht!

Betrag

Das Verhältniswort nach *Betrag* ist *von,* nicht *über: ein Betrag von 2.500,00 DM.*

betreffs

betreffs ist ein Papierwort der Amtssprache und sollte aus stilistischen Gründen nicht verwendet werden. Schreiben Sie statt *Betreffs Ihrer Anfrage …* zum Beispiel: *Wegen Ihrer Anfrage …* oder: *Ich nehme Bezug auf Ihre Anfrage …*

Bevollmächtigte

Das Wort wird nach demselben Muster gebeugt wie *Angestellte.*

beziehungsweise

bzw. *ohne Komma*

Meistens abgekürzt zu *bzw.* Vor *beziehungsweise* steht kein Komma, wenn es zwei Wörter oder Wortgruppen verbindet: *Meine Tante bzw. mein Onkel werden dich begleiten.*

bezüglich

bezüglich steht mit dem Genitiv (Frage: wessen): *bezüglich Ihrer Anfrage* ... Sie sollten das Wort aus stilistischen Gründen aber besser vermeiden: *Wegen Ihrer Anfrage ...; Ich nehme Bezug auf Ihre Anfrage ...*

Bindestrich

Ein Bindestrich an der richtigen Stelle kann beim Lesen helfen.

Mehrteilige Verbindungen von Wörtern schreibt man durchgehend mit Bindestrich, wenn schon mindestens zwei Bestandteile mit Bindestrich geschrieben werden („Durchkupplung"). Also nicht: *Friedrich Ebert-Straße,* sondern: *Friedrich-Ebert-Straße.* Ebenso: *Rhein-Main-Gebiet; 35-Stunden-Woche; Katz-und-Maus-Spiel.*
Nach neuer Rechtschreibung werden Zusammensetzungen von Wort und Ziffer grundsätzlich mit Bindestrich geschrieben: *10-minütig; 16-Tonner; 4-jährig; 5-mal.* Dies gilt allerdings nicht für die Verbindung von Ziffer und Nachsilbe: *12fach, 3er.*
Grundsätzlich mit Bindestrich werden auch Zusammensetzungen von Wörtern und Einzelbuchstaben bzw. Formelzeichen geschrieben: *y-Achse; S-Bahn; T-Träger.*

Blatt

Wenn *Blatt* als Mengenangabe verwendet wird, wird es nicht in die Mehrzahl gesetzt und nicht gebeugt: *500 Blatt Papier; mit 10 Blatt unbedrucktem Papier.*

brauchen zu

In der Umgangssprache wird *brauchen* häufig ohne *zu* benutzt: *Sie brauchen nicht liefern.* Korrekt aber ist: *Sie brauchen nicht zu liefern.*

Bruchzahlen

Bruchzahlen mit Maßeinheit klein, alleine groß.

Wenn Sie Bruchzahlen nicht als Ziffern verwenden, sondern ausschreiben, sollten Sie auf die richtige Groß- und Kleinschreibung achten.
Vor Maßbezeichnungen schreibt man Bruchzahlen klein: *drei achtel Kilogramm, fünf hundertstel Sekunde, ein zehntel Hektoliter.* Großgeschrieben werden sie in den meisten anderen Fällen: *ein Drittel der Vertragssumme, zwei Zehntel des Wertes.* Schließlich gibt es noch einige sehr häufig gebrauchte Maßbezeichnungen, die man mit der Bruchzahl zusammen in einem Wort schreiben kann: *eine Viertelstunde, ein Achtelliter.*

C

chamois

chamois ist eine Farbbezeichnung, die nicht gebeugt wird. Daher: *ein chamois Kleid* oder *ein chamoisfarbenes Kleid.*

c/o

Internationale Kurzformel für *wohnhaft bei…* bzw. *per Adresse…* Leitet sich vom englischen *care of* ab und wird in Briefanschriften verwendet, wenn der Adressat und der Wohnungsinhaber nicht identisch sind.

D

dank

Nach dem Verhältniswort *dank* steht üblicherweise der Genitiv (Frage: wessen): *dank seiner Verdienste, dank unseres Vorschlags.* Es kann aber auch der Dativ (Frage: wem) benutzt werden: *dank seinen Verdiensten, dank unserem Vorschlag.*

Dankeschön

Zusammen und großgeschrieben wird *Dankeschön* nur dann, wenn es als Hauptwort verwendet wird, meist mit Artikel: *Er schickt dir ein herzliches Dankeschön.* Ansonsten schreibt man getrennt und klein: *Wir möchten Ihnen danke schön sagen.*

Das* Dankeschön, *aber:* … danke schön *sagen.

darüber hinaus

Darüber hinaus wird grundsätzlich getrennt geschrieben.

das – was

Am Anfang eines Relativsatzes tritt manchmal *was* an die Stelle von *das: Alles, was wir lieben, …* oder: *Das Wertvollste, was wir besitzen, …* In diesen Fällen kann nicht *das* stehen, denn *das* bezieht sich auf etwas eindeutig Bestimmtes: *Das Buch, das ich gerade lese, …* Dagegen wird *was* gebraucht, wenn der Relativsatz sich auf etwas Allgemeines oder Unbestimmtes bezieht *(alles, vieles, manches…).* Auch wenn das Bezugswort ein gesteigertes Eigenschaftswort ist, das als Hauptwort benutzt wird, steht *was (das Wertvollste, was…; das Schönste, was…).*

das heißt

Das heißt wird meistens abgekürzt zu *d. h.*
Vor *das heißt* oder *d. h.* steht immer ein Komma: *Er ist wahrscheinlich schwer, d. h. lebensgefährlich verletzt.*
Nach *das heißt* oder *d. h.* steht nur dann ein Komma, wenn ein vollständiger Satz folgt: *Wir verzichten auf eine Mängelrüge, d. h., wir werden den*

Rechnungsbetrag überweisen. Nach neuer Rechtschreibung kann auch ein Komma stehen, wenn auf *das heißt* oder *d. h.* eine Infinitivgruppe folgt: *Er schlug vor den Vertrag zu überarbeiten, d. h., seine Laufzeit zu verlängern.*

dein

In Briefen: **dein** *klein.*

Das Fürwort *dein, deine* usw. schreibt man klein, nach der neuen Rechtschreibung auch in Briefen: *Ich freue mich auf dein Kommen.* Nur in seltenen Fällen, in denen es als Hauptwort benutzt wird, schreibt man groß: *Mein und Dein verwechseln.*

der gleiche – derselbe

Das gleiche Wort ist noch lange nicht dasselbe!

Die Bedeutung der beiden Begriffe ist nicht gleich:
Die beiden Brüder haben die gleichen Augen. – Sie stammen aus derselben Stadt. Im ersten Fall *(der gleiche)* ist eine Gleichheit oder Vergleichbarkeit von Merkmalen gemeint, im zweiten Fall *(derselbe)* die tatsächliche Identität einer Sache. Nicht immer sind die beiden Begriffe so scharf auseinander zu halten wie hier. Dennoch sollten Sie auf den Bedeutungsunterschied achten und die Worte korrekt gebrauchen.
Achten Sie auch darauf, dass *derselbe, dieselbe* usw. zusammengeschrieben werden, während *der gleiche, die gleiche* usw. auseinander zu schreiben sind.

deren

Die Beugung von Wörtern, die auf *deren* folgen, wird manchmal zum Problem. Richtige Beugungsformen sind: *unsere Nachbarn und deren erwachsener Sohn; bei unseren Nachbarn und deren erwachsenem Sohn.*
Schwierigkeiten gibt es auch häufig bei Relativsätzen, in denen das Fürwort im Genitiv (Frage: wessen) steht. Richtig ist: *Die schönen Dinge, deren er sich erinnerte, … . Die plötzliche Kälte, aufgrund deren wir den Urlaub abbrachen, … .* Nicht richtig ist: *Die schönen Dinge, derer er sich erinnerte, … . Die plötzliche Kälte, aufgrund derer wir den Urlaub abbrachen, …*

derselbe

derselbe, dieselbe usw. werden häufig anstelle von Fürwörtern gebraucht: *Per Kurier erhielten wir Ihre Warenlieferung. Der Inhalt derselben war allerdings unvollständig.* Das klingt sehr umständlich und verstaubt und sollte besser ersetzt werden durch: *Per Kurier erhielten wir Ihre Warenlieferung. Ihr Inhalt war allerdings unvollständig.*

dessen

Richtige Beugungsformen sind: *unser Nachbar und dessen erwachsener Sohn; unserem Nachbarn und dessen erwachsenem Sohn; unser Haus, auf dessen Dach …*

Dienstagabend

Nach der neuen Rechtschreibung werden Verbindungen aus Wochentag und Tageszeit zusammengeschrieben: *am Dienstagabend, Montagmorgen, jeden Sonntagmittag; dienstagabends, montagmorgens, sonntagmittags.*

dieses

Bei der Beugung von *dieses* gibt es manchmal Schwierigkeiten in der Genitivform (Frage: wessen). Nicht richtig ist: *Anfang diesen Jahres; eine Wohnung diesen Zuschnitts.* Richtig ist dagegen: *Anfang dieses Jahres; eine Wohnung dieses Zuschnitts.*

Anfang **dieses** *Jahres ...*

Doppelpunkt

Ob man nach einem Doppelpunkt groß oder klein weiterschreibt, hängt davon ab, ob ein vollständiger Satz folgt oder nicht. Bei einer Aufzählung, einzelnen Wörtern oder einem Satzfragment schreibt man grundsätzlich klein weiter: *Du weißt ja, wie sie ist: unkonventionell und lebenshungrig.* Folgt dagegen ein vollständiger Satz, schrieb man bisher groß weiter: *Du weißt ja, wie sie ist: Sie ist unkonventionell und lebenshungrig.*
Die neue Rechtschreibung hat allerdings als zweite Variante freigestellt, auch klein weiterzuschreiben. Also auch: *Du weißt ja, wie sie ist: sie ist unkonventionell und lebenshungrig.*

du

Das Fürwort *du* und alle seine Beugungsformen werden nach der neuen Rechtschreibung grundsätzlich kleingeschrieben, auch in Briefen: *Wann kommst du? Ich grüße dich.*

Anrede: **Sie** *groß,* **du** *klein.*

Dutzend

Wenn *Dutzend* als zahlenbezogene Maßangabe (für 12 Stück) gebraucht wird, wird es nicht gebeugt, erhält also keine Endung: *zwei Dutzend Eier.* Ansonsten wird es gebeugt, z. B.: *Die Zuschauer standen dort zu Dutzenden.*
Dutzend wird normalerweise großgeschrieben. Nach der neuen Rechtschreibung kann es aber auch klein geschrieben werden, soweit es eine unbestimmte Menge ausdrückt: *in Dutzenden von Fällen* oder *in dutzenden von Fällen.*

E

Eigennamen

Eigennamen können als nähere Bestimmung zu einem Hauptwort hinzutreten, z. B. *Ediths Tagebuch.* Hier steht der Eigenname im Genitiv (Frage: wessen) vor dem Hauptwort. Die Endung -s wird ohne Apostroph an den Namen angehängt (also nicht: *Edith's*).
Der Eigenname kann auch nachgestellt werden, dann heißt es: *das Tagebuch von Edith.* In dieser Position wird die Genitivform nur benutzt, wenn der Eigenname selbst näher bestimmt ist: *das Tagebuch der unglücklichen Edith.* In dieser Fügung entfällt die Endung -s, da der Genitiv schon durch das Geschlechtswort *der* ausgedrückt wird.

Eigenschaft

In seiner Eigenschaft als ... Nach diesem Ausdruck steht das folgende Substantiv immer im Nominativ (Frage: wer oder was): *Sie bedankten sich bei ihm* (= Dativ – Frage: bei wem) *in seiner Eigenschaft als Vorsitzender* (= Nominativ) *des Stifterverbandes.*

einerseits – andererseits

Zwischen *einerseits* und *andererseits* steht immer ein Komma: *Einerseits war er schüchtern, andererseits hatte er großen beruflichen Erfolg. Über sein Ausscheiden bin ich einerseits traurig, andererseits auch erleichtert.*

einiger

Die Beugung der Eigenschaftswörter, die auf *einiger, einige* und *einiges* folgen, bereitet häufig Schwierigkeiten. Hier einige Beugungsformen:
Nominativ (Frage: wer): *einiger heller Verstand, einige intensive Vorbereitung, einiges gute Wollen* oder auch *einiges gutes Wollen.*
Genitiv (Frage: wessen): *die Notwendigkeit einigen hellen Verstandes, einiger intensiver Vorbereitung, einigen guten Wollens.*
Dativ (Frage: wem): *mit einigem hellen Verstand, einiger intensiver Vorbereitung, einigem guten Wollen.*
Akkusativ (Frage: wen): *für einigen hellen Verstand, einige intensive Vorbereitung, einiges gute Wollen* oder auch *einiges gutes Wollen.*

einschließlich

Nach *einschließlich* steht meistens der Genitiv (Frage: wessen): *die Miete einschließlich der Nebenkosten, meine Reisekostenabrechnung einschließlich aller Spesen.*
Wenn auf *einschließlich* allerdings ein allein stehendes Hauptwort in der Einzahl folgt, dann wird es nicht gebeugt: *der Preis einschließlich Porto, die Rechnung einschließlich Trinkgeld, unsere Familie einschließlich Kurt.*

einzig

Wenn etwas *einzig* auf dieser Welt ist, gibt es nichts, was noch seltener sein könnte. Zum Wort *einzig* kann es daher auch keine Steigerungsform geben. Nicht richtig ist also der Gebrauch von *einzigste: ihr einzigster Freund, die einzigste Möglichkeit.* Richtig ist vielmehr: *ihr einziger Freund, die einzige Möglichkeit.*

Entgelt

Es scheint zwar etwas mit *Geld* zu tun zu haben, stammt aber von *entgelten* und wird daher mit *t* geschrieben!

sich entscheiden

Man *entscheidet sich für* etwas, aber nicht *zu* etwas: *Sie entschieden sich für Nussbaum-Möbel, für diesen Kandidaten, für eine Alternative.*

entweder – oder

Wenn *entweder – oder* Wörter oder Wortgruppen verbindet, steht kein Komma: *Entweder du oder ich muß jetzt gehen.* Werden aber vollständige Sätze verbunden, kann nach neuer Rechtschreibung ein Komma stehen: *Entweder er ist zu Hause, oder er ist ausgegangen.* Oder: *Entweder er ist zu Hause oder er ist ausgegangen.*

Manchmal verbindet *entweder – oder* unterschiedliche Personen, grammatisch gesehen: *Entweder ich oder ihr müsst jetzt gehen.* In solchen Fällen richtet sich das Tätigkeitswort nach der nächst stehenden Person, in diesem Fall also *ihr.*

meines Erachtens, unseres Erachtens

Meines Erachtens und *unseres Erachtens* werden ohne weiteren Zusatz benutzt, also nicht: *Unseres Erachtens nach haben wir die Bedingungen erfüllt.* Sondern nur: *Unseres Erachtens haben wir die Bedingungen erfüllt.*

sich erinnern an

Ich erinnere mich an diese Angelegenheit. Dagegen ist die Form *Ich erinnere diese Angelegenheit* falsch, auch wenn sie mittlerweile bis in die gehobene Sprache der Literaturbeilagen vorgedrungen ist.

euer

Nach der neuen Rechtschreibung schreibt man *euer* grundsätzlich klein, auch in Briefen und Anreden: *Wir grüßen euch, eure Familie Horn.*

F

farbig – farblich

Das Wort *farbig* hat entweder die Bedeutung *bunt* oder *Träger von Farbe* (im Unterschied zu schwarzweiß): *ein farbiges Kleid.* Dagegen meint *farblich* soviel wie *die Farbe betreffend: Seine Krawatte passt farblich nicht zu seinem Hemd.*

folgend

Im Folgenden *jetzt groß.*

Mit der neuen Rechtschreibung sind die Sonderformen der Groß- und Kleinschreibung von *folgend* weggefallen. Man schreibt also nicht mehr: *im folgenden,* sondern jetzt ganz normal: *im Folgenden.* Ebenso: *alles Folgende, mit Folgendem, das Folgende, Folgendes.*

Fräulein – Frau

Die übliche Anrede für eine weibliche Person ist *Frau,* und zwar vom jugendlichen Alter an. Die Anrede mit *Fräulein* ist vollkommen veraltet.

G

geboren

Wenn der Geburtsname dem Familiennamen nachgestellt wird, sind folgende Formen ohne und mit Komma möglich: *Frau Lore Schneider geb. Hausmann … ; Frau Lore Schneider, geb. Hausmann, …*

Geschädigte

Das Wort wird nach demselben Muster gebeugt wie *Angestellte.*

gesinnt – gesonnen

Gesinnt *kommt von Gesinnung,* gesonnen *meint willens.*

Ein Mensch kann *gleich gesinnt* sein, *anders gesinnt, treu gesinnt, schlecht gesinnt,* aber niemals *gleich gesonnen* oder *treu gesonnen. Gesonnen* bedeutet vielmehr soviel wie *gewillt* und steht nur in Wendungen wie: *Er war nicht gesonnen, uns zu helfen.*

GmbH

Die Gesellschaftsform *Gesellschaft mit beschränkter Haftung* wird meistens abgekürzt zu *GmbH,* insbesondere in Firmennamen. *GmbH* wird nicht gebeugt, nur für die Mehrzahl hängt man meistens ein -s an: *Er ist Gesellschafter mehrerer GmbHs.*

größtmöglich

Größer als *größtmöglich* gibt es nicht. Daher existiert auch keine Steigerungsform *größtmöglichst.* Vielmehr muss es heißen: *Er hat für seine Verhältnisse die größtmögliche Ruhe bewahrt.*

gutschreiben

Nach *gutschreiben* steht der Akkusativ (Frage: wen), aber auch der Dativ (Frage: wem): *Wir schreiben die Fehlbuchung auf Ihr Konto gut.* Oder: *Wir schreiben die Fehlbuchung auf Ihrem Konto gut.*

H

Hälfte

Die Hälfte des Erbes fiel an mich. Das folgende Zeitwort wird üblicherweise in der Einzahl (nach dem grammatischen Wert von *Hälfte*) gebraucht. Es kann allerdings auch in der Mehrzahl verwendet werden, wenn das Bezugswort von *Hälfte* in der Mehrzahl steht: *Die Häfte der Schüler kam zu spät.* Oder: *Die Hälfte der Schüler kamen zu spät.*

zu Händen

zu Händen von Herrn Meiser. Möglich ist auch: *zu Händen Herrn Meiser.* Die Abkürzung lautet entweder *z. H.* oder *z. Hd.*

hängen

Das Wort *hängen* kann – grammatisch gesehen – eine Ergänzung im Akkusativ (Frage: wen) haben oder nicht: *Sie hängte ihren Mantel* (= Akkusativ) *an den Haken. Der Mantel hing am Haken.*

Beachten Sie die unterschiedliche Bildung der Vergangenheitsform: *hängen, hängte, gehängt* (mit Ergänzung im Akkusativ) und *hängen, hing, gehangen* (ohne Ergänzung).

helfen zu

Ich helfe dir die Kisten in den Keller zu tragen. Oder: *Ich helfe dir, die Kisten in den Keller zu tragen.*

Beide Formen (mit oder ohne Komma) sind nach der neuen Rechtschreibung möglich. Das Komma wird dann gesetzt, wenn das Verständnis beim Lesen erleichtert wird.

Herr

In Verbindung mit einem Namen wird das Wort *Herr* gebeugt: *die Einladung des Herrn Georgy; die Einladung an Herrn Georgy.*

In der Verbindung Herr – Titel – Name wird nur *Herr* gebeugt: *Herrn Professor Reuters Vortrag; der Vortrag des Herrn Professor Reuter.*

Dagegen wird in der Verbindung Herr – Titel auch der Titel gebeugt: *Die Rede des Herrn Professors.*

hinsichtlich
Nach *hinsichtlich* steht der Genitiv (Frage: wessen): *hinsichtlich Ihrer Ausführungen.* Nur bei allein stehenden Hauptwörtern steht der Dativ (Frage: wem oder was): *hinsichtlich Geschäftsbedingungen.*

höchstmöglich
Höher geht es nicht. Daher gibt es auch keine Steigerungsstufe *höchstmöglichst,* sondern nur: *Er erreichte tatsächlich die höchstmögliche Wertung.*

hoffen zu
Für die Kommasetzung nach *hoffen* gilt dasselbe wie für das Wort *helfen.* Nach neuer Rechtschreibung sind zwei Formen möglich: *Wir hofften sehr von euch zu hören. – Wir hofften sehr, von euch zu hören.*

I

I
MitarbeiterInnen: das große *I* im Wortinneren wird seit einigen Jahren häufig benutzt, um die weibliche und die männliche Form in einem Wort zusammenzuziehen. *MitarbeiterInnen* tritt also an die Stelle von *Mitarbeiter und Mitarbeiterinnen, StudentInnen* an die Stelle von *Studenten und Studentinnen.* Das hilft zwar aus mancher Verlegenheit einer männlich dominierten Sprache, ist aber eine grobe Verletzung sprachlicher Regeln. Wer es benutzt, will jedoch nicht dem korrekten Sprachgebrauch gerecht werden, sondern der Gleichstellung der Frau im Feld der Sprache – und darüber ist stilistisch kaum zu urteilen.

Sagen Sie ruhig ich, *wenn Sie* ich *meinen. Formulieren Sie Ihren Brief dennoch so, dass der Nutzen des Lesers im Vordergrund steht.*

ich
Lange Zeit galt es als verpönt, in einem Brief einen Satz mit *ich* zu beginnen. Aber was spricht dagegen, mit *ich* einzusetzen, wenn *ich* nun einmal das Subjekt der Aussage ist?

ihr
Nach der neuen Rechtschreibung wird auch *ihr* in Anrede und Brief kleingeschrieben, wenn es die Mehrzahl von *du* ist. Dagegen schreibt man weiterhin die Höflichkeitsform groß: *Ich freue mich, dass ihr kommt. Oder: Ich freue mich, dass Sie kommen. Oder: Ich freue mich, dass Sie Ihren Freund mitbringen.*

in

Mittlerweile liest man häufig die Jahresangabe: *in 1998.* Es handelt sich um eine Übernahme aus dem Englischen, aber nicht um korrektes Deutsch. Im Deutschen muss es weiterhin heißen: *unser Umsatz im Jahre 1998* oder: *unser Umsatz 1998.*

inklusive

Nach *inklusive* (wie nach *einschließlich*) steht der Genitiv (Frage: wessen): *inklusive der Portokosten.* Bei einem allein stehenden Hauptwort in der Einzahl wird dagegen nicht gebeugt: *inklusive Porto.* Bei allein stehenden Hauptwörtern in der Mehrzahl steht der Dativ (Frage: von wem): *inklusive Gebühren. Inklusive* wird abgekürzt zu *inkl.*

inklusive + ***Genitiv***

insofern – als

insofern ist mit *als* verbunden, nicht aber mit *weil* oder *dass.* Es heißt also nicht: *Wir haben insofern recht gehabt, dass das Wetter umschlug.* Richtig ist vielmehr: *Wir haben insofern recht gehabt, als das Wetter umschlug.*

J

...jährig

Ich gratuliere Ihnen zum zwanzigjährigen Dienstjubiläum. Nimmt man es sprachlich sehr genau, ist diese Form falsch. Nicht das Dienstjubiläum ist zwanzigjährig, vielmehr jährt sich die Zugehörigkeit zum Unternehmen zum zwanzigsten Male. Korrekt ist daher: *Ich gratuliere Ihnen zum 20. Jahrestag Ihrer Zugehörigkeit zu unserem Unternehmen.* Oder einfach: *Ich gratuliere Ihnen zum Dienstjubiläum.*

je

Wenn *je* in der Bedeutung *pro* verwendet wird, steht es mit dem Akkusativ (Frage: wen): *Wir buchen 5 DM je ausgefertigten Brief.*

jeder / jeden

Steht *jeder* im Genitiv (Frage: wessen), sind bei männlichen und sächlichen Wörtern folgende Einzahlformen möglich: *am Ende jedes Tages; am Ende jeden Tages.*

Mit Geschlechtswort allerdings nur: *am Ende eines jeden Tages.*

jemand, der

Schließt sich an *jemand* ein Relativsatz an, steht als Fürwort immer *der* – auch bei weiblichen Personen: *Sie ist jemand, der nicht lügt.*

Auch eine Dame wird als **jemand** ***zum*** **der.**

K

Kaiser, König

Kaiser und *König* werden wie persönliche Titel behandelt. In Verbindung mit einem Namen werden sie daher in den folgenden Formen nicht gebeugt: *die Grabstätte Kaiser Heinrichs; die Krönung König Ottokars.*
Anders dagegen, wenn ein Geschlechtswort hinzutritt: *die Grabstätte des Kaisers Heinrich; die Krönung des Königs Ottokar.*

kein, in keiner Weise

kein drückt eine absolute Verneinung aus. Daher gibt es keine Steigerungsform zu *kein.* Wendungen wie *in keinster Weise* sind also falsch.

kindisch – kindlich

kindisch hat eine ähnliche Bedeutung wie *albern.* Dagegen bedeutet *kindlich* ganz neutral, was *dem Kind gemäß* ist.

kündigen

Wenn es bei der Kündigung um den Arbeitsvertrag einer Person geht, steht *kündigen* mit dem Dativ (Frage: wem): *Die Schümann GmbH hat ihm gekündigt* und nicht: *Die Schümann GmbH hat ihn gekündigt.*

kürzlich

kürzlich ist immer ein Umstandswort und darf nicht vor einem Hauptwort stehen. Daher ist es falsch zu sagen: *der kürzliche Gedankenaustausch,* sondern nur: *der Gedankenaustausch, der kürzlich stattfand.*

L

laut

laut ist nicht nur die Bezeichnung der Tonstärke, sondern auch ein Verhältniswort: *laut Ihrer Mitteilung.* Nach *laut* kann der Genitiv (Frage: wessen) und der Dativ (Frage: wem) stehen: *laut seines Berichtes; laut seinem Bericht.* Ein allein stehendes Hauptwort in der Einzahl wird dagegen nicht gebeugt: *laut Vertrag.* In der Mehrzahl steht der Dativ: *laut Verträgen.*

lernen

Mein Kind lernt sprechen. Folgt nach *lernen* ein weiteres Zeitwort in der Grundform und ist dieses Zeitwort nicht erweitert, dann steht es ohne *zu.* Dies gilt auch für feste Verbindungen zwischen Zeitwort und Ergänzung: *Er lernt Auto fahren.*
Bei anderen, kurzen Erweiterungen ist es dann freigestellt, ob man *zu* setzt oder nicht: *Sie lernte Oboe spielen. – Sie lernte Oboe zu spielen.* Bei

längeren Erweiterungen wird immer *zu* gebraucht: *Sie lernte ihre Stimme lauthals zu gebrauchen.*

Liebe zu
Nach *Liebe* steht das Verhältniswort *zu,* nicht *für: Meine Liebe zu dir. Ihre Liebe zu Italien.*

liegen
Ich habe im Bett gelegen. Die zusammengesetzten Vergangenheitsformen von *liegen* bildet man in der Regel mit *haben,* nicht mit *sein.* Im süddeutschen Sprachraum ist allerdings die Bildung mit *sein* durchaus üblich: *Ich bin im Bett gelegen.*

lila
lila ist eine Farbbezeichnung, die nicht gebeugt wird: *ein lila Stoff.* Oder aber: *ein lilafarbener Stoff.*

M

mal – Mal
Ob das Wort *mal* groß oder klein, zusammen oder auseinander geschrieben wird, ist häufig nur schwierig zu erkennen. Nach der neuen Rechtschreibung wird häufiger getrennt und groß geschrieben. Der Normalfall bei Verbindungen mit *mal* ist die Getrenntschreibung nach dem Muster *manches Mal, jedes Mal, mehrere Mal.*

Das erste Mal *groß,* einmal *klein.*

Wenn aber die Verbindung mit einem Wort erfolgt, das keine Endung hat, wird meistens zusammengeschrieben: *diesmal, einmal, dreimal, manchmal.*
Grundsätzlich kleingeschrieben wird mal in mathematischen Ausdrücken mit der Bedeutung Multiplizieren: *zwei mal zwei ist vier.*

mancher
Die Beugung nach *mancher, manche, manches* bereitet häufig Schwierigkeiten. Hier einige Beugungsformen:
Einzahl: *mancher gute Freund, manche gute Freundin, manches gute Buch; die Eigenschaften manchen guten Freundes; mit manchem guten Freund; manchen guten Freund.*
Mehrzahl: *manche guten Freunde oder manche gute Freunde; mancher guten Freunde oder mancher guter Freunde; mit manchen guten Freunden; für manche guten Freunde oder für manche gute Freunde.*

mangels
Nach *mangels* steht der Genitiv (Frage: wessen): *mangels einer vernünftigen Alternative.* Folgt allerdings ein allein stehendes Hauptwort, wird in der Einzahl nicht gebeugt, in der Mehrzahl steht der Dativ (Frage: wem): *mangels Beweis; mangels Beweisen.*

minus
Nach *minus* steht der Genitiv (Frage: wessen): *die Rechnungssumme minus der vereinbarten Rabatte.* Folgt allerdings ein allein stehendes Hauptwort, wird in der Einzahl nicht gebeugt: *die Rechnungssumme minus Rabatt.* In der Mehrzahl steht dann ebenfalls der Genitiv oder – falls der Genitiv von der Form her nicht eindeutig zu erkennen ist – der Dativ (Frage: wem): *die Rechnungssumme minus Abzügen.*

müssen
Wenn in einer zusammengesetzten Form der Vergangenheit das Wort *müssen* um ein weiteres Zeitwort ergänzt wird, das in der Grundform und vor *müssen* steht, wird *müssen* ebenfalls in der Grundform verwendet. Also: *Ich habe wegziehen müssen.* Aber: *Ich habe gemusst.*

N

nicht nur, sondern auch
In einem Satzgefüge mit *nicht nur – sondern auch* steht vor *sondern* immer ein Komma: *Nicht nur wir waren gekommen, sondern auch andere alte Freunde.*

nichts
Wenn man nach *nichts* ein Vergleichswort verwenden will, benutzt man *als* und nicht *wie: Seine Kinder machten ihm nichts als Freude.*

niemand
Folgt auf *niemand* ein Relativsatz, steht als Fürwort immer *der* – auch bei weiblichen Personen: *Sie war niemand, der leicht zu überzeugen gewesen wäre.*

Niemand *macht die Frau zum Manne.*

Nummer
Wird das Wort *Nummer* mit Zahlen kombiniert, kann es in der Einzahl oder in der Mehrzahl stehen. Es steht in der Einzahl, wenn es ohne Geschlechtswort gebraucht wird: *Nummer 7 bis 9.* Es steht in der Mehrzahl, wenn es mit Geschlechtswort gebraucht wird: *die Nummern 7 bis 9.*

O

ob – ob

ob – ob verbindet Wörter, Wortgruppen oder Sätze, die immer durch Komma getrennt werden: *Ob heute, ob morgen, du kannst kommen, wann du willst.*

oder

Vor dem Bindewort *oder* steht kein Komma, wenn es Wörter oder Satzteile verbindet: *Du musst deutlich ja oder nein sagen. Wir kommen am Montag oder am Dienstag.*

Vor **oder** *muss kein Komma stehen.*

Wenn *oder* gleichrangige Haupt- oder Nebensätze verbindet, steht nach neuer Rechtschreibung meistens kein Komma. Ein Komma kann aber gesetzt werden, wenn damit das Verständnis des Satzes erleichtert wird: *Ihr könnt mit uns spazieren gehen oder wir bleiben gemeinsam zu Hause.* Oder: *Ihr könnt mit uns spazieren gehen, oder wir bleiben gemeinsam zu Hause.*

orange

Die Farbbezeichnung *orange* wird nicht gebeugt, erhält also keine Endung: *mit einem orange Schal.* Besser schreibt man: *mit einem orangefarbenen Schal.*

Ostern

Für eine Zeitangabe mit *Ostern* gibt es die folgenden Möglichkeiten: *Wir fahren Ostern in den Schwarzwald. – Wir fahren zu Ostern in den Schwarzwald.* In Süddeutschland auch: *Wir fahren an Ostern in den Schwarzwald.*

P

Paar

Das großgeschriebene Wort *Paar* drückt eine Zweizahl von Dingen oder Personen aus. Das folgende Zeitwort wird aber üblicherweise in der Einzahl (nach dem grammatischen Wert von Paar) gebraucht, seltener auch in der Mehrzahl (also sinngemäß): *Ein Paar Schuhe ist nicht genug.* Oder: *Ein Paar Schuhe sind nicht genug.*

Pfingsten

Für eine Zeitangabe mit Pfingsten gibt es die folgenden Möglichkeiten: *Wir fahren Pfingsten in die Toskana.* Oder: *Wir fahren zu Pfingsten in die Toskana.* In Süddeutschland auch: *Wir fahren an Pfingsten in die Toskana.*

plus

Nach *plus* steht der Genitiv (Frage: wessen): *die Rechnungssumme plus der vereinbarten Versandkostenpauschale.* Folgt allerdings ein allein stehen-

plus + *Genitiv*

des Hauptwort, wird in der Einzahl nicht gebeugt: *die Rechnungssumme plus Pauschale.*

In der Mehrzahl steht dann ebenfalls der Genitiv oder – falls der Genitiv von der Form her nicht eindeutig zu erkennen ist – der Dativ (Frage: wem): *die Rechnungssumme plus Pauschalen.*

p. m.

p. m. = post meridiem. Wird im Englischen für die Uhrzeiten des Nachmittags bzw. Abends benutzt: *10 p. m.* = 10 Uhr abends. Die Entsprechung für morgens und vormittags ist *a. m.*

pro

Nach dem Verhältniswort *pro* steht in der Regel der Akkusativ (Frage: wen): *pro verkauften Quadratmeter; pro angestellte Verkäuferin; pro eingegangenes Schreiben.*

probeweise

probeweise kann nicht beliebig als Attribut vor ein Hauptwort gesetzt werden. Richtig ist es in dieser Position nur dann, wenn es eine Handlung oder ein Geschehen ausdrückt: *ein probeweiser Einsatz* (zu *einsetzen*). Falsch ist dagegen: *eine probeweise Ehe.* Hier muss es heißen: *Eine Ehe auf Probe.*

Prozent

98 Prozent der Bevölkerung besitzen einen Fernseher. Nach Prozentangaben steht das Zeitwort in der Mehrzahl, wenn die Prozentangabe mehr als eins ist. Dagegen in der Einzahl: *Nur ein Prozent der Bevölkerung gab seine Stimme der neuen Wählergemeinschaft.*

R

Reihe

In Wendungen wie *eine Reihe meiner Kollegen* steht das nachfolgende Zeitwort üblicherweise in der Einzahl (nach dem grammatischen Wert von *Reihe*), seltener auch in der Mehrzahl (also sinngemäß): *Eine Reihe meiner Kollegen kommt mit dem Fahrrad zur Arbeit.* Oder: *Eine Reihe meiner Kollegen kommen mit dem Fahrrad zur Arbeit.*

rosa

Die Farbbezeichnung *rosa* wird nicht gebeugt, erhält also keine Endung: *mit einem rosa Hemd.* Besser schreibt man: *mit einem rosafarbenen Hemd.*

S

Samstag – Sonnabend

Ob man den letzten Werktag der Woche üblicherweise *Samstag* oder *Sonnabend* nennt, ist regional unterschiedlich. In der Amts- und Geschäftssprache setzt sich allerdings das Wort *Samstag* durch, da es sich deutlicher vom folgenden *Sonntag* unterscheidet.

sämtlich

Die Beugung nach *sämtlicher, sämtliche, sämtliches* bereitet häufig Schwierigkeiten. Hier einige Beugungsformen:
Einzahl: *sämtlicher holländische Käse, sämtliche deutsche Butter, sämtliches spanisches Obst; die Lieferung sämtlichen holländischen Käses, sämtlicher deutschen Butter, sämtlichen spanischen Obstes; mit sämtlichem holländischen Käse, sämtlicher deutschen Butter, sämtlichem spanischen Obst; für sämtlichen holländischen Käse, sämtliche deutsche Butter, sämtliches spanisches Obst.*
Mehrzahl: *sämtliche holländischen Sorten oder sämtliche holländische Sorten; die Lieferung sämtlicher holländischen Sorten oder die Lieferung sämtlicher holländischer Sorten; mit sämtlichen holländischen Sorten; für sämtliche holländischen Sorten* oder *für sämtliche holländische Sorten.*

schnellstmöglich

Dieses Wort drückt schon die höchste Steigerungsstufe aus *(schnellst …).* Man kann es daher nicht noch einmal steigern. Also nicht: *die schnellstmöglichste Lieferung,* sondern: *die schnellstmögliche Lieferung.* Im Übrigen handelt es sich hier um ein Papierwort, das Sie besser vermeiden. Stattdessen: *Bitte liefern Sie so schnell wie möglich …*

Schneller als schnellstmöglich geht's nicht.

schreiben

Ich schreibe auf vorgedrucktes Briefpapier. Oder: *Ich schreibe auf vorgedrucktem Briefpapier.* Nach *schreiben* kann der Akkusativ (Frage: auf wen) und der Dativ (Frage: auf wem) stehen. Wenn allerdings eine zusätzliche Ergänzung im Akkusativ hinzukommt, steht nur der Akkusativ: *Ich schreibe meine E-Mail-Adresse auf das vorgedruckte Briefpapier.*

sehen

Wenn in einer zusammengesetzten Form der Vergangenheit das Wort *sehen* um ein weiteres Zeitwort ergänzt wird, das in der Grundform und vor *sehen* steht, wird *sehen* meistens ebenfalls in der Grundform verwendet. Also: *Ich habe ihn kommen sehen.* Möglich ist auch: *Ich habe ihn kommen gesehen.*

Seid *kommt von* sein *und* seit *meint die Zeit.*

seid – seit

Beide Wörter haben ganz unterschiedliche Bedeutung und sind in ihrer Schreibweise deutlich auseinander zu halten. Die Form *seid* kommt von *sein: Seid nett zueinander! Ihr seid wirklich nett zueinander.* Dagegen ist *seit* ein Verhältniswort der Zeit: *Wir wohnen seit zwei Jahren hier.*

Seite

Wird das Wort *Seite* mit Zahlen kombiniert, kann es in der Einzahl oder in der Mehrzahl stehen. Es steht in der Einzahl, wenn es ohne Geschlechtswort gebraucht wird: *Seite 12 bis 19.* Es steht in der Mehrzahl, wenn es mit Geschlechtswort gebraucht wird: *die Seiten 12 bis 19, auf den Seiten 12 bis 19.*

seitens

Auf *seitens* folgt der Genitiv (Frage: wessen): *seitens Ihrer Firma; seitens unseres Geschäftsführers.* Allerdings ist *seitens* ein Papierwort, das Sie lieber vermeiden sollten. Greifen Sie stattdessen z. B. auf das Verhältniswort *von* zurück.

sich – euch, uns

Die Wörter werden häufig miteinander verwechselt, wenn das Subjekt des Satzes aus verschiedenen Personen besteht. Es heißt tatsächlich nicht: *Mein Mann und ich würden sich freuen …* sondern: *Mein Mann und ich würden uns freuen …*

Sie

In der Anrede schreibt man *Sie* und alle abgeleiteten Formen *(Ihr, Ihre)* groß – auch nach der neuen Rechtschreibung: *Ich lade Sie herzlich ein; wie geht es Ihrem Mann?*

siehe

Nach siehe steht der Akkusativ (Frage: wen), nicht der Nominativ (Frage: wer): *siehe beiliegenden Prospekt.*

sodass – so dass

Nach neuer Rechtschreibung sind beide Schreibweisen möglich: *sodass* und *so dass.* Wenn *sodass / so dass* einen Nebensatz einleitet, steht davor ein Komma: *Das Fenster stand offen, sodass es hereinregnete.* Dies gilt allerdings nur, wenn *so* und *dass* eine Einheit bilden. Ansonsten ist auch möglich: *Das Fenster stand so weit offen, dass es hereinregnete.*

solcher

Die Beugung nach *solcher, solche, solches* bereitet häufig Schwierigkeiten. Hier einige Beugungsformen als Beispiele:
Einzahl: *solcher gute Freund, solche gute Freundin, solches gute Buch; die Eigenschaften solchen guten Freundes, solcher guten Freundin, solchen guten Buches; mit solchem guten Freund* oder *mit solchem gutem Freund, mit solcher guten Freundin* oder *mit solcher guter Freundin, mit solchem guten Buch* oder *mit solchem gutem Buch; für solchen guten Freund, für solche gute Freundin, für solches gute Buch.*
Mehrzahl: *solche guten Freunde, Freundinnen, Bücher* oder *solche gute Freunde, Freundinnen, Bücher; solcher guten Freunde, Freundinnen, Bücher* oder *solcher guter Freunde, Freundinnen, Bücher; mit solchen guten Freunden, Freundinnen, Bücher; für manche guten Freunde, Freundinnen, Bücher* oder *für manche gute Freunde, Freundinnen, Bücher.*

sondern

Vor *sondern* steht immer ein Komma: *Ich hatte es Ihnen nicht im Brief mitgeteilt, sondern eine E-Mail an Ihre Sekretärin geschickt. Er hat keine braunen, sondern blaue Augen.*

Vor sondern *steht immer ein Komma.*

sowie

Sowie kann zwei verschiedene Bedeutungen haben. Zum einen kann es *sobald* meinen. So gebraucht, hat es die Stellung eines Bindeworts, dass einen Nebensatz einleitet. In diesem Falle geht ihm ein Komma voran: *Sage mir Bescheid, sowie er kommt … .*
Häufiger wird *sowie* jedoch in aufzählender Bedeutung genutzt. Dann steht kein Komma: *Der Vater kaufte den Koffer, den Schirm sowie andere notwendige Kleidungsstücke.*

sowohl – als auch

Wenn *sowohl – als auch* Wörter oder Satzteile verbindet, steht vor *als auch* kein Komma: *Wir haben sowohl unsere Nachbarn als auch unsere Kollegen eingeladen.*

stattgefunden

Das Mittelwort *stattgefunden* von *stattfinden* kann nicht als Attribut vor einem Hauptwort stehen. Falsch ist daher: *die stattgefundene Aktionärsversammlung.* Stattdessen: *die Aktionärsversammlung, die stattgefunden hat, …*

stehen

Ich habe vor der Kirche gestanden. Die zusammengesetzten Vergangenheitsformen von *stehen* bildet man mit *haben,* nicht mit *sein.* Im süddeutschen Sprachraum ist allerdings die Bildung mit sein durchaus üblich: *Ich bin vor der Kirche gestanden.*

T

Teil

Ein Teil der Besucher … Das folgende Zeitwort wird üblicherweise in der Einzahl (nach dem grammatischen Wert von *Teil*) gebraucht, seltener auch in der Mehrzahl (also sinngemäß): *Ein Teil der Besucher ging früh nach Hause.* Oder: *Ein Teil der Besucher gingen früh nach Hause.*

teils – teils

teils – teils verbindet Wörter, Satzteile oder Sätze. Dabei steht immer vor dem zweiten *teils* ein Komma: *Ihre Zeugnisnoten waren teils gut, teils nur ausreichend.*

trotz

Nach *trotz* steht der Genitiv (Frage: wessen): *Trotz des schlechten Wetters fand die Party statt.* Allerdings setzt sich aus dem süddeutschen Sprachraum auch der Gebrauch des Dativs (Frage: wem) durch: *Trotz dem schlechten Wetter …*

In der Mehrzahl steht ebenfalls der Dativ, falls der Genitiv von der Form her nicht eindeutig zu erkennen ist: *trotz Verlusten.*

U

… über 30 Jahre

In Wendungen wie *alle Einwohner über 30 Jahre* steht nach *über* der Akkusativ (Frage: wen), nicht der Dativ (also nicht: *über 30 Jahren*).

Dagegen steht der Dativ (Frage: wem) bei Wendungen mit *von über: Gruppen von über 10 Mitgliedern.*

um zu

Nach der neuen Rechtschreibung muss vor *um zu* kein Komma mehr stehen. Es kann allerdings gesetzt werden, um den Aufbau und die Bedeutung eines Satzes klarer zu machen: *Bitte schalten Sie das Gerät aus um Überhitzungen zu vermeiden.* Oder: *Bitte schalten Sie das Gerät aus, um Überhitzungen zu vermeiden.*

und

Vor dem Bindewort *und* steht kein Komma, wenn es Wörter oder Satzteile verbindet: *Der Zug fährt nur am Donnerstag, Freitag und Samstag.*

Wenn *und* gleichrangige Haupt- oder Nebensätze verbindet, steht nach neuer Rechtschreibung meistens kein Komma. Ein Komma kann aber gesetzt werden, wenn damit das Verständnis des Satzes erleichtert wird: *Er hatte uns benachrichtigt und wir fuhren sofort zu ihm.* Oder: *Er hatte uns benachrichtigt, und wir fuhren sofort zu ihm.*

Vor und muss kein Komma stehen.

und zwar

Vor einem Einschub mit *und zwar* steht immer ein Komma: *Er wird in jedem Fall liefern, und zwar bald.*

unentgeltlich

Ebenso wenig wie *Entgelt* kommt *unentgeltlich* von *Geld.* Beachten Sie daher die Schreibweise mit *t.*

... unter 20 Jahren

In Wendungen wie *alle Jugendlichen unter 20 Jahren* steht nach *unter* der Dativ (Frage: wem), nicht der Akkusativ (Frage: wen) (also nicht: *unter 20 Jahre*).

Der Dativ steht auch bei Wendungen mit *von unter: Gruppen von unter 10 Mitgliedern.*

V

Verdienst

Verdienst kann zwei unterschiedliche Bedeutungen haben und hat grammatisch jeweils ein anderes Geschlecht: *der Verdienst* bezeichnet Einkommen und Lohn; *das Verdienst* bezieht sich auf bemerkenswerte Leistungen.

vermittels, vermittelst

Die beiden Wörter haben dieselbe Bedeutung. Sie stehen mit dem Genitiv (Frage: wessen): *vermittels seiner Intervention; vermittelst seiner Intervention.*

Es handelt sich allerdings um Papierwörter, die Sie lieber vermeiden sollten. Stattdessen können Sie schreiben: *durch seine Intervention; mit seiner Intervention; mit Hilfe seiner Intervention.*

versuchen

Wenn *versuchen* auf einen Satzteil mit Zeitwort in der Grundform verweist (Infinitivgruppe), muss nach neuer Rechtschreibung kein Komma mehr stehen. Ein Komma kann allerdings stehen, um die Gliederung und die Bedeutung des Satzes klarer zu machen: *Wir haben versucht Sie zufrieden zu stellen.* Oder: *Wir haben versucht, Sie zufrieden zu stellen.*

Vor erweiterten Infinitiven muss kein Komma stehen.

Verwandte

Manche Beugungsformen von *Verwandte* bereiten Schwierigkeiten: *der Verwandte, ein Verwandter, die Verwandten, mehrere Verwandte, alle Verwandten, andere Verwandte, solche Verwandte* und *solche Verwandten, beide Verwandten.*

vieles, was

Ein Relativsatz, der sich auf *vieles* bezieht, wird mit *was* eingeleitet und nicht mit *das.* Also: *Es gab vieles, was wir gerne geändert hätten.*

Viertel

Ein Viertel der Belegschaft streikte. Das folgende Zeitwort wird üblicherweise in der Einzahl (nach dem grammatischen Wert von *Viertel*) gebraucht. Es kann allerdings auch in der Mehrzahl verwendet werden, wenn das Bezugswort von *Viertel* in der Mehrzahl steht: *Ein Viertel der Beschäftigten streikte.* Oder: *Ein Viertel der Beschäftigten streikten.*
Wenn *Viertel* selbst in der Mehrzahl steht, wird das Zeitwort meistens in der Mehrzahl verwendet: *Drei Viertel der Belegschaft streikten.*

voll

Die Bedeutung von *voll* lässt – genau genommen – keine Steigerung mehr zu. Formen wie *zu unserer vollsten Zufriedenheit* sind daher sprachlich äußerst zweifelhaft. Da sie aber in bestimmten Zusammenhängen fest eingeführt sind (insbesondere bei der Formulierung von Zeugnissen), müssen sie wohl oder übel akzeptiert werden. Im alltäglichen Schriftverkehr sollte man sie aber besser vermeiden.

vorausgesetzt

Wenn *vorausgesetzt* einen Nebensatz ankündigt, steht vor und hinter dem Wort ein Komma: *Wir werden die Lieferung annehmen, vorausgesetzt, Sie gewähren uns einen Preisnachlass.* In einer Fügung mit *vorausgesetzt dass* kann das Komma nach *vorausgesetzt* entfallen: *Wir werden die Lieferung annehmen, vorausgesetzt, dass Sie uns einen Preisnachlass gewähren.* Oder: *Wir werden die Lieferung annehmen, vorausgesetzt dass Sie uns einen Preisnachlass gewähren.*

W

weder – noch

Wenn *weder – noch* Wörter oder Satzteile verbindet, steht kein Komma: *Er kam weder am Montag noch am Dienstag.*

Ein Komma steht jedoch, wenn Sätze miteinander verbunden werden: *In unserem Urlaub hatten wir weder gutes Wetter, noch waren wir mit der Unterkunft zufrieden.*

wegen

Nach *wegen* steht der Genitiv (Frage: wessen): *Er konnte nicht kommen wegen eines Unfalls.* Folgt allerdings ein allein stehendes Hauptwort, wird in der Einzahl nicht gebeugt: *wegen Umbau geschlossen.* In der Mehrzahl steht dann ebenfalls der Genitiv oder – falls der Genitiv von der Form her nicht eindeutig zu erkennen ist – der Dativ (Frage: wem): *wegen Unfällen.*

wegen + *Genitiv*

Weihnachten

Für die Zeitangabe mit *Weihnachten* gibt es die folgenden Möglichkeiten: *Wir fahren Weihnachten nach Österreich. – Wir fahren zu Weihnachten nach Österreich.* In Süddeutschland auch: *Wir fahren an Weihnachten nach Österreich.*

wert sein

wert sein kann zwei unterschiedliche Bedeutungen haben und steht jeweils mit einem anderen Fall. Der Akkusativ (Frage: wen) steht, wenn man auf den *Wert* einer Sache verweist: *Die Wohnung ist ihren Preis wert.* Dagegen steht der Genitiv (Frage: wessen), wenn *wert* im Sinne von *würdig* verwendet wird: *Ihr Werk ist jeder Auszeichnung wert.*

wider – wieder

Die unterschiedliche Schreibweise von *wider* und *wieder* verweist auf ganz unterschiedliche Bedeutungen. Das Verhältniswort *wider* steht für *gegen;* es folgt der Akkusativ (Frage: wen): *Ich werde nicht wider mein Gewissen handeln.* Dagegen ist *wieder* ein Umstandswort mit der Bedeutung *erneut* oder *zurück: Sie kam nicht mehr wieder. Er hat wieder geheiratet.*

wie

Wenn *wie* Wörter oder Satzteile verbindet, steht kein Komma: *Sein Garten ist so groß wie unserer. Sie produzieren Küchengeräte wie Herde und Spülmaschinen.*
Folgt nach *wie* aber ein Satz, steht davor ein Komma: *Es ist immer noch die Frage, wie er zu diesem Geld gekommen ist.*

wie *zur Aneinanderreihung steht ohne Komma, als Bindewort zu Nebensätzen muss ein Komma vorangehen.*

wie viel

Nach der neuen Rechtschreibung schreibt man *wie viel* getrennt. Die Mehrzahl *wie viele* wurde schon immer getrennt geschrieben: *Wie viel soll das kosten? Wie viele Wochen braucht ihr dafür?*

wollen

Wenn in einer zusammengesetzten Form der Vergangenheit das Wort *wollen* ergänzt wird um ein weiteres Zeitwort, das in der Grundform und vor *wollen* steht, wird *wollen* ebenfalls in der Grundform verwendet. Also: *Ich habe verzichten wollen.* Aber: *Ich habe gewollt.*

Z

Zahlen

Schreibt man Zahlen als Ziffer und verbindet sie mit einem anderen Wort, wird dazwischen ein Bindestrich gesetzt. Also: *zweijährig* wird zu *2-jährig; achtmal* wird zu *8-mal; dreieckig* wird zu *3-eckig.* Dies gilt allerdings nicht für Zusammensetzungen von Ziffern und Nachsilben: *5fach; 7er.*

zum Beispiel

zum Beispiel wird üblicherweise *z. B.* abgekürzt.
Innerhalb eines Satzes steht *zum Beispiel* oder *z. B.* in der Regel ohne Komma: *Ich habe sie zum Beispiel ins Konzert begleitet.* Bei einer nachgestellten Bestimmung mit *zum Beispiel* steht allerdings ein Komma: *Ich habe sie häufig begleitet, z. B. ins Konzert.*
Möglich, aber nicht zwingend ist ein Komma nach *z. B.*, wenn ein Nebensatz folgt: *Ich habe sie häufig begleitet, z. B., wenn sie ins Konzert wollte.* Oder: *Ich habe sie häufig begleitet, z. B. wenn sie ins Konzert wollte.*

zuzüglich

zuzüglich + *Genitiv*

Nach *zuzüglich* steht der Genitiv (Frage: wessen): *zuzüglich aller Spesen.* Folgt allerdings ein allein stehendes Hauptwort, wird in der Einzahl nicht gebeugt: *zuzüglich Porto.* In der Mehrzahl steht dann der Dativ (Frage: wem): *zuzüglich Mitgliedsbeiträgen.*

zwecks

Nach *zwecks* steht der Genitiv (Frage: wessen), auch bei allein stehendem Hauptwort: *zwecks zügiger Vertragsunterzeichnung; zwecks Vertragsabschlusses.* In der Mehrzahl steht dann allerdings der Dativ (Frage: wem), falls der Genitiv von der Form her nicht eindeutig zu erkennen ist: *zwecks Tarifabschlüssen.*

... zwischen 20 und 30 Jahren

In Wendungen wie *alle Frauen zwischen 20 und 30 Jahren* steht nach *zwischen* der Dativ (Frage: wem), nicht der Akkusativ (Frage: wen).
Anders dagegen bei Wendungen wie: *Sein Sohn ist zwischen 6 und 8 Jahre alt.* Hier ist *Jahre* von *alt sein* abhängig und wird nicht von *zwischen* gebeugt.

Beispiellisten für Anschrift und Anrede

Anschriften und Anreden

Anschrift

Einzelpersonen

Herrn
Gerd Schenker

Herrn Gerd Schenker

Frau
Claudia Oppermann

Frau Claudia Oppermann

Eheleute oder Paare

Herrn und Frau Schenker

Herrn und Frau
Gerd und Anne Schenker

Frau Anne und Herrn Gerd Schenker

Eheleute
Gerd und Anne Schenker

Familie
Gerd und Anne Schenker

Anne und Gerd Schenker

Herrn Gerd Schenker und
Frau Anne Mertens-Schenker

Unternehmen oder Institutionen

Tyko AG
Abt. Einkauf
Balsamstr. 6

65432 Hochstadt

Personen in Unternehmen

Tyko AG
Herrn Jochen Friedmann
Abt. Einkauf

Nur von der angeschriebenen Person zu öffnen

Herrn Jochen Friedmann
Tyko AG

oder

Herrn Jochen Friedmann
– persönlich –
Tyko AG

Anrede

Persönlicher Brief

Liebe Christel,

Lieber Herr Schmidbauer,

Liebe Frau Schmidbauer, lieber Herr Schmidbauer,

Bei vertrauten Briefpartnern auch

Mein lieber Karsten,

Hallo Maria,

Hi Georg,

Ciao Lars,

und andere persönliche Formen

Förmlicher Brief

Sehr geehrte Frau Arens,

Sehr geehrter Herr Lorenzen,

Sehr geehrte Frau Lorenzen, sehr geehrter Herr Lorenzen,

Sehr geehrte Damen und Herren,

Sehr geehrte Damen,

Sehr geehrte Herren,

Mit besonderem Ausdruckswert auch

Sehr verehrte Frau Schmidbauer,

Sehr verehrte, liebe Frau Schmidbauer,

Hochverehrter Herr Kollege Lamers,

Guten Tag, Herr Lorenzen,

Akademische Grade

Anschrift

Frau
Dr. Melanie Schlegel

Herrn
Dipl.-Ing. Manfred Kohlmann

Herrn
Prof. Dr. Bertold Heise

Herrn Professor
Dr. Bertold Heise

Frau
Prof. Dr. Gonhild Laacher

Frau Professor
Dr. Gonhild Laacher

Frau Professorin
Dr. Gonhild Laacher

Frau Professorin Dr. Gonhild Laacher
Rektorin der Freien Universität Berlin

Anrede

Sehr geehrte Frau Dr. Schlegel,

Liebe Frau Dr. Schlegel,

Sehr geehrter Herr Professor,

Sehr geehrter Herr Professor Heise,

Sehr geehrte Frau Professor,

Sehr geehrte Frau Professorin,

Bei Rektoren einer Universität

Sehr geehrter Herr Rektor,

Sehr geehrte Frau Rektorin,

oder die heute nur noch selten verwendete Form

Euer Magnifizenz,

Euer Magnifika,

Adelstitel

Anschrift

Gesetzliche Form

Herrn
Max Prinz von Hessen-Lahnstein

Frau
Victoria Gräfin zu Lustnau-Sprendlingen

Georg Freiherrn von Minnigerode

Nora Freifrau von Stetten

Gesellschaftlich übliche Form

Herrn
Prinz Max von Hessen-Lahnstein

Frau
Gräfin Victoria zu Lustnau-Sprendlingen

Freiherrn Georg von Minnigerode

Freifrau Nora von Stetten

Anrede

Gesetzliche Form

Sehr geehrter Herr Prinz von Hessen-Lahnstein,

Sehr geehrte Frau Gräfin zu Lustnau-Sprendlingen,

Sehr geehrter Herr von Minnigerode,

Sehr geehrte Frau von Stetten,

Gesellschaftlich übliche Form

Sehr geehrter Herr Prinz Max von Hessen-Lahnstein,

Sehr geehrte Frau Gräfin Victoria zu Lustnau-Sprendlingen,

Sehr geehrter Herr von Minnigerode,

Sehr geehrte Frau von Stetten,

Amts- und Funktionsbezeichnungen

Anschrift

Herrn Direktor
Siegfried Niebel
Tyko AG

Herrn Maximilian Görtzen
Abteilungsleiter
Tyko AG

Herrn Generalmajor
Hubertus Heinichen

Frau Staatsanwältin
Gertrud Medebach

Frau Gertrud Medebach
Staatsanwältin am Oberlandesgericht

Frau Rektorin
Beate Schippang

Frau Beate Schippang
Rektorin

Anrede

Sehr geehrter Herr Direktor,

Sehr geehrter Herr Görtzen,

Sehr geehrter Herr Generalmajor Heinichen,

Sehr geehrte Frau Staatsanwältin,

Sehr geehrte Frau Staatsanwältin Medebach,

Sehr geehrte Frau Rektorin,

Sehr geehrte Frau Schippang,

Politische Ämter

Anschrift

Herrn Bundespräsidenten der Bundesrepublik Deutschland
Dr. Gerhard Schmidt

An die Präsidentin des Deutschen Bundestages
Frau Dr. Gertrud Meyer

An den Bundesminister des Auswärtigen
Herrn Johannes Müller

Frau Marieluise Kampe
Ministerpräsidentin des Landes Nordrhein-Westfalen

Herrn Landrat
Gregor Waller

Herrn Gregor Waller
Landrat des Kreises Oberroden

Frau Oberbürgermeisterin
Marianne Geldern

Frau Marianne Geldern
Oberbürgermeisterin der Stadt Hagenau

Diplomatischer Dienst

Herrn Ignazio Tusculo
Botschafter der Republik Italien

oder

Seiner Exzellenz
Herrn Ignazio Tusculo
Botschafter der Republik Italien

Anrede

Sehr geehrter Herr Bundespräsident,

Sehr geehrte Frau Bundestagspräsidentin,

Sehr geehrter Herr Bundesminister,

Sehr geehrte Frau Ministerpräsidentin,

Sehr geehrter Herr Landrat,

Sehr geehrte Frau Oberbürgermeisterin,

Sehr geehrter Herr Botschafter,

Kirchliche Ämter

Anschrift

Römisch-katholische Kirche, offizielle Formen

Papst
Seiner Heiligkeit
Papst Johannes Paul II.

Kardinal
Seiner Eminenz
dem Hochwürdigsten Herrn
Lorenz Kardinal Münsterberg

Erzbischof, Bischof
Seiner Exzellenz
dem Hochwürdigsten Herrn Erzbischof von Paderborn
Meinhard Preller

Prälat, Dompropst und vergleichbare Ämter
Seiner Gnaden
dem Hochwürdigsten Herrn Prälaten
Dr. Josef Lahmann

Pfarrer, Kaplan
Herrn Kaplan
Ludwig Felsner

Evangelische Kirchen

Herrn Bischof
Dr. Martin Hanses

Frau Pfarrerin
Renate Kleiber

Anrede

Römisch-katholische Kirche, offizielle Formen

Papst
Euer Heiligkeit,
oder
Heiliger Vater,

Kardinal
Euer Eminenz,

Erzbischof, Bischof
Euer Exzellenz,

Prälat, Dompropst und vergleichbare Ämter
Euer Gnaden,
oder
Hochwürdigster Herr Dompropst,

Pfarrer, Kaplan
Sehr geehrter Herr Kaplan,

Evangelische Kirchen

Sehr geehrter Herr Bischof,

Sehr geehrte Frau Pfarrerin,